普通高等院校基础课"十四五"应用型精品教材

创新创业
典型案例分析

TYPICAL CASE ANALYSIS OF INNOVATION
AND ENTREPRENEURSHIP

主　编　陈建校
副主编　郭军杰
参　编　郝梦凡　董　琦　王　瑶
　　　　杨强强　赵莺惠　段明秀
　　　　张艳齐　方新专　王兆轩

机械工业出版社
CHINA MACHINE PRESS

图书在版编目（CIP）数据

创新创业典型案例分析/陈建校主编．－－北京：机械工业出版社，2022.5（2024.6重印）
（普通高等院校基础课"十四五"应用型精品教材）
ISBN 978-7-111-70776-9

I.①创… II.①陈… III.①创业－高等学校－教材 IV.①F241.4

中国版本图书馆CIP数据核字（2022）第081216号

    本书是一本集理论性、实践性、科学性和政策性于一体的创新创业典型案例分析教材，遵循创新创业教育教学规律，坚持理论与实践相结合、校园与市场相结合、个体与团队相融合的理念，关注学生的知识获取、思想碰撞和实践体验的有机统一。本书由工商管理等学科领域专家，重点从长安大学2017～2019年参加大学生创新创业类大赛的获奖作品中，精心选出16个杰出项目作为典型案例，按照不同学科与专业分类整理，根据大赛评审规则，以及商业计划书写作规范，从创业机会识别与选择、团队组建与协作、方案设计及实施、策划文案写作与演示等方面，进行总结与评析。本书能够让各类专业人才深刻掌握创新创业的一般规律与方法，持续培养与提高创新创业素质和技能，并成功开展各类创新创业项目实践。

    本书可以作为高职院校学生、本科生、研究生和MBA学员的创新创业管理及案例分析教材，也可以作为创新创业感兴趣者、实践者及相关企业管理者的工作培训与参考书。

出版发行：机械工业出版社（北京市西城区百万庄大街22号 邮政编码：100037）
责任编辑：李晓敏　　　　　　　　　　　　　　　责任校对：殷 虹
印　　刷：北京捷迅佳彩印刷有限公司　　　　　　版　　次：2024年6月第1版第3次印刷
开　　本：185mm×260mm 1/16　　　　　　　　 印　　张：22.5
书　　号：ISBN 978-7-111-70776-9　　　　　　　定　　价：49.00元

客服电话：(010) 88361066　68326294

版权所有·侵权必究
封底无防伪标均为盗版

前言·PREFACE

在新一轮科技革命和工业革命浪潮中，创新已成为引领和驱动经济社会发展的第一动力。创新能力与创业精神，日益成为社会对高等教育人才培养的迫切需求。深入开展创新创业教育，是当前高校人才培养改革的突破口，也是贯彻落实国家创新驱动发展战略的重要体现。

在轰轰烈烈的中国创新创业教育改革浪潮中，教育工作者运用理论讲授、案例分析、虚拟仿真、课外竞赛及实践指导等多种教学方式，将创新创业教育深度融入高等教育各个学科与专业人才培养的全过程，大力提升学生的创意思维、创造意识、创业精神、创新能力，持续培养和壮大创新创业生力军，将大学生创新创业潜力转化为科技创新实践及社会应用成果，成为推进经济社会高质量发展与结构升级的新动能，为建设创新型国家提供生生不息的青春力量。"以创意驱动创新，以创新引导创业，以创业提升事业，运用创新创业的生动实践汇聚中华民族伟大复兴的强大力量"，这是新时代创新创业教育工作者的历史使命，也是本书的写作初心与动力源泉。

本书按照"创新创业基本理论为指导，典型项目案例分析为主体，项目成功经验梳理为辅助，创新创业素质能力提升为目标"的基本写作思路，紧密围绕"如何认知创新创业实践，如何分析评价创新创业项目，如何成功获取创新创业成果，如何积极、开放、持续培养和提升创新创业素质与技能"4大问题编排内容。全书共4篇，包括基础理论篇、案例分析篇、实践提升篇3个主体部分共23章，以及拓展学习篇的附录、参考文献等教学补充资料部分。

基础理论篇，内容主要包括创新创业类学科竞赛、项目前期准备、商业计划书的制作与演示、项目评审规则与项目评价分析框架。

案例分析篇，即创新创业理论应用与专创融合社会实践篇，按照学科专业，将16个优秀创新创业项目，分为机械类与自动化类、管理科学与工程类、交通运输类、材料类、土木类与地质类5大专业模块、7个专业类，进行典型案例分析。

实践提升篇，主要概括梳理来自优秀参赛团队、项目评审专家关于创新创业活动准备、项目策划、商业计划书制作、演示与答辩、项目融资与孵化等方面的参赛及评审宝贵经验，以作为创新创业实践者的学习借鉴与实践指南。

拓展学习篇，包括全书各章所引用借鉴的参考文献，国内影响力大的创新创业类学科竞赛网络资源，创新创业类优质教育教学及辅导资源，以及其他教学补充资料等内容。

本书既包括创新创业基本理论，又包含专创融合项目实践、典型项目案例分析、理论实践结合互动研讨、成功经验分享、扩充学习资料、技能训练与知识积累、综合素质培养与持续提升等多方面内容，鼓励学生课外自学思考、师生互动研讨、积极参与竞赛等社会实践，旨在全面、持续地培养和提升学生的创业意识、创造思维与创新能力。本书可作为普通高等学校创新创业教育相关课程的教材，也可供立志和投身于创新创业实践的各界人士自学参考。

本书在创新创业教育理念、教学方式、案例来源、实现途径、培养模式、教学效果等方面主要体现以下6大特色。

1. 专创融合

本书充分体现并致力于实现专创融合，即专业教育与创新创业教育的有机融合，将创新创业教育深度融入高等学校各个学科与专业人才培养的全过程。本书希望让学生掌握基本的创新创业知识与技能，将其自觉融入各个主修专业学习过程，通过专业知识与创新创业知识的有机交叉融合，将其体现于专业知识创新与创业社会实践活动过程中，并产生积极、有影响力的科技创新应用、商业或社会转化成果。同时，书中所选择和分析的案例，来自机械类和自动化类、交通运输类等诸多不同专业的优秀创新创业项目，通过将专业理论与创新创业实践有机融合，培养学生的专业知识转化及项目实践能力，帮助学生快速领悟专业创新创业项目的策划、推介与实践要领，系统掌握创业要点，培养具有学科特色与专业背景的复合应用型创新创业人才。

2. 案例教学

本书将案例教学方式引入创新创业教育中，改革现有的理论讲授导向式教学方式，探索开展基于创新创业类典型项目的师生互动研讨式案例分析教学方式，并与传统的创新创业类线上或线下课堂讲授等教学方式相互补充。案例教学方式可以：在创新创业基础理论框架指导下，大力推进来自创新创业优秀项目实践的案例分析与互动研讨教学方式创新，帮助学生深化专业创新和创业知识的理解与吸收；在实践问题的创新分析与解决过程中，帮助学生实现理论知识的活学活用及其向综合素质的有效转化；在获取创新性专业问题解决及操作性应用方案的进程中，帮助学生培养并提升解决专业问题的创新创业素质和技能。

3. 优秀个案

本书精选了管理科学与工程类、材料类等 7 个专业类的 16 个优秀创新创业项目，开展了典型案例的深入分析。这些案例分析对象，均来自近年来获得"互联网＋"等知名全国大学生创新创业类大赛国家级、省级荣誉项目的商业计划书与路演展示等一手资料。项目案例来源广泛、学科多样、内容丰富、真实可靠、取材新颖、与时俱进、优秀典型、含金量高，能够充分体现当前国内大学生创新创业竞赛的较高水平，有利于学生便捷掌握高质量的专业创新创业优秀项目素材。典型项目个案介绍与深入分析，以及师生之间的互动研讨有助于学生迅速领悟和掌握创新创业项目前期准备、方案设计与路演展示要点。

4. 理实结合

本书以"理论精要指导，强调项目实践，理论实践结合，达到学以致用"为编写原则，紧紧围绕"如何高效理解并开展创新与创业实践"组织内容。本书基于对创新创业类项目竞赛的简要梳理，构建起创业项目"前期准备策划设计—商业计划书制作与演示—项目评价分析要点"的基本理论指导框架，将创新创业的基本理论知识融会贯通并灵活应用于鲜活生动的创新创业项目方案设计、展示、竞赛实践，以及创新创业项目的典型案例分析过程中。在创新创业基本理论框架的指导下，本书对典型项目开展了系统、深入的案例分析，全方位并真实地阐述了每个项目方案，探讨项目设计及展示的优点与不足，并结合项目具体情境，提出了项目方案的改进与提升方向。通过来自现实情境的典型项目个案分析与讨论，结合创新创业项目的成功经验与实践要点总结，本书系统解析了创新创业项目设计策划、路演展示的要点与规律，依托创新创业基本理论结合典型项目实践的创新案例教学方式，切实指导和帮助学生更加有效地开展创新创业项目竞赛等社会实践。

5. 模式创新

本书将创新创业教育充分融合体现于高等院校各个学科专业人才培养模式改革等教

育实践与理念创新之中。为了响应高等学校持续深化创新创业教育改革，本书依托全国大学生创新创业类大赛优秀项目，通过专业的典型案例分析，帮助学生吸收借鉴优秀项目案例经验，并鼓励学生积极参与"互联网+""创青春"等具有影响力的全国大学生创新创业竞赛等项目社会实践活动，努力将所学的专业知识与创新创业实践紧密结合，通过"干中学"，以赛促学、以学促创、以创成才。同时，深化创新创业教育改革也有利于促进各个学科专业的人才培养模式创新，推动专创融合、科创融合、思创融合、产教融合，深化创新创业教育的人才培养模式改革，引导并帮助学生将所学专业、创新创业知识与经济社会发展需求趋势紧密结合，增强社会担当与责任感，培养和提高创新意识、创业精神、创造能力和综合素质，成为可堪大用、能担重任的栋梁之才。

6. 素质提升

本书通过对创新创业基本理论指导的专业创新创业项目实践典型案例分析，结合项目实践成功要点总结，帮助学生尽快掌握专业创新创业实践要领与规律，依托有广泛社会影响力的全国大学生创新创业竞赛及项目实践平台，鼓励并引导学生在理论知识引领下，积极参加创新创业项目竞赛等社会实践活动，培养创新精神，激发创业热情，产生创意思维，形成创造能力，通过"干中学"，活学活用所学专业知识并进行科技创新、商业转化与社会应用，切实分析和解决行业与社会发展中存在的痛点问题，产生具有一定学科专业背景的创新创业策划方案或实践成果。以上创新创业教育改革与人才培养模式创新可以有效培养学生的创业精神、创新意识、创意思维和创造能力，持续提升学生的创新创业素质，造就"敢闯会创"的创新创业人才，为社会培养和提供高质量的创新创业青年后备军。

本书由主编陈建校，副主编郭军杰，以及郝梦凡、董琦、杨强强、赵莺惠、段明秀、王瑶、张艳齐、方新专、王兆轩参与编写。具体编写分工如下：第1、4、6、11、17、19章由陈建校、郝梦凡、董琦编写，第2、5、8、13、20、23章由陈建校、赵莺惠、杨强强编写，第3、7、9、10、18章由郭军杰、张艳齐、方新专编写，第12、21、22章由陈建校、段明秀、王瑶编写，第14~16章由王兆轩、王瑶、段明秀编写，附录由陈建校、董琦、郝梦凡编写。最后，陈建校负责统稿和最终校改。

本书的出版，离不开多位人士的重要支持与无私付出。感谢长安大学创新创业教育指导委员会办公室、教务处等部门领导的大力支持与关心；感谢书中收录并评析的各个创新创业典型项目原创团队，接受访谈调研的获奖团队成员以及项目评审专家的鼎力帮助和无私奉献；感谢各位参考文献作者所分享的知识成果，以及同行专家所提出的宝贵建议；感谢机械工业出版社的编辑提出的出版建议；感谢长安大学创新创业管理研究中心成员在本书编写中所做出的各种努力与贡献。

  书中存在的不足之处，敬请各位读者多提宝贵意见与建议。我们会予以及时更正，不断提高本书质量与服务水平，与各位同人互勉共进，积极、智慧地开展专创融合教育探索与人才培养改革，并获取更好的创新创业实践教学成果。

陈建校
2022 年 1 月

教学建议·SUGGESTION

一、教学目的

本课程的教学目的在于：以创新创业典型案例分析为切入点，将创新创业基础理论知识与优秀项目实践，以及典型案例分析研讨教学方式紧密结合，让学生通过一个个鲜活的创新创业项目典型案例分析，在认知层面，能够深刻理解和掌握创新创业的一般规律、方法、流程、内容等，促进创新创业基础理论知识在各个学科专业领域中的灵活应用与贯通，将创新创业精神、意识与理念有机融入各类专业人才的培养过程中；在实践层面，能够学习借鉴优秀的创新创业典型项目实践经验，积极参加和开展各类创新创业项目实践，"干中学"，领悟和把握创新创业活动要领，有效避免和应对创新创业陷阱与误区，培养和提升创新创业精神、素质与技能，并有所成就。

二、前期需要掌握的知识

管理学、经济学、战略管理、市场营销、财务管理、人力资源管理、创新管理、创业管理等相关课程知识。

三、课时分布建议

教学内容	教学要点	课时安排		
		高职	本科	MBA
第 1 章 创新创业类学科 竞赛概述	• 了解"互联网+""创青春""三创赛"等有重要影响力的创新创业竞赛 • 认识"互联网+"大赛的赛道、组别、参赛条件、项目要求及基本流程 • 理解"创青春"大赛的竞赛类别、参赛对象、项目要求及竞赛流程 • 了解"三创赛"的竞赛选题、参赛选手、作品要求及竞赛流程 • 激励学生增强创新创业热情,提升创新创业素质,开展创新创业竞赛实践	2	2	2
第 2 章 创新创业项目 前期准备	• 理解创业的内涵、要素、过程,以及创业与创新的关系 • 了解创业者必备的创业素质和能力 • 掌握创业机会的识别、评价及选择方法 • 熟悉创业团队的组建过程和管理要点 • 掌握创业资源的类型、整合过程及策略 • 熟悉商业模式构成要素、设计过程及方法	4	4	4
第 3 章 商业计划书的 制作及演示	• 了解商业计划书的内涵和作用 • 熟悉商业计划书的主要内容 • 明晰商业计划书的制作流程 • 掌握商业计划的演示内容及设计技巧 • 熟悉商业计划的演示流程及策略	2	2	2
第 4 章 创新创业项目评价	• 了解"互联网+""创青春""三创赛"等创新创业竞赛不同赛道、组别的评审规则及侧重点 • 熟悉创新创业竞赛商业计划书的撰写、演示和现场答辩的各环节评审要点及策略 • 掌握创新创业项目的创新性、商业性、团队与社会效益等方面的评价要点及要求	2	2	2
第 5 章 天创无人车:赋能 末端智能配送	• 掌握高科技智能产品研发项目创意及创业机会识别方法 • 了解天创无人车项目创业计划制订流程与产品服务创新设计思路 • 识别天创无人车的市场优势及营销策略 • 认识天创无人车等高科技智能产品研发项目面临的主要风险及管理策略 • 探讨天创无人车创业项目的优缺点,并提出进一步创新或优化方案	2	1	1
第 6 章 金刚爬壁机器人: 勘测和除尘的小能手	• 识别工业机器人创业项目的市场痛点与创意来源 • 学习探讨金刚爬壁机器人项目的市场需求调查与发展前景分析方法 • 认识金刚爬壁机器人项目的竞争优势及核心能力 • 了解机械自动化初创企业战略的制定方法 • 探讨金刚爬壁机器人项目应如何评估目标市场,并提出具体方案	2	1	1
第 7 章 基于 BIM 的交通 基础设施智慧建设 管理平台	• 明确基于 BIM(建筑信息模型)的交通基础设施智慧建设项目的平台优势、拟解决的痛点 • 分析项目服务的客户群体、核心竞争优势、发展战略以及盈利能力 • 剖析项目在交通基础设施智慧建设上的创新性、商业性以及社会效应 • 完善 C 数据科技有限公司的组织架构和财务预测	2	1	1

（续）

教学内容	教学要点	课时安排		
		高职	本科	MBA
第 8 章 绿通稽查：鲜活 农产品运输大数据 管理平台	• 了解智慧交通科技类创新创业实践项目的编写要点 • 熟悉绿通稽查大数据管理系统的业务流程设计 • 分析该创业项目的战略发展规划，并进行评价 • 分析该互联网科技企业的商业模式，进而了解互联网企业的典型商业模式 • 识别绿通稽查管理平台项目的优缺点，并优化完善	2	1	1
第 9 章 优路大件运输服 务：数字化赋能路径规划	• 明确优路服务的目标市场 • 了解优路主营业务及其服务流程 • 分析优路服务技术原理及竞争优势 • 解析优路项目的商业性和可行性 • 对优路公司的组织建设提出优化建议	2	1	1
第 10 章 智慧行车安全系统： 危险驾驶实时预警	• 明确智慧行车系统现有市场存在的问题 • 分析智慧行车系统技术原理及工作流程 • 解析智慧行车系统竞争优势和市场前景 • 评价智慧行车系统营销策略和盈利能力 • 对智慧行车系统项目风险控制和资本退出提出改进建议	2	1	1
第 11 章 灵安脑波： 疲劳驾驶智能 监测引领者	• 识别安全驾驶类创业项目的市场痛点及根本原因 • 了解灵安脑波疲劳驾驶监测头带的工作原理和产品技术 • 学习灵安脑波项目的产品生产管理办法及质量检测管理方式 • 分析灵安脑波项目产品的定价策略和销售渠道 • 剖析灵安脑波项目的财务风险，并提出确保资金来源稳定可靠的优化方案	2	1	1
第 12 章 疲检宝： 驾驶员疲劳状态 便携检测系统	• 明确"疲检宝"项目面向的客户群体以及解决的痛点 • 识别项目在疲劳驾驶检测技术与产品上的创新性 • 探讨"疲检宝"系列产品在疲劳驾驶检测市场上的实际应用效果 • 完善 GT 科技有限责任公司对竞争环境的分析	2	1	1
第 13 章 道路交通事故鉴定 变革：场景数字化 重现	• 识别新视界事故再现科技有限公司的交通事故场景重现系统的来源及解决的市场难题 • 了解交通事故场景数字化重建系统技术的创新性 • 比较交通事故场景数字化重建系统与市场上现有产品的优劣势 • 针对项目的市场分析与营销策略，提出合理性建议	2	1	1
第 14 章 全生命周期生态道路 铺面材料：废旧轮胎的 重生	• 学习全生命周期道路铺面材料项目市场需求的分析方法与内容构成 • 判断全生命周期道路铺面材料项目营销策略是否有效并进行评价 • 评判全生命周期道路铺面材料项目风险分析与对策的完善程度 • 评价全生命周期道路铺面材料项目在技术与产品方面的创新性 • 识别全生命周期道路铺面材料项目在产品优势与市场前景方面的商业性	2	1	1
第 15 章 沥青混合料裂缝自愈合 剂：道路微型创可贴	• 了解沥青混合料裂缝自愈合剂的技术原理与解决的市场痛点 • 识别沥青混合料裂缝自愈合剂项目的竞争优势 • 分析沥青混合料裂缝自愈合剂项目财务分析的内容与结构 • 评析沥青混合料裂缝自愈合剂项目在营销策略与应用场景方面的创新性	2	1	1

(续)

教学内容	教学要点	课时安排		
		高职	本科	MBA
第16章 透水性玻璃沥青道路 材料：废弃玻璃 变废为宝	・识别透水性玻璃沥青道路材料的创意来源及满足的市场需求 ・明确透水性玻璃沥青道路材料的技术创新 ・分析透水性玻璃沥青道路材料与传统道路材料相比的竞争优势 ・针对项目在竞争分析方面的不足提出完善建议	2	1	1
第17章 环保复合改性沥青： 地沟油聚合 价值再造	・分析环保复合改性沥青解决的痛点 ・识别项目产品在原料、性能上的创新点和竞争优势 ・了解地沟油/聚合物复合改性沥青的工艺流程和性能测试过程 ・分析项目的商业性 ・剖析项目在发展规划、营销策略等方面的不足，提出优化方案	2	1	1
第18章 微弧氧化工艺： 钛合金表面防护 技术新突破	・了解微弧氧化工艺的新技术、新理念 ・明确微弧氧化工艺解决的痛点以及面向的客户群体 ・分析该项目的市场前景、竞争优势、营销策略以及未来的盈利能力 ・评析该项目在钛合金表面防护领域内的创新性、商业性以及社会效应 ・识别该项目存在的缺陷，并提供合理化建议	2	1	1
第19章 绿e可移动项目部： 智能建筑引领者	・了解装配式建筑——绿e可移动项目部的新材料、新技术、新理念 ・识别绿e可移动项目部在产品服务和运营管理上的创新性 ・分析绿e可移动项目部的竞争优势 ・探讨建筑类创新创业项目设计要点	2	1	1
第20章 空-天-地滑坡地质 灾害智能监测系统	・分析创业项目的选择，学习空-天-地滑坡灾害监测系统将高校优势学科与解决重大民生问题相结合的思路 ・了解空-天-地滑坡灾害监测系统解决的痛点 ・分析空-天-地滑坡灾害监测系统技术的创新性 ・针对项目产品在市场分析和风险控制方面的不足，给出优化意见	2	1	1
第21章 创新创业团队 参赛成功经验	・熟悉创业团队的成员选择和创业团队的组建要求 ・学会识别、判断与选择合适的创业项目 ・掌握商业计划书及路演PPT制作技巧 ・明确项目路演与答辩策略	2	2	2
第22章 创新创业项目 专家关注要点	・了解商业类与公益类项目评审规则的差异 ・理解商业类项目在创新性、商业性、团队情况、社会效益方面的评价规则 ・理解公益类项目在公益性、实效性、可持续性方面的评价规则 ・学习更完美地呈现商业计划书与路演PPT	2	2	2
第23章 创新创业项目 实践指南	・理解创新创业类项目参赛要点与实践要点的差异 ・了解什么是好的创业团队和如何组建好的创业团队 ・了解商业模式和如何进行商业模式创新 ・明确商业计划书的制作技巧和路演的策略	2	2	2

说明：
1. 不同类型学生的课时安排建议：高职48学时，本科32学时，MBA 32学时。管理类和非管理类专业学生，在教学内容、重点方面可有所不同。
2. 案例分析研讨教学方式：小组研讨、课堂汇报交流。
3. 理论教学方式：翻转课堂、MOOC教学、课堂讲授教学方式，课外练习与研讨。

目录·CONTENTS

前言
教学建议

I 基础理论篇

第1章 创新创业类学科竞赛概述 ·········· 3
1.1 中国国际"互联网+"大学生创新创业大赛 ·········· 3
1.2 "创青春"全国大学生创业大赛 ·········· 7
1.3 全国大学生电子商务"创新、创意及创业"挑战赛 ·········· 11
1.4 其他重要创新创业类大赛 ·········· 14

第2章 创新创业项目前期准备 ·········· 18
2.1 认识创新创业 ·········· 19
2.2 创业素质 ·········· 20
2.3 发掘创新创业机会 ·········· 22
2.4 组建创业团队 ·········· 29
2.5 整合创业资源 ·········· 32
2.6 设计商业模式 ·········· 35

第3章 商业计划书的制作及演示 ·········· 41
3.1 商业计划书及其作用 ·········· 41
3.2 商业计划书的基本内容 ·········· 42
3.3 商业计划书的制作流程 ·········· 46
3.4 商业计划书的摘要撰写 ·········· 48

3.5 商业计划演示及过程设计 ································ 48
3.6 商业计划演示内容设计与制作 ·························· 50
3.7 商业计划现场展示 ······································· 54

第 4 章 创新创业项目评价 ··· 57
4.1 创新创业竞赛基本评审规则 ···························· 57
4.2 创新创业项目评价分析框架 ···························· 63

II 案例分析篇

模块 1 机械类与自动化类专业 ·· 69

第 5 章 天创无人车：赋能末端智能配送 ···························· 69
5.1 项目概要 ·· 69
5.2 项目方案 ·· 70
5.3 项目分析 ·· 79
5.4 优化建议 ·· 81

第 6 章 金刚爬壁机器人：勘测和除尘的小能手 ··················· 83
6.1 项目概要 ·· 83
6.2 项目方案 ·· 84
6.3 项目分析 ·· 93
6.4 优化建议 ·· 95

模块 2 管理科学与工程类专业 ·· 98

第 7 章 基于 BIM 的交通基础设施智慧建设管理平台 ············ 98
7.1 项目概要 ·· 98
7.2 项目方案 ·· 99
7.3 项目分析 ·· 110
7.4 优化建议 ·· 112

第 8 章 绿通稽查：鲜活农产品运输大数据管理平台 ············· 113
8.1 项目概要 ·· 113
8.2 项目方案 ·· 114
8.3 项目分析 ·· 124
8.4 优化建议 ·· 127

第 9 章　优路大件运输服务：数字化赋能路径规划 ············ 128
9.1　项目概要 ············ 128
9.2　项目方案 ············ 129
9.3　项目分析 ············ 138
9.4　优化建议 ············ 141

模块 3　交通运输类专业 ············ 142

第 10 章　智慧行车安全系统：危险驾驶实时预警 ············ 142
10.1　项目概要 ············ 142
10.2　项目方案 ············ 143
10.3　项目分析 ············ 154
10.4　优化建议 ············ 156

第 11 章　灵安脑波：疲劳驾驶智能监测引领者 ············ 157
11.1　项目概要 ············ 157
11.2　项目方案 ············ 158
11.3　项目分析 ············ 171
11.4　优化建议 ············ 173

第 12 章　疲检宝：驾驶员疲劳状态便携检测系统 ············ 174
12.1　项目概要 ············ 174
12.2　项目方案 ············ 175
12.3　项目分析 ············ 181
12.4　优化建议 ············ 184

第 13 章　道路交通事故鉴定变革：场景数字化重现 ············ 185
13.1　项目概要 ············ 185
13.2　项目方案 ············ 186
13.3　项目分析 ············ 195
13.4　优化建议 ············ 198

模块 4　材料类专业 ············ 201

第 14 章　全生命周期生态道路铺面材料：废旧轮胎的重生 ············ 201
14.1　项目概要 ············ 201
14.2　项目方案 ············ 202
14.3　项目分析 ············ 212

　　　　14.4　优化建议 ······ 216

第15章　沥青混合料裂缝自愈合剂：道路微型创可贴 ······ 217
　　　　15.1　项目概要 ······ 217
　　　　15.2　项目方案 ······ 218
　　　　15.3　项目分析 ······ 225
　　　　15.4　优化建议 ······ 229

第16章　透水性玻璃沥青道路材料：废弃玻璃变废为宝 ······ 231
　　　　16.1　项目概要 ······ 231
　　　　16.2　项目方案 ······ 232
　　　　16.3　项目分析 ······ 240
　　　　16.4　优化建议 ······ 242

第17章　环保复合改性沥青：地沟油聚合价值再造 ······ 244
　　　　17.1　项目概要 ······ 244
　　　　17.2　项目方案 ······ 245
　　　　17.3　项目分析 ······ 255
　　　　17.4　优化建议 ······ 256

第18章　微弧氧化工艺：钛合金表面防护技术新突破 ······ 258
　　　　18.1　项目概要 ······ 258
　　　　18.2　项目方案 ······ 259
　　　　18.3　项目分析 ······ 267
　　　　18.4　优化建议 ······ 268

模块5　土木类与地质类专业 ······ 270

第19章　绿e可移动项目部：智能建筑引领者 ······ 270
　　　　19.1　项目概要 ······ 270
　　　　19.2　项目方案 ······ 271
　　　　19.3　项目评价 ······ 279
　　　　19.4　优化建议 ······ 282

第20章　空-天-地滑坡地质灾害智能监测系统 ······ 284
　　　　20.1　项目概要 ······ 284
　　　　20.2　项目方案 ······ 285
　　　　20.3　项目分析 ······ 291

20.4 优化建议·· 295

Ⅲ 实践提升篇

第 21 章 创新创业团队参赛成功经验·· 299
　　21.1 赛前项目构思·· 299
　　21.2 赛中得分要点·· 302
　　21.3 赛后经验总结·· 305

第 22 章 创新创业项目专家关注要点·· 308
　　22.1 商业类项目评估要点·· 308
　　22.2 公益类项目评估要点·· 314

第 23 章 创新创业项目实践指南·· 316
　　23.1 团队组建与资源整合·· 316
　　23.2 项目创意与商业模式创新·· 319
　　23.3 商业计划书的制作技巧·· 321
　　23.4 商业计划的路演策略·· 323

Ⅳ 拓展学习篇

附录·· 329

参考文献·· 338

1

基础理论篇

基市理分編

第1章·CHAPTER 1

创新创业类学科竞赛概述

创新创业类学科竞赛是以学科专业为基础，以大学生为主体，开展专创融合、社会实践、科技创新、创意创业、成果转化、素质教育的综合性赛事，是推动高校创新创业教育、促进教育教学改革的一种主要方式。参加高水平创新创业类竞赛，可以有效激发学生的创新创业热情、培养创业精神、形成创造思维、提升创新能力，开发团队协作素质与技能，获得创新创业、企业管理等社会实践经验。中国国际"互联网+"大学生创新创业大赛、"创青春"全国大学生创业大赛、全国大学生电子商务"创新、创意及创业"挑战赛是我国目前参与人群面广、参与人数众多、国内影响力大、社会认可度高、以创业为导向的三大全国大学生创新创业类学科竞赛。本章主要对这三大赛事进行介绍。

1.1 中国国际"互联网+"大学生创新创业大赛

1.1.1 大赛简介

中国国际"互联网+"大学生创新创业大赛（简称"互联网+"大赛），原名中国"互联网+"大学生创新创业大赛，是为了深化高等学校创新创业教育改革，激发大学生的创新创造实践能力，培养创新创业生力军，促进高等学校毕业生更高质量创业就业，推动创新成果转化和"互联网+"新业态形成，服务经济结构转型升级，由教育部与有关部委大力倡导的全国性赛事。

"互联网+"大赛始于2015年，大赛每年举办1届。前三届比赛不区分赛道。首届大赛的参赛组别分为创意组和实践组，主要面向普通高等学校在校生，包括本专科生、研究生（不含在职生），或毕业 5 年以内的毕业生。参赛项目类型有"互联网＋"传统产业、"互联网＋"新业态、"互联网＋"公共服务、"互联网＋"技术支撑平台。第二届（2016 年）细化了参赛组别，将其分为创意组、初创组和成长组，创意组参赛申报人须为普通高等学校在校生，初创组和成长组参赛申报人为普通高等学校在校生或毕业 5 年以内的毕业生。参赛项目类型分别是"互联网＋"现代农业、制造业、信息技术服务、商务服务、公共服务、公益创业 6 大类。第三届（2017 年）增加了就业型创业组，主要面向高职高专院校，其他高校也可申报，参赛项目类型增加了"互联网＋"文化创意服务。

第四届（2018 年）大赛开始区分参赛赛道，将前三届已有参赛项目组别设为"高教主赛道"，同时，增设"青年红色筑梦之旅"赛道和国际赛道。其中，"青年红色筑梦之旅"赛道为助力精准扶贫和乡村振兴，分为公益组和商业组，比赛赛制与高教主赛道相同；国际赛道则为打造大赛国际平台，参赛组别包括未注册公司组和已注册公司组，由国际赛道专家组会同全球大学生创新创业联盟（筹）择优遴选推荐项目。参赛项目类型将"互联网＋"商务服务、公共服务合并成"互联网＋"社会服务，参赛项目不仅限于"互联网＋"项目。

第五届（2019 年）大赛单独设置职教赛道，仅限职业院校学生参加，参赛对象分为创意组和创业组；高教主赛道的参赛组别为创意组、初创组、成长组和师生共创组；"青年红色筑梦之旅"赛道分为公益组和商业组；国际赛道分为商业企业组、社会企业组和命题组。大赛采用申报遴选初赛、网络评审复赛和优胜项目现场全国总决赛三级赛制。同时，为实现创新创业教育各学段的有机衔接，新增萌芽板块，专为普通高级中学在校生设立，项目由各地有关部门，从已有各类中学生赛事获奖项目中，经过遴选、择优推荐进入全国总决赛。各赛道的参赛类型，分别有不同要求。除了萌芽板块和国际赛道，其他赛道在历届全国总决赛中，大赛专家委员会先对入围项目进行网络评审，再择优进行现场比赛。

第六届（2020 年）大赛，更名为中国国际"互联网＋"大学生创新创业大赛，设有高教主赛道、"青年红色筑梦之旅"赛道、职教赛道和萌芽赛道，将原国际赛道并入高教主赛道。参赛项目按照参赛学校所在的国家和地区，分为中国大陆地区、中国港澳台地区和国际参赛项目 3 类。大赛分地区组织初赛、复赛，按照大赛组委会确定的配额遴选推荐项目入围全国总决赛，经网络评审择优进入全国总决赛现场比赛，实行同场竞技、统一打分、分类排名和奖励。同时，萌芽板块增设网络评审环节。

至 2020 年，六届"互联网＋"大赛的报名参赛院校、项目、人员数量迭创新高，影响力不断扩大。在第六届大赛中，来自中国内地的 2 988 所学校、147 万个项目、630 万人报名参赛，其中本科院校 1 241 所、科研院所 43 所、高职院校 1 130 所、中职院校 574 所；来自 113 个国家和地区的 1 158 所院校、3 291 个项目、8 981 个学生报名参赛。六届大赛累计参赛学生人数，已从 20 万人激增到 1 500 万人，参赛团队从 5 万个增长至 374 万个，"互联网＋"大赛已经快速成长为国内参赛规模最大、影响力最广的大学生创新创业比赛之一。

1.1.2 组织机构

"互联网+"大赛由教育部、中央统战部、中央网络安全和信息化委员会办公室、国家发展改革委、工业和信息化部、人力资源和社会保障部、农业农村部、中国科学院、中国工程院、国家知识产权局、国务院扶贫开发领导小组办公室、共青团中央等有关部委和承办方所在省级人民政府共同主办，每届大赛承办方不同。

大赛设立组织委员会、专家委员会和纪律与监督委员会，分别负责相应工作。

组织委员会（简称组委会）：由教育部部长和承办方所在省省长担任主任，负责大赛的组织实施。

专家委员会：邀请行业企业、投资机构、创业孵化机构、大学科技园、公益组织、高校和科研院所专家等作为成员，负责参赛项目的评审工作，指导大学生创新创业。

纪律与监督委员会：对大赛组织评审工作，对协办单位相关工作进行监督，对违反大赛纪律的行为予以处理。

各省、自治区、直辖市和新疆生产建设兵团根据实际成立相应的机构，开展当地初赛和复赛的组织实施、项目评审和推荐等工作。

1.1.3 赛事安排

大赛主要采用校级初赛、省级复赛、全国总决赛三级赛制（不含萌芽赛道）。校级初赛由各高校负责组织，省级复赛由各省、自治区、直辖市负责组织，全国总决赛由各地按照大赛组委会确定的配额择优遴选推荐项目。大赛组委会综合考虑各地报名团队数、参赛院校数和创新创业教育工作情况等因素分配全国总决赛名额，由大赛评审委员会对入围全国总决赛项目进行网上评审，择优选拔一定比例项目进入全国总决赛现场比赛。中国国际"互联网+"大学生创新创业大赛基本流程如图1-1所示。

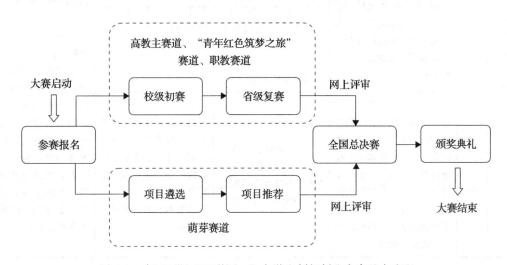

图1-1 中国国际"互联网+"大学生创新创业大赛基本流程

1.1.4 参赛要求

大赛目前设有四个赛道，分别为高教主赛道、"青年红色筑梦之旅"赛道、职教赛道和萌芽赛道，其中萌芽赛道专为普通高级中学在校学生设立，旨在引导中学生开展创新实践活动，本章不做介绍。各赛道参赛项目要求、申报条件各有不同。下面以第六届中国国际"互联网+"大学生创新创业大赛参赛标准，介绍各赛道参赛要求。

高教主赛道和职教赛道的参赛项目类型包括"互联网+"现代农业、"互联网+"制造业、"互联网+"信息技术服务、"互联网+"文化创意服务、"互联网+"社会服务5类，但不仅限于"互联网+"项目。"青年红色筑梦之旅"赛道参赛项目应与推进革命老区、贫困地区、城乡社区经济社会发展相关，鼓励对农村地区教育、科技、农业、医疗、扶贫以及城乡社区治理等方面有突出贡献的项目参赛。各赛道根据参赛对象及项目特点不同，分为不同的组别。高教主赛道、"青年红色筑梦之旅"赛道、职教赛道的参赛组别及相应的参赛要求，如表 1-1 所示。

表 1-1 中国国际"互联网+"大学生创新创业大赛各赛道参赛要求

赛道	组别	项目要求		申报条件	参赛方式
高教主赛道	创意组	在大赛当年规定日前尚未完成工商登记注册		申报人须为团队负责人，须为普通高等学校在校生（不含在职生）	以团队为单位报名参赛。允许跨校组建团队，每个团队的参赛成员不少于 3 人，原则上不多于 15 人（含团队负责人），须为项目的实际核心成员。参赛创业项目，须为本团队策划或经营项目。根据参赛团队负责人的学籍或学历确定参赛团队所代表的参赛学校，按照参赛学校所在国家和地区，分为中国大陆地区参赛项目、中国港澳台地区参赛项目、国际参赛项目3类
	初创组	参赛项目工商登记注册未满 3 年，且获机构或个人股权投资不超过 1 轮次	企业法人代表的股权不得少于 10%，参赛成员股权合计不得少于 1/3 学校科技成果转化项目（不含基于国家级重大、重点科研项目），拥有科研成果的教师与学生合并股权不少于 51%，学生团队所持股权不低于 26%	申报人须为初创企业法人代表，须为普通高等学校在校生（不含在职生），或毕业 5 年以内的毕业生（不含在职生）	
	成长组	项目工商登记注册3年以上；或工商登记注册未满 3 年，获机构或个人股权投资 2 轮次以上（含 2 轮次）			
	师生共创组	基于国家级重大、重点科研项目的科研成果转化项目，或教师与学生共同参与创业且教师所占权重比例大于学生（如已注册成立公司，教师持股比例大于学生，且注册年限不得超过 5 年，师生均可为公司法人代表）	股权结构中，师生股权合并计算不低于51%，且学生参赛成员合计股份不低于 10%	参赛申报人须为普通高等学校在校生（不含在职生），或毕业 5 年以内的毕业生（不含在职生）。参赛教师须为高校在编教师	

(续)

赛道	组别	项目要求	申报条件	参赛方式
"青年红色筑梦之旅"赛道	公益组	项目以社会价值为导向，在公益服务领域具有较好的创意、产品或服务模式的创业计划和实践	注册或未注册成立公益机构（或社会组织）的项目均可参赛，师生共创组项目若符合条件可参加	参赛申报人须为团队负责人，须为普通高等学校在校生（不含在职生），或毕业5年以内的毕业生（不含在职生）	以团队为单位报名参赛，允许跨校组建团队，每个团队的参赛成员不少于3人，原则上不多于15人（含团队负责人），须为项目的实际核心成员 参赛创业项目，须为本团队策划或经营的项目 已获往届中国"互联网+"大学生创新创业大赛全国总决赛各赛道金奖和银奖的项目，不可报名
	商业组	项目以商业手段解决农业农村和城乡社区发展的痛点问题、助力精准扶贫和乡村振兴，实现经济价值和社会价值的融合	注册或未注册成立公司的项目均可参赛，师生共创组不可参加；企业法人代表的股权不少于10%，参赛成员股权合计不少于1/3；如已注册成立机构或公司，学生须为法人代表		
职教赛道	创意组	在大赛当年规定日前尚未完成工商登记注册	职业院校（含职业教育本科、高职高专、中职中专）学生（不含在职生）、国家开放大学学历教育学生（不超过30周岁）可报名参赛	参赛申报人为团队负责人，须为职业院校全日制在校学生或国家开放大学学历教育在读学生	
	创业组	在大赛当年规定日前已完成工商登记注册，且注册年限不超过5年；企业法人代表的股权不少于10%，参赛成员合计不少于1/3		申报人为企业法人代表，须为职业院校全日制在校学生或毕业5年内的毕业生、国家开放大学学历教育在读学生或毕业5年内的毕业生	

资料来源：《教育部关于举办第六届中国国际"互联网+"大学生创新创业大赛的通知》，https://cy.ncss.cn/information/8a80808d7158cf5a01727dee3e02008f，2020-06-04.

1.1.5 奖项设置

每届大赛均设置金奖、银奖和铜奖，同时设立若干高校集体奖和省市优秀组织奖。从第二届大赛开始，增设了最佳创意奖、最具商业价值奖、最佳带动就业奖、最具人气奖各1个，以及优秀创新创业导师若干名。第四届大赛开始区分赛道后，各赛道分别设立奖项。

1.2 "创青春"全国大学生创业大赛

1.2.1 大赛简介

"创青春"全国大学生创业大赛（简称"创青春"大赛）的前身是"挑战杯"中国大学生创业计划竞赛。2014年，为响应国家与社会发展的新要求，适应大学生创业发展的新趋势，共青团中央、教育部、人力资源和社会保障部、中国科学技术协会、中华全国学生联合会共同倡议和组织，在原有"挑战杯"中国大学生创业计划竞赛的基础上，和承办方所在省市区地方人民政府共同主办，由国内知名大学承办"创青春"大赛，每两年举办一次。

"创青春"大赛的宗旨是培养创新意识、启迪创意思维、提升创造能力、造就创业人才。大赛的目的是从实践教育角度出发,引导和激励高校学生弘扬时代精神,把握时代脉搏,通过开展广泛的社会实践、深刻的社会观察,不断增强对国情社情的了解,将所学知识与经济社会发展紧密结合,培养和提高创新、创意、创造、创业的意识和能力,提升社会化能力,发现和培养一批具有创新思维和创业潜力的优秀人才,推动大众创业、万众创新,为建设社会主义现代化强国、实现中华民族伟大复兴的中国梦贡献青春力量。

在原有"挑战杯"中国大学生创业计划竞赛基础上,"创青春"全国大学生创业大赛增加了创业实践挑战赛和公益创业赛,作为3项主体赛事。另外,大赛每届还设立MBA专项赛和主题专项赛2项专项赛,组织执行机构另设,奖项单独设立。"创青春"大赛与"挑战杯"竞赛的关系如图1-2所示。

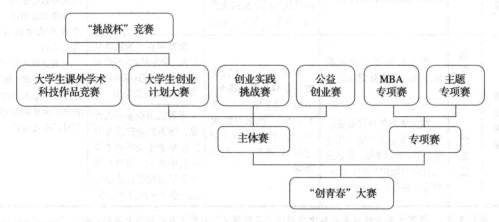

图1-2 "创青春"大赛与"挑战杯"竞赛的关系

"挑战杯"(即"'挑战杯'竞赛")是"挑战杯"全国大学生系列科技学术竞赛的简称,是由共青团中央、中国科协、教育部和中华全国学生联合会共同主办的全国性大学生课外学术实践竞赛。"挑战杯"竞赛包括两个竞赛项目,一个是"挑战杯"中国大学生创业计划竞赛(简称"'挑战杯'创赛"或"小挑"),1999年举办首届竞赛;另一个则是1989年开始举办的"挑战杯"全国大学生课外学术科技作品竞赛(简称"'挑战杯'科赛"或"大挑"),被誉为当代大学生科技创新的"奥林匹克"盛会。这两个项目的全国竞赛交叉轮流开展,每两年各举办一届。

1999年至2012年,"挑战杯"中国大学生创业计划竞赛共举办了八届。2012年第八届"挑战杯"中国大学生创业计划竞赛的参赛作品,首次被分为"已创业"和"未创业"两类,并实行校、省、全国逐级报备制度,力求进一步突出竞赛设计的科学性与竞赛作品的实用性。2014年起,"挑战杯"中国大学生创业计划竞赛升级为"创青春"全国大学生创业大赛,并增设了创业实践挑战赛、公益创业赛等,分为主体赛事和专项赛事。

2014年"创青春"全国大学生创业大赛由共青团中央、教育部等5大部门和湖北省人民政府主办,主题为"中国梦,创业梦,我的梦",主体赛事分为大学生创业计划大赛(即第九届"挑战杯"中国大学生创业计划竞赛)、创业实践挑战赛和公益创业赛,专项赛分为 MBA 专项赛和移动互联网创业专项赛。

2016 年"创青春"中航工业全国大学生创业大赛由共青团中央、教育部等 5 大部门和四川省人民政府主办，主题为"创新圆梦，创业报国"，主体赛事仍分为大学生创业计划大赛（即第十届"挑战杯"中国大学生创业计划竞赛）、创业实践挑战赛和公益创业赛，专项赛分为 MBA 专项赛和电子商务专项赛。

2018 年"创青春"浙大双创杯全国大学生创业大赛由共青团中央、教育部等 5 大部门和浙江省人民政府主办，主题为"弄潮创青春，建功新时代"，主体赛事仍分为大学生创业计划大赛（即第十一届"挑战杯"中国大学生创业计划竞赛）、创业实践挑战赛和公益创业赛，专项赛分为 MBA 专项赛和网络信息经济专项赛。

2020 年"创青春"全国大学生创业大赛仅开展了第十二届"挑战杯"中国大学生创业计划竞赛，由共青团中央、教育部、中国科学技术协会、中华全国学生联合会、黑龙江省人民政府共同主办，东北林业大学、共青团黑龙江省委承办。大赛共设置 5 个组别：①科技创新和未来产业；②乡村振兴和脱贫攻坚；③城市治理和社会服务；④生态环保和可持续发展；⑤文化创意和区域合作。按照参赛对象，竞赛分普通高校和职业院校两类分别进行竞赛评选。

1.2.2 组织机构

"创青春"大赛的主办单位有共青团中央、教育部、人力资源和社会保障部、中国科学技术协会、中华全国学生联合会、地方省级人民政府，大赛的支持单位有工业和信息化部、国务院国有资产监督管理委员会、中华全国工商业联合会，大赛的承办单位为国内知名高校，每届不同。

大赛设领导小组、全国组织委员会、全国指导委员会和全国评审委员会。

（1）领导小组由主办单位、承办单位的有关领导组成。

（2）全国组织委员会由主办单位、支持单位、承办单位的有关负责人组成，负责大赛各项工作的组织开展。全国组委会下设秘书处，负责大赛的日常事务。

（3）全国指导委员会由全国组委会邀请享有较高知名度并关注青年创业的经济学家、企业家、风险投资界和新闻媒体界等人士担任成员，对大赛的组织工作及高校学生创业就业工作给予宏观性、战略性指导。

（4）全国评审委员会由全国组委会聘请非学校的各相关领域专家学者、企业家、风险投资界人士、青年创业典型等组成，负责参赛项目的评审工作。

（5）各省、自治区、直辖市的共青团委员会（以下简称团委）、教育部门、人力资源和社会保障部门、科学技术协会、学生联合会根据实际，联合设立省级组织协调委员会和评审委员会等相应机构，负责本地预赛的组织协调、参赛项目资格审查和初评等有关工作。

1.2.3 赛事流程

"创青春"大赛的 3 项主体赛事，会通过高校、省区市、全国 3 个层级，由高校报送项目逐次参加省级预赛、全国复赛和全国决赛 3 个阶段进行。2 项专项赛事不用组织省级预赛，各高校按照限额推选优秀项目，直接入围国赛，参加全国复赛与决赛。

"创青春"大赛的 3 项主体赛事，需通过组织省级预赛或评审后选拔项目报送至全国组委会，一般分省级预赛、全国复赛和全国决赛 3 个阶段进行。第一阶段，由各省、自治区、直辖市针对高校评审报送的作品，组织省级预赛或评审后选拔报送参加复赛，报送项目的数量不得超过项目名额分配表中规定的数量。第二阶段，举行全国大赛复赛。全国评委会对各省报送项目进行评审，择优进入决赛。第三阶段，举行全国大赛决赛。全国评委会通过相应评审环节，对 3 项主体赛事分别评出若干金奖、银奖、铜奖。

2 项专项竞赛不用组织省级预赛，一般分高校预赛或推选、全国复赛、全国决赛 3 个阶段进行。第一阶段，各高校自行组织校内预赛或评审，推选项目参加全国复赛。参加全国复赛的项目须在"创青春"大赛官方网站进行网络报备和申报，并按评审要求提交相应材料。第二阶段为全国复赛，由全国评委会通过项目网络评审，择优选择项目进入全国终审决赛。第三阶段为全国终审决赛。全国评委会通过书面评审、现场答辩等环节，评出金奖、银奖、铜奖及其他单项奖项目。

1.2.4 参赛要求

"创青春"大赛主要包括"3+2"2 大类赛事，3 项主体赛事和 2 项专项竞赛分别组织，组织执行机构与奖项单独设立。

按照大赛章程规定，每人（每个团队）最多只能申报 1 个项目参赛；每个参赛项目只可选择参加一项主体赛事，不能兼报。大赛章程规定，参赛项目以学校为单位统一申报，以创业团队形式参赛。对于跨校组队参赛的项目，须事先协商明确唯一的项目申报单位，即一个项目只能以一个学校名义报名参加，不能重复报名。团队人数原则上不超过 10 人。对于参赛项目申报材料的具体形式和要求，在校赛、省赛阶段，由各高校各地区自行决定。

"创青春"各类竞赛项目的参赛要求如表 1-2 所示。

1.2.5 奖项设置

全国评审委员会对各省、自治区、直辖市报送的 3 项主体赛事的参赛项目进行复审，分别评出参赛项目的 90% 左右进入全国决赛。3 项主体赛事的奖项设置统一为金奖、银奖、铜奖，分别约占进入决赛项目总数的 10%、20% 和 70%。

2 个主题专项赛设金奖、银奖、铜奖、优秀奖，金、银、铜奖各占进入终审决赛项目数量的 10%、20%、60%，进入决赛的其他项目为优秀奖。

表 1-2 "创青春"大赛各类竞赛参赛要求

类别	竞赛名称	参赛对象	参赛项目	参赛形式与限项
主体赛事	大学生创业计划竞赛	正式注册的全日制非成人教育的高等院校在校生,包括专科生、本科生、硕士研究生和博士研究生(均不含在职研究生)可参加全部3项主体赛事 毕业未满3年的高校毕业生可代表最终学历颁发高校参加创业实践挑战赛	参赛项目分为已创业与未创业两类,或根据参赛对象分为普通高校、职业院校两类 分为7个组别:农林、畜牧、食品及相关产业;生物医药、化工技术和环境科学;信息技术和电子商务;材料;机械能源;文化创意和服务咨询实行分类、分组申报	以学校为单位统一申报,以创业团队形式参赛 每个学校选送参加全国大赛的项目总数不超过6件,其中,大学生创业计划竞赛的项目不超过3件,创业实践挑战赛项目不超过2件,公益创业赛的项目不超过1件,每人(团队)限报1件 每个参赛项目只可选择参加一项主体赛事
	公益创业赛		拥有较强的公益特征、创业特征、实践特征的项目 不区分具体类别组别	
	创业实践挑战赛		参赛项目拥有或授权拥有产品或服务,并已在工商、民政等政府部门注册登记为企业、个体工商户、民办非企业单位等组织形式,且法人代表或经营者符合参赛对象规定,运营时间在3个月以上 不区分具体类别组别	
专项赛事	主题专项赛	正式注册的全日制非成人教育的各类高校在校专科生、本科生、硕士研究生和博士研究生(均不含在职研究生)或毕业未满3年的高校毕业生	通过提交创业项目计划书参赛,是否已投入创业不限,鼓励申报已运营的项目,项目须符合专项赛事的主题范围 竞赛分实践类、创意类分别进行比赛,实践类为已经投入实际运营的项目,创意类为还没投入实际运营的项目,同一个项目只能参与其中一类比赛	每所高校最多可申报3个项目参赛
	MBA专项赛	项目负责人必须是正式注册且就读MBA专业的在校学生,其他成员为全日制高校在校生或毕业未满3年的高校毕业生	通过申报创业项目计划书参赛,是否已投入创业及创业领域不限 申报不区分具体组别	设有MBA专业的学校以创业团队的形式参赛 每所高校只能组成1支团队参赛

资料来源:《关于2018年"创青春"全国大学生创业大赛MBA专项赛和网络信息经济专项赛有关事项的通知》,http://www.chuangqingchun.net/article/15953/, 2018-05-03.

1.3 全国大学生电子商务"创新、创意及创业"挑战赛

1.3.1 大赛简介

全国大学生电子商务"创新、创意及创业"挑战赛(简称"三创赛")是激发大学生兴趣与潜能,培养大学生创新意识、创意思维、创业能力以及团队协同实战精神的学科性竞赛。2009年,教育部委托教育部高校电子商务类专业教学指导委员会,主办了首届"三创赛"全国性在校大学生学科竞赛。

"三创赛"的宗旨是学科引领、知行合一、敢想敢干、勇立潮头,大赛的目的是强化创新意识、引导创意思维、锻炼创业能力、倡导团队精神。从2009年开始,以"创

新,创意,创业"为主题的全国大学生电子商务"三创赛",营造出了产学研紧密结合的大学生实训实战氛围。大学生通过竞赛挑战企业需求项目,激励创意、创新、创业热情,建立高校教育教学与社会经济发展紧密联系的桥梁。

2009年至2020年,"三创赛"共成功举办了10届。参赛团队从首届的1 500多支、第二届的3 800多支,迅速增加到第十届的65 000多支。随着"三创赛"的规模越来越大,影响力越来越强,已经被全国广大高校接受,已经成长为大学生喜闻乐见的课外实践创新活动,已成为颇具影响力的全国性创新创业学科竞赛。10多年来,"三创赛"也得到了教育部、商务部和各省、自治区、直辖市教育厅(教委)、商务厅(局)等政府部门的大力支持,获得了许多知名企业、新闻媒体等社会各界的大力支持,在社会上产生了多方面的积极影响,强烈带动了大学生的就业和创业活动,明显促进了各地经济和社会的发展。

1.3.2 参赛要求

1. 大赛选题与参赛作品

2021年第十一届"三创赛"提倡选题多元化,鼓励学生创新意识、创意思维和创业能力的提高,题目可以来自企业或行业,也可以由参赛团队自拟。2020年第十届"三创赛"倡导10个方面的电子商务选题,分别是三农电子商务、工业电子商务、跨境电子商务、电子商务物流、互联网金融、移动电子商务、旅游电子商务、校园电子商务、电商抗疫及其他类电子商务,参赛队伍应该围绕大赛主题给出具体题目参加竞赛。

参赛作品必须是参赛团队的原创作品,且首次参赛或公开发表。如果该作品已经参加过其他比赛,必须列出比赛名称,并在满足下列条件时方可参赛:参加本次比赛前对原参赛作品已经做了再创新;团队参赛时必须将原参赛作品作为附件提交,并对在原参赛作品基础上进行迭代创新的主要内容给予明确的说明。

参赛队伍应在比赛开始前10个工作日,在大赛官网上传参赛作品摘要,摘要内容须包括:项目背景、意义、主要内容、成果及其在创新、创意和创业3方面的标志性内容,限制在100字以上300字以内。

2. 参赛选手及团队

参赛选手须是经教育部批准设立的普通高等学校的在校大学生,经所在学校教务处等机构审核通过后方具备参赛资格。高校教师既可以作为学生队的指导老师也可以作为师生混合队的队长或队员参赛,但教师总数不能超过学生总数。

参赛选手每人每年只能参加一个团队的竞赛,参赛队成员应包括3~5名学生,其中1名为队长;0~2名高校指导老师,0~2名企业指导老师。

参赛队伍分两种。一种是学生队,队长和队员应全部为全日制在校学生;另一种是师生混合队,队长必须为教师,但队员中学生数量必须多于教师。团队成员组合提倡合理分工,学科交叉,优势互补。竞赛可以跨校组队,以队长所在学校为报名学校。

1.3.3 大赛流程

"三创赛"采用"三级两轮"赛制,即分为校级选拔赛、省级选拔赛、全国总决赛(以下分别简称"校赛""省级赛""国赛")三个层级和阶段,每级竞赛均包括小组赛和终极赛,各小组第一名进入本级终极赛。竞赛优秀的团队依次晋级获得高一级参赛资格,不能跨级参赛。

校级选拔赛由高校组建的校赛组委会按照校赛计划书,在校赛截止日期前,参照竞赛规则和评分表,完成校内竞赛。

省级选拔赛由省级赛组委会在规定时间内,下达各高校参加省级赛的指标数,参赛高校以校赛团队得分由高到低进行推荐,最多不超过 15 支。通过封闭式的分组赛和开放式的终极赛,决出省级竞赛成绩与名次。全国省级赛结束后,"三创赛"竞赛组委会按规则分配各省级赛参加国赛的团队指标数,省级赛组委会以省级赛的获奖成绩得分数从高到低推荐参加国赛的团队,每个学校参加国赛的团队数不超过 5 支。省级赛承办单位将参加国赛现场赛的团队相关信息与资料提交至大赛组委会。

国赛组委会在规定时间内,按照竞赛规则和评分表,以封闭式竞赛进行分组赛,以开放式竞赛开展最终名次全国总决赛,并将竞赛成绩及作品上报大赛组委会秘书处审查通过和官网公示。全国电子商务产教融合创新联盟在全国总决赛公示完成后 5 天向全国总决赛获奖队伍发放证书(电子版),并在官网上予以确认。

1.3.4 组织机构

从 2009 年到 2019 年,"三创赛"一直由教育部主管、教育部高校电子商务类专业教学指导委员会主办。2020 年,第十届"三创赛"的主办单位由教育部高校电子商务类专业教学指导委员会转变为全国电子商务产教融合创新联盟(以下简称"联盟")主办。三级赛事由相关高校申请承办,高校需向竞赛组委会提出申请并确认后,方可获得各级竞赛承办资格。校赛由教育部批准成立的高等学校承办,有关学校向大赛秘书处提出申请,经其确认后获得校赛举办资格;省级赛承办单位由开设电子商务本科专业的高校自荐或他荐,竞赛组委会批准;希望承办国赛的单位向"三创赛"竞赛组委会提出书面申请与承诺,组委会派专家实地考察和研究确认后,获得国赛承办资格。

竞赛设立全国竞赛组织委员会、企业家指导团和高校教师指导团,并根据三级赛制,分别设立各级竞赛组织机构,保证大赛的科学、规范、高效进行。

全国竞赛组织委员会(简称"大赛竞组委")负责全国三级赛事及其关联协同的规则制定和实施过程管理、三级赛事的指导、督促和总结等工作,对内向联盟负责,对外向指导单位、冠名单位、协办单位和赞助单位负责,并指导国赛、省级赛、校赛承办单位和合作单位的工作。大赛竞组委委员原则上由电子商务专业领域知名学者、专家、企业家等担任。企业家指导团和高校教师指导团在大赛竞组委领导下,负责对大赛的组织和实施过程进行指导，参加对三级赛事参赛团队的指导和评价等工作。大赛竞组委设置秘书处，具体负责大赛的策划、组织、指导、实施、服务和管理等工作。

在大赛竞组委的指导和监督下，校赛、省赛、国赛的承办单位，分别组建校级选拔赛组织委员会（简称"校赛组委会"）、省级选拔赛组织委员会（简称"省级赛组委会"）和全国总决赛组织委员会（简称"国赛组委会"），负责落实各级赛场、赛事、后勤保障等工作。省级赛组委会负责组建本级赛事的仲裁组、纪检组、评委组；大赛竞组委在国赛中组建纪检组、仲裁组以及法律顾问。纪检组负责参赛团队及作品与评委现场工作的合规性检查，并按规则给予记录和处理；仲裁组负责解决比赛过程中出现的各类争议问题（记录仲裁内容和仲裁结论）；法律顾问主要负责赛事相关法律方面问题的咨询和诉讼工作并向大赛竞组委负责。每个评委组组长负责本组评审的总体把关，针对评审过程中或结束后出现的矛盾和争议，组织本组专家予以协商，提出解决意见或建议。

1.3.5 奖项设置

校赛、省级赛、国赛奖项均分为特、一、二、三等奖共4个等级。对于各等级奖项的名额比例而言，校赛与省级赛完全相同，而国赛在各等级奖上的名额都比校赛与省级赛多。

三级赛事均设最佳创新奖、最佳创意奖、最佳创业奖等单项奖若干名。对一等奖团队指导老师授予优秀指导老师奖，对特等奖团队指导老师授予最佳指导老师奖。省级赛可授予校赛优秀组织奖若干名。国赛对获得特等奖的省级赛承办单位授予优秀组织奖，对获得国赛特等奖前三名的省级赛承办单位授予优异组织奖。国赛承办单位可以为特等奖获奖团队提供奖金，额度可根据具体情况而定。

1.4 其他重要创新创业类大赛

中国国际"互联网+"大学生创新创业大赛、"创青春"全国大学生创业大赛以及全国大学生电子商务"创新、创意及创业"挑战赛，是以创新意识、创意思维和创业能力提升为导向，国内影响力最大、专为高校大学生设立、通用主题的创新创业类竞赛。

其他具有广泛社会影响力的大学生创新创业类竞赛，主要有3种类型：

第1类是关注某类较为宽泛产业领域的大学生创新创业大赛，例如，中国大学生服务外包创新创业大赛、iCAN国际大学生创新创业大赛等聚焦服务外包产业、高科技产业等较为宽泛专业领域的大学生竞赛；

第2类是聚焦某一具体细分产业或学科专业领域的大学生创新创业大赛，例如，全国高校智能交通创新与创业大赛、全国"互联网+"快递大学生创新创业大赛、中国大学生跨境电子商务创新创业大赛、中国大学生高分子材料创新创业大赛、全国中医药高等院校大学生创新创业大赛、全国大学生生命科学创新创业大赛、中国纺织类高校大学生创意创新创业大赛、全国林业草原创新创业大赛、全国财经院校创新创业大赛、全国大学生体育产业创新创业大赛等；

第3类是专门面向职业教育学生（职教、技校等特定院校学生类型）的创新创业大赛，例如，中华职业教育创新创业大赛、全国高等职业院校"发明杯"大学生创新创业大赛、全国技工院校学生创业创新大赛等。

此外，还有面向全社会的、符合相关条件的团队/大学生也可以自愿参加的创新创业大赛，例如，中国创新创业大赛、"创青春"中国青年创新创业大赛、"中国创翼"创业创新大赛、"创客中国"中小企业创新创业大赛，以及中美青年创客大赛等。

下面，主要介绍几个影响力较大的国际与国内创新创业大赛。

1.4.1 中国创新创业大赛

中国创新创业大赛是由科技部、财政部、教育部、中央网络安全和信息化委员会办公室、中华全国工商业联合会等单位共同举办的创新创业赛事。大赛聚焦国家战略和重大需求，突出战略性新兴产业重点领域，以企业为主体、市场为导向，搭建众扶平台，引导政府、市场和社会资源支持创新创业，大力促进科技创新，切实增强微观主体活力，不断培育发展新动能，积极服务和推动经济高质量发展。

大赛由地方赛、专业赛和全国赛组成。地方赛由省级科技管理部门负责牵头组织，产生的优胜企业按组委会办公室分配各赛区名额，被推荐入围全国赛。专业赛由大赛组委会办公室负责牵头组织，按专场举办，集聚龙头企业和社会资本力量，着力支持科技型中小企业开展产业关键技术创新，产生的优胜企业按组委会办公室分配名额入围全国赛。全国赛由大赛组委会办公室负责牵头组织，分全国半决赛和总决赛两个阶段，按大赛的行业主题，分为初创企业组和成长企业组比赛。

在大赛当年，企业注册成立时间在大赛前十年1月1日（含）以后、上一年度营业收入不超过2亿元人民币、具有创新能力和高成长潜力的非上市企业均可参加，这意味着高校大学生团队和社会团队平等竞争，共同评审。工商注册时间在大赛前一年1月1日（含）之后的企业方可参加初创企业组比赛，工商注册时间在大赛前两年12月31日（含）之前的企业只能参加成长企业组比赛。

奖项设置地方赛奖项和全国赛等级奖。省级科技管理部门自主设立地方赛奖项，全国总决赛分组评选，产生若干名一、二、三等奖项。以2020年第九届大赛组织方案为例，全国总决赛结束后，初创企业组产生一等奖1名、二等奖1名、三等奖1名；成长企业组产生一等奖1名、二等奖2名、三等奖3名。

1.4.2 "创青春"中国青年创新创业大赛

"创青春"中国青年创新创业大赛，是由共青团中央联合中央网信办、工业和信息化部、人力资源和社会保障部、农业农村部、商务部、国家乡村振兴局、中华全国学生联合会，以及部分省级人民政府共同主办的服务青年创新创业的示范性赛事，大赛每年举办一届。大赛旨在搭建青年创新创业者展示成长与投融资对接服务平台，激发全社会关心青年创新创业的热情，促进青年创业就业服务体系建设，优化青年创业环境，提高青年创业成功率。

大赛的参赛对象须为年龄在 35 岁以下（含）的中国公民，按地区赛、全国赛的流程进行。大赛一般采取第二产业、第三产业和涉农产业不同赛制，分别组织实施。全国赛赛制每届略有区别，以 2020 年第七届"创青春"中国青年创新创业大赛为例，设有商工组、农业农村组、互联网组 3 个类别，根据参赛项目所处的创业阶段及企业创办年限不同，商工组和互联网组分设创新组、初创组、成长组，农业农村组分设初创组、成长组、电商组。全国赛包括初赛、半决赛、决赛等环节，设立金奖、银奖、铜奖、优秀奖，优质入围项目和选手将获得政策支持、融资对接、培育孵化、荣誉推荐等多方面支持与奖励。2014 年第一届至 2020 年第七届大赛已累计吸引 47.5 万支青年创业团队、超过 207 万名青年创业者参赛。

1.4.3 "汇新杯"新兴科技＋互联网创新大赛

"汇新杯"新兴科技＋互联网创新大赛，是 2018 年诞生的创新创业大赛，由工业和信息化部牵头主办，旨在大力发展新兴科技，扶持初创企业。此项赛事面向范围广，大学生、科研人才和团队、中小微企业和社会团体均可参加。大赛分企业组赛道和团队、个人赛道。企业组赛道根据项目范围分新兴科技成果专项赛、互联网产业模式专项赛、科技＋文化艺术专项赛、科技＋社会公益专项赛。团队、个人赛道设置青年创客专项赛，不同赛道的赛事规则略有不同，但均为三级赛制。全国总决赛设置金奖、银奖、铜奖、优胜奖等奖项，同时设有奖金奖励以及相关扶持奖励。

1.4.4 中国大学生服务外包创新创业大赛

中国大学生服务外包创新创业大赛，是聚焦现代服务产业创新发展，加强服务外包人才培养，促进大学生就业和创业，每年举办一届的全国性竞赛。大赛由教育部、商务部和无锡市人民政府联合主办，2010 年开始举办，参赛对象为高校全日制在校生和毕业不超过 5 年的大学生。大赛包括校赛、区域赛、全国赛 3 个阶段，起初有 3 个竞赛类型，分别是企业命题类（A 类）、自由命题类（B 类）和创业实践类（C 类）。2017 年第八届大赛对竞赛类别做了调整，分企业命题类（A 类）和创业实践类（B 类）两个竞赛类型。企业命题类参赛团队数量不限，由企业发布真实需求命题，评审专家以企业专家为主；创业实践类每校报名数量有限，一般每校限报 2 个队，评审专家以创投机构或相关专业领域专家为主。大赛对两类竞赛分别设等级奖。

1.4.5 iCAN 国际大学生创新创业大赛

iCAN 国际大学生创新创业大赛（iCAN international contest of innovation，简称

iCAN 大赛），是原美新杯中国 MEMS 传感器应用大赛（2007~2009 年）和国际大学生 iCAN 物联网创新创业大赛（2010~2014 年），2015 年改为此名。iCAN 大赛是由国际 iCAN 联盟、教育部创新方法教学指导分委员会和全球华人微纳米分子系统学会、北京大学等单位联合主办，面向大学生创新创业的年度竞赛，主要倡导高科技创新。

iCAN 大赛始于 2007 年，倡导科技创新创业服务社会、改善人类生活；引导和激励高校学生勇于创新，发现和培养一批有作为、有潜力的优秀青年创新创业人才；促进和加强以物联网、智能硬件等为代表的高科技领域的产学研结合，推动高科技产业的发展，为高科技创新创业搭建国际交流平台。iCAN 大赛中国选拔赛的参赛对象为全国高等院校及科研院所的在校学生（含本科、专科、硕士研究生、博士研究生），必须以团队形式参赛，每支队伍 2~5 名队员，可以跨赛区和跨学校组队，作品形式为可以演示和操作的创新应用系统实物作品及作品说明。

大赛基本按照分赛区选拔赛、全国总决赛、国际总决赛的流程，每年略有不同。比赛以应用创新为主要评审原则，采取分赛区选拔和总决赛的递进式评审形式。全国总决赛一般按现场答辩、演示、观众投票等方式进行，奖项设置有特等奖、一等奖、二等奖、三等奖，根据分数的高低排名，前五名参加国际总决赛。

第 2 章 · CHAPTER 2

创新创业项目前期准备

创业者要想成功创业，必要而有效的前期准备工作至关重要。创业者必须具备一定的创新精神、创意思维、创业知识与资源、创业特质与能力，方能有效洞察和发掘创业机会，积极组建创业团队，动态整合创业资源，迅速捕获和及时开发转瞬即逝的商业机会，形成商业创意，高效制订和落地执行创业计划，为顾客创造独特价值。本章从创业者视角，根据创新创业类项目成功开展所需具备的创业者素质、创业核心要素、创业流程活动等前期创业资源、能力与实践准备，提出创新创业项目前期准备的"素质—要素—流程"分析框架，如图 2-1 所示。本章将根据此分析框架，逐层次、分阶段回答"创业者如何做好创新创业类项目的前期准备工作"。

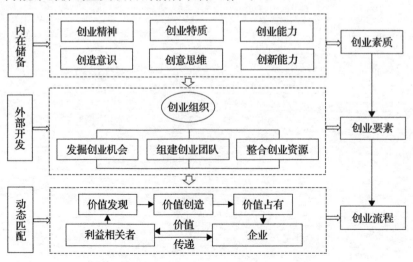

图 2-1　创新创业项目前期准备的"素质—要素—流程"分析框架

2.1 认识创新创业

2.1.1 创新与创业内涵

创新是指产生新的思想和行为的活动，是人们为了满足事物发展的需要，运用现有的资源和条件，突破常规，发现或产生某种新颖、独特、有价值的新思想、新行为和新成果的活动。创新的本质是"破旧"，即突破旧的思维定式、旧的常规惯例。创新的核心是"出新"，通常表现为开发出新的产品或服务，探索出新的商业模式，开拓新的市场，采用新的技术和工艺，实现新的生产要素组合，或者形成新的制度、组织结构和管理方式等。

创业是创业者承担风险，积极探寻和发掘机会，获取、整合和配置各种不同资源，充分把握、利用和开发机会，创建和开拓一个新企业或新事业，并从中获得经济与社会、个体或组织等多方面价值回报与需求满足的活动过程。

创业与创新之间存在复杂而紧密的联系。一方面，创新不是有效创业或避免创业失败的必要前提。有些创业并没有包括明显的创新活动，主要靠复制、模仿其他组织的产品或服务、商业模式等，也能够给顾客创造社会价值。创新与创业的区别主要在于，创业更加关注市场机会和顾客需求导向，更加强调社会价值与财富创造，以及相应的商业化行为过程。而创新是产生新思想、新行为和新结果的活动过程，更加关注新思想、新生产要素或资源组合方法的应用及付诸实践行为，以产生新的经济价值为结果。另一方面，成功的创业常常离不开创新。基于创新的创业活动更有可能为顾客创造新的独特价值，更容易形成组织独特的竞争优势，促使初创企业更好地成长与持续发展。

创新是成功创业的本质与核心要素，创业需求拉动持续创新。创业精神、创新意识和创造思维是创新与创业活动的原动力，能够维持整个创业活动的运转。创业者的创业精神、创造意识、创新思维和创新技能对成功创业至关重要。

2.1.2 创业要素

创业活动主要包括创业者或创业团队、创业机会、创业资源，以及创业组织等要素。蒂蒙斯（Timmons）的创业三要素模型（见图2-2）认为，创业过程始于创业机会，团队、资源与机会之间经历着"适应—差距—适应"的动态匹配过程，创业过程是创业机会、创业者和创业资源3个要素动态匹配平衡，以创造市场价值的活动。

其中，创业者是推动创业的主体因素。创业者的创业需求与创业精神，产生创业动机；

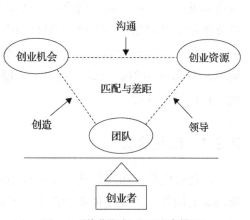

图 2-2 蒂蒙斯创业三要素模型

创业者特质即成功创业需要具备的性格、能力、知识结构、精力和时间等个人特征与素质，影响创业成败。

创业机会是创业过程的核心驱动力。创业者从技术、产业、市场等变化中发现机会，发掘评估其商业价值并加以利用。成功创业的关键在于，不只要识别评价有价值的商业机会，更要抓住机会窗口，及时采取行动。

创业团队是创业活动的主导决策者，负责对商机的理性分析和把握，对风险的认识和规避，对资源的合理利用和配置。创业团队通过动态匹配平衡创业三要素，以推进创业过程。

创业资源是开展创业的物质保障因素，主要包括人才、资金、管理等直接资源，以及信息、科技、政策等间接资源。创业初始阶段，新创企业资源普遍缺乏，创业者的资源获取能力更为关键，而随着企业成长发展，资源整合与利用能力变得更为重要。

2.1.3 创业过程

创业过程一般分为机会识别、资源整合、创办新企业、新创企业的成长与可持续发展4个主要阶段。各阶段的重点任务各有不同，侧重点也不一样，创业者需要准确地识别当前处境。在孕育阶段，创业者必须能够发现、评估新的市场机会，并进一步将其发展为一个创新企业；在萌芽阶段，创业者需要为创业而组建创业团队，创业团队使各成员联合起来，在行为上彼此影响、交互作用；在创建阶段，创业者和团队成员需要同心协力，各司其职，共同努力创办一个新企业；在成长阶段，团队要制定合理的规章制度，时刻保持创新意识，努力把企业做大做强。

2.2 创业素质

创业是创业者主导下的综合、动态、复杂的管理活动，对创业者的需求与动机、个性与心理特质、知识与能力三个不同层面的创业素质构成要素有较高的要求。一个人是否选择创业以及能否成功创业，与其创业动机、特质和能力存在紧密关系。想不想创业涉及创业动机问题，能不能创业属于创业心理特质与行为能力问题。创业者必须客观认识与评估自己的创业素质，努力学习和刻意训练自己具备强烈的创业动机与心理特质，娴熟掌握和运用创业知识与能力，才能有效识别和利用创业机会，选择并开展创业实践，获得创业成功。

2.2.1 创业动机

创业动机是推动人们选择并进行创业的内在心理驱动力。创业者的心理需求及其影响因素共同作用，促使创业者产生了不同的创业动机，并进一步导致创业行为过程及结果之间的差异。创业动机源于创业者的个人内在需求，当创业者渴望实现某一需求时便会激发其创业动机，进而为进行创业活动做准备。

一般来说，创业者的基本创业动机主要有 4 类：一是渴望自己做老板，或有灵活工作的自主支配权；二是渴望获得经济回报；三是渴望实现自己的创意；四是渴望帮助他人并改变社会。有学者将中国情境下创业者的创业动机归纳为事业成就型和生存需求型两大类。其中，事业成就型创业动机包含创业者渴望获得成就认可、扩大圈子影响、成为成功人士、实现创业想法和控制自己人生等 5 个维度；生存需求型创业动机包含创业者不满现有薪酬收入、渴望提供经济保障和希望不再失业等 3 个维度。

2.2.2 创业特质

创业特质是成功创业者具有共同的理性认知、心理特征与行为倾向，具体表现为创业者具有相对持久、稳定和一致的精神、思想、意志、情感和行为特征。通常，创业者具有高成就需要、内部控制点与自信、高冒险倾向、高模糊容忍度、敏感好奇等个性心理特征，以及勤学好问、吃苦耐劳、脚踏实地、坚韧不拔、灵活应变等行为特质。创业特质使创业者在创业活动中的角色和功能更加鲜明，对创业者个人的创业行为和创业结果发挥着重要作用。

创业者的特质集中体现为企业家创业精神这一综合特征。创业精神是创业者的主观世界中，具有开创性的思想、观念、个性、意志、作风和品质等特征，包括创业思想与观念等理性认知、创业个性与意志等心理特征，以及创业作风与品质等行为模式 3 个构成层面。创业精神，一般体现为不满现状、善于思考、勇于探索的创新精神，承担风险、挑战自我的进取意识，不考虑资源约束条件下识别、评价、把握机会的理性挑战，积极向上、高度内控的精神风貌，面对困难挫折不轻言放弃的执着态度，诚实守信、善于合作、懂得感恩的道德素质，创造价值、服务社会的责任担当与理想抱负。

2.2.3 创业能力

掌握扎实而丰富的创业知识，是实现创业目标的必要前提。首先，创业者应具备扎实的基础知识和过硬的专业知识；其次，应具有广泛丰富的知识结构，要具有工商税务、金融保险、经济法律和组织管理等多方面的知识，尤其是新创企业经营管理知识，这有助于创业者准确地分析政策和经营形势，把握事物的发展趋势，产生精辟的见解和谋略，从而建立和实现自己的创业目标。

基于创业认知，拥有一定的创业能力，是创业成功的必要条件。创业能力是一种以实现创业目标为核心，并带有创新特征的高层次的综合职业能力，主要包括领导能力、学习能力、沟通能力、整合能力、决策能力与执行能力等 6 个维度。其中，领导能力是最重要的创业技能，包含洞察、应变、自控、协调、人才的"选用育留"等 5 种能力，能够帮助创业者更为高效地强化创业团队信任，改善团队沟通，提升团队凝聚力，促进团队协作，发挥团队整体力量，从而有效开展创业活动。

其他 5 个创业能力维度中，学习能力，主要包含直觉与预见、分析与综合、推导与总结等方面的能力。尤其是，创业者如何从失败中学习、如何从失败与挫折中走出来的能力，在充满失败风险的创业过程中显得特别重要。沟通能力，包括表达、倾听与交际能力，创业者需要具备和团队成员、投资人、客户、供应商等利益相关者进行高效沟通交流，并达到特定交际目的的能力。整合能力，即内外部资源的聚集与整合能力，是整合创业资金、产品创意、推广渠道、人才和社会各类资源的能力，相较创业者个人专业知识与素质而言更为重要。决策能力，是创业者在不确定性环境中，动态进行创业机会的识别、评估、选择、捕捉利用的创业认识、思维与判断能力。执行能力，是创业者实现创业梦想而付诸实践，实施创业计划的行动能力。

创业者必须充分发挥自身的主观能动性，不断培养和提升自身创业素质与技能，通过创新创业教育培训等途径，有意识地培养创业精神，塑造创业品质，增强创业意识，养成创业思维，掌握创业知识，提升创业能力，方能有效实现价值创造、造福社会的创业理想与抱负。

2.3 发掘创新创业机会

创业的先决条件是机会，有机会才能驱动创业，但是创业者需要学会发现机会、挖掘机会，甚至是创造机会。当发掘商机后，创业者需要做创业筹备，选择成员组建创业团队，寻找并整合资源，并制定创业战略。在这个过程中，商业机会、团队和资源之间存在一种动态匹配的过程，创业者怎样应对其中的各种不确定性是极其重要的。

对于创业者而言，真正的创业开始于创业机会的发现（见图 2-3），这是创业者进行创业的前奏，也是创业过程的关键环节。如何从复杂多变的市场环境中识别到极具商业价值的机会并使其创造价值是本节研究的重点问题。

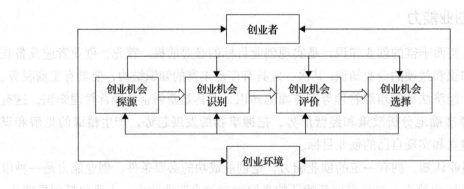

图 2-3 创业机会发掘流程图

2.3.1 认识创业机会

机会是具有时效性的有利情况或因素，是未明确的市场需求或未充分利用的资源与能力。创业者识别创业机会，就是要敏锐地发现来自外部环境和组织内部的有利情况，或者未明确的、模糊的机会，捕捉甚至创造出有价值的创业机会。创业机会识别的目的，就是发现并满足客户需求，解决客户意识到或未意识到的实际痛点，这是客户价值来源的根本。创业机会识别的手段，或者客户价值实现的途径，是提出有价值的创意和较为清晰的商业化概念，即提供问题解决方案或客户需求满足方式和手段。

创业起源于创业机会的发现，在创业机会发现阶段，创业者的认识结果通常表现为创意，或者新的创业想法，往往是一种模糊的机会，这是创业机会的最初表现形态。这种新想法如果具有明确的客户需求，而且能够给创业者带来利益回报，就可能被开发成现实的产品或服务。

1. 创业机会

创业机会也叫创业商机，是指具有吸引力、较为持久和及时的商业机会空间。它是实现尚未满足的市场需求的有利可能性因素，最终体现在能够满足市场需求、为客户创造价值的产品或服务中。创业机会是预期能够产生有顾客价值的、清晰的需求满足方式的"目的－手段"关系组合，其本质是一种未满足的市场需求及其实现方式。创业机会有4个基本特征：有吸引力、可利用性、及时性、持久性。在分析判断一个创意能不能成为创业机会时，也可以从这4个方面进行分析评价。

（1）有吸引力：必须代表一种客户渴望的未来状态。创意仅是创业机会的雏形或初级阶段形态，并不等同于创业机会，尚需识别、评价、筛选。

（2）可利用性：依附于为客户创造价值的产品、服务或业务，必须解决客户需求的痛点。

（3）及时性：机会是当前现实顾客的需求。

（4）持久性：必须处于一个持续放大的机会窗口下。

2. 商业机会

商业机会蕴含于价值创造流程的"目的－手段"关系的任何局部或全盘变化之中。一般商业机会注重改善现有利润水平。创业者如果能把握一般商业机会，就能开展创业并有可能成功创业。创业机会是一种特殊的、狭义的商业机会，它强调对价值创造流程的"目的－手段"关系的全盘甚至颠覆性变化，注重获取超额经济利润。

3. 创业机会与商业机会的区别

创业机会与商业机会有相同点也有区别，二者的根本区别在于利润或价值创造潜力的差异。创业机会具有创造超额经济利润的潜力，而商业机会只能改善现有的利润水平。

创业机会动态存在于日常生活中，创业者不仅要主动去寻找、及时发现，更需要全方位地实施、参与其中，科学地评价其价值潜力，不断改进并为己所用，充分发挥机会的价值。

2.3.2 创业机会的来源

彼得·德鲁克在熊彼特提出的五种创新模式的基础上,将创新机会的来源细分为 7 种,即意外之事、不协调现象、流程需要、产业或市场结构的改变、人口的改变、观念的改变、新知识(科学及非科学的)。前四种存在于企业或行业内部,是已经出现改变或只需少量工作便能促成改变的来源。

1. 意外之事

意外之事通常有意外的成功和意外的失败两种情况。意外的成功是最好的创新,开发这类机会需要创业者深入分析成功背后的原因;意外的失败也能引出其他机会,失败能引导创业者重新审视市场需求,寻求改进措施,创造创业机会。

2. 不协调现象

不协调是一种差距,是一种不一致的现象。这种差距源于实际和预期间存在的距离,意味着改变已经发生,或创业者可以主动创造改变的发生。

3. 流程需要

这种创新源于寻找现存流程内较为薄弱或缺少的一环。如果是顾客所需要的,或觉得某一方法满足了其需求,则可以作为创业机会去开发。

4. 产业或市场结构的改变

这种改变一般来自顾客偏好,口味的改变或新的价值观。另外,个别产业的迅速增长也是产业结构改变的可靠指针。

5. 人口的改变

德鲁克先生认为人口的改变(包括年龄、教育、可支配收入、地域上的转变)是预测未来最可靠的指针之一,也为创新和创业带来潜在机会。

6. 观念的改变

创业者要紧跟时代潮流,对目标市场做出准确的判断,分析消费者的观念和需求是否真正发生变化,或只是一种短期的潮流。

7. 新知识(科学及非科学的)

新知识要变成科技需要很长的时间,然后再需要一段时间才能发展成产品并在市场上推出。

2.3.3 创业机会识别

创业机会无处不在,关键在于创业者能否及时识别机会,为己所用。一般而言,机会识别包括两个步骤:第一步,通过对整体的市场环境和一般的行业进行分析,判断该机会是否属于有利可图的商业机会；第二步，判断对于特定的创业者和投资者而言，这一机会是否有价值。识别正确的创业机会，是创业者应当具备的重要技能。

高效的机会识别方法可以帮助创业者在创业道路上少走弯路。一般而言，较为常用的创业机会识别方法有调查研究法、系统分析法、问题分析法、顾客建议收集法和创造需求法。

1. 调查研究法

调查研究可以通过多种形式开展。一方面，创业者深入市场进行一线调查，通过与市场中的顾客、供应商、营销商交谈或正式性访谈，直接与市场主体互动，了解市场中正在发生什么，以及将要发生什么，从而捕捉到创业机会；另一方面，创业者通过阅读文献和出版的作品、利用互联网搜索二手资料，寻找整理包含所需要信息的报纸文章等，发现创业机会。创业者在调查中要善于询问问题，同时通过不断获取信息，拓展自己的眼界和看问题的新视角。

2. 系统分析法

创业者可以从行业目标企业所处的宏观环境（如政治、经济、法律、技术、人口等）和微观环境（如竞争对手、顾客、供应商等）的变化中发现潜在机会。

3. 问题分析法

从决定创业开始前就要在生活中留意观察，找出个人或组织的需求和他们所面临的难题，这些需求和问题可能很明确地显现出来，也可能很隐蔽，创业者需要用敏锐的眼光去识别它们。

4. 顾客建议收集法

顾客是产品和服务的直接使用及体验者，在使用及体验过程中容易发现不足，提出多种多样的建议，进而为创业者提供新机会。这是创业者了解顾客需求最直接的方法。

5. 创造需求法

这一方法可能是在创业者已经明确了所要满足的市场需求的基础上，进而去积极探索相应的新技术和新知识，也可能是创业者拥有一项新技术发明的前提下，再去探索新技术的商业价值。这一方法的回报很高，但是难度和风险也很高，因此创业者要谨慎使用。

2.3.4 创业机会的评价与选择

并不是每个创业机会都会给创业者带来益处，创业机会都会存在一定的风险。因此，创业者在利用创业机会之前要对创业机会进行科学的分析与评价，进而做出正确的决策。

1. 评价准则

对创业机会的评价，一般从市场、创业团队和投资效益 3 个维度的主要因素进行定性或定量评估。

（1）市场评价准则。创业产品最终要面向市场，接受市场的检验。因为创业活动本身不确定性极高，在评价时要避免主观判断，创业者应考虑市场定位（定位是否明确、顾客需求是否清晰、顾客接触通道是否流畅、产品是否持续衍生等）、市场结构（进入障碍、供货商、经销商的谈判能力、替代性竞争产品的威胁、市场内部竞争的激烈程度）、市场规模（目标产品或行业在特定时间的产量、产值）、市场渗透力（市场和顾客覆盖面）、市场占有率（企业的销售量或销售额在市场同类产品中所占的比例）、产品的成本结构和生命周期等方面，综合、客观地分析评价创业机会的市场价值潜力。这是创业机会所具备的最基本的特征，也是创业机会评价的第一个层次。

（2）创业团队评价准则。并非所有的机会都适合特定的创业团队，若团队缺乏满足创业机会所需要的相应技能、知识、关系等要素，创业机会很难投入实践。因此，创业团队的资源与创业机会之间存在着很大的关系。创业者可从团队规模、行业经验和专业背景、性格品质、对失败的接受程度等方面进行分析，验证创业团队和创业机会之间的匹配度。

创业者在识别、开发、选择创业机会的同时，创业机会也在"选择"合适的创业者，只有当两者之间达到匹配时，创业活动才最可能发生，也更可能取得成功。团队是创业者能够有效开发创业机会的支撑条件，也是创业机会评价的第二个层次。

（3）投资效益评价准则。创业机会应该具有吸引力、可利用性、及时性和持久性，能够在创业者的环境中实施并执行。在评价创业机会的投资效益时，要兼顾税后净利率、损益平衡点、投资回报率、资本需求量、毛利率、策略性价值、资本市场活力以及获利与退出机制等方面情况。这是创业机会评价的第三个层次，也是创业者对创业机会潜在价值的最终判断。

1）税后净利润率：又称销售净利润率，是销售净利润与销售收入（或营业收入）的百分比。税后净利润率越大，创业机会的获利空间越大；相反，创业机会的获利空间越小。一般而言，高吸引力的创业机会至少要创造 15% 的税后净利润率，低于 5% 的不值得考虑。

2）损益平衡点：又称盈亏平衡点，即利润等于零时所对应的产（销）量数值。合理的损益平衡点应在两年之内达到。

3）投资回报率：指正常年利润或年均利润占投资总额的百分比，是企业在一项投资活动中得到的经济回报。一般而言，合理的投资回报率要在 25% 以上，15% 以下的不值得考虑。

4）资本需求量：资本需求量较低的创业机会，投资者一般会比较欢迎。

5）毛利率：是毛利与销售收入（或营业收入）的百分比，用来计算企业获利能力的大小。毛利率高的创业机会，相对风险较低，比较容易取得损益平衡。一般而言，理想的毛利率为 40%，低于 20% 的不值得考虑。

6）策略性价值：一般而言，策略性价值与产业网络规模、利益机制、竞争程度密切相关。

7）资本市场活力：当新企业处于一个具有高度活力的资本市场时，其获利回收机会相对也比较高。

8）理想的退出机制与策略：一个具有吸引力的创业机会，要为所有投资者考虑退出机制和退出的策略规划。

2. 评价方法

常用的创业机会评价方法主要有史蒂文森（Stevenson）法、朗格内克（Longenecker）法、蒂蒙斯法、普坦辛米特（Potentionmeter）法、巴蒂（Baty）选择因素法等。在此主要介绍蒂蒙斯评价法。蒂蒙斯教授提出了一个较为完善的创业机会评价指标体系，包含行业和市场、经济因素、收获条件、竞争优势、管理团队、致命缺陷问题、个人标准、理想与现实的战略差异 8 个方面，以及围绕它们形成的 53 项指标（见表 2-1）。创业者可以根据这些指标并用标准矩阵打分法等量化评价方法对创业机会进行打分，根据得分高低进行定量分析评价。

表 2-1 蒂蒙斯创业机会评价表

类别	总序号	评价指标
行业和市场	1	市场容易识别，可以带来持续收入
	2	顾客可以接受产品或服务，愿意为此付费
	3	产品的附加价值高
	4	产品对市场的影响力大
	5	将要开发的产品生命长久
	6	项目所在的行业是新兴行业，竞争不完善
	7	市场规模大，销售潜力达到 1 000 万~10 亿元
	8	市场增长率在 30%~50% 甚至更高
	9	现有厂商的生产能力几乎完全饱和
	10	在五年内能占据市场的领导地位，占有率达到 20% 以上
	11	拥有低成本的供应商，具有成本优势
经济因素	12	达到损益平衡点所需要的时间为 1.5~2 年
	13	损益平衡点不会逐渐提高
	14	投资回报率在 25% 以上
	15	项目对资金的要求不是很大，能够获得融资
	16	销售额的年增长率高于 15%
	17	有良好的现金流量，能占到销售额的 20%~30%
	18	能获得持久的毛利，毛利率要达到 40%
	19	能获得持久的税后利润，税后利润率要超过 10%
	20	资产集中程度低
	21	运营资金不多，需求量是逐渐增加的
	22	研究开发工作对资金的要求不高
收获条件	23	项目带来的附加价值具有较高的战略意义
	24	存在现有的或可预料的退出方式
	25	资本市场环境有利，可以实现资本的流动

（续）

类别	总序号	评价指标
竞争优势	26	固定成本和可变成本低
	27	对成本、价格和销售的控制较高
	28	已经获得或可以获得对专利所有权的保护
	29	竞争对手尚未觉醒，竞争较弱
	30	拥有专利或具有某种独占性
	31	拥有发展良好的网络关系，容易获得合同
	32	拥有杰出的关键人员和管理团队
管理团队	33	创业者团队是一个优秀管理者的组合
	34	行业和技术经验达到了本行业内的最高水平
	35	管理团队的正直廉洁程度能达到最高水准
	36	管理团队知道自己缺乏哪方面的知识
致命缺陷问题	37	不存在任何致命缺陷问题
个人标准	38	个人目标与创业活动相符合
	39	创业者可以做到在有限的风险下实现成功
	40	创业者能接受薪水减少等损失
	41	创业者渴望创业这种生活方式，而不只是为了赚大钱
	42	创业者可以承受适当的风险
	43	创业者在压力下状态依然良好
理想与现实的战略差异	44	理想与现实情况相吻合
	45	管理团队已经是最好的
	46	在客户服务管理方面有很好的服务理念
	47	所创办的事业顺应时代潮流
	48	所采取的技术具有突破性，不存在许多替代品或竞争对手
	49	具备灵活的适应能力，能快速地进行取舍
	50	始终在寻找新的机会
	51	定价与市场领先者几乎持平
	52	能够获得销售渠道，或已经拥有现成的网络
	53	能够允许失败

注：1. 必须综合运用定性与定量方法才能得出创业机会的可行性及不同创业机会间的优劣排序。
2. 主要适用于具有行业经验的投资人或资深创业者对创业企业的整体评价。
资料来源：蒂蒙斯，斯皮内利. 创业学：21世纪的创业精神 [M]. 周伟民，吕长春，译. 北京：人民邮电出版社，2005.

无论采用什么方法评价创业机会的价值，一般而言，好的、有吸引力的创业机会都具有5个方面的重要特征：市场前景明确可定；未来市场销售额快速稳定增长；创业者能够获得、利用机会所需的关键资源；创业者可以使用不同方式创造额外机会与超额利润；创业者不被锁定在刚性技术路线上。

不同的创业机会具有不同的价值。然而，即使面对同样的机会，不同的创业者所得出的评价价值也不尽相同。由不同的创业者开发，其效果也会有巨大的差异。因此，创业团队对创业机会的识别评价以及两者的匹配度，是决定创业机会如何被开发、利用并获取成功的关键所在。

2.4 组建创业团队

为了有效实现创业机会蕴含的商业价值，创业者或创始人常常需要组建创业团队，借助团队力量开发和实现创业机会价值，提高项目运营绩效与初创企业应对风险的能力。无论是创业活动中的机会把握与资源整合，还是保障新创企业的生存与成功，团队创业模式相比个人创业而言，存在许多明显优势。组建一个经验丰富、资源异质、能力出众的创业团队，在整个创业过程中发挥着关键作用。如何组建一支优秀的团队，是每个创业者面临的巨大挑战。什么是创业团队，它与一般团队有何区别，如何有效组建和管理创业团队以提高决策质量以及如何在新创企业成长过程中不断强化团队创业精神将是本节探讨的重点内容。

2.4.1 创业团队

创业团队的概念有广义和狭义之分。狭义的创业团队，是指由一群愿景相同、才能互补、责任和风险共担、收益共享，且参与新企业创建的初始合伙人组成的工作团队。狭义的创业团队通常包括团队目标、人员构成、职责角色、工作计划4个组成要素。广义的创业团队除了包括狭义的创业团队，还包括与创业过程紧密相关的利益相关者，如风险投资家，专家顾问等。人们一般所指的创业团队属于狭义层面。

创业团队不同于一般团队，两者间的区别如表2-2所示。

表 2-2 创业团队与一般团队的区别

比较项目	创业团队	一般团队
目的	开创新企业或拓展新事业	解决某类或某个具体问题
职位层次	成员处在高层管理者职位	成员不局限于高层管理者职位
关注视角	战略性的决策问题	战术性的、执行性的问题
领导方式	以高管层的自主管理为主	受公司最高层的直接领导和指挥
权益分享	一般情况下拥有股权	不必然拥有股权
组织依据	基于工作原因经常一起共事	为了解决特定问题临时组建在一起
影响范围	影响组织决策的各个方面，涉及范围较宽	影响局部性、任务性的问题
成员与组织结构的变动性	成员构成和组织结构随企业成长而变动	成员构成与组织结构相对比较稳定
成员对团队的组织承诺	高	较低
成员与团队间的心理契约	心理契约关系特别重要，直接影响到公司决策	心理契约关系不正式，且影响力小

2.4.2 创业团队组建

创业团队的组建是一个持续和复杂的过程，需要在创业过程中随着时间的推移和初创企业的发展逐步完善。已形成的创业团队也不是持久不变的，创业团队本身也会随着企业不同发展阶段面临的不同任务和要求而进行调整和完善。所以，创业团队的组建是一个动态过程，包括明确创业目标、制订创业计划、招募合适的成员、团队职权划分、构建制度体系、团队动态调整融合 6 个阶段活动，如图 2-4 所示。

图 2-4　创业团队组建过程

（1）明确创业目标。创业者要制定一个明确的、鼓舞人心的创业目标，再将总目标分解为若干可行的、阶段性的子目标，进而寻找实现目标所需的市场、技术、人员、组织等关键要素。

（2）制订创业计划。在明确创业目标的基础上，创业者有必要撰写一份周密的创业行动计划。一是厘清自己的思路，同时对自身的优劣势、已有的资源和下一步急需的资源或急需开拓的方面有一个清晰的认识；二是能够让合作伙伴感到创业者的热情，强化创业者对创业项目的了解程度。

（3）招募合适的成员。创业者在准确进行自我评估和定位的基础上，招募和选择那些能够与自己形成知识技能优势互补以及价值观相似的创业团队成员，并适当考虑成员与自己以及其他成员之间在各个方面的搭配。创业者可以通过亲戚朋友介绍、媒体广告、各种招商洽谈会、互联网等形式寻找创业伙伴。在选择创业伙伴时，要慎重考察评估合作伙伴的个性品质、价值观、知识、能力、经历、经验、关系等要素。

（4）团队职权划分。团队成员要根据执行创业计划和工作的需要，具体确定每个成员所担负的职责和享有的权利。团队成员之间的职权划分必须明确清晰，既要避免重叠和交叉，又要避免遗漏。

（5）构建制度体系。一个团队内部一定要有一套明确的管理制度来对成员的职务行为进行激励与约束管理，以保证团队协作与整体凝聚力，充分调动成员的工作积极性，最大限度发挥成员的能动性，维持团队的秩序和稳定，达成创业机会价值创造与新创企业发展目标。创业团队的行动原则，应以创业机会为线索，团队凝聚力为核心，合作精神为纽带，长远目标为导向，价值创造为动力，利益兼顾与完整性为基础，公正性为准绳。

（6）团队动态调整融合。优秀高效的创业团队并不是马上就能形成的，随着成员间的磨合和团队的运作，团队在人员安排、制度设计、职权划分等方面的不当之处会逐渐暴露出来。团队内部需要进行持续、动态的调整和整合。在这个过程中，有效的沟通和协调是强化团队精神、提升团队士气的必要保证。

2.4.3 创业团队的管理

组建形成创业团队后,如果缺乏有效的团队管理,创业团队及其新创事业也难以具有持久生命力,无法实现创业目标。有效的创业团队管理,也是确保团队成员士气与激励的关键。有效的团队管理,要求对团队成员的物质、心理、职位等方面给予合理的利益补偿或收入回报,突出创业文化的精神引领作用,对成员的经济利益激励、职权管理,以及创新意识和精神的培养。同时,在创业团队管理活动中,创业者还需要考虑一些潜在的管理风险因素,注意并处理好创业团队所有权分配、团队内部冲突管理、团队成员有效激励以及团队创业精神传承等关键管理问题。创业团队管理中需要特别关注以下几方面工作。

1. 创业团队所有权分配

创业团队的所有权分配,是对新创企业利益分配方式的约定,常常体现为新企业的股权分配。合理的所有权分配,是维系创业团队凝聚力的基础,有助于长期维持团队的稳定和新企业的持续发展,也能够对团队成员起到一定的长期激励作用。在确定股权分配时,创业者首先要根据贡献决定权利原则,对核心创业成员确定股权分配比例;其次,要坚持控制权和决策权相统一原则,避免引发团队内部矛盾、纠纷与冲突隐患;最后,要把所确定的股权分配方案写入公司章程等法律文件中,以契约方式明确成员的利益分配机制,确保创业团队的长期稳定。

2. 团队内部冲突管理

一个优秀的创业团队拥有不同思想的、独立的个体,使得团队具有更高的工作效率。在创业过程中,创业团队成员在日常合作中发生冲突矛盾在所难免。冲突管理是团队日常管理的内容,也是影响团队信息交流和凝聚力的主要因素之一。研究表明,团队内部成员间过多的冲突会破坏组织功能,过少的冲突则会使企业僵化。适当的认知型冲突能够改善团队决策质量,并对企业绩效产生积极影响,而情感型冲突对企业绩效大多具有负面效应。核心创业者首先要遵循对事不对人原则,坚持"用沟通化解矛盾、用制度约束行为"的准则,充分照顾团队内每一位成员的想法。核心创业者要注意把成员间的观点争论控制在可管理范围内,利用正向激励鼓励成员在正面冲突中不断激发出灵感、碰撞出思想的火花,让团队成员能够从创业活动中感受到知识分享带来的收益和价值。

3. 团队成员有效激励

如何更加合理有效地激励创业团队成员?这是创业者在创业过程中始终需要考虑和解决的核心问题之一,也是团队成员极为关注的话题。能否解决好这一问题事关创业成败与企业存亡。创业者在激励团队成员时,应该将成员的薪酬回报与其对企业的绩效贡献动态挂钩,将短期经济激励与企业股权等长期经济激励方式相结合,充分体现成员的人力资源价值。同时,创业者应该将薪金、股权、补贴等经济性薪酬激励方式与个人技能和职业生涯发展、企业声誉、企业文化愿景等非经济性薪酬激励方式相结合，以此激发团队成员更好地把握和开发商业机会。此外，创业者要建立鼓励创业团队成员合作的薪酬奖励机制，将成员的一部分浮动薪酬与团队整体成果有机结合，并在年度固定薪酬调档时综合考虑成员在团队合作方面的表现，鼓励团队成员协同努力，共同实现团队目标。

4. 团队创业精神传承

延续和传承创业团队的创业精神，是创业者的重要使命。创业团队的创业精神通常由集体创新、分享认知、共担风险、协作进取4个基本维度组成。伴随着创业团队的出生、成长、成熟与衰退等不同生命周期发展阶段，创业团队的创业精神可能会出现退化现象。创业者要有意识地培养和强化创业团队的创新意识、创造思维、创业精神及其传承，促进创业团队成员通过分享认知和协作行动的方式，共担风险、集体创新，形成积极的团队成员组织承诺，进而强化创业团队的创业精神，形成创业团队成员与团队组织之间的良性互动循环，更高效地、创造性地识别、开发和利用创业机会，实现新创企业成长及价值创造目标。

2.5 整合创业资源

创业者能否成功开发创业机会，有效创建新企业或开拓新事业，在很大程度上取决于他们能够获取、掌握、整合和利用的资源，以及资源的充分有效利用情况。在创业活动初期，大多数创业者的资源都相当有限。根据创业机会开发需要，对企业内外部资源进行创造性的获取、拼凑、整合、开发与利用，是创业者开展创业活动的必备技能与关键活动。

2.5.1 创业资源及分类

创业资源是创业者在创业过程中所获取、投入和利用的各种资源的总和，包括人力资源、财务资源、生产经营资源、市场资源等直接参与企业战略发展规划活动的直接资源，以及政策资源、信息资源、科技资源等间接为创业提供支持和便利的间接资源。创业资源分类如表2-3所示。

表2-3 创业资源分类

资源类型		内容
直接资源	市场资源	市场容量、市场结构、客户资源、营销渠道网络
	财务资源	资金、股票等货币形态资源或要素
	生产经营资源	生产经营活动所需的厂房、设施与设备等生产要素
	人力资源	创业者及团队的知识、经验、能力、社会关系及其掌握的核心技术
	组织资源	治理结构、组织结构、作业流程、工作规范

(续)

	资源类型	内容
间接资源	政策资源	市场准入、人才引进、贷款和投资等服务、扶持与优惠政策
	科技资源	社会可供利用的关键技术、科技成果、制造流程、作业系统、专用生产设备
	信息资源	创业决策支持所需的重要技术、市场、资金等信息供给资源
	声誉资源	品牌、信任、尊重、影响力等社会声誉无形资产

2.5.2 创业资源整合策略

创业者和新创企业的自有资源非常有限，常常需要有策略性地借助和整合外部资源为己所用，或者创造性地重组、利用手边已有资源，以开发新机会、创造新价值，这既是创业活动的重要内容，也是优秀创业者所需具备的关键技能之一。

创业资源整合是指创业者对企业内部和外部、不同结构、不同内容、有利于创业的资源进行识别与选择、获取与配置、激活与融合、开发与利用，使其具有更强的系统性、柔性和价值性，并构建新的资源组合，开创新的能力与竞争优势的复杂的动态过程。它是创业企业生存与成长的源泉。

新创企业的资源整合活动包括两个层面：一个是从企业外部环境中识别、获取创业所需资源，并进行整合利用，即外部资源整合；另一个是对企业内部资源进行识别、获取、重组、配置和利用，即内部资源整合。

在创业机会开发与价值创造过程中，创业者常用的资源整合策略主要有基于时间纵向角度的步步为营策略，以及基于空间横向角度的资源拼凑策略。

1. 步步为营策略

步步为营策略是创业者采取的一种在创业过程中分阶段投入最有限资源的策略。此策略首先要求创业团队懂得适度节约，在保证产品和服务质量的同时，设法降低资源的使用量，从而降低团队的管理成本。比如创业团队可以选择孵化器或创业服务中心，借助共享办公场所，降低管理成本；其次，创业团队要培养自力更生的能力，减少对外部资源的依赖，加强对创业活动的控制，进而降低经营风险。这是创业者在有限资源的约束下寻找实现企业理想目标的途径和获取满意收益的方法，也是创业者在创业过程中最为经济的方法。

2. 资源拼凑策略

资源拼凑是创业者利用不同的组件整合成新的对象或增加复杂度的过程，是创业者面临资源约束时的一种行动策略。创业者在全面审视现有资源价值的前提下，通过"将就利用"与重新整合、构建新的"手段－目标"导向关系，把握住新的创业机会或去迎接新的挑战。创业者可以对身边能够找到的一切资源，甚至是对他人来说无用的资源，利用自身独有的经验和技巧，加以整合创造，为己所用。

2.5.3 外部资源整合过程

创业资源的获取和整合贯穿整个创业过程，创业者不仅要准确、高效地识别各种创业资源，更要积极地借助企业内外部力量，科学、理性地对创业资源进行组织和整合，从而形成企业的核心竞争力。一般而言，创业企业外部资源的整合过程如下。

1. 资源整合前的准备

由于创业者或创业企业对外部资源缺乏控制权和支配权，因此外部创业资源的整合，无论是在难度上还是在进展的缓慢程度上，都要高于对内部资源的整合。在创业前或资源整合前，创业者应该有计划地做好以下准备工作。这些工作有助于创业资源的成功整合。

（1）厘清创业必须具备和需要的资源，以超前眼光去寻找这些资源。由于外部资源整合的难度较大，进展相对缓慢，且外部资源的发现也需要一定的过程，所以创业者不能等到需要的时候再考虑外部资源的整合，而应当具有一定的超前眼光，提前开始外部资源的整合。

（2）积累口碑，培养信任。与外部创业资源打交道，实际上就是在与人打交道。信任是合作的基础，是创业者吸引各类资源的重要前提。如果创业者口碑太差，信任度太低，资源整合难度就会加大。因此创业者要注重提升个人素养，在他人心目中树立良好的形象和口碑，在有需要时能够得到他人肯定和赞赏，获得所需资源。

（3）搭建关系网络。创业者首先要去寻找外部创业资源，找到之后才可以进行整合和应用。资源的来源渠道和信息是创业者进行外部资源整合的基本要素。许多研究表明，创业者的人际关系对创业资源、创业融资和创业绩效有直接的促进作用。因此，创业者要善于建立健康、有益的人际关系，创造和积累基于同事关系、师生关系和亲友关系的社会资本，为优质资源和信息的积累奠定基础。

2. 测算资源需求量

简单来说，测算资源需求量就是要求创业者在明确目标的基础上，对已有的资源进行全面分析。确定出已有的资源及资源量，以列清单的形式呈现出来并查找所缺乏的资源及资源量，这是整合资源的基础。

测算资源需求量有以下几个步骤。

（1）明确创业活动的整体目标，估算所需启动资金。启动资金主要用于购买企业经营所需的资产及支付日常开支，是企业正常运营的保障。创业者可以寻找有企业经营经验的辅导老师，在对市场行情有充分了解的基础上，对启动资金进行科学估算，既要保证启动资金足够企业运营，也要尽可能节省以减少启动成本。比如在满足经营要求的情况下，创业者可考虑租赁厂房、采购二手设备等方法。

（2）测算营业收入、营业成本以及利润。对新创企业而言，预估营业收入是制定财务规划与编制财务报表的第一步。创业者需要深入市场调查、研究行业领先企业的经营状况，借助顾客调查、销售员反馈、专家咨询等多种预测方法，估计每年的营业收入。

其次，创业者还要对企业的营业成本、营业费用、一般费用和管理费用等进行估计。在完成以上项目的预估后，创业者便可以按月估算出税前利润、税后利润、净利润等，然后编制预计财务报表。

（3）编制预计财务报表。一般而言，创业计划书中的预计财务报表包括基本报表中的资产负债表、利润表和现金流量表。创业者以自身对企业预算期内各项数据的预测为基础进行编制，将此作为企业控制资金、成本和利润的重要手段，能反映出企业未来一定时期内预计财务状况和预计经营成果。

结合企业发展规划和资源清单，预测、整理企业所需的资源类型和需求量，一方面便于创业者制订运用资源的计划，让自己所拥有的资源升值，实现资源价值的最大化；另一方面可以为获取所需的资源制定策略。

3. 确定资源的来源渠道和对象

资源短缺是每个企业都会面临的问题，但所缺的资源掌握在谁的手里，是创业者需要重点关注的问题，也就是说创业者需要确定所缺乏资源的来源渠道和对象。创业者可以尽量多寻找潜在的资源提供者，比如考虑进驻创业园，创业园不仅可以提供场地，还可以为创业者寻找合适的合作对象。此外，创业者可以从自己的关系网络出发，寻找身边潜在的资源提供者，如行业专家、学者、师长、亲朋好友、同事、同学、客户和各类社会团体等，初步确定潜在资源的来源对象。同时，创业者应关注并收集外部信息，以获得银行、政府、行业协会等各种能够提供资源支持的对象的资料。

商业活动强调利益。在寻找潜在资源提供者时，创业者需要认真分析潜在资源提供者各自关心的利益所在。不同诉求的组织或个人之间存在的共同利益，或建立起紧密的利益联系，才能成为利益相关者，合作关系才能更容易形成。

4. 资源整合谈判

一旦创业者确定了所需资源的来源渠道和对象，就需要采取方法有针对性地进行资源整合。资源的整合过程并不简单，如果双方之间没有建立良好的信任关系，就不能顺利地进一步整合。创业项目的前景、价值、竞争力等是资源提供者看重的要素，创业者在谈判时要做好充分的准备，采用头脑风暴法罗列出对方可能关心的问题，陈述时有条理、有逻辑、有重点地表达出资源提供者关心的问题。另外，企业的"声誉"和"诚信"在资源整合中也发挥着重要作用，如果企业本身的诚信记录和外界声誉都是良好的，那么必然会大大增加整合的成功率。反之则会降低整合的成功率。

沟通是产生信任的前提，信任是长期合作的基础。创业者与资源提供者之间融洽、稳定的合作关系能为创业团队获得长期的资源支持。

2.6 设计商业模式

创业机会识别解决的是生产什么特征与品质的产品问题，创业能力与资源整合为实现创业企业价值主张的产品生产解决了资源基础支撑问题，而商业模式解决的是这些产品如何生产并实现盈利的问题。

商业模式创新性构建与设计是创业机会开发活动中的重中之重。许多创业失败的主要原因是所采用的商业模式存在重大缺陷并且没有建立起驱动新创企业健康成长的正确有效的商业模式。有效可行的商业模式是创业企业成功的保障。"什么是商业模式，商业模式包含哪些构成要素和创业企业如何设计并构建适合自己的商业模式"是本节探讨的内容。

2.6.1 商业模式：内涵与要素

商业模式不是一成不变的，企业的性质、所处的行业、发展周期等因素都会影响到其商业模式。

1. 商业模式的内涵

关于商业模式的讨论有很多，目前还没有一个统一的定义。例如，奥斯特瓦德等人认为，商业模式是一个概念性工具，借助一组要素及其联系，用以说明一家企业的商业逻辑，它描述了企业向顾客群提供的价值，为产生持续的盈利性收入而建立的要素架构，以及移交价值所运用的合作网络与关系资本。根据这一观点，商业模式应具备5个特征：包含诸多要素及其关系；是一家特定企业的商业逻辑；是对顾客价值的描述；是对企业的架构及其合作伙伴网络与关系资本的描述；产生盈利性和可持续性的收入流。

在本书中，商业模式是指一种包含一系列商业要素及其内在关系的概念性系统，用以说明（某个特定）企业如何通过对价值发现、价值创造、价值占有3个环节的相关因素进行系统设计，在创造顾客价值的基础上，为企业、商业伙伴等利益相关者创造并获取价值的商业逻辑。本质上，商业模式是企业的价值发现、创造和获取逻辑。

2. 商业模式的要素

商业模式反映了项目为企业获取利润的能力及相关的设计。任何一个好的商业模式的实现都取决于一些关键要素的达成。创业者将这些要素找到、分解，再分配到合适的人身上，以一种标准化的、可见的、可衡量的、回报性的方式完成，才算达到商业模式真正的目的。一个具体清晰的商业模式通常包含以下9大关键要素：客户细分（目标群体）、价值主张、渠道通路、客户关系、收入来源、核心资源、关键业务、重要伙伴及成本结构。这些要素可通过商业模式画布予以呈现，如图2-5所示。

（1）客户细分（为谁提供）。要求公司明确所定位的目标消费者群体。这些群体在消费行为上具有某些共性，公司能够针对这些共性创造价值。这个过程也可以叫市场细分。

（2）价值主张（提供什么）。这是企业的定位问题。价值主张要求企业明确应该做什么，向客户所提供的产品或服务是什么，提供产品和服务的同时该向客户传递什么样的价值，目前正在解决客户的哪类难题。明确的定位是商业模式体系的起点，也是企业战略选择的结果。

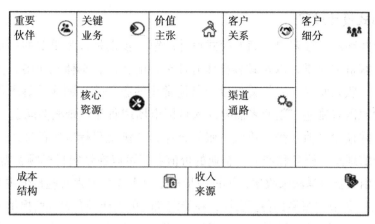

图 2-5　商业模式画布的基础模块

（3）渠道通路（怎样宣传自己和交付服务）。渠道通路是公司用来接触消费者的各种途径和渠道，这些渠道如何整合，哪些渠道最为有效、成本效益最好都是商业模式中需要阐明的问题。渠道通路涉及公司开拓市场的策略和产品的分销策略。

（4）客户关系（如何与对方打交道），即公司与目标用户之间建立的关系。公司应该清楚地了解每个细分群体希望同公司建立和保持什么样的关系，哪些关系是已经建立了的，哪些是还未建立起来的，以及建立和维持这些关系的成本是多少。

（5）收入来源（我能得到什么），即公司通过各种收入来创造财富的途径。在此之前，企业需要明确什么样的价值会让客户愿意付费，现有的客户主要在哪块消费，通过何种方式支付费用，以及公司每项收入来源占总收入的比例。

（6）关键业务（如何提供）。企业必须完成的核心任务，必须做的重要事情，涉及企业如何生产、运营、提供最重要的产品或服务。能直接影响企业目标市场、发展方向以及盈利能力的关键性业务，是企业确保其商业模式可行所必须实施的最重要活动。

（7）核心资源（我拥有什么）。让业务系统高效运转所需的重要资源和能力，主要通过团队情况和资金状况体现。

（8）重要伙伴（谁可以帮助我）。为让商业模式有效运作并走上商业化道路，公司需要在供应商与合作伙伴之间形成一个可以实现价值创造的合作关系网络。这个合作关系网络要描述清楚公司的重要合作伙伴、重要供应商，以及从伙伴那里获取的核心资源。

（9）成本结构（我要付出什么），即运营一个商业模式所引发的所有成本，包含固定成本、可变成本、市场费用、生产成本、技术授权、营运维护、财务成本等。

2.6.2　商业模式设计：过程与方法

现代管理学之父德鲁克先生说过：现在企业之间的竞争，已经不是产品和服务之间的竞争，而是商业模式之间的竞争。可见，一个成功的商业模式，可以帮助企业在激烈的市场竞争中脱颖而出，实现快速增长。那么，什么是成功的商业模式？该如何设计一个成功的商业模式？下面将介绍商业模式设计的一般过程与方法。

1. 商业模式设计过程

（1）分析并确定目标客户。商业模式设计的第一步也是最为重要的一步是识别并确定所服务的顾客群体是谁，以及顾客群体有什么样的特征，具体到年龄、性别、婚姻状况、居住地区、收入水平、兴趣爱好以及其他常用的服务等；顾客的诉求是什么；购买本企业产品的原因有哪些。创业者需要深入目标市场调研并记录相关问题。

（2）定义并检验价值主张。价值主张是企业为了满足目标顾客的需求，需要为其提供什么样的价值理念、服务和产品。企业的价值主张可以在锁定目标顾客需求的基础上，在团队内部使用头脑风暴法来收集，再进一步根据以下 3 个要素检验价值主张的合理性。

1）真实性。价值主张要具备真实性，在特定期间可以让顾客看到所提供的附加价值。

2）可行性。价值主张是可执行、可评估效果的，最好是竞争者所不具备的。

3）与顾客的关联性。企业价值主张下所提供的价值理念和产品或服务都要与目标顾客的需求息息相关，最大限度地满足顾客的需求。

（3）设计营收模式。在这个阶段，创业者需要根据预先设定的目标市场和价值主张，进一步设计可能的收费来源、收费模式和定价。

（4）设计关键流程与资源。在前期的目标顾客、价值主张及营收模式确定之后，企业需要考虑支撑这三者有效运行的关键要素，即企业的关键业务、核心资源以及重要的合作伙伴。

商业模式是一个动态开放的系统，系统中的 9 个构成要素之间相互影响、彼此关联。客户细分、客户关系、渠道通路和价值主张 4 个要素，关系到客户价值的发现；关键业务、核心资源与重要伙伴 3 个要素，关系到价值创造；而成本结构和收入来源 2 个要素，则关系到价值获取与占有。各要素之间没有绝对的从属关系，如图 2-6 所示。

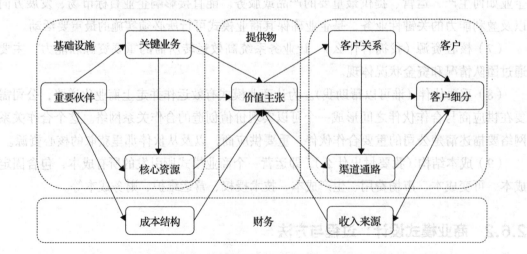

图 2-6　商业模式画布各要素间的关系

2. 商业模式的设计方法

商业模式设计关注的是企业价值的实现，是企业的商业逻辑表达方式和产品或服务的盈利方式。一个成功的商业模式应以企业自身为出发点，综合考虑资源的集约利用、客户价值实现和双赢理念等多重因素，设计出具有指导性、战略性、目的性的商业模式。创业者可以采用的商业模式设计方法主要有参照法、相关分析法、关键因素法、价值创新法 4 种。

（1）参照法。参照法是初创企业设计商业模式的有效方法。创业团队将国内外成功的商业模式作为参照，根据创业项目的实际做出目标、战略、技术、产品等各方面的调整和改进，设计出适合本项目的商业模式。按照调整、改进的方式不同，可以进一步细分为全盘复制法、借鉴提升法和逆向思维法。

1）全盘复制法。全盘复制法是对经营发展良好的企业的商业模式进行复制，并根据自身企业情况略做修正。

2）借鉴提升法。借鉴提升法是初创企业在对某些经营状况不乐观，但具有出众商业模式的企业进行借鉴的基础上，结合自身的特点，提升改进，使之更契合自身及市场。

3）逆向思维法。逆向思维法是创业者通过研究成熟企业的商业模式，对其进行反向学习，避开其重点目标市场，转向开发并切割成熟企业忽略的市场。当市场上有强势的竞争者存在时，这是初创企业很好的选择。

（2）相关分析法。相关分析法是创业者在分析某个问题或因素时，将该问题或因素和相关的其他问题或因素进行对比，分析内在的相互关系或相关程度的分析方法。相关分析法帮助企业找到相关因素之间的规律性联系，研究如何降低创业成本，达到价值创造的目的。

（3）关键因素法。关键因素法是以关键因素为依据来确定商业模式的方法。此方法要求创业者深入分析创业项目，识别影响项目目标实现的关键因素，并以此关键因素为中心找出实现目标所需的关键因素集合，确定商业模式设计的优先次序，进而构建商业模式。使用关键因素法主要有 5 个步骤：

1）确定企业通过商业模式设计所要达成的价值目标。

2）识别所有的关键因素，分析影响商业模式的各种因素及子因素。

3）确定商业模式设计中不同阶段的关键因素，并对其进行深入分析。

4）明确关键因素的性能指标和评估标准。

5）制订商业模式设计的实施计划。

（4）价值创新法。价值创新法是指创业者通过构建和组合各种价值要素，创新性地设计出一些从未出现过的商业模式。

2.6.3 商业模式的创新优化

商业模式的设计不是一蹴而就的，也不是一成不变的，需要在实际运作中不断演变、修正、优化，逐渐完善来适应企业的战略规划。尤其是随着市场环境的变化，竞争对手的加入，或被复制模仿，原有的商业模式不再具有竞争优势时，企业需要及时对商业模式进行调整优化，甚至创新商业模式以适应新的市场条件。奥斯特瓦德提出的商业模式创新循环模型为商业模式的创新提供了较好的方法，模型包含4个阶段，即环境分析、商业模式创新、组织设计、商业模式执行，具体如图2-7所示。

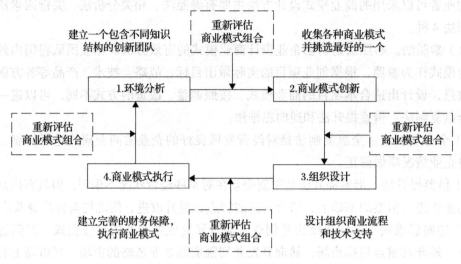

图2-7　商业模式创新循环模型

1. 环境分析

商业模式创新的第一步是建立一个包含不同知识结构的商业模式创新团队，团队成员包含来自业务、流程、技术、客户关系、设计、研发、人力资源等部门的人员。团队成员就商业模式的外部环境（社会、法律、竞争、技术水平等）达成共识，进而规划商业模式的框架。

2. 商业模式创新

在既定的商业模式框架下，设计团队可以通过借鉴其他的成功模式，或将其他领域的某些成功模式移植到自己所在的产业领域，甚至尝试发明或创造全新的商业模型，以此设计企业的商业模式原型。

3. 组织设计

在确定了合适的商业模式组合的基础上，企业需要思考如何将商业模式分解为业务单元和具体的流程，即完成组织设计的工作。同时应该规划用于支持商业模式执行的基础信息系统（如电子商务系统、平衡计分卡、数据挖掘等），并选择合适的人执行。

4. 商业模式执行

此阶段是将设计好的模式付诸实践的最后阶段。在有了外部（如风险投资）和内部（如财务预算）保证之后，商业模式便可以具体实施了。实施阶段是最具挑战性的阶段，也是经常被忽视的阶段。

商业模式创新是个不断循环的过程，即使这个商业模式已经取得成功，在内外部商业环境发生变化时，也需要重新对商业模式进行评估，同时也需要重新对环境展开深入分析。

第 3 章 · CHAPTER 3

商业计划书的制作及演示

在识别创业机会、组建创业团队并整合创业资源等创业项目前期准备工作基础上，创业者形成一个专业、可行、有说服力的创业或商业计划书，并进行有效展示，显得尤为重要。商业计划书对新创企业发展起着至关重要的作用。一方面，它是创业者吸引并获得投资的重要工具，另一方面，它也是明确企业战略定位并制订可行创业计划的行动指南。然而，制作和演示一份好的商业计划书不是一件容易的事情。什么是商业计划书，商业计划书的作用是什么，如何撰写一份有助于获得风险投资者或评审专家等人认可并支持的商业计划书以及如何高效演示商业计划书。本章将围绕这些问题，系统介绍商业计划书的用途、撰写内容、演示过程及其注意事项。

3.1 商业计划书及其作用

3.1.1 商业计划书的内涵

商业计划（business plan，BP）是一份全面说明创业构想及其实施方案的书面文件，是描述所要创立的企业"是什么以及将成为什么"的创业工作计划。它是由创业者准备的书面计划，一般是以吸引投资和促进公司发展为目标，经过前期调研分析，按照较为规范的格式形成的一个向投资者或相关利益者全面详细介绍创办一家新企业所面临的外部环境、所需要的内部因素、目前发展状况以及未来发展潜力的计划。商业计划的内容主要包括市场环境、产品与服务（目标客户、生产、营销）、组织与人员、财务资源、风险因素、竞争优势、发展前景与目标等。商业计划书为新创企业发展提供了一份完整、具体、深入、可行的行动指南，也为衡量企业业务进展情况提供了具体的评价标准。

3.1.2 商业计划书的作用

1. 寻找战略合作伙伴，引进投资

资金是一切企业生存和发展的命脉，创业者如何为企业找到所需要的资金是企业生存的关键所在。一份优秀的商业计划书可以吸引投资者的目光，进而实现从创意到产品的转换过程。一份高质量的商业计划书可以体现项目的优势、市场前景以及运营方案等各个方面，使投资者更全面地了解公司项目，意识到投资价值，进一步激发投资兴趣，达到吸引投资合作的目的。

2. 传递信息，促进与合作伙伴的有效沟通

合作者之间的沟通协作是项目顺利进行的保障，商业计划书可以向合作伙伴提供信息，促进合作双方之间的有效沟通，充当着沟通工具的角色。商业计划书能够描绘公司的成长历史以及未来的盈利情况，全面地策划项目的未来发展，对可能出现的问题进行深入的思考和分析以及提出有效的解决措施。商业计划书将这些信息传递给合作伙伴，这样可以建立起双方信任，进行顺畅沟通，从而确保双方合作顺利。

3. 制订发展计划，项目推进过程的行动指南

通过制订商业计划书，创业者可以对其产品所在的市场进行全面的了解，包括市场环境、目标客户及竞争对手等情况，还可以厘清思路从而制订详细的发展计划，确保项目顺利进行。一份成熟的商业计划书通常会对项目进行全方位的设想，包括产品的营销策略、公司的组织架构、财务的融资计划等，为未来的业务发展提供一定的基础。除此之外，商业计划书会对项目发展过程中可能出现的风险因素进行有效分析，进一步采取有效的防范措施，是项目推进过程中的行动指南。

4. 制订管理方案，公司业务的管理工具

商业计划书除了对产品市场情况进行分析之外，通常会对公司内部管理理念进行相应描述，是公司未来发展过程中的有效管理工具。商业计划书会对公司的组织架构进行详尽描述，进一步划分各部门的职能与职责范围，确保日后出现问题可以迅速解决。同时商业计划书还会设置员工的薪酬体系、激励机制等，激发员工工作热情，提高业务水平，进而提升公司市场占有率。

3.2 商业计划书的基本内容

商业计划书是创业活动中重要的环节，目的在于将新颖的创意转变成具体的行动方案，更好地介绍企业的业务及未来发展情况。一份内容丰富的商业计划书可以清晰地表达创业者的商业理念,描述企业的未来愿景,制定详细的发展战略,是企业发展过程中的基石。然而,撰写一份思路清晰、表达简洁、有说服力的商业计划书并不容易,创业者需要通过大量的市场调研和科学分析,总结市场现状,制订详细的企业业务发展计划,提出风险规避及解决措施,确保项目的顺利实施。

商业计划书的内容要体现出完整性、逻辑性、规范性的特点,通常按照封面页、目录页、摘要、各个主要部分、附录的规范顺序与格式编写。其中,封面页包括项目名称、公司名称、地址、创业者或主要联系人姓名、联系方式(电话号码、传真号码、电子邮箱、网站、联系地址)等。目录页按照一定的内容结构与先后顺序编排,概括了商业计划书的各个主要部分,作为反映内容、引导阅读、方便检索的工具。摘要、各个主要部分以及附录是商业计划书的核心内容。各个主要部分一般包括公司简介、产品与服务、市场分析、竞争分析、营销计划、产品开发与生产运营、管理团队与组织结构、财务计划、风险控制、资本退出和附录。商业计划书核心内容如图 3-1 所示。

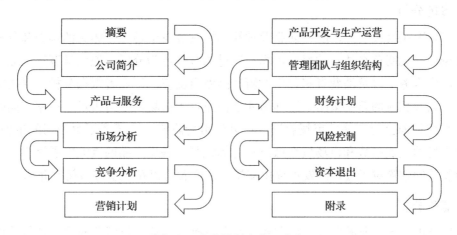

图 3-1　商业计划书核心内容

1. 摘要

摘要是商业计划书的精华所在,创业者要用简练有力、热情洋溢的语言让读者在最短的时间内了解到企业产品或服务的商业价值,以迅速激起潜在投资者的兴趣。摘要应简洁有力地涵盖业务计划的要点,突出项目亮点,并详细说明企业的不同之处、竞争优势,以及获取成功的关键因素。摘要内容可以包括企业概述(使命、愿景、产品与服务)、商业机会、企业需求、目标市场及定位、管理团队、竞争优势、财务预测、投资者退出。因为摘要是对整个商业计划书的概述,本书建议在商业计划书完成后撰写摘要,篇幅一般为 1~2 页,这样才能阐述要点,夺人眼目。

2. 公司简介

公司简介是为了让读者对公司有一个初步的了解。此节内容可以介绍公司名称、公司性质和组织形式、注册时间、注册地区、公司经营理念和管理方式等内容。另外,创业者还可以进一步介绍公司的创立历史、使命和愿景、管理团队构成、产品市场份额、财务状况以及战略发展与未来计划等内容。丰富的内容可以让投资者或评委对公司有一个更全面的了解，对公司经营理念引起共鸣，激发他们的兴趣。

3. 产品与服务

产品或服务简介是整个商业计划书的重点之一，作用在于让投资者或评委清楚地了解公司的主要业务。该部分重点解释新创意产品或服务创造了什么价值，解决了什么痛点需求问题，是否具有产生利润的潜力，以及预期能够实现的目标，是商业计划书的核心竞争力所在。通常这部分的写作要点是介绍产品或服务的技术原理、新颖性与独创性、产品或服务研发过程、新产品发展计划与成本分析、目标顾客及竞争优势、产品市场前景预测等，同时也包括对知识产权、专利等无形资产的介绍。产品或服务的未来发展规划也需要在这部分展示，未来发展规划介绍产品的发展历程及未来发展路线，从而让投资者看到广阔的发展前景。

4. 市场分析

在产品正式投入生产之前，创业者对预选择或潜在市场进行相关的调查和分析，通过调查论证，说明存在适宜的目标市场，通过消费者行为分析，说明顾客很可能购买企业的产品或服务，以及消费者将如何对新产品做出反应。创业者根据分析结果决定产品的目标市场及相应的营销策略，这样做才能快速打入市场，夺得市场占有率。同时，创业者要介绍目前公司产品的市场状况、所处的市场阶段，让读者了解公司的市场现状，进而对市场的发展趋势和市场机会做出相应的预测，展现产品的巨大发展潜力。一些行业会有相关的政策对于公司的发展提供支持，创业者可以在这里进行简要介绍。

5. 竞争分析

竞争分析对于企业的发展十分重要，企业只有深入地了解竞争对手，才能采取相应策略，夺得市场地位。竞争分析主要包括：企业直接竞争对手、间接竞争对手、未来竞争对手识别分析，主要竞争对手分析，及企业竞争优势分析。企业根据分析结果确定相应的竞争策略。同时，企业结合消费者需求特征，明确目标市场定位策略，显示企业独特的竞争优势并将其准确传播给潜在顾客。企业对竞争对手进行分析时可考虑公司的实力，产品的特点，价格，市场占有率等方面。除了对现有竞争者进行分析之外，企业还要对潜在竞争者及市场变化做出相应的预测，并做出判断。最后，企业要突出产品的竞争优势，强调核心竞争力。

6. 营销计划

合适的营销策略可以帮助产品或服务快速打开市场，受到顾客的青睐，这部分主要是对营销计划进行概述。营销计划以市场调研、产品与服务价值分析为基础，针对既定的细分市场与目标客户制订 4P/7P 或 4C 等营销策略与实施计划，结合目标市场与消费者分析，预测企业的未来销售增长、市场份额、年销售额以及预期利润等。同时，企业要制订相应的市场开发计划，设立销售目标，预估 3~5 年的销售额，确保公司未来的发展。

7. 产品开发与生产运营

这部分主要介绍产品开发及生产运营计划，产品开发主要介绍产品或服务开发与量产所处的阶段、预期成本和生产运营时间表等。生产运营通常要介绍产品的原材料及其供应商，生产运营选址与布局、商业区位、运营模式与流程、设施与设备、运营策略、产品标准、质检和生产成本控制，包括发展过程中设施的扩建计划及扩建后可产生的生产能力的预测。产品的生产流程介绍可以让投资者或是评委了解产品生产的整个过程，所消耗的材料与资源，目的是让投资者或是评委看到产品从理念到付诸实践的可能性，了解产品现有生产能力以及对市场生产前景做出预判，从而引起下一步的投资计划。

8. 管理团队与组织结构

管理团队与组织结构包括介绍公司组织结构图、部门功能与职责、各部门负责人及主要成员。项目如有外部专家或顾问的支持，创业者在此部分也要稍加介绍，体现项目的专业性和可行性。此外创业者对公司报酬体系、股东及股权分配、董事会成员可以进行相关描述。

9. 财务计划

财务计划包括对资金需求和财务指标的预测等内容。主要包括现有资本结构，投资的形式，融资需求与投资汇报、资金使用计划、财务数据预测等。创业者通常使用销售收入明细表、成本费用明细表、薪金水平明细表、现金流量表等来表明企业的财务状况。此外，创业者还要对反映财务盈利能力的指标进行分析，例如财务内部收益率，财务净现值，投资回收期等指标。融资需求的内容主要是根据项目所处发展阶段，预测未来项目运营所需资金，制订相应的融资需求计划，其中要说明团队出资情况和融资所占股份，同时要具体说明资金用途。投资回报向投资者和合作伙伴展示，要明确说明未来发展过程中具体时间内可能出现的投资报酬，让投资者准确地看到可以获得的投资报酬，这样才能让其安心地投入资本，作为企业后续发展的动力。

10. 风险控制

在公司的发展过程中，常常伴随着风险的发生，需要创业者提前对风险做出评估，提出可能的解决方案。在公司成长过程中可能出现的风险包括原材料供应风险，市场不确定性风险，产品研发风险，融资风险，竞争风险以及人才管理风险等方面。创业者需要对公司所面临的风险进行科学的分析，提出切实可行的风险应对措施，保证在风险发生时可以顺利躲避。

11. 资本退出

公司的发展过程变化莫测，当面对难以承受的风险时，创业者需要设计一种安全且受益最大的退出方式。常见的退出方式有 IPO（首次公开募股）退出、并购退出、回购退出、清算退出等，创业者需要根据公司现状选择适合的退出方式，让投资人可以清楚地了解可以出现的情况。

12. 附录

附录是对整个商业计划书的补充内容，这部分可以添加一些相关材料证明公司的能力，产品的核心竞争力等。可以添加的附件有：营业执照影印本、注册商标、专业术语说明、专利证书、获奖证书、荣誉证书、生产许可证、鉴定证书、销售合同、意向合同、投资合同、主要供货商及经销商名单。

商业计划书的撰写并不是简单的事情，对于初次撰写者来说具有一定的难度，本书建议创业者模仿学习成熟且优秀的商业计划书，进行深入学习之后再开始撰写。商业计划书的内容不是一成不变的，需要创业者根据自己公司及产品的特点和现状进行有选择地挑选，这里只是提供一个基本的内容框架，具体的内容还需根据产品及行业的特点，进行板块的选择和扩充。

3.3 商业计划书的制作流程

商业计划书是用于介绍整个项目在现在或未来是如何进行运作的，其涵盖的内容非常丰富。由于投资者或评委没有那么多的时间或耐心去看完整个内容，创业者在制作商业计划书时应当有一个清晰的思维逻辑，从初创企业的角度来确定各部分内容的先后顺序。商业计划书的制作流程一般分为4个阶段，如图3-2所示。不同的商业计划书撰写者会有自己独特的构思方式和写作方法，本书只是提供一种可以参考的一般方法。

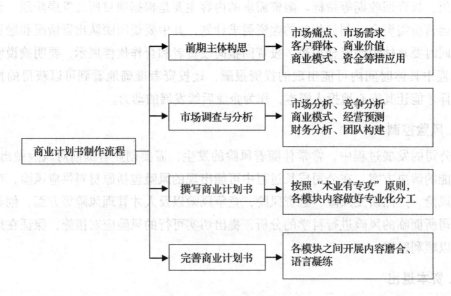

图 3-2 商业计划书制作流程

1. 前期主体构思

当出现好的灵感或是识别新的市场机会时，创业者需要进行大量的讨论和分析，才能将好的灵感转换成新颖的产品或服务。在撰写商业计划书之前，创业者要明确以下几个问题：所提出的产品或服务主要解决了什么样的市场痛点问题，主要针对哪类客户群体，市场需求状况如何，能够带来多大的商业价值和社会效益，采用什么样的商业模式，需要多少资金来实现产品或服务的转换与推广，有哪些渠道可以获取资金以及如何组建一个合理有效的组织架构。这些问题都是后期要解决的，因此创业者需要提前做好构思。

2. 市场调查与分析

围绕上述几个问题，创业者应有针对性地采取各种方法开展市场调查和分析。这个阶段主要做好以下几个分析：①市场分析，包括即将进入的行业现状、市场痛点、市场需求现状等；②竞争分析，包括市场中现有的竞争者有哪些、他们的优劣势是什么、自己的优劣势是什么等；③商业模式，即根据市场分析和竞争分析，确定自己要采取的实现产品或服务的运营模式；④未来3~5年的运营数据预测，包括销售收入、成本、利润以及各种财务报表的预测；⑤资金筹措与运用，包括采用什么方式来筹措资金、资金要用在哪些地方以及相关的风险预测与防控；⑥团队构建，即搭建一个怎样的管理机制来确保项目的顺利执行等。

3. 撰写商业计划书

一份商业计划书包含好几个模块的内容，而这也是商业计划书撰写时的分工依据。一般情况下，每个创业团队都包含各领域的专业人士，比如产品的技术内容与优劣势分析交由技术人员来做、市场分析交由市场营销专业的人员来做、资金筹措与运用交由财务人员来做等。正所谓"术业有专攻"，通过这种方式才能确保每一个模块的内容撰写专业化、精练化。当然，在整个撰写过程中，各模块的撰写者之间要相互沟通，以保证内容上的衔接和一致性。

4. 完善商业计划书

完善商业计划书包括很多方面，主要包括内容磨合和语言凝练两个方面。在内容磨合方面，由于商业计划书的撰写是由多个人完成的，可能存在部分内容理解上的差异，因此团队需要通过多次讨论交流，统一大家对产品或服务的认识，并基于此对相关的内容进行完善。此外，团队内部人员在内容的写作风格上可能出现差别，需要在初步完成之后进行内容的提炼和修改，尽量保持写作风格一致性，同时不要让文本存在错别字、语法错误、用词不当、口语化等情况。在语言凝练方面，由于撰写者在初次撰写商业计划书时，往往考虑的要素过多造成商业计划书内容太过冗长，撰写者需要在完成之后对这些内容进行语言上的重新表述，以使整个商业计划书更简洁、更有说服力。同时，撰写者要站在受众的角度，以受众的评判标准去阅读商业计划书，从而发现不足、完善不足。通过这种反复修改完善的过程，撰写者可以写出一份具有吸引力的商业计划书。

3.4 商业计划书的摘要撰写

商业计划书摘要是计划书一开始看到的部分，且是最后完成的部分，它是从整个商业计划书中摘出来的要点，读者通过摘要可以快速了解计划书的大体内容。摘要主要包括以下内容：公司介绍或企业概况、产品与服务、市场分析、竞争分析、营销计划与策略、产品开发与生产运营、团队管理与组织架构、财务计划、风险控制、资本退出。

一般来讲，为了更好地展现计划书的重要内容，摘要的撰写需要遵循以下几个原则。

（1）摘要必须放在最后完成。从摘要在整个商业计划书中的作用来看，撰写者只有完成了计划书中的主体内容，并在反复推敲的基础上，才能准确浓缩主体内容的核心，才能写出让人耳目一新的摘要。写完之后，撰写者可以采取如下方式进行修改，即团队成员轮流细读，并结合切身感受提出改进建议，然后再让未曾听过该项目的人（如专业老师、企业家等）看看，并给出相应的建议。撰写者通过综合上述两方面的修改建议，最后对摘要进行修改。

（2）摘要必须具有针对性。撰写者在写摘要时，要清楚"看商业计划书的人是谁"，由于评委或投资者的个人经历和兴趣的差异，他们看商业计划书的侧重点一般不同。所以，在撰写摘要之前，撰写者最好做一些关于他们的调查研究，以确保摘要能够抓住他们的兴趣。

（3）摘要用语必须严谨明确，表达简洁，语序通顺。撰写者应抓住整个商业计划书的重点，尽量用简洁明了的语句表达清楚，切勿使用含糊不清、空泛笼统的词语，避免给读者造成误解。

（4）摘要的内容要完整全面。摘要至少要回答以下几个问题：公司的性质、组织结构、人员构成、所处行业以及业务范围；市场痛点、公司的产品和服务；市场需求、客户群体、竞争者、竞争优势；公司的发展规划，包括营销计划与策略、资金筹措与运用等。

3.5 商业计划演示及过程设计

3.5.1 商业计划演示的内涵和作用

演示（road show）是指项目演示者通过可视化工具（如演示文稿、视频等）将创意、新观点、新想法向他人传达的表达方式。商业计划演示的具体过程分为两个阶段，第一阶段是将商业计划书丰富的内容进行压缩凝练，并制作成可视化文档；第二阶段是演示者用熟练的、富有感染力的语言向评委或风险投资者展示商业计划书。演示要求演示者把复杂问题讲得通俗易懂，这既是博得他人对项目的肯定（如好的评分、吸引风险投资和客户等），也是项目团队再一次梳理创业思路的机会。这个过程涉及多个环节和核心问题，而且有规定的演示时间要求。

3.5.2 商业计划演示过程设计

一般来说，一个完整的商业计划演示过程包含三个步骤，即全面理解计划书的内容与理清逻辑、制作演示文稿与撰写演示讲稿、现场演示与沟通交流。

1. 全面理解计划书的内容与理清逻辑

从现有的大量"互联网+"大赛的演示过程来看，商业计划演示有较为严格的时间要求，如 10 分钟、15 分钟和 30 分钟的演示，要在如此短的时间内阐述清楚多达几十页的商业计划书，这几乎是不可能完成的任务。商业计划演示的目的是获得评委和投资者对团队项目的认可，所以演示者需要站在他们的角度去思考他们最关注项目的哪些方面。例如，产品介绍、市场分析、商业模式及财务分析等都是评委和投资者关注的核心问题，这就要求演示者必须熟悉商业计划书的内容，并在脑海里形成一条清晰的逻辑线。只有这样，演示者才能在演示过程中有条不紊地将计划书最关键的内容传递给评委和投资者。

2. 制作演示文稿与撰写演示讲稿

在确定核心演讲内容和演讲逻辑后，演示者需要将这些内容制作成可视化文档。一般情况下，为了更直观地呈现项目要点，演示者用 15 页左右的演示文稿来演讲是不错的选择。在这一步骤，需要关注以下 3 个问题。

第一，演示对象是谁。准确认识和把握演示对象的需求是演示的基础和起点。通常情况下，演示对象包括大学教师、投资者、企业家、各行业领域专家等，他们在项目评审时的关注点各有不同。大学教师更加关注商业计划书演示的逻辑、演示者的个人魅力、演示文稿的内容设计和美观性；风险投资者更加关注项目的投资回报率和风险性；企业家更加关注项目的可信性和实践性；行业领域专家则更加关注项目的创新性、竞争力和存活期。所以，演示者要结合这些人的需求特征来考虑演示内容、风格和着力点。

第二，是否需要撰写演示讲稿。演示讲稿是协助演示者准确讲述每页演示文稿核心内容、避免重复或错误表达的工具。如果演示者没有经验且在大量演示训练之后仍然不能完全记住的话，那么一份简洁明了的演示讲稿是非常必要的。如果演示者有经验、在大量训练后完全记住了演示讲稿的内容，那么就可以脱稿演示。

第三，演示文稿要保持简洁。演示文稿的目的是展示项目的核心内容，提醒演示者每一步要讲的内容是什么，因此演示文稿中不需要放入大量文字和图片，演示者应尽可能以较少的文字、丰富的形式来传递想要表达的新观点、新想法。演示者可以采用一部优秀的电影作品所采用的表现手法，比如设计导入、发展、高潮、回味等阶段，不断体现创业项目的商业价值和社会价值，让各类演示对象既能接收有效的信息，又能使其享受整个演示过程。

3. 现场演示与沟通交流

正所谓"台上一分钟，台下十年功"，现场演示是对先前大量演示训练的最终重演，能否正常发挥关乎商业计划的命运。演示结束后的时间是演示对象的提问环节，演示对象主要是对项目做进一步的了解，这也是商业计划书演示过程的重要部分，是展示创业者个人魅力的绝好机会。

3.6 商业计划演示内容设计与制作

3.6.1 演示内容设计

演示内容是指创业团队要向评委或投资者传达的有关项目各方面情况的信息，这些信息是对商业计划书中的重点内容的呈现。演示内容设计是否得当将关乎评委或投资者能否及时、准确、有效地把握项目全貌，以便做出合理的评价和投资决策。一般来讲，演示内容主要包括题目（封面）、市场痛点、项目介绍、市场规模、竞争力分析、商业模式、团队建设、财务分析与融资方案以及结尾。这些内容的呈现通常需要借助演示文稿、视频等可视化文档工具以及演示者的口头表达和必要的表演。

1. 题目（封面）

在演示文稿的首页，演示者要有特色地放上项目题目，要简洁明了、开门见山地向演示对象说清楚这是什么项目，同时放上公司的名称、商标、联系人。这里的关键是如何给演示对象留下深刻的第一印象。首先，题目本身要能够展示出项目的亮点，这可以从公司定位、项目特点等角度入手。其次，首页的背景色要尽可能与项目主题相呼应。如果项目产品是一种新型材料，演示者则可以将背景色设置为黑灰色。最后，演示者要设置合适、醒目的字体颜色，并将这些内容放置在合适的位置。

封面设计样式如图 3-3 所示。

图 3-3　封面设计样式

2. 市场痛点

任何一个创业项目或产品都是为了解决市场痛点问题，所以演示者需要讲清楚客户存在怎样的"痛点"问题，自己的创业项目可以通过怎样的方式解决这个问题。为了让大家明白项目蕴含的价值所在，演示者可以通过举一些典型的事例和数据，用以说明这个问题的严重性、紧迫性，同时要点明目前没有项目能够很好地解决这一问题，而演示者所在团队的项目却可以做到。

市场痛点描述样式如图3-4所示。

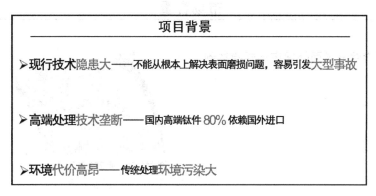

图3-4　市场痛点描述样式

3. 项目介绍

围绕市场痛点问题，演示者应简明扼要地介绍创业项目，详细介绍本项目的解决方案，例如通过什么技术或方式解决目前痛点问题。同时，演示者要讲清楚一点：与现有方案相比较，演示者所在团队的核心竞争力和其他独特优势是什么。这里可以采用文字、图片、数字等方法来展现。

产品优势样式如图3-5所示。

产品优势					
表面改性技术	最大厚度	处理时间	孔隙率	粗糙度 Ra	膜层耐热冲击温度
电镀	<150μm	20~40min (50μm)	>35%	>4.3μm	<720℃
阳极氧化	<40μm	30~60min (30~50μm)	>40%	>2μm	<1 500℃
渗氮	<20μm	20~60h (20μm)	/	0.91~1.6μm	560~600℃
微弧氧化陶瓷化	>400μm	10~30min (50μm)	0~40%	可加工至0.037μm	<2 500℃
	以较短的时间获得较厚的膜层		膜层表面状态好		性能优异

图3-5　产品优势样式

4. 市场规模

市场规模是整个项目可以运行的基石所在，即使有好的产品或服务，但是没有市场的话，整个项目也是实施不了的。演示者通过市场规模的分析和预测来展现产品或服务的市场前景。通过分析现有产品的市场规模，演示者用具有权威性的数据让投资人相信项目的发展潜力是巨大的。这里可以通过图表形式来说明未来可预期的年度内市场规模的预测情况。市场规模样式如图3-6所示。

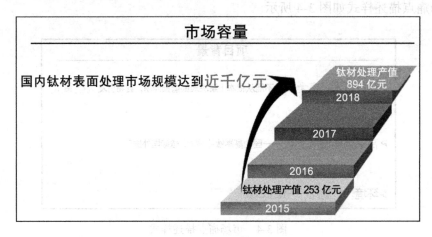

图3-6　市场规模样式

5. 竞争力分析

竞争力分析既是对竞争对手的优劣势分析，也是对创业企业自身的优劣势分析。通过两者之间的对比分析，演示者可以展现出有效削弱劣势、增强优势的方法途径，如各种可供选择的竞争策略等。竞争优势样式如图3-7所示。

竞争优势	
表面处理技术	钛材处理单价
安徽斯特瑞电镀表面处理有限公司（电镀）	2.5元/m³
宝鸡钛泽金属有限公司（渗氮）	3.1元/m³
哲乐阳极氧化处理有限公司（阳极氧化）	2.1元/m³
新锐科技——微弧氧化陶瓷化技术	1.6元/m³

相较于国内主流的钛材处理技术
微弧氧化陶瓷化处理技术　　价格更低！

图3-7　竞争优势样式

6. 商业模式

商业模式向投资者展示了项目的盈利模式是什么，具体内容包括这种模式由哪些要素构成,现金流、物流和信息流的运行路径,哪些环节可以赚钱,盈利点在什么地方以及未来潜在收入来源等。商业模式样式如图 3-8 所示。

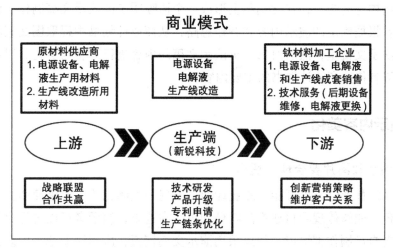

图 3-8　商业模式样式

7. 团队建设

为了保证业务能够按照选定的商业模式正常运营,演示者需要介绍创业团队的人员构成情况。团队介绍在商业计划书中起着至关重要的作用。优秀的团队可以让人相信项目可以顺利运行并引起投资兴趣。在对团队进行介绍时,演示者的介绍要突出团队成员的优势,包括学术背景、技术优势、擅长的领域、参赛获奖经验以及对应职位等。

8. 财务分析与融资方案

为了表明项目在未来的可盈利性和可持续性,演示者需要给出创业项目的发展规划,包括未来 3～5 年的财务预测指标、投融资计划以及退出方式等。

9. 结尾

在演示结束时,演示者需要表达出实现创业项目的信心和抱负,这样做可以让演示对象感受到创业激情,并产生强烈的支持愿望。

上述是商业计划演示的必要内容,创业团队要精心打磨,同时要采用一些技巧美化演示文稿,力求以最佳的效果向演示对象展示商业计划的核心内容,赢得他们的肯定。

3.6.2　演示内容制作

在确定了演示内容之后,如何将这些内容更好地呈现给评委或投资者,这是一个值得注意和思考的问题。通常情况下,大家都是利用演示文稿来展示商业计划书的核心内容。制作一份一目了然、具有视觉美感的演示文稿需要一定的技巧。

一般情况下,演示文稿的制作分为三步:理解内容、构思框架、制作美化。理解内容要求演示者充分理解商业计划书中的全部关键内容,并将这些内容串联起来,形成一个完整的故事线,然后将故事线划分为几个情节,根据撰写商业计划书时的团队分工情况来完成各自模块的情节内容。构思框架是指各个故事情节之间磨合的过程,包括内容上的衔接和结构上的统一,在此基础上形成一个清晰明了的演示文稿制作思路。制作美化是指演示者根据确定的演示内容和制作思路,从商业计划书中提取图文素材,并将这些内容放到演示文稿里,然后对每一页演示文稿的内容进行调整与美化,以便更有效地向评委或投资者传达商业计划书的主要内容。

3.6.3 演示内容美化

1. 背景颜色和图片要合理、适当

演示文稿的背景应当尽可能与商业计划书表现的主题相关,要求简洁大方,不宜采用过多的颜色,能够体现项目或产品特色即可。在这里,演示者可以选择比较好的演示文稿模板或者自己制作都可以,如果采用演示文稿模板,应当注意把其中多余的要素给删除,如模板中已有的公司标识、来源标志等。

2. 内容的表现形式要多样化

采用演示文稿进行展示的最大忌讳就是文字太多,因为这样做会导致人的视觉疲劳、无法抓住关键信息,影响演示效果。因此,为了避免这些问题,演示者可以多采用图表、动态视频、不同字体颜色和大小等形式,以增强内容的可视性。

3.7 商业计划现场展示

商业计划演示过程不仅包括演示内容设计,还包括现场展示的4个重要环节,即入场、演示、沟通、退场。入场环节是指从团队进入场地到第一位成员开始讲解;演示环节是指从第一位成员开始讲到最后一位成员完成讲解;沟通环节是指从第一位评委开始提问到最后一位团队成员回答完毕;退场环节是指从致谢评委和投资者到团队最后一名成员离开演示场地。这4个环节对于演示来说至关重要,评委和投资者可以通过这个过程全方位审视团队整体表现,并对演示项目进行评判。

3.7.1 入场环节

在大多数人看来,演示开始时点是演示者开口讲解的那一刻,而不是演示者入场的那一刻。实际上,当演示团队入场时,演示就已经开始,此时评委和投资者便开始观察和评判团队的行为表现。因此,演示者在入场环节就需要做好相应的准备工作。

1. 熟悉演示设备的使用

演示团队入场后,各成员应根据事先安排尽快行动起来。负责演示的人要保持站

姿、面带微笑、平稳心情、准备演示；负责播放演示文稿的人要试一试计算机能否正常操作，看一看演示文稿中的内容格式是否发生变化；其他成员可以查看一下话筒能否正常使用，熟悉激光笔的相关操作按钮，若发现存在故障，应及时与工作人员沟通，尽快更换设备；此外，如果准备了宣传册和样品，相关演示者可以早点交给评委预览。上述准备工作是为了保障后面的演示环节正常进行，同时也是演示者向评委展示团队成员积极准备、团结协作的好机会。

2. 开口讲解时点的把控

通常情况下，演示者在基本工作准备就绪之后就开始进行演示，而往往忽视了场下评委们的举动。需要注意的是，演示者在开口讲解前应当先观察评委是否看向前方大屏幕，如果评委还在讨论一个项目或低头看材料，演示者就不要匆忙开始演示环节，但可以通过静候或提问的方式唤醒各位评委。等评委们都将注意力放在台上时，再正式开始演示文稿。

3.7.2　演示环节

演示环节是整个商业计划演示的核心环节，一般从主讲人介绍项目名称开始。在这个环节，相关演示者需要把握几个重点问题。

1. 站姿、面部表情和声音

首先，主讲人一般是团队中表达能力最强的人，是原地不动地讲解还是走动讲解，取决于主讲人自身风格，只要能保证最好的演讲效果就行。其次，主讲人在讲解过程中应当面带微笑，与台下的评委和投资者多一些眼神交流。最后，主讲人的声音应当洪亮、节奏要把控得当，比如在讲解关键内容时，提高音量同时放慢语速。此外，其他团队成员应当保持乐观积极的状态，站姿要庄重、有活力，避免交头接耳。

2. 演示时间把控

演示时间一般有 10 分钟、15 分钟和 30 分钟等，这需要结合创业大赛的要求来确定。如果演示时间不长，演示者就略讲不重要的内容，详细地讲解关键内容，例如市场痛点、市场需求、产品、市场分析、资金筹措与运用等问题。考虑到每个部分内容都具有很强的专业性，其他成员在必要时也需要讲解，这就需要团队成员们把控好时间分配。从以往演示经验来看，如果时间少于 10 分钟，其他成员就不需要讲解，一人讲解即可；如果时间比较长（如 15 分钟），其他人可以针对相应的内容进行讲解。不管怎么安排，演示者只要能在规定的演示时间内讲完并保证演示效果，都是可以的。

3. 有效传达项目信息

评委和投资者听演讲者讲解项目内容，就如同学生听老师上课一样，前 10 分钟能集中精力去听并有效接收项目信息，而后面可能就会注意力分散，不能有效接收演讲者传达的信息。演讲者可以采取以下措施确保评委和投资者全程都能集中精神。第一，借助目录，演讲者提前声明要讲的问题有哪些以及对应的内容；第二，演讲者在阐述问题时要直截了当、清晰明了，可以利用数据和图片来辅助说明，这样做可以减少评委和投资者的反应时间，提高理解效率；第三，演讲者合理运用声音的大小，比如在讲重要的内容或另一个方面的内容开始时，演讲者可以提高音量，以唤起评委和投资者的注意力。以上措施只是一部分，只要能够吸引评委和投资者的注意力，有效传达项目信息，演讲者可以采取多种方法。

3.7.3 沟通环节

沟通环节是商业计划演示的有益补充，评委会就一些关心的问题进行深入探讨，以便更准确、全面地了解项目。同时沟通环节也可以帮助创业团队梳理商业计划，解决仍存在的明显问题。这个环节有很多需要注意的问题和细节。

1. 保持平和稳重的心态

在沟通过程中，演示者要认识到评委和投资者是帮助自己完善商业计划而非评判自己，所以要以正常的心态来应答评委和投资者的提问，不要紧张。

2. 准确认知评委和投资者提出的问题

评委和投资者提出的问题要么是商业计划书中没有体现的内容，要么是在演讲时没有听到或看到的信息。因此，在听到问题之后，演示者应该先判断这个问题属于哪一类。如果是商业计划书中的内容，那么各内容模块对应的人来回答这个问题，回答之后评委和投资者如果不能理解，那就再详细耐心地讲一遍；如果是商业计划书中没有的内容，那么演示者能回答多少就回答多少。如果演示者实在回答不上来，那么演示者可以表示希望与评委和投资者一起探讨这些内容。

3. 沟通问题要有礼有节

为了向评委和投资者展示良好的团队形象，在他们提出问题之后，演示者应首先对他们的提问表示感谢，然后针对问题，先让熟悉该领域的成员回答，之后其他成员如果有补充，再依次有礼貌地进行补充。最后评委会根据回答情况来提出一些建议或者进一步询问，此时演示者要虚心接受这些建议。对于进一步提出的问题，如果演示者难以回答，那么演示者需要向评委表示后期会对这个问题做进一步的分析。

3.7.4 退场环节

商业计划演示的最后一个环节是退场。"退场不等于结束"，当沟通结束之后，团队成员要站成一排，依然保持积极乐观的精神风貌，对评委和投资者表示感谢，然后从同一个方向有序退场。演示者退场时要轻声关门，不要大声喧哗。这些细节在演示过程中非常容易被演示者忽视，但可能会直接影响全局，因此演示者一定要特别注意。

第 4 章 · CHAPTER 4

创新创业项目评价

无论参加创新创业类竞赛，还是开展创业项目推介，创业者只要根据竞赛的评审规则与项目评价标准，有针对性、有重点地进行商业计划书的撰写、打磨、优化与提升，精心准备路演幻灯片与视频材料，做好现场答辩的各项准备工作，都是项目获得成功的捷径与行动指南。正确领悟竞赛评审规则和深刻把握项目评价标准都十分重要。本章围绕"如何认识、分析、评价与优化一个创新创业类项目"问题，通过解读"互联网+"大学生创新创业大赛、"创青春"全国大学生创业大赛、全国大学生电子商务"创新、创意及创业"挑战赛的评审规则，总结归纳出创新创业类学科竞赛的重要评审规则，并结合一般的创新创业项目评价要点，进一步提出本书的创新创业类项目典型案例分析框架。

4.1 创新创业竞赛基本评审规则

4.1.1 "互联网+"大学生创新创业大赛评审规则

历届"互联网+"大学生创新创业大赛共出现有高教主赛道、红旅赛道、职教赛道、国际赛道、萌芽赛道五个赛道。在评审规则上，每一赛道各组别略有区别。其中，国际赛道、萌芽赛道每届比赛规则不同；高教主赛道和红旅赛道主要面向普通高等学校学生，受众广泛，且近年来已发展成熟；职教赛道创意组与高教主赛道创意组、职教赛道创业组与高教主赛道初创组、成长组评审规则基本相同。下面主要以第六届中国国际"互联网+"大学生创新创业大赛为例，介绍高教主赛道和红旅赛道的评审规则。第六届中国国际"互联网+"大学生创新创业大赛高教主赛道评审规则如表4-1所示。

高教主赛道各组别参赛项目评审标准注重以下 5 个重要方面。

（1）创新性。创新性要求技术突破或商业模式创新，鼓励高校科创成果转化。创新性需要参赛项目做到问题导向，抓住市场大势和行业需求痛点设计产品。

（2）团队情况。团队情况考察团队成员背景、创业导师结构和股权分配是否符合项目需求。

（3）商业性。商业性要求项目或公司在产品、市场和财务方面具有较强的可行性和可靠性。创意组对项目商业性的要求略低，但需要进行精妙的创意设计、科学的市场调查与合理的财务预算。

（4）带动就业。它要求项目能够直接或间接提供就业岗位，缓解就业压力。

（5）引领教育。引领教育要求项目能够体现学科融合，对于培养团队成员创新、创业能力具有教育意义。

表 4-1　第六届中国国际"互联网+"大学生创新创业大赛高教主赛道评审规则

评审要点	评审内容及分值			
	创意组	师生共创组		初创组、成长组
		未注册公司	已注册公司	
创新性	具有原始创新或技术突破，取得一定数量和质量的创新成果（专利、创新奖励、行业认可等）在商业模式、产品服务、管理运营、市场营销、工艺流程、应用场景等方面取得突破和创新			
分值	30	20		20
团队情况	团队成员的教育、实践、工作背景、创新能力、价值观念、分工协作和能力互补情况	团队成员的教育和工作背景、创新能力、价值观念、分工协作和能力互补情况		
		重点考察师生分工协作、利益分配情况及合作关系稳定程度		重点考察成员的投入程度
	团队的组织构架、股权结构、人员配置以及激励制度合理性情况 创业顾问、投资人以及战略合作伙伴等外部资源的使用以及与项目关系的情况			
分值	25			
商业性	商业模式设计完整、可行，项目已具备盈利能力或具有较好的盈利潜力 项目在商业机会识别与利用、产品或服务设计、技术基础、竞争与合作、资金及人员计划，以及在现行法律法规限制等方面具有实施的可行性 对行业、市场、技术等方面有翔实调研，并形成可靠的一手材料，强调实地调查和实践检验 项目目标市场容量及市场前景；发展战略和规模扩展策略的合理性和可行性；在财务管理（筹资、投资、营运资金、利润分配等）方面的合理性			商业模式设计完整、可行，产品或服务成熟度及市场认可度 经营绩效方面，重点考察项目存续时间、营业收入（合同订单）现状、企业利润、持续盈利能力、市场份额、客户（用户）情况、税收上缴、投入与产出比等情况 成长性方面，重点考察项目目标市场容量大小及可扩展性，是否有合适的计划和可靠资源（人力资源、资金、技术等方面）支持其未来持续快速成长 现金流及融资方面，关注项目已获外部投资情况、维持企业正常经营的现金流情况、企业融资需求及资金使用规划是否合理
	项目对相关产业升级或颠覆的情况 项目与区域经济发展、产业转型升级相结合的情况			
分值	20	30		30
带动就业	项目直接提供就业岗位的数量和质量 项目间接带动就业的能力和规模			
分值	15			

（续）

评审要点	评审内容及分值			
	创意组	师生共创组		初创组、成长组
		未注册公司	已注册公司	
引领教育	项目充分体现专业教育与创新创业教育的结合，体现团队成员所学专业知识和技能在项目和相关创新创业活动中的转化与应用 突出大赛的育人本质，充分体现项目成长对团队成员创新精神、创业意识和创新创业能力的锻炼和提升作用			
分值	10			

资料来源：《关于公布第六届中国国际"互联网+"大学生创新创业大赛评审规则的通知》，https://cy.ncss.cn/information/8a80808d7331b79001739d34a05700be.

红旅赛道项目以服务社会为导向，包括公益组、商业组2个组别，其评审要点均关注项目团队、实效性、创新性、可持续性、引领教育5个方面。除此之外，公益组还考察项目的公益性，商业组还考察项目的带动就业情况，这也是二者的不同之处。第六届中国国际"互联网+"大学生创新创业大赛红旅赛道评审规则如表4-2所示。

表4-2 第六届中国国际"互联网+"大学生创新创业大赛红旅赛道评审规则

评审要点	评审内容		分值	
	公益组	商业组		
项目团队	团队成员的基本素质、业务能力、奉献意愿和价值观与项目需求相匹配 团队的组织架构与分工协作合理 团队权益结构或公司股权结构合理		20	
	团队的延续性或接替性	—		
实效性	项目对精准扶贫、乡村振兴和社区治理等社会问题的贡献度	项目商业模式设计完整、可行，产品或服务对精准扶贫、乡村振兴和社区治理等社会问题的贡献度	20	
	在引入社会资源方面对农村组织和农民增收、地方产业结构优化的效果			
	项目对促进就业、教育、医疗、养老、环境保护与生态建设等方面的效果	项目对促进文化、教育、医疗、养老、环境保护与生态建设等方面的效果 项目的成长性与区域经济发展、产业转型升级相结合		
创新性	鼓励技术或服务创新、引入或运用新技术，鼓励高校科研成果转化 鼓励组织模式创新或进行资源整合		20	
	—	鼓励在生产、服务、营销等方面创新		

评审要点	评审内容		分值	
	公益组	商业组	公益组	商业组
公益性	项目以社会价值为导向，以解决社会问题为使命，不以营利为目的，有可预见的公益成果，公益受众的覆盖面广 在公益服务领域有良好产品或服务模式		20	—
可持续性	项目的持续生存能力 创新研发、生产销售、资源整合等持续运营能力 项目模式可复制、可推广、具有示范效应		10	15
	—	经济价值和社会价值适度融合		
带动就业	—	项目直接提供就业岗位的数量和质量 项目间接带动就业的能力和规模	—	15

（续）

评审要点	评审内容		分值	
	公益组	商业组	公益组	商业组
引领教育	项目充分体现专业教育与创新创业教育的结合，体现团队成员所学专业知识和技能在项目和相关创新创业活动中的转化与应用 突出大赛的育人本质，充分体现项目成长对团队成员创新精神、创业意识和创新创业能力的锻炼和提升作用		10	
必要条件	参加由学校、省市或全国组织的"青年红色筑梦之旅"活动	—	—	
	符合公益性要求	—		

资料来源：《关于公布第六届中国国际"互联网＋"大学生创新创业大赛评审规则的通知》，https://cy.ncss.cn/information/8a80808d7331b79001739d34a05700be,2020-07-30.

需要注意的是，高教主赛道不同组别在其5个评审要点上各有侧重，所占分值也略有区别。特别是创意组和其他三组的区别在于成立公司与否，创意组未成立公司，评审规则上更注重其创新性，而对商业性的考评分值较低，其他三组的评审对商业性有更高的要求。

另外，红旅赛道项目团队性、实效性、创新性、引领教育4个方面的评审中，2个组别所占分值相同，评审内容略有区别。值得注意的是，公益组需要在团队建设中体现接替性，实现公益项目的长期服务意愿。对于项目公益性、可持续性和带动就业方面的评审，2个参赛组别所占的分值不同，公益组以公益项目为载体，更注重公益性，需要以社会价值为导向，不以营利为目的，没有对带动就业的考察；商业组以商业项目为载体，具备商业性，作为红旅赛道项目需要考虑其带动就业的经济、社会价值，而没有对公益性的考评。

红旅赛道项目旨在服务和帮扶社会弱势群体、特殊群体，鼓励扩大影响力，以提倡全社会共同参与，实现公益帮扶。与主赛道不同，红旅赛道要求项目模式可复制、可推广，参赛团队需要弱化对竞争对手的分析，而主赛道各组别项目在模式上要具有创新性，不易被复制和学习。

4.1.2 "创青春"全国创业大赛评审规则

"创青春"全国创业大赛分为主体赛和专项赛，主体赛由三类竞赛构成，即大学生创业计划竞赛、创业实践挑战赛、公益创业赛。而专项赛包括两类赛事，其一为MBA专项赛，其二为主题专项赛，每届比赛主题不同，评审规则也不同。下面主要介绍3类主体赛事和MBA专项赛的评审要点。

大学生创业计划竞赛的评审要点主要包括资金预算、可行性、时效性、带动就业和活动效益5个方面，如表4-3所示。

创业实践挑战赛的评审要点主要包括经营状况、发展前景、营销策略和财务管理4个方面，如表4-4所示。

公益创业赛的评审要点主要包括公益性、创业性和实践性3个方面，并按照指标考核程度分为不同档次，如表4-5所示。

表 4-3 "创青春"大学生创业计划竞赛评审要点汇总

评审要点	评审内容
资金预算	所有项目计划书要有详细的项目资金预算。项目申报的财务预算应本着务实、节俭、准确的原则,不足部分须说明补充资金来源。项目资助资金中不得包括个人或团队的薪酬安排
可行性	创业项目原则上应与提交者所学专业对口,且在大学生创业的能力范围之内。资金运用符合市场规律,可控可实施
时效性	由于省赛主办方规定活动实施期为 5 个月,创业项目的选择应尽量确保在实施期间获得可供考核评价的成果,或提供阶段性考核指标
带动就业	创业项目对劳动就业的带动效应和作用大小将作为项目评审的重要参考指标
活动效益	创业项目所取得的社会和经济效益将同时纳入项目评审和评估的考评体系,进行综合考评

资料来源:《"创青春"大学生创业计划竞赛评审细则》,https://wenku.baidu.com/view/001300fbf4335a8102d276a20029bd64783e6288.html,2019-06-14.

表 4-4 "创青春"创业实践挑战赛评审要点汇总

评审要点	评审内容
经营状况	项目的经营收入、税收上缴、现金流量、持续盈利能力、市场份额等情况;主要业务利润、总资产收益、净资产收益、销售收入增长等状况
发展前景	项目的产业背景和市场竞争环境;项目的市场机会和有效的市场需求、所面对的目标顾客;项目的独创性、领先性以及实现产业化的途径等;项目的商业模式、研发方向、扩张策略,主要合作伙伴与竞争对手等;面临的技术、市场、财务等关键问题,合理科学的规避计划
营销策略	集合项目特点制定合适的市场营销策略,包括自身产品、技术或服务的价格定位、渠道建设、推广策略等
财务管理	股本结构与规模、资金来源与运用;盈利能力分析;风险投资退出策略等

资料来源:《"创青春"大学生创业计划竞赛评审细则》,https://wenku.baidu.com/view/001300fbf4335a8102d276a20029bd64783e6288.html,2019-06-14.

表 4-5 "创青春"公益创业赛评审要点

评审要点	档次	考核指标
公益性	第一档	对社会问题关注深入,立项所针对问题具体且受到关注较多、亟待解决
	第二档	对社会问题有较多关注,立项所针对问题具体且受到关注较多、有解决的必要
	第三档	对社会问题了解不多,立项所针对问题不清晰或已经得到较好解决
	第四档	对社会问题关注不足,立项所针对问题不清晰或不属于公益范畴
创业性	第一档	能够通过具有创新性、普适性、可推广性的商业模式,在消耗资源的同时不断引入大量新资源使项目可自身维持、可持续发展,由此较好地解决瞄准的社会问题
	第二档	能够通过具有创新性的商业模式,在消耗资源的同时不断引入大量新资源使项目可自身维持、可持续发展,由此较好地解决瞄准的社会问题
	第三档	能够应用少量的启动资源,来撬动社会各界相对大量的资源,并通过商业运作方式不断引入新资源来解决瞄准的社会问题
	第四档	主要依靠本身的资金推进项目,能在一定程度上解决瞄准的社会问题
实践性	第一档	很好地结合了人力、资源等实际情况,设定了切实可行的项目进度及目标,有丰富的实践成果
	第二档	能够结合人力、资源等实际情况,设定切实可行的项目进度及目标,有丰富的实践成果
	第三档	未能充分考虑人力、资源等实际情况,设定的项目进度及目标较难完成,实践成果较少

资料来源:《"创青春"大学生创业计划竞赛评审细则》,https://wenku.baidu.com/view/001300fbf4335a8102d276a20029bd64783e6288.html,2019-06-14.

表 4-3~表 4-5 所示的 3 类主体赛事评审要点汇总中，未包含回答评委问题以及团队整体表现的内容，现场答辩的评审要点（项目陈述、回答提问、团队表现）与表 4-6MBA 专项赛评审要点一致。

MBA 专项赛的评审要点主要包括项目陈述、市场分析、公司运作、财务管理、回答提问和团队表现 6 个部分，如表 4-6 所示。

表 4-6 "创青春"MBA 专项赛评审要点

评审要点	评审内容
项目陈述	明确表达产品或服务及市场进入策略和市场开发策略；商业目的明确、合理；形象设计及创业理念出色；全盘战略目标合理、明确
市场分析	明确表述该产品或服务的市场容量与趋势、市场竞争状况、市场变化趋势及潜力；细分目标市场及客户描述，估计市场份额和销售额；相关市场调查和分析的科学严密性
公司运作	公司定位准确，计划科学、严密；成员能力互补且分工合理，组织机构严谨；各发展阶段目标合理，重点明确；对经营难度和资源要求分析准确
财务管理	股本结构与规模、资金来源与运用；盈利能力分析；风险资金退出策略等
回答提问	准确理解评委问题，回答具有针对性而不是泛泛而谈；回答问题思路清晰，逻辑严密，语言简洁流畅，对评委特别指出的方面能做出充分说明和解释；例证与数据科学、准确、真实；在规定时间内完成陈述和答辩
团队表现	分工明确，配合默契，体现团队精神

资料来源：《关于 2018 年"创青春"全国大学生创业大赛 MBA 专项赛和网络信息经济专项赛有关事项的通知》，http://www.chuangqingchun.net/article/15953/，2018-05-03.

4.1.3 全国大学生电子商务"创新、创意及创业"挑战赛

全国大学生电子商务"创新、创意及创业"挑战赛的评分细则由 5 部分组成，如表 4-7 所示。全国大学生电子商务"创新、创意及创业"挑战赛的评审要点首先是创新和创意，其次才是创业。参赛团队要避免为了比赛而比赛的态度，必须要开展一定的实践活动，比赛需要与创业步骤、节奏和实施同步，因此参赛团队在比赛的过程中一定要把项目做好，把项目做起来，使公司能生存下去并且能够做大，这样才能取得大赛与创业两方面的胜利。对于一些公益类型的项目，评委更看重社会价值，所以有关参赛团队项目的社会效益要有所体现。另外，比赛时的演讲分数和文案分数加起来占总分的 25%，不容忽视。

4.1.4 全国大学生创新创业类大赛评审规则总结

通过分析中国"互联网+"大学生创新创业大赛、"创青春"全国大学生创业大赛、全国大学生电子商务"创新、创意及创业"挑战赛，对比中国创新创业大赛、中国大学生服务外包创新创业大赛、"汇新杯"新兴科技+互联网创新大赛、国际大学生 iCAN 创新创业大赛等全国有影响力的创新创业类大赛及其评审规则，人们可以发现它们存在诸多共同之处。参赛项目类型方面，这些大赛都包括商业类、公益类两大基本类型，而且，每种类型项目对应的评审要点与内容也基本趋同。其中，商业类项目强调考察评价

项目的创新性、商业性、团队情况与社会效益4个重要方面。公益类项目关注评价创新性、公益性、可持续性、时效性和团队5个重要方面。本书总结归纳并得出全国大学生创新创业大赛中商业类、公益类项目的评审规则及其要点内容。商业类项目评审要点总结如表4-8所示。公益类项目评审要点总结如表4-9所示。

表4-7 全国大学生电子商务"创新、创意及创业"挑战赛竞赛评分细则

评分项目	评分说明	分值
创新分	项目具备了明确的创新点：新产品、新技术、新模式、新服务等至少有一个明确的创新点	25
创意分	进行了较好的创新项目的商务策划和可行性分析。商务策划主要是业务模式、营销模式、技术模式、财务支持。项目可行性分析主要是经济、管理、技术、市场等可行性分析	25
创业分	开展了一定的实践活动，包括（但不限于）：创业的准备、注册公司或与公司合作、电商营销、经营效果等。需要提供相关项目的证明材料	25
演讲分	团队组织合理，分工合作、配合得当；服装整洁，举止文明，表达清楚；有问必答，回答合理	15
文案分	提交文案和演讲幻灯片的逻辑结构合理，内容介绍完整、严谨，文字、图表清晰通顺，附录充分	10
得分合计		100

资料来源：《第十一届全国大学生电子商务"创新、创意及创业"挑战赛竞赛规则》，http://www.3chuang.net/single/5，2020-10。

表4-8 商业类项目评审要点总结

评审要点	评审内容
创新性	在技术、产品/服务、商业模式、应用场景上寻求创新突破
商业性	产品进入市场具有可行性，市场发展前景广阔，资金来源、市场预测可靠，项目具备盈利能力
团队情况	团队成员职责与背景匹配、能力互补，组织架构、人员配置合理，导师团队符合项目需求，主要投资人和持股情况符合参赛要求
社会效益	项目发展规划合理可行，具有带动就业、引领教育、促进强国建设等社会效益

表4-9 公益类项目评审要点总结

评审要点	评审内容
创新性	鼓励在技术、服务、组织模式上寻求创新突破
公益性	以社会价值为导向来为社会问题的解决做贡献，不以营利为目的，受众面广
可持续性	项目具有延续性、可持续发展，项目模式可复制、可推广
时效性	对解决社会民生问题做出贡献，实现农民增收、创收，为社会带来效益
团队	团队成员职责与其背景、素质匹配，有奉献的价值观，组织架构、股权结构合理，导师团队符合项目需求，团队具有接替性

4.2 创新创业项目评价分析框架

一个成功的创新创业类学科竞赛项目，是以商业计划书作为载体而体现出来的，同

时，路演和答辩也是展示项目的重要途径。参赛团队在参加创新创业类竞赛时，不仅需要有一个好的商业计划书，而且需要优秀出色的项目计划书路演展示和答辩表现。参赛团队要特别重视这 3 个方面的准备和设计工作。

4.2.1　商业计划书的撰写

商业计划书是全方位的项目计划，制定创业公司发展的具体方向，也是报告项目可行性、吸引投资的重要方式。在做好商业创意设计、创业团队组建、项目可行性分析等一系列创新与创业项目前期准备后，参赛团队就要开始撰写商业计划书，内容包含项目摘要、公司概况、产品介绍、市场分析、商业模式、发展战略、财务分析、风险退出、附录等，通过各部分内容，向评委展示出一个完整可行的项目。

撰写商业计划书内容时要注意以下几点。

一是要保证商业计划书的完整性。商业计划书是项目或公司为了达到融资或其他发展目标而向其受众展示项目或公司发展现状和潜力的书面报告，必须从产品、市场、运营、财务、风险管理等方面对评委或其他受众展示自身实力，减少评委对项目的质疑。参赛团队要在保证内容真实性的同时对其进行修饰，扬长避短。

二是内容要呈现出逻辑性和条理性。团队在保证商业计划书内容完整性的同时，要针对自身项目特点设计好商业计划书的逻辑，按照严谨的流程进行分析，将所有内容有条理地陈列出来。例如，产品是通过团队发现行业痛点、识别商业机会后设计出来的一套解决方案。因此，团队在项目计划书中需要先展示行业痛点，再以此为切入点介绍自己的产品或创意。项目计划书的每个环节都要讲究逻辑性，使评委可以一目了然，以便其判断参赛团队的逻辑是否清晰。

三是要根据大赛评审规则着重突出或描述。团队参加竞赛的最终目标是获得奖项、得到评委或投资者的认可和资金支持，因此，根据评审要点和分值来设置商业计划书的内容是十分有利的路径。参赛团队可根据自己参赛组别的评审要点及其所占比重，按重要性依次设置计划书内容。

商业计划书的展现形式和内容要相辅相成，可以通过图、表、文字等不同形式的展示为内容增添色彩。团队成员要根据自身优势，分工协作，共同完成并设计好团队的项目计划书。

4.2.2　路演的演示文稿的制作

近几年，创新创业类竞赛的报名人数和参赛项目成倍数增长，这使得项目评审专家的评审工作量大幅提高，往往不能对每一份项目的商业计划书都做完整全面的评估。通常九成以上的评委只看项目的演示文稿，除非有些内容在演示文稿中没有体现出来，他们才会大致翻一翻商业计划书中是否有这方面的论证。因此，即使"互联网+"创新创业大赛官方未提供关于路演时的评审要点，但基于路演的重要性，参赛团队也要重视演示文稿的制作。

参赛团队制作演示文稿时要注意以下几点。

第一，演示文稿应有逻辑地展示出整个项目的关键信息。首先，参赛团队要让评审专家知道项目要解决的问题是什么，是如何解决的以及解决的方法有什么优势；其次，参赛团队要向评审专家介绍项目的团队成员以及如何分工；最后，参赛团队要全面且客观地介绍和评价产品的特点、性质和市场前景。参赛团队要向评委和投资机构展示出市场调查的结果，并对调查结果进行严密和科学的分析。参赛团队要展示出公司拥有短期和长期发展战略及应对不同时期的营销战略；还要展示出对本公司的团队能力有清晰的认识，掌握并熟知本团队经营管理的特点，明确公司经营和组织结构情况。对于财务方面，参赛团队的公司不同经营时期的经济或财务状况均应清晰明了，经济或财务报表应具有严密性。对于融资和风控方面，参赛团队要展示出自己有完善且符合实际的企业融资方案，并进行过企业的资本回报率测算，对企业在经营中可能遇到的关键风险和问题进行过先期考虑和分析，并附有实质性的对策。

第二，演示文稿所展示的内容要真实且表达准确。参赛团队应多用数字化的表达方式，用真实数据向评审专家展示项目的行动和结果，要善于使用数据进行对比，并用图片、证照（例如商标、专利）等方式将项目的实际情况展现给评审专家。参赛团队在演示文稿制作过程中应仔细检查表达方式是否准确，尽量简洁明了，直切要害，避免有歧义的问题发生。

第三，演示文稿要简约、大方、美观、清晰。参赛团队要注意色彩颜色搭配，每页要有重点且内容不宜过多，使评审专家能尽可能地对重点加深印象。另外，一般情况下人们接受信息的方式由难到易依次是文字、表格、图形、图片、动图、视频，所以参赛团队应尽量使用高级的形式代替文字展示信息。若要使用视频文件，一定确保该文件在其他计算机上也能正常播放，否则就是减分项了。

4.2.3 现场答辩的展示

现场答辩是参赛团队参加创新创业类竞赛项目进行路演时介绍参赛项目并在现场回答评审专家问题的环节。基本上创新创业类竞赛项目的每个参赛阶段（校赛、省赛、国赛）都有路演环节，这也是评审专家了解参赛项目最直观的一种方式。在路演时，参赛团队讲解的时间很短，因此，评委不可能仅仅通过团队的讲解就全面了解参赛项目，他们只能从团队对项目的陈述、回答提问时的表现以及团队的整体表现来评判一个项目的好坏。参赛团队在答辩时应注意以下几点。

一是对项目进行陈述时，参赛团队能像讲创业故事一样，将创业初心、创业团队、遇到的困难、项目的社会价值以及未来的梦想呈现给评审专家，让评委了解、相信甚至感动。在介绍和评价产品/服务时，参赛团队若能展示产品的原型和实物更好。已注册公司的团队要向评委展示出现状以及未来的发展方向；未注册公司的团队要向评委展示出项目目标市场容量及市场前景，发展战略和规模扩张策略的合理性和可行性，在财务管理（筹资、投资、营运资金、利润分配等）方面的合理性。

二是回答评委的问题时，参赛团队要仔细聆听评委的问题和用意，对评委问题的要点要理解准确，不要回避问题，并承诺会弄清楚这个问题，回答时要具有针对性而不是泛泛而谈。参赛团队要在评委提问结束后由团队内最了解评委和投资机构问题的团队成员迅速对问题做出回答。成员在回答时应内容连贯、条理清楚，回答的内容应建立在准确的事实和可信的逻辑推理上，对评委特别指出的方面要做出充分的说明和解释。

三是整个答辩过程中能充分体现出团队精神。团队回答评审提问的内容要与一开始对参赛项目的陈述一致，语言清晰明了。团队成员在陈述时应有较好的配合，能协调合作，彼此互补，不能出现几个人同时抢答评委和投资机构问题的情况，对相关领域的问题能阐述清楚并且能在规定时间内回答评委提问，无拖延时间的行为。

精彩出色的商业计划书制作、商业计划书 PPT 路演、现场答辩展示，是参赛团队获取优秀成绩与奖项的必要条件。其中，商业计划书是最基础的书面材料，也是最重要的部分。相关演示文稿是商业计划书的浓缩，参赛团队需要将其重要内容通过简洁、有逻辑的视觉方式提取出来。答辩则需要答辩成员具有良好的解说能力、思维水平和演讲素质。由于商业计划书是体现一个创新创业类项目的基本载体，也是基于文本资料进行项目案例分析的主要对象，因此，本书中创新创业典型项目案例分析主要针对所遴选优秀创新创业项目的商业计划书进行系统深入的案例分析与评价。

书中的创新创业典型案例分析框架，主要包括项目简介、项目方案、项目分析、优化建议 4 个组成部分，以其分析逻辑顺序依次展开。本书创新创业类项目典型案例分析框架如图 4-1 所示。首先是项目简介，本书对案例项目进行简要概述。其次，本书根据不同项目特点进行项目方案介绍，包括公司简介、公司战略、产品与服务、市场分析、营销策略、财务分析等。接着，本书根据评审规则对项目亮点进行评价，其中，因为遴选的创新创业类项目基本属于商业类项目，所以书中案例分析部分的项目评价要点主要关注、分析并评价商业类创业项目的创新性、商业性、团队情况与社会效益 4 个方面内容。根据项目类型不同，评价侧重点也不同，评委对已成立公司的项目商业性要求更高，对还未成立公司的项目创新性要求更高。最后，参赛团队指出案例项目的缺点并提出优化建议。

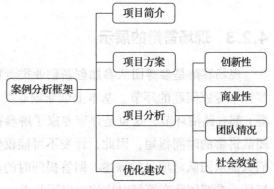

图 4-1　创新创业项目典型案例分析框架

案例分析篇

上

業餘分訴

· 模块 1 ·

机械类与自动化类专业

第 5 章 · CHAPTER 5

天创无人车
赋能末端智能配送

5.1 项目概要

面对快递行业中存在的快递物品在派送过程中被损坏、丢失及消费者索赔难，派送员野蛮分拣物品、快递员上门威胁消费者安全，以及最后一公里末端配送等难题和乱象，不论快递企业还是消费者都急需一套完备的解决措施，来维护消费者与快递公司及产品销售商家之间，以及快递公司与产品物流外包商家之间的信任关系。

天创科技有限责任公司集聚专业技术人才、管理人才和销售人才，聚焦于解决快递配送中最后一公里的难题，以一台小型电力驱动车为改装原型，集机器视觉、通信技术、信息处理、自动化控制技术、导航技术等多项高新技术于一体，设计出一台小型无人驾驶智能快递车。产品前期精准定位于 A 省大学院校聚集的 X 市、B 市和 Y 市三个核心市场，后期重点发展工业较为发达的 Z 市、W 市和 H 市三个市场，以直销和经销相结合的方式，向各大快递公司销售，以更好地服务于各大院校师生、人口密集的小区住户和产业园区的上班族。

目前公司凭借产品稳定的性能、专业的技术与 JD 公司达成生产协议，已完成初期小规模的投放使用并得到外界的认可和肯定。公司产品在快递末端配送环节中占据了一席之地。

5.2 项目方案

5.2.1 公司简介

天创科技有限责任公司作为一家创新型的高科技技术研发公司,核心业务为无人快递配送车的研发与互联网配货平台的搭建,核心产品为无人配送小车。

1. 初创期组织结构

公司成立初期,组织规模较小,技术、产品比较单一,业务量及资金有限,故采用直线职能型的组织结构。公司初创期的组织结构如图 5-1 所示。

2. 组织机构演变

公司经历创业前期的市场运作,各项业务步入正轨,部门规模及人员队伍随着公司业务的增加而壮大,为了适应公司新的发展需要,对组织结构予以及时地调整,各部部长升任为公司副总兼任各项业务首席执行官,下设各分支部门进行分工和协作。公司稳定期的组织结构如图 5-2 所示。

图 5-1 公司初创期的组织结构图

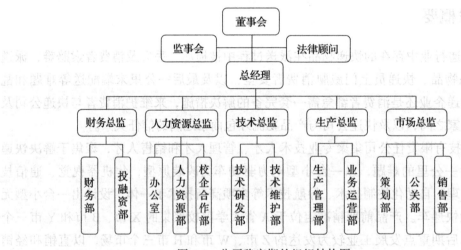

图 5-2 公司稳定期的组织结构图

5.2.2 市场分析

1. 一般环境分析

(1)政治环境。快递业是中国经济的"黑马",近些年来发展迅速。2015 年,国务院召开会议确定推进"互联网+快递",政府重视新兴技术与快递业的结合,强调将快递服务做到真正的便民为民,以满足消费者需求为根本,加强寄递安全和服务质量监管,打造"放心快递",促进快递业健康、有序发展。

（2）经济环境。中国快递业务量自 2015 年开始已连续 5 年稳居世界第一。2019 年，全国快递服务企业业务量累计完成 635.2 亿件，同比增长 25.3%。随着国民经济水平的提高和国人购物习惯的变化，快递行业未来的收入趋势将会是只增不减，巨大的业务增量使得传统的投递方式越来越难以满足日益增长的服务需要。例如，每年"双十一"购物狂欢节大量包裹的增长给快递服务企业末端处理能力和服务能力带来了持续的高压考验。

（3）社会环境。第一，快递公司竞争压力大。我国快递业起步比较晚，在物流成本的控制上存在诸多问题，使其成本日益增加，高成本降低了许多快递企业的效益，甚至一些企业出现亏损现象，严重阻碍了物流行业未来的发展。另外，国际快递巨头如联邦快递，以其高水准的服务和先进的管理模式等优势在中国市场上占据着部分市场份额，给国内快递行业的发展带来严峻的挑战。第二，末端快递员流动大、企业招聘难。根据《全国社会化电商物流从业人员研究报告》数据显示，近一半站点人员工作年限在 1~3 年，流动性较强。究其原因，从行业整体看，低工资、高强度，第三方物流快递员等一线员工工作不稳定，造成行业"用人荒"难解。尤其每年春节后，快递员返岗率仅在 70% 左右，造成很大的员工短缺，给末端配送时效和服务品质造成影响。第三，快递业乱象横生。作为快递服务的关键一环，传统的投递方式越来越难满足人民日益增长的美好生活需要。尤其每年"双十一"购物狂欢节的大量包裹派送常态化，对快递企业末端配送服务能力持续带来高压考验，配送延误、破损、丢件、信息泄露、快递员强行入户杀害业主事件等问题频发，不仅损害了消费者的合法利益，而且不利于快递行业的健康发展。第四，末端快递垃圾围城、环保难。中国已经成为网络购物最发达的国家和包装物流资源消耗最大的国家。2018 年全国快递业共消耗快递运单逾 500 亿张、编织袋约 53 亿个、塑料袋约 245 亿个、封套 57 亿个、包装箱约 53 亿个、胶带约 430 亿个，海量的快递垃圾严重威胁人类生活。其中，胶带部分主要材质是聚氯乙烯，其在自然界需要经过近百年才能降解。而快递行业每年使用不可自然降解的塑料袋、胶带，以及快递工具排放的二氧化碳可达 2 000 万～3 000 万吨。

（4）技术环境。无人驾驶是通过车载计算机系统实现的一种不需要人为驾驶的智能汽车系统。无人驾驶汇集了人工智能的最前沿技术。自动驾驶是交通运输领域的一项前沿技术，我国交通运输部对自动驾驶技术的研发、应用高度重视。国内不少科研机构和企业也都在深入研发该项技术，尤其与交通运输息息相关的快递物流行业也正在探索无人驾驶技术广泛应用的更多可能性。电动、电子、网联、AI（人工智能）等技术的应用和发展，雷达避障技术、差分 GPS（全球定位系统）导航技术和机器视觉的快速发展均为无人驾驶技术应用到快递行业奠定了基础，也为快递公司和行业解决"最后一公里"提供了新的思路。无人化派送已经成为许多快递物流公司不约而同的选择。

2. 运营环境分析

（1）目标市场分析。考虑到降低运营成本和便于监控等因素，本公司把前期目标市场暂定为小区居民、大专院校和工厂园区。首先，小区、大专院校和工厂园区具有人口密度大的特点。在这样的场所使用无人配货小车，可以显著降低单件货物的运营成本。

其次，无人配货小车搭载了诸如雷达、双目相机、工控机等昂贵设备。在初期运营阶段要考虑到配货小车的防盗、防损坏。上述地区监控的覆盖面积比较大，并且人流密度大，便于无人小车的监控，以及损坏后的赔偿与追责。最后，相关企业在上述地区开展无人小车配货业务，便于安置无人小车维护站点。无人小车在运营初期存在各种隐藏故障所以车辆的维护保养、设备的更新调节是必须要考虑的因素。

（2）产品消费群体的需求及购买力分析。产品的市场定位决定产品的消费群体为小区业主、学校师生以及厂区员工。这些区域人员密集、交通繁忙、管理各异，快递使用需求旺盛、服务需求个性化突出，网购是其繁忙日常生活中必不可少，也是最为优先的选择。通过图 5-3 可以看出，2015～2020 年上半年，中国国民网购需求日益增加。网络购物已经成为人们繁忙工作生活中的一种普遍购物方式。

此外，一方面这些目标群体的消费水平较高且稳定，购物数量保持在高水平状态便能保证对末端配送需求的增量，公司的订单量将会越大；另一方面这些群体的文化水平普遍处于较高水平，根据经验来看，文化层次越高的人越容易接受新事物。新产品市场普及的速度越快，市场的规模将越大。但同时，在部分居住区、校区、写字楼、机关办公区中，快递服务与用户使用需求、生活习惯不匹配，造成服务满意程度降低。

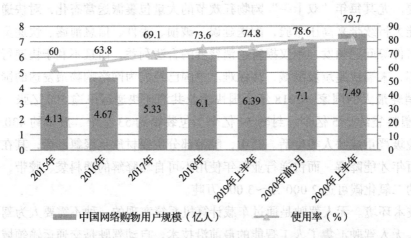

图 5-3　2015～2020 年上半年中国网络购物用户规模及使用率变化情况

5.2.3　产品与服务

1. 产品结构与技术

本团队的产品是以一台小型电力驱动车为基础改装且自主研发而成的智能快递车及互联网配货平台，其实体部分已经研发成功，如图 5-4 所示，团队所在课题组已申请多项相关专利。智能快递车是集机器视觉、导航技术、通信技术、信息处理、自动化控制技术等多项

图 5-4　智能快递车改装成果图

高新技术于一体的新型科技产品。

该智能快递车的系统以 Windows 10 系统的工控机为核心，利用差分 GPS 及 ZED 双目相机精确采集智能快递车运行路线的点位数据，再利用 16 线激光扫描雷达进行避障处理。雷达在获取三维点云数据后，先进行点云分离，再进行聚类分析，继而通过计算相邻两个激光点间的距离来决定是否属于同一类物体，之后对障碍物的状态（静态和动态）进行识别，针对动态障碍物可以计算出运动速度，进而实现智能避障。

研发人员在底层系统控制中以 MK60FN1M0VLQ15 单片机为控制核心，通过 DAC 给电动机控制模块输入不同的电压值来控制配货车的速度。同时，研发人员应用大力舵机，通过单片机输入 PWM 调节舵机的偏转角度，实现配货车转向功能。上层与底层的数据传输通过串口进行。产品的工作原理如图 5-5 所示。

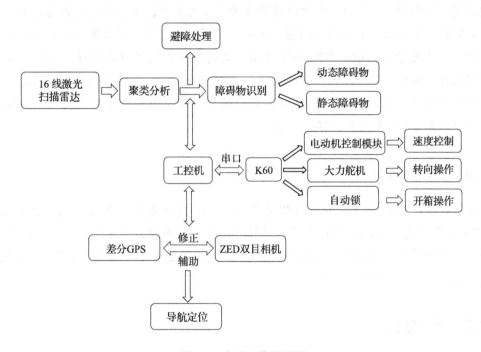

图 5-5　产品工作原理图

2. 产品服务

该产品具有移动灵活、方便智能的优点，致力于解决快递末端配送难题。

（1）快递配送。智能快递车凭借其差分 GPS 精准定位导航、灵活转向行驶、智能速度调控、三维重构避障的设计，充当"送货小哥"，有针对性地解决了快递末端配送中成本高、流动性强、上路难、进门难的难题，有效地缓解了校区、社区这类场景"配送难"的现状。公司拥有上游公司和下游客户两类服务对象。

上游部分对接那些拥有送货到家业务的企业。公司通过和这些公司合作，主要在学校和小区内解决最后一公里的配送问题。一个无人配送小车可以代替原来几个上门配货工人，可以为快递公司精简员工，节省一大笔成本。

下游部分服务快递收件客户，以在校学生、教师、上班族为主，这类客户群体的共同特点是工作繁忙、可支配灵活时间少。针对此类客户，团队倾向于制作在线网页和App，方便客户自由安排时间，在线上个性化选择时间和地点购买本团队的配货业务，然后由无人配货小车配货到家。

（2）原料配送。对于很多零配件企业和装配企业，他们需要经常从一个地点按照规定线路向另一个地点运送材料。例如，手机生产企业需要不断向装配屏幕的工位运送屏幕以及往装配喇叭的工位运送喇叭；汽车生产企业需要向装配玻璃的工位运送玻璃；等等。这些工作以前都是由叉车和传送带完成，无人配货车一旦应用到这些领域，可以给生产企业节约很大一部分成本。

（3）园区导游。随着人民物质生活水平的提高，越来越多的人选择出门旅游。在公园或者展馆参观时，一部分人会面临迷路或者缺少讲解的窘境。本公司的无人小车经过适当开发后，可以解决上述两个问题。第一，按照预定路线，天创无人车可以带领参观者参观园区主要景点，根据GPS的定位功能实时告知参观者所处位置，并且可以向参观者提供电子地图。第二，在小车内部储存了不同著名景点或展馆的介绍信息，小车根据GPS位置信息向参观游客介绍当前的景点信息。同时小车设计有人机交互界面，参观者可以根据需求选择重播或跳过功能。

5.2.4 经营状况分析

该团队经改装再设计后的智能快递车成品，前后各拥有一个GPS信号接收天线，前GPS用作导航，后GPS用作定位和感知环境信息，车身拥有8个大小不一的货品集装箱。目前公司已与JD公司达成合作协议，为其量身定做了一批无人配货车。JD公司通过试运行后，给予了肯定和改进意见。

5.2.5 竞争分析

1. 应用范围广

目前国内外市场上都存在同类型的产品，但在性能和适用范围方面都存在局限性，本公司的无人配货小车与现有的产品相比，优势对比如表5-1所示。

2. 成本低

该智能配货车的单价约6万元，其工作寿命最短约3年。维护智能配货车的工程师可同时维护100~200台车，每年工资约12万元。每台智能配货车每天约配送200单快递，每配送1单的总配送费约为1元。智能配货车与传统快递员配送模式的成本对比分析如表5-2所示。

表 5-1 产品对比表

名称	优势	应用范围
阿里菜鸟小 G	可根据电梯拥挤情况主动放弃乘坐电梯	适用于短途配送和阿里巴巴总部园区
京东智能快递车	可自主规划行驶路线	短途配送，适用于小区和工业园区
申通的智能分拣机器人	可自动充电，且充电时间相对较短	仓库
亚马逊货架机器人	可沿着规定路线行走，节省人力	
云迹科技服务机器人	无线通信，自助乘坐电梯到达目标楼层	大楼
美国 Savioke 服务机器人		
本项目无人配货小车	稳定性更好，应用范围更广	封闭的工厂、园区、校园、小区等场所

表 5-2 成本对比表

模式	费用类别	成本	配送 1 单的成本
快递员配送模式	派件网点的派送费	1.65 元 / 单	6.01 元
	派件网点房租费用	0.3 元 / 单	
	快递员每月工资	约 4 500 元	
	快递员每天工资	约 160 元	
	每个快递员每天约成功配送快递	150 单	
	每个快递员每成功配送快递的工资	1.1 元	
	安排快递员的培训费及保险费用	0.56 元	
	快递车使用及油电费	2.4 元 / 单	
智能配货车模式	智能配货车单价	60 000 元	0.84 元
	智能配货车寿命	3 年	
	智能配货车工程师每年工资	120 000 元	
	每个工程师可同时维护智能配货车	100~200 辆	
	每台智能配货车 1 年的成本	61 200 元	
	每台智能配货车每天约配送快递	200 单	
	每台智能配货车每年约配送快递	73 000 单	

5.2.6 市场营销策略

1. 市场定位

公司创立初期以保守的态度小范围开展业务，以团队所在地区为中心，将 B 市和 Y 市作为核心目标市场。公司在慢慢步入正轨，产品销售成规模后，业务范围将逐渐辐射 X 市周边市场，并重点开发 Z 市、W 市和 H 市的市场。

2. 用户定位

产品服务对象包含两大部分：上游客户和下游客户。其中，上游客户主要是各大快递公司；下游客户包括各大院校师生、人口密集的小区住户和工业园区的上班族。

3. 营销策略

公司明确智能快递车产品优势，突出产品的特点，围绕"以点带线、以线带面"的总体营销策略进行业务拓展。公司采取的具体战术策略包括先期直销模式、后期直销和经销相结合模式、市场集中策略，及其他为目标集中而配套的策略，具体如图5-6所示。

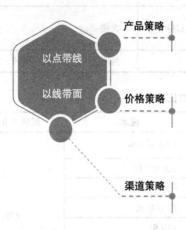

图 5-6　产品营销策划图

5.2.7　发展规划

经过初期的试投放和不断改进，天创科技有限公司根据公司使命、愿景和战略目标制订了未来5年内的发展规划，如图5-7所示。

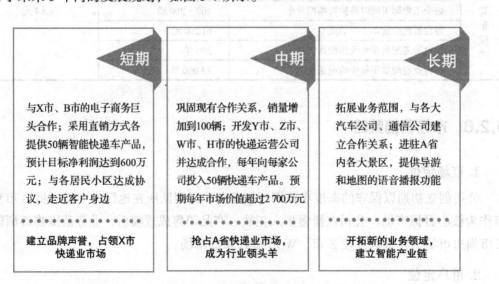

图 5-7　战略发展规划图

5.2.8 融资需求与投资回报

1. 融资计划

公司早期的启动资金来自外部风险投资和创业团队自筹，后者包括核心成员出资和大学生创业基金两部分。初期计划注册资本为 120 万元人民币，其中外来风险投资 40 万元，大学生创业资金申请 40 万元，创业团队自筹 40 万元，各占总投资额的 33.33%。具体融资需求如表 5-3 所示。

表 5-3 融资需求计划

融资分类	内容	金额（元）
营业执照	委托申请	8 000
网络平台搭建	无人配货平台，订单、会员管理及支付平台	56 000
办公设备	打印机、计算机、路由器、网线、固定电话	34 000
材料购置	所需的各种产品、配件，如逆变器、工控机、雷达、双目相机、编码器等	720 000
办公驻地和仓库	100 平方米左右，选址一楼，一年付一次费用	15 000
装修费	所有材料加人工	50 000
广告推广	网络、海报等方式	17 000
流动经营资金	日常经营补充，如办公品添加、设备购置等	300 000
合计		1 200 000

2. 投资回报

从当前全国各大快递公司主要的快递员配送模式的配送成本及利润来说（目前一家普通快递公司采用快递员配送模式每年在最后一公里快递配送成本约为 4 380 万元，而使用智能配货车一年的配送成本约 730 万元，即每年为这家快递公司节省一笔 3 650 万的资金），这仍然是一块不可放弃的大蛋糕。

在快递行业，智能配货车的需求量非常大。每辆车售价约 6 万元，若一个快递公司需要约 100 辆车，与一家合作将有 600 万元的销售额；每辆车服务费约为 1 万元，若一个快递公司需要 100 辆车，与一家合作将有 100 万的服务费收入。加上后期维护、培训的服务费用，公司每和一家公司合作所能产生的合同额约有 700 万元。从我国的情况来看，全国规模较大的快递公司就有 10 多家，该类产品预计仅每年的市场价值就超过 7 000 万元，这一行业是具有较长的生命周期与长远的发展前景的。如果外部风险投资机构在项目初期投入 1 000 万元资金，团队可转让 30% 的公司股份。

5.2.9 风险与退出

为了对可能出现的风险及时预见并化险为夷，公司成员对经营过程中可能存在的风险做了充分预计，并逐个提出了相应的对策。此外，公司引入了现代企业风险评估系统,将风险进行量化分析,将各种风险降低(减轻)、抵消、分散或转移,保证企业的良性发展。

1. 市场风险

公司对可能面临的市场风险及相应的防范措施整理如表 5-4 所示。

表 5-4　市场风险分析及应对方案

编号	市场风险和问题	防范措施
1	营销渠道不畅,服务接受度不高	通过各种现代化营销渠道和人际关系,加大营销宣传力度,提高企业社会形象和知名度,加快品牌塑造
2	市场消费理念不成熟,消费能力不足	对"最后一公里"快递配送采取独家代理、源头控制,阶段性让利促销、免费体验等手段,积极做好市场培育,引导目标群体改变传统理念和习惯
3	同行业竞争问题	提高自身服务的性价比,提升品牌价值,以特有的核心竞争力保持同行业的竞争优势;或联合竞争者,共同将短途快递配送"蛋糕"做大,共享大市场份额
4	后来者模仿问题	加强服务内容的创新研发力度,相关成果及时申请专利;建立标准服务体系和流程,争取做行业服务规范及标准的制定者;创立或加入行业协会

2. 技术风险

作为技术型研发类企业,公司对核心技术所面临的威胁及潜在风险格外重视。公司分析了自身可能遇到的技术风险,并制定了有针对性的防范措施,具体内容如表 5-5 所示。

表 5-5　可能的技术风险及防范措施

编号	技术风险和问题	防范措施
1	技术不足风险	学习借鉴并引进外来先进技术;设立专门的研发机构和人才队伍自主研发;采用有效的激励机制鼓励技术创新
2	技术使用风险	重视对新引进或自主研发新技术的把关和筛选、使用前的培训和考核、使用中的监督和防范、使用后的检查和评价
3	技术保护风险	对自主研发技术及时申报国家或国际专利,建立防御型组织机构,避免人才、技术信息等外流,防止因技术侵权而使自身利益受损
4	技术开发风险	采用多元化研发策略,将整体风险分散到各项目;组建战略联盟,利用风投、保险、债券市场等分散或转移风险
5	技术取得和转让风险	重视和提高技术先进性、适应性、完整性、可行性、可靠性、收益性的评估和预测能力,降低取得和转让风险

3. 财务风险

财务风险可能导致企业财务机制不稳定并带来财务损失。鉴于此,公司结合内外部条件,分析研究了未来可能遇到的财务风险,并有针对性地制定了相应的防范措施,具体内容如表 5-6 所示。

表 5-6 可能的财务风险及防范措施

编号	财务风险和问题	防范措施
1	筹资风险	合理安排资本结构及筹资期限组合方式，保持和提高资产流动性，做好筹资风险阶段性控制
2	投资风险	建立完善财务管理系统和财务风险预警机制，控制投资期限、品种
3	资本运营风险	注重核心业务的巩固和长远发展，选择符合条件的资本运营主体，多资本运营方式分散风险承担主体；建立公司破产和资本退出机制
4	收益分配风险	改进会计方法；准确编制投资预算、外部筹资预算；统筹企业资金安排；做好与利益相关者的协调沟通

4. 人力资源风险

公司结合自身人力资源方面的计划和安排，深入分析了可能遇到的人力资源风险及防范措施，具体内容如表 5-7 所示。

表 5-7 可能的人力资源风险及防范措施

编号	管理风险	产生原因	防范措施
1	招聘风险	信息不对称、招聘者品质与动机、招聘测评的有效性	主动获取求职者信息，慎重选择招聘代表，谨慎运用测评工具等
2	人员离职风险	自愿离职、非自愿离职	制定实施有效的规章制度，建立健全员工离职手续办理体系、工作交接和奖惩制度
3	薪酬管理风险	薪酬制度与企业战略错位或脱钩，奖金激励和福利保险计划缺乏柔性，薪酬结构难整合	科学衡量企业薪酬水平，制定有效的薪酬管理制度
4	管理者道德风险	利益主体不一致，信息不对称，现实情况不确定，契约不完备	重新确立管理者的契约意识，激励机制的设计和使用

5.3 项目分析

5.3.1 创新性

1. 产品创新

该项目的智能快递车，从产品功能上讲，一来代替了末端配送环节中传统快递员的工作，使末端配送更加智能化、灵活化，一定程度上解决了快递行业存在已久的快递员成本高、流动性强、企业招聘难的难题；二来在已有无人配货车的基础之上，新增了现有智能快递车所欠缺的包装袋（盒）回收功能，使得快递末端配送更为绿色化，解决了末端快递垃圾围城、环保难的问题。该款智能快递车在末端配送市场上具有很强的吸引力和实用性，潜在价值很高。

2. 技术创新

该智能快递车运用了多项关键技术。快递车有控制行车速度和方向的车辆控制技术，在此基础上团队自主设计改造了转向、速度、制动等系统结构，使小车更符合短途、密集场景；有精准的差分 GPS 技术，在积极响应国家北斗卫星导航系统广泛应用倡导的同时，也有效应对了智能快递车在复杂动态环境中出现的多路径反射问题；快递车有实时性很高的三维激光雷达，能快速完成智能快递车的场景构造并实现避障功能。此外，团队利用 4G 模块自主设计了一套通信协议及互联网无人车控制及智能配货平台，用以完成车辆状态的收集和车辆操作的指示。该项目利用基本的车辆控制和导航技术，改进了已有产品在实践运用中的不足之处，如用差分 GPS 技术代替 GPS 技术，自主设计的通信系统和智能配货平台，一定程度地创新了智能快递车领域的技术运用，具有较好的技术创新突破。

3. 服务创新

该项目团队的智能快递车在满足末端配送的同时，也充分挖掘了其智能化的潜在功能。智能快递车可以被用到装配企业和零配件企业中，在规定的路线中运送材料，可以给生产企业节约部分成本支出。智能快递车也可以在公园或者展馆中充当导航和导游的角色，充分发挥其智能化、绿色化的优势。相较于其他专一性的智能快递车，该智能快递车的应用场景更广泛，创新性地开拓了景区和展馆服务区，将功能从配货车延伸到导航和导游，是比较好的创新突破。

5.3.2 商业性

1. 机会识别与利用

该项目团队紧抓快递行业近几年存在的行业痛点问题，将快递行业普遍存在的痛点问题分析到位，如运输成本高、人员流动大、用工成本高等，也将末端配送环节出现的乱象和痛点一一呈现，如末端配送盈利难、社区和校园等场景投递难、快递三轮车上路难、快递丢失和延误、快递垃圾围城等问题。这一系列问题不仅影响快递行业的生存和发展，也阻碍人类美好生活的实现，是国家和民众普遍关注的问题。项目团队在众多的信息中紧抓这一痛点问题，拥有发现商业机会的判别力，也拥有合理利用机会的能力。

2. 市场前景

公司的整体营销战略按"以点带线、以线带面"的策略布局，这是相对理智、保守的战略路线，以创业团队所在的地区 X 市作为核心市场，以社区、校区群体为目标群体，逐步向周边辐射。因为社区和校区是人流量和消费水平都居高不下的场所，公司选择的市场也是学校较多的地区，所以这种精准且保守的营销战略和详细的发展战略，对产品的销量是强有力的保障，其市场前景明朗。

3. 盈利潜力

就快递公司而言，该智能快递车相较于传统快递员，在成本节约上的优势显然可见。快递公司使用该智能配货车比使用快递员派送每单可省 5 元，每车每天配送 200 单，一天一台车可省 1 000 元，一年一台车可省下 36.5 万元。可见，该项目对快递公司有重大的经济意义，也是快递行业整个派送模式的改革。就本公司而言，一台车的售价和服务费用总共 7 万元，我国快递公司数量多，产品销路广，去掉每台车的成本，公司的净利润也很丰厚。快递行业具有较长的生命周期与长远的发展前景，产品在不断地改进和更新换代，其盈利空间和潜力极高。

5.3.3 社会效益

1. 市场规划

公司主打产品为智能快递车，精准的产品加上精确的战略定位能让公司在该领域获得大量的发展机会。公司在做了市场调研后制订了详细可行的 5 年发展战略和营销计划，帮助公司在初步运转的基础上逐渐发展并成长起来。

2. 带动就业

公司的产品不仅可以为城市服务，而且在经过不断的技术改进和研发后，可以解决快递公司在农村投送难、城乡融合难的问题。产品逐渐具备服务农村的作用，帮助农村的产品走向城市，城市的产品进入农村，不仅为农村种植业提供了销路，而且为农民增加了收入，提高农民客户的满意度，缩小城乡差距。

3. 促进强国建设

该团队的智能快递车不仅可以服务于快递行业，而且可以承担制造企业的原料配送工作，大大解放了厂区人力，提高了生产效率，减少了制造企业的人力成本。此外，该智能快递车可以服务于旅游业，担任园区导游，减少景区游客被骗事件的发生，为游客完美讲解景点历史并智能带路。产品在帮助公司获益的同时将服务大众、服务社会的终极目标体现了出来。

5.4 优化建议

5.4.1 制定全面的发展战略

企业的发展战略是管理者在对现实状况和未来趋势进行综合分析和科学预测的基础上，制定并实施的中长期发展目标与战略规划。制定和实施公司发展战略具有十分重要的意义。然而，天创科技有限责任公司并未针对公司未来 5 年内的发展制定详细且可行的发展规划。

本书建议该公司在创建企业时就要有明确的愿景,且要得到管理者的高度重视,并将此愿景有效地传递到内部的每个利益相关者。此外,管理者要根据公司不同发展阶段的规模设定明确的发展目标,具体到中长期目标和短期目标。再者,规划出企业的发展策略也是企业实现发展目标所走的路线。管理者要结合企业内外部环境与所拥有的资源条件进行综合性选择,保证全员都清楚为实现总体目标需要干什么,怎么干。每个环节高效衔接、缺一不可,这样才能推动公司前进。

5.4.2 进行全面的财务预算和财务分析

财务分析可以帮助领导全面、客观地评估企业的经营业绩,反映财务状况。财务分析是挖掘企业经营能力的手段之一。天创科技有限责任公司的财务分析存在需要改进的地方,公司做了相关的费用预算,设定了财务目标,说明了投资回报,但并未涉及财务分析的核心领域,实际参考价值不大。

本书建议天创科技有限责任公司进行详细的财务分析与预测,做出相应的预测分析表,如预计利润表、现金流量表、资产负债表等。公司要进行偿债能力、盈利能力、营运能力分析,还要进行投资收益分析,如计算投资净现值、投资收益率、内含报酬率等。进行高质量的财务分析能够帮助公司做出更加理性的决策并实现公司资源价值最大化的目标。

第6章·CHAPTER 6

金刚爬壁机器人
勘测和除尘的小能手

6.1 项目概要

当前,建筑、消防等领域中的危险作业主要由人力劳动完成,不但工作效率低、成本较高,而且极易造成事故的发生,这使得企业面临高成本、用工难的情况。

以此为契机,金刚爬壁机器人创新创业实践项目团队通过风险投资、个人入股以及高校无形资产投入等方式筹集资金,开展了对于粗糙壁面爬行类仿生机构与控制技术研究,突破壁面爬行仿生机器人运动机理、行走与驱动系统设计、多模式运动控制等关键技术,设计出可以携带摄像头、清扫模块、遥控装置的多壁面爬壁机器人。这种爬壁机器人采用负压吸附、多吸盘、多轮移动结构方式,具有移动快、吸附可靠、适应多种墙壁表面、噪声低、结构紧凑、控制方便灵活等特点,可满足多场景爬行。

金刚爬壁检测机器人初代型号已落地,并与市场现有的其他机器人做了对比试验,试验结果表明,金刚爬壁机器人在各领域都强于市场现有的其他机器人。公司预计第一年销售量46台,营业额152.7万元,第一年亏损28.72万元,第二年亏损17.38万元,到第三年转亏为盈,到第五年利润总额可达74.02万元。公司拟申请基于开合度可变式吸附足机构设计和攀爬机器人倾覆结构设计的专利技术,专利使用收入预计约10万元/年。

金刚爬壁检测机器人将机械动力技术和嵌入式控制技术相结合,带载能力强、可多壁面爬行,适用于清洁、除锈、勘测等多种行业,价格低、市场巨大。团队负责人拥有多年的研究经验且高校实验室资源能为产品提供技术提升支持,以占领爬壁机器人市场。

6.2 项目方案

6.2.1 公司简介

德邦智能科技有限责任公司是一家具有独立科学研究能力的高新技术企业，由某高校金刚爬壁机器人创新创业团队创立和组建。公司的发展目标是充分依靠高校科研资源，立足爬壁机器人技术，结合机械传动技术和运动控制技术打造商用爬壁机器人，充分挖掘市场潜能，深耕爬壁机器人业务并积极开发新的相关业务，提高公司业务水平，最终成为一个具备市场竞争力的高新科技公司。公司业务主要是以研发、应用、推广爬壁机器人为主，同时还积极拓展与之相关的设备支持和技术中介服务。公司以"夯实技术，安全至上，诚信经营，质量第一"为经营理念，致力于为客户提供高质量的产品与服务。

6.2.2 市场分析

1. 全球工业机器人供需分析

全球工业机器人的保有量在近些年取得迅猛发展，2019 年全球工业机器人保有量 272.2 万套，比 2018 年增加 28.25 万套，同比增长 11.58%。

全球工业机器人的需求市场也在不断扩大。2019 年，全球工业机器人销售前十地区的合计销量为 30.52 万台，占总销量的 81.8%，其中我国工业机器人销量为 14.05 万台，稳居全球第一。2014 年至 2018 年全球工业机器人销售量稳定增长，2019 年受经济下滑影响有较小回落，但总体市场需求较大。

2. 中国工业机器人市场需求分析

国际机器人联合会的数据显示，中国工业机器人的销量呈现持续增长态势。从目前来看，中国的工业机器人密度偏低，这是销量持续增长的原因之一。机器人在全球制造业的密度只有 0.62%，我国仅有 0.3%，即中国工业机器人密度不足世界平均水平的一半，全球制造业和中国制造业依然依靠人力。在国家制造业转型大背景下，工业机器人未来发展空间广阔。

中商产业研究院预测，2021 年我国工业机器人销售额将达 66.3 亿美元。中国工业机器人的市场规模在持续增长中。我国工业机器人的销售额和增长率如图 6-1 所示。

从全球范围及中国范围内看，工业机器人的供给和需求都呈现持续增长趋势。目前我国机器人的使用密度较低，但是随着我国经济的不断发展，劳动力成本上升，机器人技术的使用将被更多人认可，爬壁机器人产销在未来都会呈现增长趋势，具有较为可观的市场发展前景。

3. 目标市场

初期，公司定位在西部地区发展，主要原因如下。

图 6-1 2013～2021 年我国工业机器人销售额及增长率

（1）公司创业团队在西部成立，可以依托西部丰富的高校资源进行技术开发，便于企业的技术积累，利于企业的后续发展。

（2）爬壁机器人主要应用于核工业、市政工程、石化工业、造船业、消防部门及侦查活动等各种领域，市场前景巨大。企业初创需要依靠优势力量发展壮大，公司初创优势便在于地理位置，产学研的结合。

根据项目的产品性能，公司预计可能的客户群体主要有：市政工程企业、石化工业企业、造船企业、消防部门、清洁公司、桥梁管养公司、军事组织等。

6.2.3 产品与服务

1. 产品功能

项目团队设计研发了两款爬壁机器人，分别为足式爬壁机器人和磁吸附爬壁机器人。足式爬壁机器人可以实现全方位爬壁，具备国内独家大负载带载特性，除自重外，可带载 25 千克，还具备国内独家多壁面普适攀爬能力，可适用于工业和军事场合、探伤检测、安防监控、反恐协作（可携带微型战斗机）、外壁清洁与伪装喷涂等任务。磁吸附爬壁机器人具有曲面吸附攀爬及防水的功能，同样可以搭载诸多模块，并具备载重及通信功能。两款爬壁机器人的结合，使得公司产品可以覆盖大部分市场需求。

2. 产品技术

爬壁机器人为方形，运用复合吸附方式，车轮作为动力驱动，可满足移动灵活又兼顾越障能力强的特点。爬壁机器人主机结构由机身、机械腿机构、移动转向机构和附加机构组成。移动转向机构采用主从轮协同转向，运用连杆死点使其稳定工作，减轻重量，能满足对壁面的适应能力及越障避障能力，实现全方位移动，并且自带喷头和除尘装置。团队利用仿生学原理，设计机器人为四足，每条运动足的运动末梢都带有吸盘，运动腿具有多个自由度，可以实现机器人在壁面多方向移动。同时，依托防伞骨机械结构，机器人通过改变滑块结构的上下移动，实现伞骨机构的开合运动，使得吸附足适应曲面能力大为增强，提升机器人在复杂墙面吸附的适应能力。

此外，团队设计了一个额外抗倾覆力矩的结构来抵消重力矩的作用，使机器人具有抗颠覆的功能。机器人在爬行过程中，当壁面为竖直或者越过焊缝时会发生后仰，有剥离壁面的危险并导致附带张力变小。此时机器人的抗倾覆结构发生作用，原来被压紧的弹簧开始恢复并提供给壁面一个垂直的压力，这样可以压紧履带，保证履带上的永磁铁与壁面完整接触，避免了爬壁机器人发生倾覆，从而起到了提高机器人稳定性的作用。

机器人也设有控制系统和遥控终端，能够实现远程控制作业，达到预期的作业效果。该机器人既可以在平整光滑的表面轻松吸附和爬行，也可以在粗糙不平的壁面进行爬行和作业任务。另外，爬壁机器人在户外或恶劣环境中作业的机会更多，面对剧烈天气变化，它的吸附能力和爬壁速度不会受到影响，但是在雨天墙壁上的水流会打湿吸声棉，增大负载，产生噪声。

金刚爬壁机器人核心技术模块的产品实拍，如图 6-2 所示。金刚爬壁机器人控制系统技术原理如图 6-3 所示。

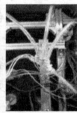

a) 吸附系统组成模块

b) 转弯机构图

c) 单片控制机图　　　d) 整体结构布置图

e) 遥控终端图

图 6-2　金刚爬壁机器人核心技术模块产品实拍图

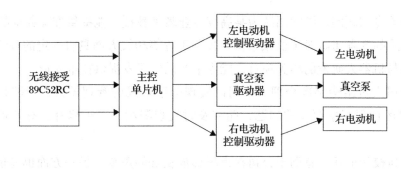

图 6-3 金刚爬壁机器人控制系统

项目团队也明确了多项技术指标，包括样机自重、有效承载、运动速度、续驶里程、噪声等，如表 6-1 所示。

表 6-1 技术指标

指标	标准	指标	标准
自重	<3kg	有效承载	>1kg
地面运动速度	>0.4m/s	壁面运动速度	>0.2m/s
平面续驶里程	>200m	壁面续驶里程	>100m
噪声	<50dB	遥控距离	200m

6.2.4 经营状况分析

根据公司盈利模式，公司收入主要为销售产品收入、专利使用权收入和维修收入。项目爬壁机器人的单价为 3 万~5 万元，每年专利使用收入预计约 10 万元，每年维修收入预计 5 万元。公司未来 5 年销售量预测情况如表 6-2 所示。

表 6-2 公司销售量预测表

年份	2020 年	2021 年	2022 年	2023 年	2024 年
销售量（台）	46	53	68	83	92

公司每年销售产品均能够回本，所以目前的商业计划切实可行。

6.2.5 竞争分析

（1）产品的科技含量高，机器人可以实现多面爬壁，载重重量大（可带载 25 千克），其吸附运动系统能够提升机器人在复杂墙面的吸附能力。公司产品的以上技术优势可以进一步转化为成本优势和差异化优势。无论是科技带来的成本领先优势或是差异化优势，对于想进入这一行业的其他公司来说，都会形成不易逾越的壁垒，为进一步维持技术优势创造了可能。

（2）团队成员是高素质人才，富有创业激情以及时代创新力。公司还设有创业实践和技术指导等专家顾问。顾问团队为某高校专业教师教授，能提供准确务实的建议。

（3）产品的开发团队对于机械结构，控制工程等相关方面具有一定的理论知识储备量，也曾参与机器人研发的相关项目，能为本产品的研发提供技术支持。

（4）公司人员结构层次合理。公司已实现金字塔式的管理模式，能够很好地解决管理层次和运行程序中存在的问题，能够及时发现漏洞，善于修补，有效地解决政策风险。

（5）以高校为依托，有助于公司在市场形成良好的声誉；另一方面也能借助高校的校友资源达到示范作用进而在行业内全面推广。

（6）设备创新性高，服务体系完善。对于设备，公司会定期更新、测试，确保机器人功能完好。

6.2.6 营销策略

项目采取差异化的市场竞争策略，针对不同的细分市场集中体现产品的不同特性，并根据不同的细分市场及其对应的产品特性采取不同的营销方式。

1. 产品策略

公司不同阶段采用不同的产品策略。公司在创业初期采取产品服务快速渗透的策略，以低价格、高促销的方式打入市场，结合F市高校圈优势，与某高校科技处、机械学院合作，进军华北科技交易市场，取得尽可能高的市场占有率。在成长期，公司采用改善产品服务质量策略，此时拓宽科研领域、拓展业务、增加新的服务模式以此来扩大公司规模，将以网站为载体，加大宣传力度，树立品牌形象，提升服务质量。在成熟期，公司实行产品服务延伸策略，针对产品增加更全面细致的服务，稳固行业地位。在衰退期，公司采取产品服务集中策略，把公司的能力和资源集中在最有利的小份额市场或分销渠道上，从忠实于公司的顾客中得到利润。

2. 定价策略

公司在初期为了迅速打开市场，采取渗透定价法，价格始终为产品成本的80%~90%。当公司有一定的规模和效益后，公司将采取理解价值定价法以期能够迅速收回成本，增加企业的后期产品科研经费的投入。从增强产品竞争力和公司发展的角度考虑，产品价格定位在中高档。进入市场初期，公司在垄断竞争条件下以高价尽快收回前期投资，并树立高技术的名牌产品形象，在成熟期，保持高促销的同时根据各种定价组合适当下调价格，迅速扩大市场占有率，形成行业的进入壁垒，防御竞争者的入侵。

3. 渠道策略

公司产品的主要销售对象是大型制造企业和管养公司，因此公司的销售对象较为明确,从而决定了公司在销售渠道上较为确切,针对性较强。针对目标客户,公司将采取直销方法,便捷且可行度高。

公司选择了适合工业产品制造企业的促销手段,公司将建立一支高素质、高技能、高服务的营销人员队伍,由这些精干的营销人员采取上门推销的方式,耐心地向客户介绍产品和服务,并根据公司的营销计划向潜在购买者赠送样品,并由这些人员开展营销宣传、市场调研等工作。推销人员上门推销时应有技术人员的配合,向顾客提供产品技术方面的信息,如新特色、新益处及产品的发展趋势等。营销人员在向消费者介绍产品的同时,激发和引导消费者的需求并把潜在的需求化为现实的需求。

为打消客户对公司产品性能方面的疑虑,公司将对部分客户群体制定产品试用的促销策略。公司通过生产小批量的产品供客户试用并让客户根据他们试用结果以确定是否与公司进一步合作。

4. 公关策略

公关部的作用是协助公司各部门的工作和协调各方面关系。

(1)企业内部公共关系。

建立信息交流平台,如设立"意见箱"、建立公司局域网等可以促进公司内部的信息交流和团结,使公司员工树立主人翁意识。人力资源部协助营销部对营销人员进行定期培训和业绩考评,建立健全人才升迁制度和营销队伍管理制度。员工要在凝聚力、使命感、产品质量、企业形象等诸多方面达成共识,同心协力为企业的兴旺而努力。

(2)企业形象的公共关系。

公司将全力塑造企业形象、提高企业及产品声誉。如发现形象受损,公司应迅速采取得力措施加以弥补和挽救。公司将制作介绍册将公司及公司产品进行介绍,增强客户对公司的认知度和了解度,每季度由公关部统一向客户群体进行邮寄并在促销活动中向公司企业发放。

(3)社会活动公共关系。

公关部门将举办各种大型展销会,协助营销部做好产品的宣传、促销工作,建立客户档案,做好定期回访工作,与政府部门保持良好关系,以产品的高技术、无污染为重点,争取政府的大力支持,协助扩大市场份额。另外,公关部门会与各专业报刊媒体保持良好关系,树立企业良好的公众形象。

6.2.7 发展规划

公司的发展规划如图 6-4 所示。

1. 初期规划(第 1 年至第 3 年)

积累技术,积累经验。预计公司创业初期的产值达 20 万元,本产品总负责人和各部分负责人共同参与并确定本产品的发展在创业初期为专业化,在中后期可以考虑多元化发展。初期公司发展受很多因素制约，包括资金的不足，技术的一些短板，产品单一，公司没有知名度等，所以在初期阶段，公司应该定位于"中小型科技公司＋技术支持服务机构"，以中小型企业业务为主要市场占据对象来确定本产品面对的购买者并调研了解爬壁机器人市场在相关企业的需求。

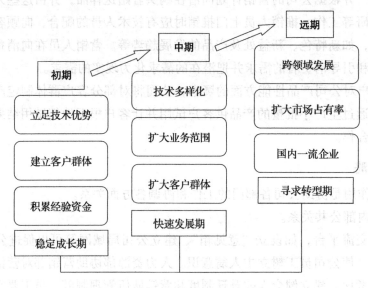

图 6-4　公司 5 年发展规划

2. 中期规划（第 3 年至第 4 年）

公司逐步完善强化技术支持和产品服务，产品服务从单一化走向多元化，公司从西部市场逐步走入东部市场。中国中东部拥有丰富的业务资源，市场大，机会多，竞争自然也激烈。公司在立足西部并且资金、技术、产品都相当完备之后，会加大宣传投入，在原有客户群体的基础上继续拓宽业务范围和业务群体，吸引更多的投资者、合作者。

3. 远期规划（第 5 年及以后）

在本阶段，公司会把每年利润的 30% 作为技术改造费用，将技术改造费用主要用于两个方面。一是搭建公司产品研发销售一体化平台系统，二是做好研发工作。公司在本阶段应该着重确定人力资源的规划。由于中前期的技术和利润的积累，公司可以将本企业部门的职能进行明确划分，提高员工的工作效率，并且提高奖励制度，以创造一个良好的企业文化。在满足本企业现有技术人员和员工的前提下，公司这样做可吸引其他优秀人才。由于企业已经发展到一定阶段，应提前做出危机管理规划，在本阶段，公司需要确定本产品与之对应的传统产品的市场占有率，及时了解客户企业对本产品的使用感受，如果本产品没有满足客户企业需要，公司应该及时进行技术突破，将满足客户企业需求作为第一目标，以防造成双方的经济损失，并维护本产品的口碑。在本阶段品牌规划也应及时确定，本产品对中国西部已经产生一定影响，本公司已经有足够的经验和技术能力去完成并维护更大的项目，但由于产品的特殊性和市场的规模，不需要大范围的广告投入，所以公司在本阶段以及后期的品牌建设需要投入利润的5%，用以扩大本产品的知名度。公司将开始尝试跨领域发展，针对多种不同监测对象，推出系列产品，使公司成长为一个主营业务不单单是爬壁机器人制造的科技公司，而是跨领域发展的大型科技公司。

6.2.8 风险分析与控制

1. 政策风险

工业机器人产业易受到国家产业政策和税收政策的影响以及利率汇率变化带来的风险。项目团队由某高校教授、博士生导师牵头，在团队上实现了金字塔式的管理模式。团队运用各种资源预测政策风险，并进行有效的防范，最大限度地降低政策风险。

2. 市场风险

工业机器人的市场风险主要有需求变化以及价格变动带来的风险、制作原材料供应充足性及价格变化带来的风险、主要客户与主要供应商的信用风险以及潜在进入者、竞争者与替代者带来的风险。项目详细设计了提高产品质量，降低产品成本，加快产品创新以及丰富产品结构的方案并要求专门人员对销售价格进行合理设定，以增强市场应变能力，丰富产品结构，增强公司盈利能力来应对市场风险。

团队中有对产品最新动态和最新技术的更新进行监测的人员，并且有专门的技术推广与项目介绍人员和强大的技术基础与管理团队。人员配置能够对最新科技与技术发展方向进行很好的预测，对本项目产品进行较好的推广，并且有着合理的管理体系，能够处理好经营中存在的风险。

3. 技术风险

工业机器人技术开发难度大，关键技术难以突破，存在技术障碍和技术壁垒等风险。项目负责人从事控制系统设计、无线通信、图像处理、嵌入式系统研发等方面的研究，对本项目所涉及的关键技术比较熟悉。项目研究思路明晰、项目组织结构合理、成员理论基础扎实、实践经验丰富、团结协作精神强、自主创新意识浓厚，项目组具备完成课题所需的以上必要条件，有能力应对项目的技术风险并解决项目中的理论和技术难题。

6.2.9 创业团队

队长擅长各种软件编程，队员1擅长方案设计、硬件选型、单片机嵌入式的开发、STM32微控制器的开发，队员2和队员3熟悉公司会计的确认、计量、记录与报告，并能根据公司财务数据进行必要的财务分析，队员4给团队的产品进行结构设计、CEA

分析以及对转向等问题提供良好的技术支持。团队中 5 个人接受过不同的教育，各有所长，这些专长能基本保证此项目的实行和落地。

6.2.10 项目财务分析

1. 股权分配

公司注册资本共 150 万元，其中技术入股 30 万元，资金入股 70 万元，创业贷款 50 万元。具体股权分配如表 6-3 所示。

表 6-3 股权分配表

分配对象	执行董事	总经理	核心员工
出资方式	资金、技术、土地使用权	技术、资金	资金
股权比例（%）	67	20	13

2. 资本来源及结构

公司的资本来源及结构如表 6-4 所示。

表 6-4 资本来源及结构

资本来源	技术出资	自筹资金	银行贷款
金额（万元）	30	70	50
比例（%）	20	46.67	33.33

6.2.11 主营业务分析

1. 收入预测

根据公司盈利模式，公司收入主要为销售产品收入、专利使用权收入和维修构成收入。项目爬壁机器人的单价为 3 万～5 万元，专利使用收入预计约 10 万元/年，维修收入预计 5 万元/年。公司前 5 年的预测收入，如表 6-5 所示。

表 6-5 收入预测表

	第一年	第二年	第三年	第四年	第五年
销售量（台）	46	53	68	83	92
销售收入（万元）	152.7	173.78	218.05	262.49	292.5
专利使用收入（万元）	10	10	10	10	10
维修收入（万元）	5	5	5	5	5
合计（万元）	167.7	188.78	233.05	277.49	307.5

2. 成本预测

公司主营业务为销售机器人所得的收入，主营业务成本为生产机器人的成本。财务费用主要是贷款利息的偿还。管理费用包括办公室租赁、办公室用品费用、长期待摊费用、固定资产折旧和管理人员工资。公司前 5 年成本费用预测如表 6-6 所示。

表 6-6　成本预测表　　　　　　　　　　（单位：万元）

费用类型	第一年	第二年	第三年	第四年	第五年
营业成本	86.9	96.86	101.23	112.71	127.34
税金及附加	0.17	0.23	0.42	0.76	1.05
销售费用	13.56	15.37	12.36	18.28	20
财务费用	2.8	2.16	2.77	2.59	1.9
管理费用	35.32	38.44	37.02	41.33	42.56
合计	138.75	153.06	153.8	175.67	192.85

6.2.12　财务分析重要指标

从获利能力来看，企业资产报酬率增幅明显，从第四年起便维持在 20% 以上，获利能力较强；从偿债能力来看，企业的资产负债率较低，长期偿债能力良好，流动比率维持在 2% 左右，公司的短期偿债能力较强。纵观以上分析，企业能够在保证自身长期稳定发展的基础上满足企业内部发展需要和投资者的投资需要，具有良好的发展潜力。公司前 5 年的财务分析重要指标如表 6-7 所示。

表 6-7　财务分析表

指标类型	第一年	第二年	第三年	第四年	第五年
流动比率	4.79	2.25	2.99	2.11	1.86
资产负债率	0.51	0.65	0.55	0.54	0.38
流动资产周转率	0.87	1.32	1.93	2.19	2.02
资产报酬率	−0.28	−0.17	0.17	0.27	0.27

6.3　项目分析

6.3.1　创新性

金刚爬壁机器人创新创业实践项目作为创意组项目，在创意设计中，团队发现了行业痛点，即高危作业的危险性使该类作业人力劳动供给少，人力劳动的效率低，且高空作业设备的专业性使得人力成本较高。团队根据行业痛点来设计产品。

通过市场分析,当前市场上爬壁机器人的成熟产品较少且功能单一,不能满足来自不同工业部门客户的多样化需求。项目团队抓住了市场缺口,并以市场为导向,准确发现了市场对爬行机器人功能、价格等方面的需求,从而设计出了远程遥控多壁面爬行机器人。这款机器人能够适用于多种场合、多种壁面,实现了客户多样化的需求,在爬行机器人市场上是前所未有的,具有一定的市场前景和竞争优势,从创新性的角度来讲,这款机器人在产品设计上有较好的创新。

6.3.2 商业性

1. 可行性

团队设计的机器人可以在混凝土面、玻璃面、金属面、岩石、木头等多种壁面攀爬,带载能力强,可适用于工业和军事场合,执行探伤检测、安防监控与反恐协作、外壁清洁等任务,同时可搭载多信息融合技术平台,越障、负载能力强、移动速度快、控制简单有效,且可在复杂环境(高温、高压、高辐射)下正常、稳定工作,产品应用广泛、适应性好,再加上市场需求大,销售价格适中,产品进入市场具有较好的可行性。

2. 市场前景广阔

团队设计出的智能机器人是适用于多种场合、多种壁面的智能机器人。第一,在需求方面,市场上有需求,高危行业需要这种机器人来代替人力劳动。第二,在供给方面,市场上产品空缺,爬壁机器人成熟产品较少、功能单一、产品购买途径少、价格高昂,且适用场合范围比较窄,不能满足市场需求。从团队市场调查分析结果来推断,爬壁机器人的产销在未来会呈现增长趋势,具有较为可观的市场发展前景。

3. 资金来源

项目资金来源为项目成员的自筹资金和银行借款,注册资本为 150 万元,其中技术入股 30 万元,资金入股 70 万元,创业贷款 50 万元,项目成员以资金、技术、土地使用权等方式出资,资金来源稳定可靠。

4. 获利能力

从获利能力来看,项目从第 3 年开始盈利,利润总额增长迅猛,企业资产报酬率增幅明显,从第 4 年起便维持在 20% 以上,能够浅显地反映企业的获利能力。从偿债能力来看,企业的资产负债率较低,长期偿债能力良好,流动比率维持在 2 左右,能从一定程度上反映企业较好的短期偿债能力,结合来看企业具有一定的发展潜力,但仍需要从多个指标综合分析企业的获利能力和偿债能力来得到结论。

6.3.3 团队情况

团队成员中 3 名是工科生，动手能力强、务实，善于从实际出发，在解决实际问题的过程中总结规律，在这个项目中负责产品的结构以及系统设计，提供技术方面的支持。团队另外 2 名成员是文科生，思维灵活，善于整合各方面的资源为团队所用，且经济与管理学院的学生普遍具有商业思维，更适合创新创业的筹划和完善，两人专业均为会计学，能根据公司财务数据进行必要的财务分析，以此判断企业的财务实力，评价和考核企业的经营业绩，揭示财务活动中存在的问题以及评价企业发展的趋势。

5 位团队成员各自擅长的专业领域、兴趣爱好、价值观和思维方式都不同。工科生和文科生的思维方式相结合，分工协作、能力互补，再加上 5 个人分别来自不同年级，高年级有经验的成员可以为经验比较弱的成员进行指导，从而带动整个团队的创新氛围。

德邦科技有限责任公司依托高校、科研机构，共同构建了一个完整的产业合作链。项目的创业顾问为四名高校不同领域的教授和专家们，能够为公司提供准确务实的建议。

6.3.4 社会效益

首先，项目在商业合作上选择了高校、科研机构来进行合作，通过校企合作，以企业作为高校实习的平台，联合高校一同培养高质量的社会人才，同时从高校引进优秀人才，可以为高校部分学生解决就业问题。

其次，机器人行业属于高新技术行业，项目团队所设计出的爬壁机器人虽然可以代替人进行高危作业，但机器人也需要人工远程遥控操控，这种需求为社会产生了新型的高技术岗位，这就需要求职者学习机器人相关的技能并能够带动全民的学习意识，从而让更多人掌握更多的知识和技能。

最后，爬壁机器人能够显著缩短劳动时间，提高生产效率，避免危险作业事故的发生，它的研究和开发有着广阔的前景和良好的经济效益和社会效益，可以促进机器人产业的发展还能够带动经济发展。此外，项目与高校科技成果转移转化的结合也是创业大赛重点鼓励的对象。

6.4 优化建议

6.4.1 美化产品外观

在产品设计当中，公司研发的机器人为方形，考虑市场消费者个性化的需求，方形外观是否能赢得消费者或客户的喜好是市场经济条件下供给方需要考虑的因素。另外，计划书中只提到产品在粗糙壁面和平滑壁面的应用。公司还将桥梁管道养护公司作为自己的目标客户群之一，应用于管道养护等场景。方形机器人在管道这样的曲面上能否顺畅行驶且不发生侧翻是公司应该考虑的问题。建议在公司未来的研发中，除了考虑产品技术的先进性和应用的广泛性之外，还要考虑不同地区消费者、不同行业客户的心理特点、审美观念等。公司应该设计美观的结构，还要确保和产品内在的技术性能相吻合，使整体结构合理。同时，公司应该重新审视产品的适用环境，可先通过试验等方式测试产品应用场合，再进行相应的宣传与营销。

6.4.2　详细评估目标市场

项目方案中直接给出产品的客户群体，但未进行分析和考量，没有实际的数据支撑，容易引起质疑。第一，公司怎样确定的目标群体，这些客户群体中是否有对爬壁机器人的需求；第二，本公司的产品能否满足目标群体的需求，公司在该目标市场是否具有发展潜力。本书建议企业在确定目标市场时，首先要进行市场细分，根据产品特点确定细分变量，并细分市场。然后，企业通过评价各细分市场的规模及成长情况，以及企业自身的资源状况能否有效地接近顾客并满足顾客需求，从而确定目标市场。企业需要依据地理区域来进行市场细分分析，有侧重地将自己的目标市场定位在西部地区，根据所界定的区域，分析市场总需求，以及总需求中有支付能力的需求和暂时没有支付能力的需求。

6.4.3　明确定位两款产品

公司产品介绍中提到本项目设计了两款产品，分别是足式爬壁机器人和磁吸附爬壁机器人，并分别简要介绍了两款产品的特点，但两款产品特色区分不明确，且公司在技术分析中对两款产品没有分别描述。为使产品成功销售给消费者，本书建议企业对产品进行特色化的宣传，对两款产品进行明确定位，以使顾客容易找到两款产品的差异性，可考虑从技术、用途和服务对象上进行定位。

6.4.4　完善组织构架体系

公司发展初期所建立的组织架构虽然符合初期公司的内部环境，但在组织发展过程中，需要根据环境变化增设新的部门，并重新调整组织架构。本书建议在未来公司规模进一步扩大后，公司应设立研发部、物流部、人力资源部等部门。研发部负责对爬壁机器人的进一步改良以及新产品的研究、对公司产品实行技术指导以及为生产部规范工艺流程；物流部负责统一管理公司输入输出物资和产品的运输、保管、包装、装卸搬运和物流信息；人力资源部门要根据公司的实际情况和发展规划拟订单位人力资源计划，在单位内外收集有潜力的和所需的人才信息并组织招聘工作，制定公司的用工制度、人事管理制度、员工手册、培训大纲等制度。同时，公司应设立和完善财务部与销售部，将会计和出纳归于财务部门，售前、售中和售后服务部归于销售部门，在公司发展过程中逐渐形成一个完整的组织结构体系。此外，公司应该加强与其他工业机器人制造企业之间的联系与交流。

· 模块 2 ·

管理科学与工程类专业

第 7 章 · CHAPTER 7

基于 BIM 的交通基础设施智慧建设管理平台

7.1 项目概要

近年来，大城市群区的集聚程度越来越高，近似城市群的城镇密集区逐步增多，同时城市群内各城市的边缘区普遍出现空间扩张的现象，郊区城区化趋势十分明显，这些发展趋势对交通运输条件提出了数量与质量方面的新要求。现有交通基础设施已不能满足城市群发展的需要，一体化程度不高，缺乏有效的衔接，交通结构性、资源环境与城市群交通发展矛盾突出。传统的建筑工程设计方法及管理模式已经不能适应当下快速发展的交通基础设施建设需求，因此一种能够满足当下交通基础设施需求的工程设计方法和管理模式对于提升交通基础设施整体效益具有积极的现实意义。

建筑信息模型（building information modeling，BIM）属于一种依托于工程数字化模型的高新技术，通过数字化信息技术对建筑模型进行建构，利用数字信息仿真模拟建筑物所具有的真实信息。C 数据科技有限公司成立于 2016 年，依托所在大学产学研优势，利用自身完整独立的研发体系，通过市场调查和持续跟踪掌握市场需求、BIM 技术发展现状及技术发展、应用趋势，研发了公路交通基础设施规划、勘测、设计、运维、管理的全生命周期三维数字模型和大数据分析平台。该软件具有可视化、协调性、模拟性、优化性和可出图性等优势，支持数据跨专业共享，可提供交通 BIM 设计与咨询、场站园区 BIM 设计与咨询、大数据咨询服务等解决方案。公司在项目规划阶段通过咨询介入项目；在设计阶段通过 BIM 模型，辅助设计师优化设计质量；在施工阶段通过 BIM 模型，辅助施工单位节约成本；最后将模型运用到运维阶段，帮助客户对建筑进行日后的运维管理，实现了在建筑全生命周期中的各个阶段都有公司服务和产品参与的目标。

7.2 项目方案

7.2.1 核心技术

BIM 是以建筑工程项目的各项相关信息数据作为模型的基础，进行建筑模型的建立，通过数字信息仿真模拟建筑物所具有的真实信息。BIM 包括几何学、空间关系、地理信息系统、各种建筑组件的性质及数量，用以展示整个建筑全生命周期，包括建设过程和运营过程。BIM 技术的运用主要分为 3 个阶段，包括设计阶段、施工阶段和运营维护阶段。鉴于 BIM 技术的发展趋势及区别于传统二维设计的显著优势，目前 BIM 技术主要运用于房屋建筑的设计阶段，而在交通客运站设计中运用较少。由于在设计交通客运站时要考虑建筑结构、风水电设备、站场、路基、道路、轨道以及桥梁等，企业设计时考虑的因素更多，所以 BIM 技术在交通客运站设计运用时考虑的因素更多、专业接口更多、技术难度更大。随着当前城镇化进程加快，建筑工程设计方法及管理模式也需要及时升级，这使得 BIM 技术在交通客运站中的应用具有广阔的发展前景和巨大的商业开发价值。

7.2.2 服务设计

该项目根据 BIM 技术运用的 3 个阶段来确定具体的服务设计，包括 BIM 技术在交通客运站的设计阶段、施工阶段和运营维护阶段的应用，BIM 技术与物联网技术在交通客运站建设中的集成管理以及 BIM 技术与 VR（虚拟现实）技术的交通客运站可视化应用。

1. 基于 BIM 技术的交通客运站设计阶段

BIM 在交通客运站项目设计过程中的使用，主要体现在客运站基础设施建设的计划阶段、调查阶段及设计阶段，具体应用如图 7-1 所示。

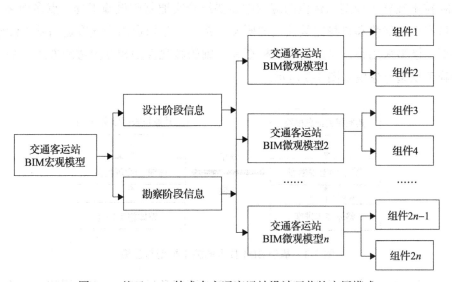

图 7-1 基于 BIM 技术在交通客运站设计环节的应用模式

使用 BIM 对项目进行计划的过程依次是 BIM 模型搭建、碰撞检查及设计优化、四维施工模拟（可视化进度计划）以及成本和物料控制。结合设定好的评估假设条件，企业能够全面考虑客运站基础设施建设项目规划可能遇到的问题，缩短设计时间、分析与修改时间，确保项目性能最佳。

2. 基于 BIM 技术的交通客运站施工阶段

交通客运站基础设施建设的基本要求是质量管理，BIM 技术可以对施工现场进行可视化监控，帮助推动高效管理与建设进度，做到提前预防潜在施工问题从而提升工程质量。BIM 技术在交通客运站建设环节中的应用如图 7-2 所示。

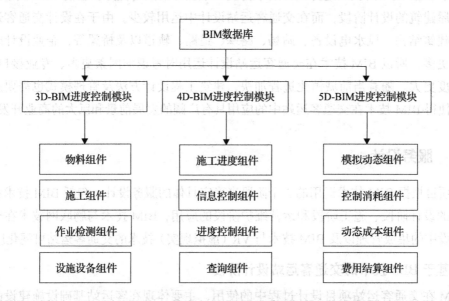

图 7-2 基于 BIM 技术在交通客运站建设环节的应用模式

BIM 技术在施工模型与建模的应用中需要结合交通基础设施工程"点多面多"的特点。凭借产学研优势和自身完整独立的研发体系，本公司提出交通客运站基础设施 BIM 施工模型，模型采用整体设施的宏观模型和详细的微观模型相互渗透的方法。基于 BIM 技术的施工模型与建模如图 7-3 所示。

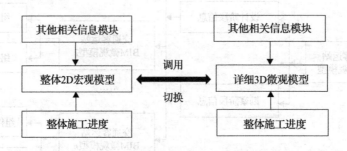

图 7-3 基于 BIM 技术的施工模型与建模

其中，公司在整个客运站与相邻路段的施工管理及过程仿真中使用整体设施宏观模型，微观模型用于支持具体设施的施工精细管理。宏观模型经过整体设施二维模型及整体施工进度与工程信息互相结合形成，在地形图上运用不同色彩表达各个部分不同的设施，通过精细的三维模型和具体的施工进度与工程信息相互结合组成微观模型。不同精细程度的组件、施工任务与有关的进度、资源、质量与安全成本等信息都包含在宏观及微观模型中。

公司建立宏观或微观 BIM 设计模型使用的是 Revit 等 BIM 建模软件，使用自定义的族表示宏观模型中详细的对象。本公司使用 4D-BIM 系统的 WBS 编辑器或 Microsoft Project 软件构建施工任务划分结构并建立各个层次的施工进度规划。公司用 4D-BIM 系统读取建立好的 BIM 设计模型，采用手动或自动关联的方法构建 WBS 和模型中构件的相关关系，建立 4D-BIM 施工模型，并且按照次序添加进度等施工信息。BIM 施工模型的建模方法如图 7-4 所示。

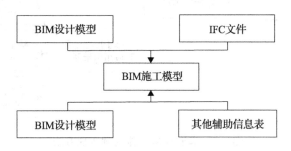

图 7-4　BIM 施工模型的建模方法

3. 基于 BIM 技术的交通客运站运营维护阶段

基于 BIM 技术交通客运站运维管理平台可以实现以下几点功能：①界面清晰友好，操作流程简洁高效；②读取 BIM 模型；③双向同步；④运维信息动态更新；⑤虚拟仿真引擎。BIM 最显著的特点是三维可视化。平台要在模型承受量、数据格式、展示效果等支撑 BIM 模型发挥可视化的效果，提高运维管理信息化水平。基于 BIM 技术交通客运站运维管理平台的系统层次结构、运维管理实现方法和运维平台系统架构，分别如图 7-5、图 7-6 和图 7-7 所示。

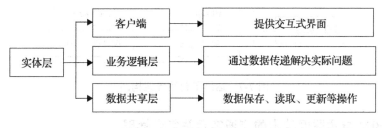

图 7-5　系统层次结构

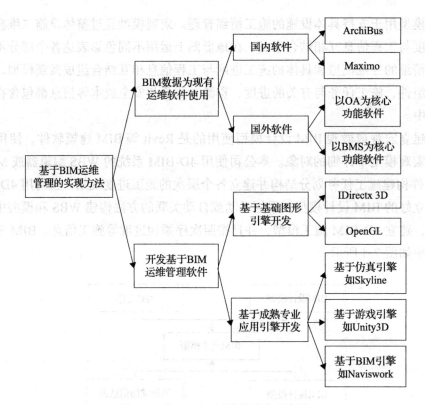

图 7-6 基于 BIM 运维管理实现方法

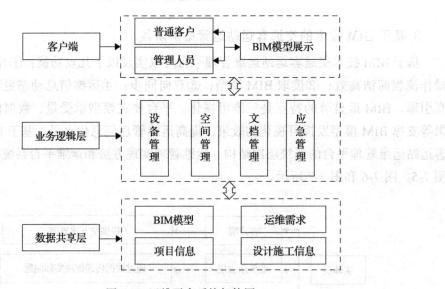

图 7-7 运维平台系统架构图

4. 基于 BIM 与物联网技术的交通客运站集成管理

为了实现交通客运站管理的全面感知、互联互通、智能处理、协同工作和集成管理，本公司构建了基于 BIM 与物联网的交通客运站集成管理构架。

（1）感知层。物联网感知层实现对环境、设备等具体参数的感应，通过物联网技术，确保了数据的准确性、实时性、真实性和有效性。

（2）数据库。数据库是交通客运站信息融合的核心，是为了支撑客运站管理而建立的知识库系统，数据库的综合服务对象是数据融合、共享及系统集成。数据库共包括三种：BIM模型数据库、SQL Server 关系数据库和 KingHistorian 实时数据库。三维建筑信息模型数据、竣工图数据和施工过程中的管理性资料数据构成了 BIM 模型数据库。

（3）网络层。物联网网络层就是交通客运站现场监控和传感器设备之间及客运站工作站与总部监控中心之间进行信息交流的主要通道，这个通道的设备主要有光纤环网和交换机设备。

（4）应用层。应用层是交通客运站综合监控系统的大脑和中枢，对传输来的数据和信息进行处理，这些数据和信息主要通过网络层传输，应用软件根据收到的各项信息进行融合分析，做出反应，完成质量管理、安全管理、旅客管理、物流管理、实物资产管理和改扩建管理，同时，应用软件会完成服务器重要数据的存储与更新、视频监控、报警联动、安检抓拍、车票信息管理和设备管理等。

（5）表现层。表现层由移动终端、电脑端和网页端组成，企业可以用平板电脑或手机等移动终端安装的 App 登录集成管理平台并进行数据的浏览和处理。企业还可以通过电子显示屏、监控中心大屏幕等 PC 端显示实时监测数据并可以通过 Web 端登录集成管理平台，进行信息的填写、流程的办理等操作，实现无纸化、信息化办公。

5. 基于 BIM 与 VR 技术的交通客运站可视化应用

VR 的设计过程包含了很多内容，需要交互、程序和设计专业的人员协作完成设计。"BIM+VR"在市场已有一些软件的应用，但针对的角度有所不同，应用范围也不尽相同。目前主要有万间科技，光辉城市的 Mars 软件，光鱼全景的 720 全景软件，Iris VR 的 Iris Prospect 软件和 Iris ScopeAutodesk 的 Fuzor、Stingray、Modelo、Enscape 等软件。本公司主要使用的两个软件分别为 Modelo 和 Mars。

Modelo：公司利用其轻量化的表达方式将模型上传之后可以快速通过上传至云端，然后快速分享给相关人员。相关人员可以对模型进行查看，并标注出自己的意见。Mars：公司主要利用其相对完善的材质库（包含建筑信息属性的部件及可以导出至 Revi 进行进一步 BIM 的操作）和能够模拟真实物理状态的优势，让建筑师和其他相关人员进行第一人称的视角体验建筑空间与时间。本公司在进行"BIM+VR"的建筑可视化设计时，主要使用以上两个软件。可视化设计流程如图 7-8 所示。

7.2.3 市场分析

1. PEST 分析（宏观环境分析）

（1）政治因素（political factor）。政府部门接连发布《建筑信息模型应用统一标准》

《工程质量安全提升行动方案》《促进大数据发展行动纲要》等文件,支持加快推进 BIM 技术在规划、勘察、设计、施工和运营维护全过程的集成应用,打造精准治理、多方协作的社会治理新模式,建立运行平稳、安全高效的经济运行新机制,构建以人为本、惠及全民的民生服务新体系。

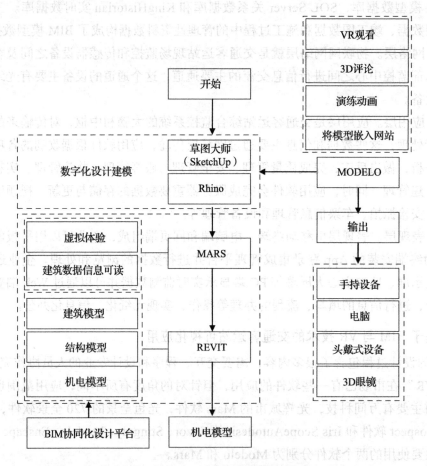

图 7-8 "BIM+VR"可视化设计流程

(2)经济因素(economic factor)。2016 年大数据上升为我国国家战略,在国家政策的推动下,2016 年中国大数据市场规模达 132.8 亿元,增速达 53.1%。2016 年中国建筑业总产值达 19.36 万亿,约占国民生产总值的 26%。2016 年旅客运输周转量 31 306 亿人公里[注],增长 4.1%。运输网不断扩大,运输能力逐步提高,客、货运输总量的增长相当迅速。为了适应社会经济发展的需要,我国已经把交通运输业作为经济建设的重点,BIM 技术的应用在未来前景广阔。

(3)社会因素(social factor)。国内先进的建筑设计团队和地产公司纷纷成立 BIM 技术小组,BIM 理念正逐步为建筑行业所知。BIM 目前已经应用于多个重大项目,如北京 2008 年奥运会奥运村空间规划及物资管理信息系统、南水北调工程、香港地铁项目等。

㊀ 将一位旅客运送一公里称一人公里。

（4）技术因素（technological factor）。计算机网络技术、信息技术以及3D建模技术等高新科技将被大量运用于各种复杂、巨大的工程项目管理过程中，以达到工程项目的全生命周期管理，这为BIM技术的应用提供了强有力的技术支撑。

2. 市场需求分析

从全球化角度来看，BIM技术的应用已经成为全世界建筑业发展的主流。BIM技术拥有广阔的市场空间。根据凯迪思公司发布的全球建筑资产财富指数（global built asset wealth index）显示，2014年中国建筑资产规模达到47.6万亿美元，已超过美国成为全球建筑规模最大的国家。BIM技术被认为是助推智慧交通的重要手段，交通运输部公路局和公路领域专家均表示要大力推进BIM技术在公路交通、智能交通领域的应用。BIM技术在我国起步较晚，整个市场尚未成熟，但是近年来随着BIM技术的发展，业主对BIM技术的认知与认可度越来越高，更多的应用价值被挖掘出来，整个BIM市场将会迎来爆发增长。同时，智慧城市的发展也迫切需要BIM技术在建设"BIM+GIS+物联网"数字化城市中发挥关键作用。

3. 市场现状的分析

从全球来看，根据透明度市场研究公司（Transparency Market Research）的报告《2015~2022年BIM全球市场分析、规模、信息、增长趋势以及预测》，2014年全球BIM软件市场价值为27.6亿美元，到2022年预计达到115.4亿美元，复合年增长率在19.1%。同时，该公司指出，2014~2022年亚太地区BIM软件市场价值的复合年均增长率将达到21.2%，中国、日本、印度等国家施工工程量的增长将为BIM带来巨大的市场前景。此外，著名市场调查公司市场与市场（Markets and Markets）在《终端用户，类型（软件、服务项目），应用（商业、住宅、教育、工业、医疗保健、娱乐、体育）和地域的BIM市场分析与预测》中指出，2013年BIM的市场规模约为26.4亿美元，2020年市场规模将增长至86.46亿美元，年均复合增长率达16.72%。因此，未来随着BIM技术的成熟，BIM软件将具有更广阔的市场空间。

从国内来看，首先，现阶段国内BIM技术的应用以设计单位为主，远不及美国的发展水平和普及程度，整体上仍处于起步阶段，远未发挥出其全生命周期的应用价值。不过当前国内各类BIM咨询企业、培训机构、政府及行业协会越来越重视BIM的应用价值和意义，国内先进的建筑设计单位等亦纷纷成立BIM技术小组，积极开展建筑项目全生命周期各阶段BIM技术的研究与应用。其次，随着我国城镇化率的提升、基础设施的完善和"一带一路"倡议的推进，我国建筑业市场空间巨大，但是建筑行业仍然存在技术水平低、劳动力密集、环境污染严重、施工效率低、产业链割裂等痛点，行业参与主体碎片化竞争特征明显，建筑业的转型和升级迫在眉睫，装配式建筑、BIM技术和绿色建筑等建筑理念和技术在我国日益普及，前景广阔。另外，工程总承包、全过程工程咨询等业态和商业模式也受到国家和各级政府的鼓励和支持。最后，交通运输部于2016年出台了《交通运输科技"十三五"发展规划》《关于实施绿色公路建设的指导意见》，明确指出要鼓励 BIM 技术在智慧交通建设中的应用，实现交通从传统产业向现代服务业转型升级。

7.2.4 竞争分析

1. 市场竞争分析

（1）现有竞争者分析。我国 BIM 应用仍处于初级阶段，应用相对较多的是设计单位，施工单位应用很少。2014 年发布的《中国施工行业信息化发展报告（2014）——BIM 应用与发展》反映了我国 BIM 应用的最新情况，其中的应用地域分布如图 7-9 所示，其中的企业资质分布如图 7-10 所示。本公司属华中地区第三方企业，由于 BIM 在国内处于初期萌芽阶段，现有市场竞争者数量很少，正是本公司发展壮大的好时机。

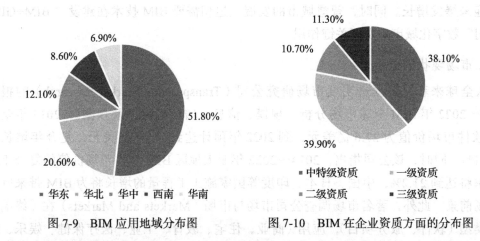

图 7-9　BIM 应用地域分布图　　图 7-10　BIM 在企业资质方面的分布图

（2）替代竞争者分析。国内 BIM 软件市场上，以 Autodesk、Dassault Systemes、GRAPHISOFT、Tekla 为代表的国外软件厂商依然在设计 BIM 软件领域占据绝对优势。但近几年国内 BIM 软件厂商从建造、施工 BIM 软件向协同协作端软件发力，不断将触角伸向产业链上下游，通过本地化产品和配套的技术服务支撑，取得了相当好的成绩。因 BIM 软件研发需要大量的资金投入，目前国内 BIM 研发企业主要有鲁班、广联达、鸿业和品茗等实力较大的软件厂商。本公司依托所在大学在交通领域占优势的平台资源，聚焦高速公路、隧道、桥梁、场站枢纽等交通基础设施项目全生命周期的 BIM 研究应用，是一个侧重于设计服务的第三方公司，目前行业内同类竞争公司数量很少，公司存在潜在竞争者，但这些竞争者不对公司构成很大威胁。

（3）潜在竞争者分析。潜在竞争者是掌握部分 BIM 技术或长期从事 BIM 研究，有能力开发更为优质技术软件，提供更完善服务体系并有能力在后期进入市场的企业和研究所。因此，面对潜在竞争者本公司应该发挥好现有优势、把握机遇，并给潜在竞争者设置如下壁垒。第一，响应西部地区发展计划优势，本公司应该充分发挥现有优势扩大市场占有率，给其他企业的进入设立壁垒；第二，公司的研发团队应积极更新升级产品,提高市场需求反应时间;第三,公司应加大宣传力度,在社会上树立起良好形象,通过广告、用户服务和企业文化等在顾客心里形成差别优势,给潜在竞争者设置进入障碍;第四,公司应该建立自己的销售渠道,与政府、研究院等建立长期的合作关系。

(4) 供应者能力分析。公司 BIM 的设计服务需要定期更换高配计算机并向 Bentley 公司缴纳软件开发费用。随着开发者和设计者的薪资上涨,产品成本必然上涨,因此为了削弱供应商的讨价还价能力,公司可采取以下策略。第一,采取定期大批量的购买方式,提高公司购买量,成为供应商的重要客户,以削弱供应商的讨价还价能力。第二,公司可通过与供应商建立长期合作关系以削弱供应商的讨价还价能力。通过长期交易建立良好的信誉度和企业关系,公司可获得一定价格优势。第三,建立更广泛的采购网络,以便公司及时、全面、准确地掌握有关市场变化信息,从而在采购谈判、客户培训、售后服务等方面占据主动权。

(5) 购买者能力分析。公司前期的主要目标客户是合作企业、政府交管部门等,这些购买者购买时间和购买量比较稳定,但这些购买者对服务质量、产品价格和性能等方面要求较高,因此公司可采取以下战略。第一,充分利用地域优势和时间优势,限制市场上产品集中程度购买者选择范围,提高讨价还价能力。第二,本公司的产品符合"互联网+"、智能交通的发展战略,可积极寻求国家相应部门认证以及推广,树立良好的社会形象。第三,公司可与目标客户建立长期合作关系,适时给予一定的优惠或做出一定的让步。

2. 核心竞争力分析

(1) 具有先进的实验平台。本公司现有多台高性能计算机工作站、高性能服务器、实景建模无人机以及相关外设等一批先进的实验设备,同时购置了 BIM 软件、GIS 软件、交通规划及仿真软件,如 Bentley OpenRoad、Autodesk Revit、Transcad、Vissim、Arcgis 等国内外一流软件,同时初步建成了大数据分析计算平台。

(2) 具有高水平的专家团队和人才后盾。本公司汇聚了 BIM、公路建设和管理数字化相关的各个专业领域精英人才,专业覆盖面广,技术力量雄厚,年龄、学历结构合理,90% 的成员拥有硕士、博士学位。

(3) 具有优势互补的创新合作伙伴。本公司与所在大学交通 BIM 研究中心、B 工程咨询有限公司、D 科技有限公司、E 隧道工程轨道交通设计研究院等达成了长期战略合作协议,致力于优势互补、共赢未来。

7.2.5 公司战略分析

1. 发展战略

公司发展战略历程如表 7-1 所示。

表 7-1 公司发展战略历程

年份	发展战略规划
2017年	1）完成团队融资，依托所在大学提供的优势平台，不断开拓市场 2）与某省政府合作完成了 10 多项客运站 BIM 项目，并与其签订了合作意向书，提供 BIM 技术培训和售后服务
2018～2020年	1）完善团队建设和管理机制 2）掌握一定数量的客户群体，基于用户反馈不断提升公司技术和服务质量 3）依托西部计划优势资源和大学优势平台，对某省政府相关部门和西部地区一些项目单位进行推销，并与其签订合作意向书 4）进一步扩大用户群体，面向施工单位、业主等进行产品销售
2020年及以后	1）实现项目实施、技术更新和技术服务一体化，进一步提升产品的知名度，致力于打造西部地区第一品牌，为未来的集中化、规模化定向奠定良好的基础 2）开始开拓海外市场，参与建设跨国合作项目，使公司真正做到面向世界，面向未来，并进一步扩大公司在行业内的世界影响力

2. 发展模式

公司客户主要集中在交通行业、工程设计行业以及各种工程、基础设施的业主方，公司采用直接销售的模式，直接面对潜在客户进行洽谈、投标、签署合同。公司通过网络宣传、参与行业活动等方式进行市场推广，通过跟踪各地政府建设规划及在建工程情况、老客户介绍、客户主动联系等方式获取潜在客户情况并与之建立联系，针对有合作意向的潜在项目进行数据分析、定价分析、需求分析并提供项目服务建议书，向潜在客户展示公司实力和完成的经典案例，并最终通过投标的方式获取项目合同。

7.2.6 营销分析

1. 目标客户

目标客户细分为三类。一是研发领域，与高校研究院合作，为相关研发设计团队共建 BIM 实验室和培训中心，探索 BIM 更深层次需求，推动其在建筑、交通等行业的发展。二是需要 BIM 设计建模的施工单位，例如建筑施工单位、小区业主等。三是交通管理的政府部门，与交管部门进行合作，进行项目 BIM 模型的创建与维护、材料过程管控、各专业碰撞检查以及虚拟施工指导。

2. 营销策略

（1）产品策略。

1）积极响应国家战略，抓住市场机遇，短期内主要与政府部门建立合作，利用大数据预测潜在的、可落实为交通枢纽的中小型城市，并对其进行项目 BIM 模型的创建与维护、材料过程管控、各专业碰撞检查以及虚拟施工指导。

2）积极引进人才，在未来 3～5 年开发出 BIM 软件配套技术，使 BIM 软件本地化，同时扩展公司业务范围，与一些建筑施工单位、小区业主等建立合作关系，树立良好口碑。

（2）渠道策略。

1）业内营销策略。主要是通过一些国际学术会议、相关行业展会、技术发布会、研究所专家学者、企业人员、业内人士和媒体集中的场合来对本公司的设计服务进行宣传，主动加入相关建筑协会、规划管理等组织。

2）公共关系策略。主要是争取与政府签订相关长期合作战略；与交管部门、建筑企业、施工单位等合作宣传推广本公司设计服务；联合 BIM 技术工程师、学者和专家举行学术讲座研讨会；与大学开设 BIM 专业的高校合作开发新型产品，设立奖学金，举办夏令营；与媒介联合举办科普节目，开通免费咨询热线。

3）建立公司网站。

4）争取新闻报道。

5）利用微信公众号向用户精准推送相关信息。

6）直销与代销策略。主要是建立公司直销团队、建立产品区域等。

7.2.7 财务分析

1. 资金筹措

公司注册资本为 1 000 万元，具体占比如表 7-2 所示。

表 7-2 股本结构和规模

股本规模	股本来源	
	股东入股	技术入股
金额（万元）	900	100
比例（%）	90	10

2. 财务预测

公司对未来 5 年资金的使用情况进行了详细分析，并根据预测数据制作了各种费用明细表、预计资产负债表、预计利润表、预计现金流量表以及预计投资净现金流量表。公司前 5 年重要财务指标预测分析，如表 7-3 所示。

假设资金成本为 10%，由计算出来的数据可以看出：净现值大于零，投资回收期为 11 个月左右，内含报酬率达到 49.89%，远大于资金成本率 10%，同时结合预测期内，各项财务指标普遍呈现持续增长态势，公司盈利能力、营运能力、偿债能力以及发展能力良好。以上表明，该投资方案是可行的。

表 7-3 财务指标预测及分析

财务指标	年份				
	第一年	第二年	第三年	第四年	第五年
营业利润（万元）	347.10	808.66	1 565.82	2 915.83	4 920.21
净利润（万元）	260.32	606.50	1 174.37	2 186.87	3 690.16
资产总额（万元）	1 131.32	1 242.34	1 502.99	1 797.42	2 277.91
股东权益（万元）	1 035.32	1 120.78	1 323.18	1 557.62	1 963.27

（续）

财务指标		年份				
		第一年	第二年	第三年	第四年	第五年
营运能力分析	流动资产周转率	0.32	0.24	0.32	0.34	0.42
	应收账款周转率	2.50	1.54	1.62	1.40	1.51
	总资产周转率	0.27	0.20	0.32	0.34	0.42
盈利能力分析	净资产收益率	6.82%	8.25%	17.54%	18.53%	26.21%
	总资产收益率	2.08%	2.50%	5.21%	5.39%	7.55%
	营业利润率	65.60%	77.40%	84.72%	82.90%	86.57%
	成本费用利润率	47.05%	101.53%	195.83%	183.70%	275.89%
偿债能力分析	资产负债率	8.49%	9.78%	11.96%	13.34%	13.81%
	流动比率	9.808 3	8.842 4	7.541 7	6.963 4	6.906 0
	速动比率	9.808 3	8.842 4	7.541 7	6.963 4	6.906 0
发展能力分析	营业增长率	—	60.00%	83.33%	27.27%	52.68%
	资本积累率	—	8.25%	18.04%	17.71%	26.02%
	总资产增长率	—	9.81%	20.97%	19.58%	26.71%
投资效益分析	净现值	67 676 332 > 0				
	投资回收期	$N=0.86$ 年（投资回收期为 11 个月左右）				
	内含报酬率	IRR = 49.89%				
	获利指数	PI = 2.935 > 1				

7.3 项目分析

7.3.1 创新性

1. 产品创新

BIM 技术在我国起步较晚，整个市场尚未成熟，且目前 BIM 的应用仍存在一定局限性。公司密切跟踪交通行业 BIM 发展的国际前沿方向，聚焦我国高速公路、地铁、桥梁、隧道、场站枢纽等交通基础设施项目全生命周期的 BIM 研究与应用，推进交通建筑行业全过程管理的智慧化发展。目前，公司提供的产品和服务包括 BIM 咨询、BIM 科研与培训、BIM 建模与施工工艺仿真以及 BIM 运维等。

2. 应用场景创新

目前我国的 BIM 技术应用主要集中于设计单位，施工单位应用较少。公司依托所在大学在交通领域的优势平台资源，聚焦高速公路、隧道、桥梁、场站枢纽等交通基础设施项目，将 BIM 技术引进交通领域，拓宽了该技术的应用范围。

7.3.2 团队情况

1. 团队成员

公司依托"汽车运输安全保障技术交通行业重点实验室"与"道路交通智能检测与

装备工程研究中心",在智能汽车、车辆检测、车联网等领域积累了良好的研究基础,形成了由海外顾问、高校教师和研发骨干构成的创业团队,其中海外顾问和高校教师共7人、研发骨干7人,他们都是博士学位,有着扎实的知识功底和丰富的研发经验。除了拥有专业的技术顾问和研发人员外,公司还吸纳了多名硕士和博士研究生,负责公司的正常运营。

2. 战略合作伙伴

公司在团队构建过程中就考虑到了战略合作伙伴的关系维护,这也是自身核心竞争优势的来源之一。公司依托大学的产学研优势,与所在大学交通BIM研究中心签订长期战略合作协议。公司与B工程咨询有限公司、D科技有限公司、E隧道工程轨道交通设计研究院达成了长期战略合作协议。公司与英国剑桥大学、墨尔本理工大学等国际一流高校建立了良好的合作关系。公司和电气与电子工程师协会(IEEE)、海外华人交通协会(COTA)、国际华人基础设施工作者协会(IACIP)等与交通建筑相关的协会和部门保持了良好的互动。

7.3.3 商业性

我国具有庞大的建筑工程量,BIM技术的运用与我国所倡导的可持续发展战略相契合,在建筑行业中运用BIM技术可以实现国家信息资源管理不断趋于信息化。现有交通基础设施存在一体化程度不高、缺乏有效衔接等问题,不能满足现有城市居民的需求。施工总包单位、分包单位、业主单位都开始进行BIM技术的尝试,施工单位由于人员能力、技术水平较差,在自身业务、技术创新、管理改革等方面均需要BIM技术支撑,同时由于业主单位对BIM的重视,越来越多的BIM条款出现在施工单位的合同中,为了满足履约的要求,未来会有许多相关BIM服务的需求,公司为这些企业提供BIM咨询、BIM科研与培训、BIM建模与施工工艺仿真等服务。综上所述,公司研发的基于BIM+GIS的交通基础设施智慧建设管理平台是符合市场需求的,未来的商业性极大。

7.3.4 社会效益

目前交通基础设施方面的一些问题导致其无法有效满足居民的需求。公司密切跟踪交通行业BIM发展的国际前沿方向,聚焦我国高速公路、地铁、桥梁、隧道、场站枢纽等交通基础设施项目全生命周期的BIM研究与应用,推进交通建筑行业全过程管理的智慧化发展。公司充分运用物联网、云计算、人工智能、自动控制、移动互联网等技术,对交通管理、交通运输、公众出行等交通领域以及交通建设管理进行管控支撑,以充分保障交通安全,发挥交通基础设施效能,提升交通系统运行效率和管理水平,为通畅的公众出行和可持续的经济发展服务,具有一定的社会价值。

7.4 优化建议

7.4.1 优化公司组织结构

文中对于公司管理机制涉及得较少,包括公司的制度、文化、组织结构等,几乎没有进行相应的规划。公司是整个项目的实施关键,即使拥有先进的技术,缺乏良好的管理运营也可能导致产品和服务不能及时打开市场。

第一,文化是公司发展的灵魂所在,本书建议制订详细的公司文化方案,引导公司员工领悟职责,更好地为公司发展贡献力量。第二,公司应选择符合自身发展的组织结构形式,设置部门组织,并对每个部门的职能进行划分和详细介绍,各个部门明确分工,各司其职,确保公司在初期经营顺利。第三,公司制度应确保员工顺利工作,本书建议制定详细的绩效薪酬体系以及完善的激励制度,从而激发员工潜力,帮助公司发展壮大。

7.4.2 优化财务数据预测

公司利用所预测的财务数据对未来的营运能力相关指标(流动资产周转率、应收账款周转率、总资产周转率)进行了测算,但测算结果是不合理的。比如,公司的流动资产周转率在未来5年均远小于1,而正常情况下该指标应当大于1,即主营业务收入增幅应高于流动资产增幅;应收账款周转率在未来5年均小于3,表明公司的营运资金过多闲置在应收账款上,影响正常资金周转及偿债能力;总资产周转率在未来5年均小于1,表明公司的总资产周转速度较慢,销售能力较弱,资产利用效率较低。

公司应采用合理的财务数据测算方法。首先,从这些指标的计算公式出发,寻找影响这些指标的关键因素;其次,结合公司实际经营状况,找出影响这些关键因素的最初指标,并对这些最初指标的数据进行合理预测;再次,以这些合理预测数据为基础,估算各种费用明细表、销售收入预测表、利润表、资产负债表和现金流量表;最后,利用各种表中数据来测算与公司的营运能力、盈利能力、偿债能力和发展能力相关的财务指标的估计值,并结合这些估计值来综合判断公司的整体财务状况。

第8章·CHAPTER 8

绿通稽查
鲜活农产品运输大数据管理平台

8.1 项目概要

自国务院对整车合法装载鲜活农产品的车辆实行免收通行费的优惠政策以来,部分司机抱有侥幸心理钻政策的空子,假冒"绿通车[○]"偷逃通行费,给高速公路运管机构带来巨大的经济损失。已有的人工稽查和放射源检测方式存在耗时长、过程烦琐、技术落后、随意性强的缺点,导致在通行量庞大的高速公路中,"绿通车"通行检查工作效率不高,准确性令人担忧。

以"互联网+"思维和智能大数据库分析技术为依托的"华天成高速公路绿色通道大数据综合管理平台",综合司机端和检查端 App、监察端网页版、管理端网页版、运营端网页版 5 个应用和云存储与大数据分析平台,通过对抓取的数据进行整合和分析,总结出绿通车司机与车辆的特征要素予以记录,在系统内形成一套绿通管理信用评价体系,保证对所通过车辆"应收不漏,应免不收"。

目前产品已投入 S 省多个收费站使用,拥有绿通车通行数据 120 余万条。在为期半年的试运行中,高速公路假绿通车的发现率提高了 83.3%,证明该产品比已有的检查方式更容易发现作弊车辆。同时,后台庞大的数据库为鲜活农产品的流转提供了信息通道,增加了绿通司机的收入来源,实现了"解放人力,提高效率"的行业创新,达到了改善绿色通道过站模式、科学配置查验资源、提高过站效率的目的,也真正实现了"绿

○ "绿通"指绿色通道。"绿通车"指可以从绿色通道通行的车辆。

色通道"快捷通行的宗旨。

8.2 项目方案

"华天成高速公路绿色通道大数据综合管理平台"以解决绿通车管理痛点为出发点，以高速公路收费站工作人员和绿通车辆司机为主要服务对象，运用"互联网+"思维及大数据分析技术，解决"绿色通道"管理中存在的检查难度大、耗费时间长、数据管理难等一系列难题。

8.2.1 市场分析

1. 一般环境分析

（1）政治环境。第一，"绿色通道"政策作为国家惠民政策不可动摇。为降低运输成本，加大对农副产品生产和流通领域的扶持力度，国务院对整车合法装载鲜活农产品的车辆实行免收通行费（即"绿色通道"）的优惠政策，符合国家规定的"绿通车辆"（整车合法装载国家或省级目录中包含的鲜活农产品，包括蔬菜、水果、活禽、活畜、海鲜产品等，下限需要达到荷载重量或车厢容积 80%，上限必须在荷载重量的 105% 以内的货车）可由绿色通道免费通行中。第二，"互联网+便捷交通""信用交通"对交通行业提出更高要求。互联网技术的飞速发展让"信用中国"的建设变得更加便捷、高效。在 2016 年，我国交通运输部就已经正式开通了"信用交通"网站，且《国务院关于积极推进"互联网+"行动的指导意见》中也提出"互联网+便捷交通"的发展目标，要求加快互联网与交通运输领域的深度融合，将"信用交通"作为建设"信用中国"的重要组成部分。

（2）社会环境。以 S 省为例，自绿通车辆优惠政策实施以来，部分司机抱有侥幸心理，采取假冒绿通车的方式偷逃通行费。现阶段，已有的绿通车人工检查方式效率和准确性不高，一般两三个工作人员负责一辆车，检查一辆开放式车厢需耗时两三分钟，篷布包裹式车厢 5~7 分钟，柜式集装箱车厢约 10 分钟，检查主观性很大。放射源检查装备在一定程度上提高了检查效率，但对新鲜大枣和干枣等外观接近的农产品的辨识度不够高，使用成本也极高，一般一台设备的使用寿命为 10 年，安装维护费用平均每年需要约 60 万元，设备产生的辐射对人体健康有一定的威胁。这一系列的缺陷难以面对庞大的交通量带来的压力，同时也给高速公路运管机构造成了巨大的经济损失。

（3）技术环境。截至 2019 年年底，中国智能手机用户数量约 8.51 亿户。国内手机产商们生产的手机主频可达 2.7GHz，后置摄像头像素在 800 万以上，具有夜景拍照模式。随着 5G 时代的到来，交通运输行业的安全性和可靠性将不断增强，效率不断提高，行业数字化转型发展将得到进一步提速。

2. 市场环境分析

（1）市场潜力分析。截至 2019 年年底，全国高速公路总里程已达 14.96 万公里。根据"十三五"规划建设的高速公路里程，未来几年高速公路总里程将继续增加。以 15 公里建设一座收费站为标准，预计未来几年国内将有约 9 000 座收费站。另外，随着城乡一体化建设和发展的大趋势，民众对鲜活农产品的需求只增不减，货物在城乡往来之间的流通频率将更加频繁，各收费站绿通检查的压力也将更大，对智能化、便利化的产品的需求更为旺盛。同时，大数据时代的热潮让智能化数据运营帮助企业实现双重盈利，绿通数据将是一个重要的商业资源，将其运用到带动农产品高效流通的惠农事业中，是民众所期。

（2）市场机会分析。如图 8-1 所示，通过对该产品进行 SWOT 分析（态势分析）发现，项目产品目前在市场环境中的机会是显而易见的，政府在政策上的支持短期内不会取消，且庞大的需求使得产品市场的容量很大。但对于初期的产品而言，研发成本和技术，以及产品在市场中的推广、销售渠道都有一定的局限，因此该产品目前处于机会和劣势并行的阶段，企业能做的便是利用外部的环境和市场机会来改进企业内部的劣势，将优势最大化地发挥出来，抓住产品广阔的市场空间。

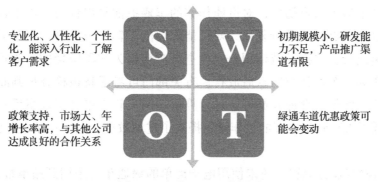

图 8-1 产品 SWOT 分析图

8.2.2 产品与服务

1. 产品构造

"华天成高速公路绿色通道大数据综合管理平台"采用阿里云进行数据云端存储，结合独享的商用企业级私有云平台，形成了多点异地双机设备的服务架构体系。客户端由绿通车司机端（包含手机 App 与微信小程序）、绿通车检查端 App、绿通车监察端 Web 版、绿通车管理 Web 版和绿通车运营端 Web 版五个应用组成。后台应用服务包括云存储平台和大数据分析平台，平台构成及功能介绍如图 8-2 所示。

2. 产品业务流程

产品充分考虑了绿通车司机师傅的多样性，将通行检查分为有电子运单和无电子运单两类。

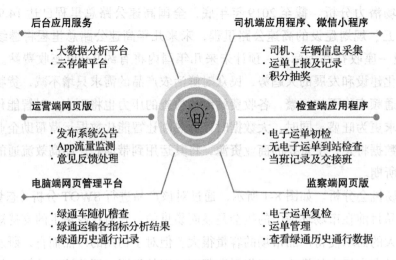

图 8-2 "高速公路绿色通道大数据综合管理平台"构成及功能介绍

（1）运单业务流程。绿通车司机通过 App 提交过站申报电子运单并全程记录货物照片、车辆照片、司机信息。在车辆运输途中，收费站检查员可提前通过检查端 App 对其上传的电子运单内容初检，对可能作弊的车辆提前给出预警。位于管理所的监察员可通过监察端网页页面进行复检，对可能作弊的车辆给出预警。当车辆到站时，合格车辆可快速放行，并记录诚信积分。检查员对初检为作弊嫌疑的车辆重点检查，如果判定车辆作弊，车辆补交罚款后放行。有关部门可考虑将被检查员判断为作弊的车辆纳入黑名单。此外，管理人员可通过计算机端网页管理平台实现事后稽查。整个过程极大地降低了人车到站检查的工作量，提高了过站效率。电子运单业务流程如图 8-3 所示。

（2）进站检查业务流程。还未使用电子运单的绿通车可采用到站申报查验的方式，出口收费站检查员使用检查端 App 到站检查模块，采集运输信息，形成电子档案。到站检查业务流程如图 8-4 所示。

8.2.3 经营状况分析

1. 产品运行效果

2019 年，产品在 S 省多个高速公路的收费站中投入使用，形成了庞大的数据规模，平台已拥有绿通车通行数据约 120 万条。团队通过半年试运行的数据分析得出以下结论。第一，在功能效果上，用户使用本产品后发现绿通车作弊率均大于 3‰，并且在 12 月达到 0.55%，假绿通车发现率提高了 83.3%，具体如表 8-1 所示。说明产品能有效保证假冒绿通车的发现率，并且比之前检查方式更容易发现作弊车辆，能够满足绿通稽查工作的基本要求。第二，在产品性能上，软件界面友好、使用便利，能有效减轻检查员的工作量，检查和监督效果更为精准，但也偶尔会出现数据上传速度缓慢的问题。

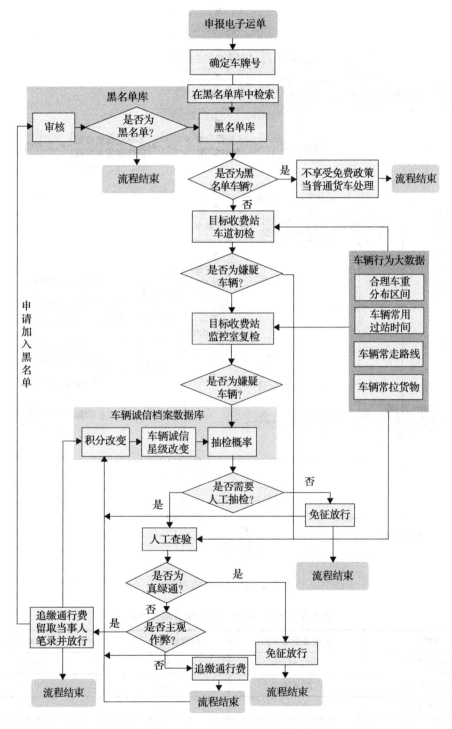

图 8-3 电子运单业务流程图

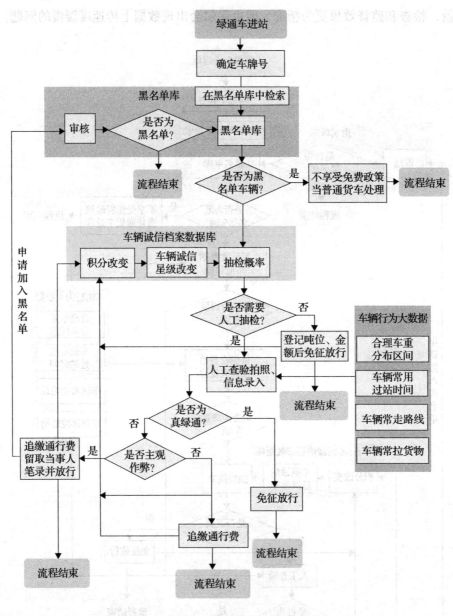

图 8-4 到站检查流程图

表 8-1 2019 年 7~12 月绿通车作弊率

时间	正常绿通车（辆）	假冒绿通车（辆）	作弊率（%）
2019 年 7 月	97 554	301	0.31
2019 年 8 月	88 676	316	0.36
2019 年 9 月	98 626	399	0.40
2019 年 10 月	93 301	330	0.35
2019 年 11 月	92 477	408	0.44
2019 年 12 月	9 893	504	0.55

总体而言，产品在试用期期间，各试点反映"高速公路绿色通道大数据综合管理平台"有效地提升了绿色通道车辆查验速度，实现了业务数据电子化、规范化，避免了繁杂的资料整理等问题。

2. 产品衍生价值

"高速公路绿色通道大数据综合管理平台"除了帮助公路收费站稽查绿通车辆的通行情况外，平台的数据还可以应用在其他环境中。

（1）农产品合作社。平台根据历史数据可分析出不同地区各类农产品具体需求规模，以及目前各地区不同种类农产品的供需缺口。平台通过地理位置及农产品种类匹配具体销售规则，让农户明确农产品销售方向，减少农产品滞销现象的发生。

（2）农产品贸易公司。该类公司采用"多地采购，多地销售"的运营模式。各公司业务数据相互独立，无法获知各地区整体的农产品信息流转数据，公司在采购及销售业务决策时只能依据自身数据进行判断。本平台数据汇集各地区整体鲜活农产品流转信息，为该类公司决策提供数据支撑。

（3）农产品现货交易商。农产品现货是农产品电子化的重要途径之一。目前，国内有多家大宗农产品现货平台，运作模式日臻完善。该平台根据历史数据可分析出不同地区各类农产品具体需求规模，以及目前各地区不同种类农产品的供需缺口，可为该类交易商提供有效的数据支撑。

（4）个体运营的绿通车司机。司机运输路线一般较为固定，由农产品原产地直接运往农贸市场进行批发销售。实际情况中，司机常出现一次性采购过多或不足，无法及时售罄或过早售罄，又无库房存储，造成农产品低价处理甚至直接损坏的局面。平台根据历史数据可分析出该地区各类农产品具体需求规模，以及目前该地区不同种类农产品的供需缺口，向司机提供相应的采购意见，在保证全部销售的基础上实现利润最大化。

（5）政府。发生自然灾害时，政府有关部门需要调运食品与物资，保障生活必需品的供应。平台根据历史数据可分析出不同地区各类农产品具体需求规模，为政府科学合理地调度农产品相关应急物资提供数据支撑。

8.2.4 竞争分析

1. 竞争性分析

目前市场上存在着部分与本产品类似的用于绿通车稽查的设备和产品，经过全面的资料收集和调查，与本产品构成竞争关系的相关产品分析如表8-2所示。

"高速公路绿色通道大数据综合管理平台"是一款整合相关产品部分特色功能于一体的大数据综合管理平台库，产品服务涵盖整个绿通检查业务流程，服务对象涉及相关的所有角色，在服务范围上更广，功能上更齐全，使用效果上更便捷。

表 8-2 产品对比表

产品	功能
"我要物流" App	一款集快速找车、找货、智能匹配、平台担保、平台公证、信用保险、线上交易于一体的物流软件、配货软件
"货车帮" App	致力于解决国内货运车辆大量空驶乱跑、趴窝等待、货运信息交易效率低等问题,为货主与车主提供最直接的沟通平台
"优路加" App	为高速公路、ETC、交警部门提供项目服务并运用大数据分析技术提供业务咨询和资源对接服务,也为车主提供多维、多元、动态的交通路况展现
"华天成高速公路绿色通道稽查管理系统"	通过登记车辆的信息、储存车辆的收费信息,对车辆信息进行上传归档,为高速公路收费人员提供无纸化办公环境

2. 竞争优势

目前,国内除了极少数关于绿通车的稽查管理系统之外,并没有利用"到站前检查"的方式来提高效率的产品。一些已有的系统仅提供了无纸化办公服务,并没有真正从本质上解决绿通车辆检查效率低、易拥堵的问题。而"高速公路绿色通道大数据综合管理平台"从收费站工作管理人员、绿通车司机等多方面的需求出发,从本质上解决了这一难题,自身优势使得产品易于推广,各产品优势对比如表 8-3 所示。

表 8-3 产品竞争优势对比表

产品	电子化记录	多端登录	到站前检查	诚信评价体系	服务司机
我要物流	√	√	×	√	√
货车帮	√	√	×	√	√
优路加	√	√	×	√	×
本产品	√	√√(更优)	√	√√(更优)	√

8.2.5 营销策略

1. 目标用户

高速公路集团和分公司、收费站工作人员、绿通车司机。

2. 目标市场

目标市场随着企业不同发展阶段的发展规划也在逐步扩大。不同发展阶段的目标市场如图 8-5 所示。

图 8-5 不同发展时期的目标市场

3. 营销策略组合

产品营销策略组合如表 8-4 所示。

表 8-4 产品营销策略组合表

产品策略		
产品周期	市场目标	营销手段
导入期	吸引用户、积攒用户，确保产品拥有一定量的市场份额	针对流量大的收费站点和绿通车司机做试点推广；给予司机奖励，设置抽奖环节，增加司机端用户量；与收费站合作，以各收费站为宣传载体，进行产品、服务和品牌的塑造
成长期	发展潜在客户，扩大市场占有率；在原有功能基础上，增加与该产品相关的衍生产品，丰富产品内容；与高速公路运营公司建立长期业务合作关系，扩大产品知名度	丰富产品功能，提供个性化（售前－售中－售后）的服务；通过新闻、广告宣传等渠道，加大品牌的推广力度；参加智能移动生活 App 展览会、智能交通展等相关科技展览会，挖掘潜在客户
成熟期	形成行业品牌效应，成为"互联网+"绿通车检查行业领跑者；与当地农业部门合作，了解农产品流转规律，提高物流效率；丰富附营业务，提高用户黏性，保持市场占有率	不断提高用户满意度，在不影响市场占有率的情况下，适度减少产品的推广费用，引入代理商机制，与国内各大高速公路集团形成良好的合作伙伴关系；收集产品反馈信息，积极采用新理念、新技术不断改进，提高产品及服务质量，维护品牌形象
定价策略		
产品周期	定价策略	
导入期	采用渗透定价策略，以较低的产品价格打入市场。用户拥有 1 个月免费试用期限，试用期过后，根据收费站绿通车流量大小进行区别收费	
成长期	根据企业既定利润目标，在不影响市场占有率的情况下适当提高产品市场定价	
成熟期	选择小幅降价、平稳过渡的价格策略，最大限度地保证企业的利润不受损失	
渠道策略		
直接渠道	用于产品导入期，以"人际关系＋成员推荐"的模式，以低成本、多渠道为原则，既可以充分利用团队成员丰富的资源，又可以以最低的成本产生最大化的利润	
间接渠道	主要用于产品的成长期和成熟期，引入代理商机制，以"店铺＋推销员"的模式，与直销模式互为补充，利用其丰富的推广渠道和营销经验，逐步将产品推广至全国各大高速公路集团公司，取得良好的时间效益，抢占市场先机	
促销策略		
人员促销	通过直销人员专业的讲解，让客户了解平台的性能和优点，并力争与合作商建立长期良好的合作关系	
公关促销	有一定基础时，借助新闻、报纸等大众媒体宣传公司并参加智能移动生活 App 展览会、智能交通展等相关科技展览会，发现新市场、获取新客户、开拓新空间	

8.2.6 发展规划

1. 短期发展规划（第 1 年至第 2 年）

初期，团队致力于"高速公路绿色通道大数据综合管理平台"的优化与完善，并搭建起绿色通道数据分析平台，收集大规模数据用于分析鲜活农产品的流转规律。具体细分为三个阶段：

第一阶段（2019 年 6～12 月）

（1）注册公司，建立品牌。

（2）在高速公路集团、路段分公司和高速公路收费站等地方进行试用和初步推广，利用报纸、微信公众号、微博、电视等途径，逐步提升品牌的知名度。

（3）侧重选择在绿通车流量大的重点收费站试运行。

第二阶段（2019年12月～2020年6月）

（1）进一步提高产品的用户数量，预计这一年内产品将覆盖S省341个收费站，阶段末司机端的月活跃用户超过5万人。

（2）建立司机个人绿通运行积分库，将信用反馈给国家征信系统；建立绿通车信息存储分析云平台。

（3）阶段末期目标盈利572万元。

第三阶段（2020年6月～2021年6月）

（1）加大广告投放力度，跟进品牌战略，增加团队无形资产。产品逐步向S省周边省份推广，预计产品覆盖达到800个收费站。

（2）搭建数据分析平台，分析鲜活农产品的流转规律；丰富产品附带业务，提高用户黏性，阶段末期预计司机端月活跃用户超过16万人。

（3）目标盈利843万元。

2. 中期发展规划（第3年至第5年）

第3年，产品步入成熟期，团队将进行多元化经营。

（1）产品继续向多个省份推广，产品预计覆盖2 000个收费站；司机端月活跃用户超过50万人。

（2）公司将分析所得的鲜活农产品流转规律分析成果逐渐投入市场。

（3）两年目标总盈利达1.96亿元。

（4）丰富团队产品，启动其他交通相关的科研项目。

3. 长期发展规划（第5年之后）

在团队现有的客户、技术、数据平台及产品经验基础上，积极研究交通行业相关项目，多方位拓展市场，稳步走多元化发展道路，成为中国智慧交通行业的领跑者。

8.2.7 风险分析与控制

1. 政策风险

产品服务以高速公路绿通车免费政策为基础，所面临的最主要的风险是政策风险。如果国家取消该政策，产品的市场需求将直接消失，导致产品无人购买和使用。

应对措施：团队时刻关注国家政策，分析国势走向。就目前而言，国家正在发展小康社会，类似"绿色通道"的惠民政策将会被充分执行，在短期内不会被取消。同时我们根据现有的产品和市场的趋势等多方面因素，制定多种合理的发展方向，并保证在未来的某一天政策将要取消前，能及时做出有效的应对方案。

2. 竞争风险

虽然团队的"到站前检查"方式极具特色，但当团队初具规模后难免会引起业内的关注，部分公司必会竞相模仿。况且目前已经有少数互联网公司关注绿通车检查工作，这些公司将成为团队的潜在竞争对手。

应对措施：团队将制定缜密的竞争风险规避措施，走出自己的特色路线；团队将从社会需求出发，以优良的设计与特色服务，推出最适合用户需求的产品及服务；团队采取注册产品商标的措施，运用有力的法律武器保护团队合法产权；团队将会通过合法的方式与各公司集团达成协议，达成长期合作。

8.2.8 项目财务分析

1. 股本结构与规模

公司通过市场情况对本项目未来的发展状况进行预测和评估，决定引入风险投资筹集部分资金。根据项目预定的资金需求，拟定筹集资金总额为700万元人民币。按照公司注册资本模式进行划分，创业团队占25%（负责人占5%，其余由成员均分）股份，通过申请大学生创业贷款、各类比赛奖金支持等方式筹资；学校占32%股份；风险投资机构占43%股份，以利于筹措资本，化解风险。公司股本结构和规模如表8-5所示。

表 8-5 股本结构表

股本来源	高速公路绿色通道大数据综合管理平台		风险投资	总额
	创业团队入股	学校入股		
金额（万元）	175	225	300	700
占比（%）	25	32	43	100

2. 预计利润表

公司预计利润如表8-6所示。

表 8-6 利润表 （单位：万元）

项目	第1年	第2年	第3年	第4年	第5年
一、营业收入	1 023.00	1 547.00	5 200.00	19 800.00	38 500.00
减：营业成本	90.00	66.60	60.50	82.90	90.40
税金及附加	35.09	128.75	226.32	421.19	517.66
销售费用	168.40	292.00	390.00	570.00	660.00
管理费用	56.50	68.45	75.60	89.40	100.50
财务费用	0.00	0.00	0.00	0.00	0.00
二、营业利润	673.01	991.70	4 447.58	18 636.50	3 781.50
三、利润总额	673.01	991.70	4 447.58	18 636.50	3 781.50
减：所得税费用	101.00	148.76	667.14	1 246.58	5 569.73
四、净利润	572.01	843.00	3 780.44	15 841.07	31 561.73

3. 财务分析说明

（1）获利能力分析。

$$主营业务利润率 = \frac{主营业务利润}{主营业务收入净值}$$

公司主营业务利润率反映销售获利能力，前 5 年的预测情况如表 8-7 所示。分析发现，企业的销售获利能力每年都保持在一个很高的水平，表明企业经营状况稳定且有良好的发展势头。

表 8-7　企业获利能力分析表

项目	第一年	第二年	第三年	第四年	第五年
主营业务利润率（%）	65.56	76.81	83.28	80.61	84.80

（2）企业成长性分析。

$$销售增长率 = \frac{报告期商品纯销售额 - 基期商品纯销售额}{基期商品纯销售额}$$

$$利润增长率 = \frac{报告期利润净额 - 基期利润净额}{基期利润净额}$$

基于销售与利润增长率的企业成长性分析，如表 8-8 所示。

表 8-8　企业成长性分析表

项目	第一年	第二年	第三年	第四年	第五年
销售增长率（%）	—	85.99	87.50	33.33	50.00
利润增长率（%）	—	176.48	103.21	29.06	57.79

注：选择第一年为基期。

由于本产品价格具有吸引力，根据市场需求状况，团队从第二年起增设销售点。因此第二年本产品产能和市场占有率大幅增加且后几年平稳发展。以上指标均反映企业成长性强，各年的稳定增长也表明团队具有很强的发展潜力。

8.3　项目分析

8.3.1　创新性

1. 产品创新

相比起已有的绿色车辆检查设备，该项目充分运用大数据分析技术，创新性地构建数据管理平台收集通行信息，使得通行更有依据，同时也针对性地设置了不同的操作系统以满足不同的使用者，具备较为全面的功能和模块，综合了其他设备或为数不多的 App 能够提供的所有功能，综合评价其优越性如表 8-9 所示。

总体上，该产品较为全面地做到"人无我有，人有我优"。在保证绿通车辆"应收不漏，应免不收"的基础上，实现"解放人力，提高效率"的行业创新，解决了"绿色通道"通行管理的一系列难题。

表 8-9 产品优势对比表

	纯人工检查	放射源检查	本产品
经济成本	小	大	小
人工消耗	大	小	小
时间消耗	长	短	短
数据管理	难	难	易
人员安全风险	有	有	无
源头管控过程监控	无	无	有
到站前检查	否	否	是
重点检查	无	无	有
缓解拥堵	无作用	有作用	有作用
大数据+诚信评价体系	无	无	有

2. 功能创新

该管理平台一改以往的人工检查和放射源检查，针对不同的用户设置不同的客户端，包含了货源地网络预约申报模式、诚信评价系统、大数据分析预警功能、鲜活农产品运输流转特征分析模块以及多种取证模式信息共享模式，形成了比较有效的督促和制约机制，能有效避免收费站内部人员与假绿通车司机相互勾结的情况。此外平台上收集的通行信息能够跨省共享，可有效打击绿通车作弊行为。

3. 技术创新

该产品借鉴海关通关查验经验，利用技术上的创新与进步，方便司机通过司机端编辑车辆信息，之后根据上传在货源地装货过程的照片等信息生成电子运单，提前进行过站申报，有效实现监管的前推后移。通过从货源地取证的绿通车装货图片、装货位置、装货时间等信息，该产品可以帮助检查人员高效识别作弊车辆，提高绿通车作弊的难度，降低车辆过站时间，同时源头取证丰富了绿通车数据库，为挖掘绿通车特性奠定了基础，也提高了检查的准确度和效率。

8.3.2 商业性

1. 机会识别与利用

团队成员紧密关注国家对"互联网+便利交通"的支持，以及对促进农副产品生产和流通的扶持力度，在现有产品无法满足市场需求的阶段，审时度势，抓住绿色通行市场，分析了这一市场存在的问题和难题，紧紧围绕绿色通道检查口现有的人工检查和放射源检查这两种纯人工化和半智能化的检查模式，总结出了市场中所缺乏的产品，设计出了一款智能化的创新产品，在投入市场试用后也收到了很好的成效。

2. 市场前景

项目以2019年年底全国高速公路总里程14.96万公里算起，以15公里建设一座收费站为标准，预计未来几年国内将有约9 000座收费站。以S省2019年高速路网绿通车数据为例，全省绿通车通行车次达430万车次，日通行次数达到11 781次，若每座收费站都保持只增不减的态势，这庞大的通行数据和通行费用，将会在绿色通行这一市场上产生极大的市场需求。

3. 盈利潜力

项目预计在前期的免费试用阶段结束后，对产品开始收费售卖。每座收费站在第一年收取3万元产品使用费，以后每年收取5 000元服务费。2020年，S省内的目标市场有341座收费站，预计盈利达572万元。五年后假设产品在全国市场占有率为70%，以每座收费站首年收取3万元产品使用费，后期服务费相同的方式计算，预计第五年盈利1.03亿元。随着公路里程数的增长，该费用将不断增加。可见，产品在这一市场上有很大的盈利空间。

8.3.3 社会效益

1. 战略发展规划

团队拟定了三期的战略发展规划，分为前两年的短期计划、3～5年的中期计划和5年以后的长期计划，每个发展期的目标和实现路径比较清晰明确。短期的工作重心放在目标市场的定位和产品的推广上，为后续的一系列工作做好准备。中期则在考虑丰富产品种类的基础上，实现多元化经营目标，同时加强广告宣传，跟进品牌战略，考虑启动其他相关的交通科研项目。长期的工作重心为利用前期收集到的数据留住客户并拓展新客户，同时借助先前的工作经验，改进相关产品的功能，提高客户的满意度。可见，团队对公司未来的发展方向和目标有着明确的规划和实现路径，并努力使公司成为中国智慧交通行业的领跑者。

2. 促进农副产品的销售和流通

该项目团队的"高速公路绿色通道大数据综合管理平台"不仅可以用在交通行业中，助力高速公路绿通车辆的稽查工作，平台数据库中的大数据还可以促进农产品的销售和流通。项目分析了我国的一些农产品合作社、农产品贸易公司和农产品现货交易商在目标市场的需求上存在的信息不对称、不流畅现状，以及农产品面临的销售渠道狭窄的被动局面，整理分析了平台数据库中收集到的数据并提供给这些公司，促进了农产品在供需方之间合理高效地流通和销售。这对农产品经营者和消费者而言都是一项惠民利民的好项目。

3. 提高司机从业者的收入

项目团队成员充分考虑到农产品运输司机的困难，这类司机的运输线路一般较为固定，由原产地直接运往农贸市场进行批发销售。因为在一次运输过程中存在各种不确定的突发情况，会导致农产品滞销或不足以满足需求的情况，甚至有些司机在往返途中出现空车的现象，为了提高司机的效率和收入，该平台所收集的数据可以精准分析某地的农副产品的现状和需求情况，将这些信息传递给司机从业者，能够有效地提升司机的运输效率，也能减少运输成本，实现利润最大化。

8.4 优化建议

8.4.1 完善公司信息

公司介绍一方面可帮助投资者更快更直接地了解公司的经营范围、经营理念，另一方面对公司的市场定位、后期的品牌宣传都起着关键性作用。但是该团队在项目计划书里并未对创建的公司进行详细介绍，产品缺少依附平台。

本书建议团队在项目计划书中简要进行公司介绍，包括公司性质、经营宗旨和使命、发展理念、业务范围、目前所处的发展阶段以及组织结构和管理团队等基本情况。其中，组织结构可以以组织架构图的方式表达，以便能清晰明了地体现公司各职级间的从属关系，以及支撑公司正常运营所需的职能部门和各业务部门，同时也需要根据不同发展阶段灵活地调整组织架构。

8.4.2 进行深入全面的产品竞争力分析

任何产业，无论是国内还是国外，无论是生产产品或提供服务，都存在着有形或无形的竞争压力，这些竞争可以归纳为波特五力竞争模型的五种竞争作用力。该项目团队在行业和产品的整个市场分析过程中调查不够深入，分析不够全面，仅对现有竞争者的产品现状进行了总结和对比，未对该行业潜在进入者的进入壁垒、高速公路绿通稽查平台的替代品、该管理平台的供应商以及购买者讨价还价的能力进行调查和分析。

本书建议创业团队成员利用波特五力竞争模型的思维对"高速公路绿色通道大数据综合管理平台"这一业务系统进行全方位、高精度的调查和分析，以此为团队设计、销售、改进产品提供参考的依据和方向。一方面项目团队可以通过实地走访S省内大型高速公路绿色通道收费站，观察现有的稽查方式和系统，记录其工作过程中发挥的作用及存在的问题，团队成员也可选定某几座具有代表性的高速公路收费站，采访其负责人收集市场信息。另一方面，团队成员需要大量阅读国内外相关行业的最新研究成果，了解该行业市场容量和需求，预测未来三到五年的发展方向，针对该系统的潜在进入者做足与之竞争的准备工作。除此之外，成员应该详细介绍该绿色通道管理平台涉及的零部件和技术的供应商，以及市场上已有稽查系统的定价依据，分析说明该系统的购买者和供应商的议价能力，进而判断该系统的商业机会以及未来几年在市场上的盈利水平。

第 9 章 · CHAPTER 9

优路大件运输服务
数字化赋能路径规划

9.1 项目概要

全球信息技术革命持续迅猛发展,"互联网+"上升为国家战略,在互联网大时代背景下,大数据、计算机仿真分析与互联网都成为交通运输的重要利用工具。在特殊的大件运输领域中,创新技术应用将显得极其重要。目前,大件运输服务中的路线勘察部分主要是由物流方来承担,路桥数据获取困难,信息资源共享度低,实际运输过程中风险时有发生,造成了政府、托运方、承运方及购买方的损失。

针对上述问题,优路团队以提供大件运输路径规划及工程技术解决方案为主,专注于服务大件运输企业,解决国家重点工程大型设备运输问题。项目基于大数据,融合计算机仿真技术和地理信息技术等先进科学技术手段,依托互联网平台,整合路勘信息资源,解决大件运输企业粗放式路勘难题,实现交通运输信息化,满足"互联网+"高效物流的行业发展趋势和国家经济社会发展要求。

团队主要提供路径规划、工程解决方案和咨询服务,旨在通过科学的计算,为大件运输的承运公司降低运营成本,提供优质服务。目前已经为现有企业提供了路径规划服务,并与其签订了合作意向书。国内目前为大件运输企业提供规划、工程和咨询的服务团队较少,团队在规划、技术和咨询服务上面具有先进的技术支持和强大的科研队伍保障,可以在与其他跨界企业竞争时取得一定的优势,具有较强的核心竞争力。

9.2 项目方案

9.2.1 项目背景

1. 政府层面

随着"互联网+"上升为国家战略，交通运输部和国家发展改革委联合发布了很多推进大件物流建设的文件，这些文件都强调了融合物流相关信息资源、加强高新技术在特殊运输领域的创新应用、大力推进"互联网+"高效物流的重要性。交通运输部颁发的《超限运输车辆行驶公路管理规定》提出，在大件运输之前承运人需要对所选道路进行道路勘测，形成专业路勘报告，其中就包括了运输车辆的长度、宽度、载重量以及记录载货时车辆总体外廓尺寸信息的轮廓图和护送方案等信息，政府部门审核通过方能进行运输。

2. 托运方层面

因西部大开发、中部崛起、重振东北老工业基地等区域发展战略的实施，相关项目迫切需要大件运输来承担关键设备的运输保障任务，如核电、火电、水电机组、风力发电设备、变压器、大型锅炉、石油储罐等大型不可解体设备。这些设备的运输保障任务直接关系到重点项目的建设进度，时间拖延会带来运输成本的增加，影响后续工程进行，造成的损失将由托运方、承运方、购买方和政府共同承担。因此，保证大型设备一次性顺利抵达目的地对于国家重点工程建设具有十分重要的意义。

3. 承运方层面

大型运输企业可能相比中小型运输企业会投入更多的技术、人力、物力进行路勘，但运输路线的随机性造成已有路勘资源的浪费，并且不具有共享性；而中小型运输企业考虑到运输成本，对路勘这一环节投入更是少之甚少，造成了运输过程中问题层出不穷，这极大地增加了运输成本，降低了运输企业的经济效益。

9.2.2 产品和服务

路线规划管理系统的组成如图 9-1 所示。

项目的核心业务主要是大件运输的前期运输方案的制订，包括最优路径的规划、运输设备的验算、提供工程技术方案和运输成本的分析，另一部分是运输过程服务的增值业务，包括定时提醒驾驶员驾驶目标与驾驶要求，后台动态管理运输过程等业务。

产品包括道路数据库、路径规划管理系统和信息平台建设。服务包括售前服务（宣传、培训和交流、了解客户需求）、售中服务（向客户提供技术咨询、运输方案制订）和售后服务（运输状况跟踪、建立客户档案等）。

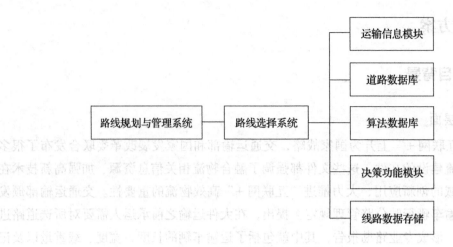

图 9-1 路线规划管理系统组成图

1. 业务流程

公司业务流程如图 9-2 所示，可分为以下 7 个步骤。

（1）大件运输公司通过网上下单的方式，等待项目接单，项目会在 15 分钟内进行接单，并且在 1~2 小时内给出相关基本服务费用。

（2）客户收到项目组反馈后，确认下单，支付相关费用并形成电子合同，项目组由专业技术人员开始完成订单。

（3）技术人员在最短时间内完成最优路线规划报告，递交给客户审核。

（4）路线审核后无异议，技术人员在充分了解客户需求后，在 2~3 个工作日完成相关工程技术解决方案、运输设备验算分析以及运输成本核算，形成完整运输方案报告。

（5）向客户以邮件的方式递交完整运输方案报告后，技术人员根据客户是否需要运输过程提醒服务等增值服务来做下一步的工作。若客户需要增值服务，则签订相关合同提供增值服务，若客户不需要，双方交易完成。

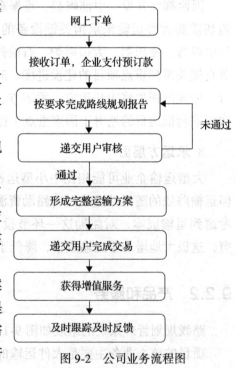

图 9-2 公司业务流程图

（6）增值服务可以通过申请相关业务的使用权限来获得，例如通过后台监控以及手机及时定时定点的提醒保证大件运输可以按指定时间、指定路线和指定速度完成运输任务。

（7）工作人员通过定时和不定时地维护客户关系建立稳定的客户资源并保持长期合作关系。

2. 产品特点

项目的产品具有以下特点：①提供高可靠性、高安全性、高效率性的路线规划；②提供专业的工程技术解决方案；③核心道路数据库；④服务费用较低、服务质量高、相比传统路勘时间短；⑤整合路勘信息资源。

3. 产品竞争优势

目前运输企业进行路勘存在以下几个明显问题：路桥数据获取困难，信息资源共享度低，不利于大件运输企业道路选择和方案制作，导致工作重复和成本浪费；先进技术的接受度不高，导致路勘过程主要凭经验判断通过性；运输方注重节约成本而忽视运输中存在的风险；运输方对法规政策了解不深入，常出现违法超载、超限问题。如果大件运输过程中没有进行风险管控，那么有关运输责任人就无法对潜在的事故做出防范措施，进而可能导致无法挽回的严重后果，包括运输车辆被卡、道路塌陷等情况。具体的事故如图 9-3、图 9-4、图 9-5 所示。

图 9-3　大件货物桥洞被卡

图 9-4　大件货物收费站被卡

图 9-5 弯道转弯道路塌陷

项目产品具有以下优势。

（1）市场优势。对于大件运输，现在市场上并没有专业的路线勘察公司，基本上是物流方进行粗放式勘察，凭经验来断定是否可以通行。这种勘察方式带来的弊端有很多，而且大件物流公司的路勘费没有人来具体监管，容易造成这部分资金浪费且不能保证路勘质量。因此，项目所提供的专业路线勘察报告满足了市场强烈的需求，并且可以有效地约束大件行业乱收费的现状，拥有良好的市场应用前景。

（2）核心技术优势。该项目拥有路线规划与管理系统等软件著作权（实验室阶段）。公司针对其他竞争者的技术壁垒来自对数据的获取以及拥有完全自主知识产权的核心算法。核心技术的应用增加了大件运输路线勘察的科学手段，简化并优化了大件运输路线方案的制作。随着计算机技术的发展，大件物流信息化必然会成为一种趋势。

（3）项目运作优势。该项目拥有一支专业的管理团队，由公路学院和汽车学院的专家教授担任首席技术顾问，经管学院教授担任首席财务顾问，技术团队成员学历均为研究生，并且项目组中还拥有专业知识扎实、创新能力强的青年教师团队和博士研究生团队。

（4）平台优势。该项目依托高校公路学院、汽车学院和经管学院等多学院的学科优势，并和道路交通检测与装备工程技术研究中心、汽车运输安全保障技术交通行业重点实验室等国家重点实验室进行合作。

9.2.3 市场分析

1. 市场现状

随着我国深入实施"四大板块"区域发展总体战略，我国交通运输行业将继续蓬勃发展。自开始实施《超限运输车辆行驶公路管理规定》以来，大件运输才开始备受关注，各省份也开始了专项整治行动，政府已经意识到大件运输的最优路径规划对道桥使用寿命有着极大的影响。大件运输因其具有特殊性、难预测性和运输条件的局限性等原因，时常会在有弯道、桥洞、坡道、收费站和交叉口处的道路上遇到通过性的问题和困难。大件运输市场需求不容小觑。

鉴于目前针对大件运输提供咨询服务与技术支持的市场尚未发展成熟，同时大件运输企业对运输的信息存在一定的刚性需求，因此项目提供的路径规划、工程解决方案和咨询服务有广阔的发展前景。

2. 宏观环境分析

（1）政治环境分析。交通运输部提出推进专业物流发展，要加强大件运输管理，健全跨区域、跨部门联合审批机制，推进网上审批、综合协调和互联互认。交通运输部和国家发改委提出要建设物流大通道，加快交通运输和物流的发展，其中指出大力推进公路领域联合执法，加强货运车辆超限超载整治，加快健全大件运输跨省超限运输联合审批制度，强化综合协调和互联互认。国家发展改革委发布的《营造良好市场环境推动交通物流融合发展实施方案》也提出要创新体制机制，加快建设对大件运输的创新管理机制。

（2）社会环境分析。我国将深入实施"四大板块"区域发展总体战略，在这过程中对大件物流的需求必不可少，大件物流也同样影响着工程、战略实施的进度和国内交通运输的条件。因此，针对大件运输的发展，从"互联网＋"的角度提供咨询服务、工程方案和路径优化是十分必要且被社会密切关注的。

（3）经济环境分析。根据国家统计局公布的数据分析，近年来国内经济增长速度逐渐放缓，各大企业都在通过开源节流的方式增加企业的收益。物流被称为第三利润源，大件运输作为物流的一部分，可以通过对运输过程等方面的优化来降低运输成本，提高企业的经济收益。

（4）技术环境分析。公司建立的"互联网＋大件运输"服务平台所需的互联网、定位及路径规划服务、道路勘测、道路施工等技术条件已经很成熟，同时获取采集数据的技术也已经成熟，在政府部门和相关科研团队的基础数据的支持下，公司可以顺利提供服务。

3. 市场竞争分析

（1）现有竞争者分析。目前针对大件运输提供咨询服务与技术支持的市场尚未发展成熟，仅有一些物流平台为大件运输的甲方和运输方公司提供信息匹配的平台。因为大件运输企业对运输的信息存在一定的刚性需求，所以公司可以在提供的路径规划、工程解决方案和咨询服务的基础上进行该类业务的拓展。该项目在市场上有着广阔的发展前景和市场。同时公司对道路勘探车进行了二次开发，自主创建了路经规划管理系统，并通过现有成熟技术实现了咨询服务平台的搭建，是当前市场的开拓者，无有效竞争对手，但存在潜在竞争者进入市场的风险。

（2）替代产品分析。传统的大件运输企业在接到订单后往往都是实际行驶模拟运行货物运输，通过实际勘察地形和路径等方式进行方案的选择，产生的成本较高，并且需要的时间较长，不利于大件运输服务企业的成本控制，同时运输企业运输量有限，不可能对所有运输线路都进行详细勘测，因此潜在竞争者竞争力不足。目前在大件运输领域提供服务的平台有锦程物流网，但该平台致力于提供一个物流交易和结算服务平台，而不是在路径规划、工程技术和咨询服务方面提供相应的支持。

（3）潜在竞争者分析。相比于潜在竞争者，项目具有以下优势：公司拥有关于道路勘测技术和工程技术等方面的产品专利和资源优势，在短时间内公司依托自己的产品和关系能形成一定规模的市场，抢占一定的市场并形成自己的品牌；公司拥有汽车学院物流工程研究团队的大力支持，紧跟时代的步伐，积极研发新的产品。

（4）供应商能力分析。公司最主要的供应商为地图服务公司与工程技术的实施公司。目前国内提供地图服务的供应商有谷歌、百度、高德和腾讯，工程技术公司有很多且竞争激烈。公司拟采取以下策略来削减供应商的议价能力：选择一到两家公司建立长期的合作伙伴关系，在交易中建立起良好的信誉度，最大限度地增加议价能力；建立更广泛的服务采购网络，更全面准确地掌握有关市场信息，使自己在谈判中有更大的回旋余地。

（5）购买者能力分析。公司的目标客户是西北五省的大件运输企业，为其在进行大件运输之前提供路径优化服务、工程技术支持和咨询服务。根据客户具有的特点，公司可与购买者建立长期合作关系，采取相应的公关策略。

4. 微观环境分析

团队成员通过 SWOT 分析法对行业微观情况进行了全面分析，微观环境的分析可以帮助创业团队快速了解现有市场，选择合适的营销策略，从而进一步打开市场。SWOT 分析法是公司进行微观环境分析时的常用工具，具有一定的有效性和参考意义。公司 SWOT 矩阵分析如表 9-1 所示。

9.2.4　商业模式

项目团队通过向大件运输企业提供最优路径规划获取利润，基于核心业务可以逐渐拓展相关增值业务，如定位系统动态跟踪后台实时进行反馈，路勘数据与物联网相结合。待客户稳定到一定阶段，公司通过搭建平台实施会员注册制，拓展空载大车回程信息发布、货主与物流方信息匹配、大件运输广告信息发布等周边业务。

公司的商业模式如图 9-6 所示。公司结合导入期、成长期、成熟期的不同特点，采取对应的业务发展措施。导入期：与部分省份大件运输公司、部分大件运输货主方进行试点合作。成长期：采取会员制收取服务费。成熟期：与公路管理部门合作，实现全国统一的大件运输交易、审批平台，同时公司会提供 GPS 动态跟踪服务，并对数据进行挖掘。

表 9-1 SWOT 矩阵分析

SWOT 矩阵分析	S（内部优势） 1. 团队拥有道路检测车的专利所有权 2. 团队拥有汽车学院车辆工程和物流工程专业科研团队的支持 3. 团队提供的规划、技术和咨询服务价格合理 4. 团队拥有优秀的、跨学科优势互补的管理团队	W（内部劣势） 1. 运输公司对咨询服务公司的态度较为保守，不易开拓市场 2. 初期缺乏专业的、成熟的营销和技术员工 3. 初期管理团队缺乏管理经验
O（外部机会） 1. 目前市场上缺乏针对大件运输的规划、技术和咨询服务，市场有待进一步发展 2. 国家政策的激励和市场需求的推动 3. 国家发展规划引导，国民在道路安全方面的要求较高 4. 国内及省内的经济发展需要从物流方面进行成本降低	SO 战略 （增长型战略） 1. 充分发挥好专利所有权的优势，积极扩大市场 2. 充分发挥好专业科研团队优势，响应国家在大件运输方面的政策号召 3. 抓住市场空白的机会，抢占市场占有率 4. 合理计算服务成本，实现合作公司之间的互利共赢	WO 战略 （扭转型战略） 1. 抓住市场需求大的机会，加大公司产品宣传，前期为运输企业提供产品的试用机会，将产品推入市场 2. 积极借鉴现有企业的先进管理办法，完善公司管理体制
T（外部威胁） 1. 跨界思维不断增强，现有的大件运输服务平台可能准备进入市场 2. 已有的运输公司可能会向咨询公司转型	ST 战略 （多种经营战略） 1. 科研团队需要及时进行技术更新，掌握在路径规划、工程技术和咨询服务方面的先进技术条件 2. 与供应商建立长期合作关系，降低技术采购的成本，为目标企业提供一个理想的价格	WT 战略 （防御型战略） 充分发挥好自身内部优势，利用好市场机会，抢占市场份额，降低产品价格，提高产品质量，积极创新和研发新产品，打造属于自己的品牌，在社会上树立良好的公司形象

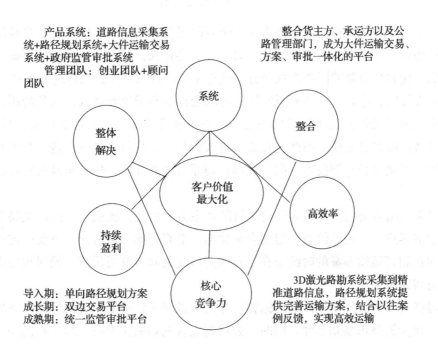

图 9-6 公司商业模式

9.2.5 营销策略

1. 市场细分

(1) 目标客户划分。公司成立初期,主要的目标客户是大件运输的托运方即货主方和大件运输的承运方即物流方,当规模扩大后将交通公路局单位和交通路桥设计院纳入目标客户范围。

(2) 地理因素市场细分。公司初创期将目标市场定位在西北地区,依托研发团队优势和平台支持,初期以大件货主企业和大件物流运输企业为目标客户,待公司发展壮大以后,以西北为中心向周边省市辐射,先发展西北地区,再面向全国。

2. 促销策略

通过对目前市场现状的分析,公司制订了初期扩张计划,如图 9-7 所示。公司进一步根据产品生命周期的不同阶段,制定了相应的促销策略。

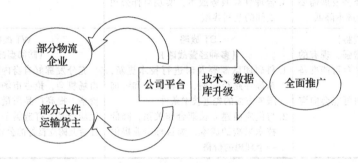

图 9-7 初期扩张计划

(1) 导入期。路径规划系统作为一项全新的服务产品进入市场,有着自身的优势和劣势。优势是市场空白、暂时没有竞争对手;劣势是人们缺乏对该系统的了解,对其功能有疑虑。此时公司借助团队背景平台与现有企业进行试合作,先行进入市场。

(2) 成长期。随着市场的不断发展,市场会逐渐有竞争者涌入,竞争的压力也逐渐显现出来。除了要保持技术领域的领先外,在市场营销方面,公司更要注重品牌宣传,培养消费者的品牌忠诚度。因此,在成功进入市场后,公司将进一步进行技术升级、完善数据库,强化路径规划技术。同时提高公司品牌的附加值,使公司具有更强的市场竞争力。

公司将采用会员制,为成为公司会员的货主方和物流方提供一个匹配交易平台,因此,对于老客户,公司将给予一定的会员优惠。老客户推介新客户,享受一定的折扣优惠;公司在制订运输方案的时给予在平台匹配成功的双方 9 折优惠,同时免费提供定位系统动态跟踪服务。

公司将利用微信公众号针对目标客户专门推送与大件运输相关的新闻、案例、解决方案等,逐步提高市场知名度。同时,公司将完善网站的主界面,对于在网站留言的客户,公司给予一定的折扣,或者免费提供一些技术帮助与支持。这个阶段,公司更加注重提升客户体验。

（3）成熟期。公司将公路管理部门拉入交易平台，作为审批责任人和第三方监督机构，公路管理部门既能监控交易情况，又能提高审批效率。公司以此巩固市场领导者的地位。

（4）衰退期。伴随着强有力的竞争对手进入市场，产品将处于衰退期。此时的公司在维护老客户的同时，将会着手开发新产品与服务，并为新产品的销售推广奠定基础。

3. 定价策略

运输等级分级如表 9-2 所示。

表 9-2 运输等级分级表

运输等级			
一级	二级	三级	四级
1. 长度大于 14 米（含 14 米）小于 20 米	1. 长度大于 20 米（含 20 米）小于 30 米	1. 长度大于 30 米（含 30 米）小于 40 米	1. 长度在 40 米及以上
2. 宽度大于 3.5 米（含 3.5 米）小于 4.5 米	2. 宽度大于 4.5 米（含 4.5 米）小于 5.5 米	2. 宽度大于 5.5 米（含 5.5 米）小于 6 米	2. 宽度在 6 米及以上
3. 高度大于 3 米（含 3 米）小于 3.8 米	3. 高度大于 3.8 米（含 3.8 米）小于 4.4 米	3. 高度大于 4.4 米（含 4.4 米）小于 5 米	3. 高度在 5 米及以上
4. 重量大于 20 吨（含 20 吨）小于 100 吨	4. 重量大于 100 吨（含 100 吨）小于 200 吨	4. 重量大于 200 吨（含 200 吨）小于 300 吨	4. 重量在 300 吨及以上

资料来源：《道路大型物件运输管理办法》。

公司根据不同的运输等级，制定分级服务定价策略。目前，200 吨以下货物，大件运输行业的运价维持在 1.5~2 元 / 吨公里⊖左右，200 吨及以上货物运价，为 2~5 元 / 吨公里。根据实际物流审批前后以及道路补偿等费用为运输成本的 10% 左右，其中路勘费占到其中 30%。

举例：假设某大件运输货物运输 100 吨大型货物，运输 500 公里，则按 1.5~2 元 / 吨公里计算，则运输费用为 100 000 元，运输最基本费用为 75 000 元~100 000 元（理想状态下），则其中路勘费为 2 250~3 000 元。对应吨公里则为 0.045~0.05 吨公里。

因此一二级对应吨公里为 0.025~0.03 吨公里。

同理三四级视复杂情况对应吨公里为 0.03~0.15 吨公里。

因此路线规划费的定价公式如下。

路线规划费 = 吨数 × 公里数 × 吨公里费用 + 基础服务费

9.2.6 财务分析

1. 主要财务假设

（1）根据政府扶持大学生创业政策，大学毕业生新办咨询业、信息业、技术服务业的企业或经营单位，经税务部门批准，免征企业所得税两年。

⊖ 吨公里为货物运输的计量单位，表示 1 吨货物运送 1 公里的距离。

（2）公司营运各月应收账款总额占销售收入的15%，起初客户较为单一，暂不计提坏账准备。

（3）按当年的银行借款利率向银行借款用以补充流动资金，且按实际所支付的利息计提当年的财务费用，贷款利率按交通银行短期借款利率6.00%，三到五年期贷款利率6.40%计算。

（4）法定公积金按10%的比例从净利润中计提；任意公积金按10%的比例从净利润中计提。

（5）公司自盈利年度起分配利润，分配比例为可供投资者分配利润的10%。

2. 股权结构

公司采用有限责任公司制，股本资金650万元，股本结构如表9-3所示。

表9-3 股本结构及规模

股本规模	风险投资入股	创业团队入股	
		技术入股	资金入股
金额（万元）	100	500	50
比例（%）	15.38	76.92	7.69

9.2.7 财务指标预测及分析

公司根据资金来源和运用情况，对未来三年的成本费用、收入、利润进行了大体的预测，具体数据如表9-4所示。

表9-4 财务指标预测及分析 （单位：元）

财务指标	第一年	第二年	第三年
营业收入	810 000	1 296 000	2 073 600
营业成本	1 235 300	939 540	954 102
营业利润	-425 300	356 460	1 119 498

公司在建立初期发展势头强劲，营业收入保持着高速增长，规模不断扩大，净利润能够稳步提高，为公司的稳步发展奠定了良好的基础。在发展初期，公司快速实现了盈利，股东的回报率也由负转正，在市场中站稳了脚跟。

9.3 项目分析

9.3.1 创新性

1. 技术服务

目前公司提供的业务有运输方案制订，包括最优路径规划、运输设备验算、工程技术方案和运输成本分析。另一部分是运输过程服务的增值业务，包括定时提醒驾驶员驾驶目标与驾驶要求，后台动态管理运输过程等业务。路线规划与管理中采用三维模拟仿真分析、大数据支持、基于地理信息系统的地图分析等先进科学手段，大大降低了路勘费用的成本与时间，为运输方节约了大量的运输成本。该项目拥有路线规划与管理系统等软件著作权（实验室阶段）。公司针对其他竞争者的技术壁垒，来自对数据的获取以及拥有完全自主知识产权的核心算法。核心技术的应用增加了大件运输路线勘察的科学手段，简化并优化了大件运输路线方案的制作，随着计算机技术的发展，大件物流信息化必然会成为一种趋势。

2. 应用场景

在互联网时代的背景下，大数据、计算机仿真分析与互联网都成为交通运输的重要利用工具，因此在特殊的大件运输领域中，创新技术应用将显得极其重要。团队将大数据等技术引入大件运输领域，拓宽了技术的应用范围。产品及服务具有高可靠性、高安全性、高效率性、服务费用较低、服务质量高以及相比于传统路勘时间短等特点，解决了传统大件运输领域存在的问题。随着国家重大项目的建设，相关项目所需的大件运输越来越多，专业的路线勘察报告对大件运输起着至关重要的作用，信息化建设是现代物流企业提升服务能力的一个关键环节，只有实现信息化，大件运输企业才能有效整合社会资源，提高物流效率，保证货物安全性和物流及时性，从而真正推动物流产业升级。

对于托运方，公司提供的业务能够节约运输成本，为对方节约了成本，有利于对方推广自己的品牌，实现经济效益增长。

对于承运方，公司业务所提供的最优化的运输线路有利于提升对方的信誉度和品牌质量，可以承接更多的大件货物承运业务。

对于购买方，公司提供的业务可以帮助购买方按时完成规定的项目建设，不至于耽误项目后续进展。

对于政府，公司提供的业务可以有效地帮助政府审批路线情况，对道桥养护和道桥的使用年限有着极大的促进作用。

9.3.2 商业性

1. 市场前景广阔

目前针对大件运输提供咨询服务与技术支持的市场尚未发展成熟，仅有一些物流平台为大件运输的甲方和运输方公司提供信息匹配的平台。鉴于目前针对大件运输提供咨询服务与技术支持的市场需求强烈，同时大件运输企业对运输信息存在一定的刚性需求，且当前交通运输信息化迫在眉睫，因此团队提供的咨询服务在市场上有相当广阔的前景。因为大件运输企业对运输的信息存在一定的刚性需求，公司可以在提供的路径规划、工程解决方案和咨询服务的基础上进行该类业务的拓展，因此该项目在市场上有广阔的发展前景和市场。同时公司对道路勘探车进行了二次开发，自主创建了路经规划管理系统，并通过现有成熟技术可以实现咨询服务平台的搭建，是当前市场的开拓者。

2. 竞争与合作

团队在进行市场分析时，考虑到了竞争者存在的威胁。运用波特五力模型对现有市场竞争状况进行了分析，分析得出传统的大件运输企业以及现有平台服务存在局限，团队研发的大数据技术服务，很好地弥补了现有服务的缺点。目前市场上存在空白，并且团队在规划、技术和咨询服务上具有先进的技术支持和强大的科研队伍保障，可以在与其他跨界企业竞争时取得一定的优势。公司拥有在道路勘测技术和工程技术的产品专利和资源优势，能够形成一定规模的市场，抢占一定的市场，形成自己的品牌。团队现已和几家运输公司签订了合作意向书，市场合作前景广阔。

9.3.3 团队情况

1. 团队成员

公司拥有一支由高学历、高素质人才组成的创业团队，集结了不同学科、不同专业的优秀人才。团队由顾问团队和管理团队共同组成。顾问团队主要由具有较高的学术背景和多年科研经验的教授组成，包括技术顾问、财务顾问、法律顾问以及创业顾问。管理团队成员则由具有交通安全工程等专业背景的学生组成，并且多数学生拥有丰富的创业竞赛经历。核心团队充满朝气、凝聚力极强，具有良好的创造性和灵活性，工作积极性强，专业技能扎实。每一个成员能够协同工作，各司其职。这支优秀的运营管理团队为后续发展提供了有力的保障。

2. 学科优势

团队的建设依托 1 个国家一级重点学科和 4 个国家二级重点学科。国家一级重点学科为交通运输工程，国家二级重点学科为道路与铁道工程、载运工具运用工程、交通运输规划与管理、交通信息工程及控制。学科优势明显，团队专业能力扎实，具备强大的竞争力。

9.3.4 社会效益

团队通过道路勘探整合道路信息资源，提供大件运输最优路径规划方案，以及运输设备仿真验算分析、工程技术解决方案、运输成本核算；同时提供动态实时监控等运输过程服务，为大件运输的安全、高效、经济提供保障，带来一定的社会效益。公司整合所有线路的道路数据勘察，相比于传统企业同一条线路不同公司来回勘察而造成路勘信息资源浪费的问题，该项目实现了路勘资源的充分利用。现在市场上基本上是物流方进行粗放式勘察，路勘费没有人来具体监管，容易造成这部分资金浪费且不能保证路勘质量。因此项目所提供的专业路线勘察报告满足了市场的强烈需求，并且可以有效地约束大件行业乱收费的现状，创造良好的市场氛围。

9.4 优化建议

9.4.1 优化财务分析

公司的财务分析过于简单，主要是财务预测指标选取得太少，难以全面客观地反映该项目在未来发展的可行性。

首先，公司要对相关的财务数据进行准确预测，尽可能将数据细化，以便于后面财务指标的估算和财务报表的制作；其次，公司要尽可能从营运能力、盈利能力、偿债能力和发展增长能力来考虑财务预测指标的选取，确保能够反映项目是否具备可行性；最后，公司应结合各种财务指标和实际市场情况，对公司未来的发展做出合理的预期。

9.4.2 优化组织结构

现有方案中对于公司组织结构的设置较少，只对团队成员进行了简单介绍，并没有展示出详细的组织结构。公司组织结构对未来发展至关重要，没有合适的职能分配可能会导致后续的业务处理出现问题。

公司应设计符合公司特点的组织架构，并对每个部门的职能进行划分和详细介绍，各个部门各司其职，确保公司在初期经营顺利。同时，公司应设立相应的人员管理制度，包括薪酬制度、激励机制等，完整的管理运营制度才能保证公司逐步发展并扩大市场占有率。

· 模块 3 ·

交通运输类专业

第 10 章 · CHAPTER 10

智慧行车安全系统
危险驾驶实时预警

10.1 项目概要

随着经济的增长以及交通运输业的发展,我国机动车的保有量逐年快速增加。截至 2019 年,我国机动车保有量已达 5.32 亿辆,其中私人汽车 2.25 亿辆。交通管理压力和安全风险不断加大,跟机动车相关的道路交通事故给人们造成了巨大的损失。在这种情况下,智慧行车系统应运而生。当前科技的发展使得一些辅助驾驶设备普及至一些豪华车辆,但一般的乘用车及绝大多数的客车和货车尚未安装智慧行车安全系统,此外,传统的汽车行驶记录仪仅仅能够记录车辆行驶影像,起到回看的作用,不能实时辨识客运车辆当前的行驶安全状态,也不能记录交通事故发生时的车辆运行状态等关键信息。如何快速有效地对车辆危险行驶状态进行检测是个十分棘手的问题。这个问题越来越受到国内科研人员的重视。智慧行车安全系统市场前景还是广阔的。

面对市场空缺现状,团队成立了 A 公司。A 公司致力于车辆危险行驶状态检测系统集成和计算机软硬件开发,是集软件销售、技术维护和客户化开发为一体的高科技公司。

A 公司目前的主要产品为营运车辆智慧行车安全系统,可实时在线辨识行车过程中出现的超速行驶、占道行驶、越线行驶、纵向跟车过近等危险行驶状态,实时警示驾驶人上述非正常驾驶行为,有效监控、约束、规范客运车辆驾驶人的驾驶行为。市场上见到的智慧行车系统仅存在于高档轿车,且功能还需要进一步完善,特别是针对国内营运车辆且功能齐全的系统尚未有公司开发。行业属于刚刚起步阶段,项目产品竞争较小。

10.2 项目方案

10.2.1 公司简介

A 公司依托强大的技术团队,致力于智慧行车安全系统集成、计算机软硬件开发,是集软件销售、咨询实施、技术维护于一体的高科技公司。公司的技术团队是车辆危险行驶状态检测领域的领军团队。

公司宗旨是安全出行,智慧行车。公司以"诚实守信,创建品牌"为经营理念,以"以人为本,合理配置"为管理理念,以"安全生产,保质保量"为生产理念,以"客户为主,态度诚恳"为服务理念。

公司采取的管理模式就是构建一个以人为核心,形神兼备、遵循宇宙和自然组织普遍法则,能够不断修正、自我调节、随机应变的智慧型组织,并将中国人文国学(为人处世之道)与西方现代管理学(做事高效之法)相互融合,进行企业人性化管理的一种新型企业组织管理运营模式。

10.2.2 公司战略

1. PEST 分析

(1)政治环境分析。国家强调区域协调发展,坚持实施推进西部大开发,振兴东北老工业基地,促进中部地区崛起,鼓励东部地区率先发展的区域发展总体战略。"十三五"时期实施区域发展总体战略的重点任务之一就是推进新一轮的西部大开发。坚持把深入实施西部大开发战略放在区域发展总体战略优先位置,给予特殊政策支持,支持发展先进制造业及其他优势产业,推进人才开发和科技创新。

(2)经济环境分析。中国社会科学院发布的《经济蓝皮书》认为,影响我国经济运行的基本因素没有发生明显变化,在保持宏观调控政策力度相对稳定的条件下,经济运行继续保持在合理区间,延续总体平稳的健康发展态势,我国国民经济发展态势良好。近年来,我国经济虽然增速放缓,但是汽车行业市场依然蓬勃发展,带动了车辆安全辅助驾驶相关研究项目的发展进步。总之,整个国民经济的发展有利于车辆智能安全技术行业的发展。

(3)社会环境分析。随着我国公路交通运输业的快速发展,我国机动车的保有量也逐年快速增加,交通管理压力和安全风险不断加大,跟机动车相关的道路交通事故给人们造成了巨大的损失。各项道路交通事故指标仍位居世界前列,预防和减少道路交通事故任重道远。由于大中型客货车拉载人员多、货物量大,一旦发生交通事故往往会造成重大人员伤亡和财产损失,所以,如何有效控制公路营运交通事故是一个亟待解决的重要问题,也是维护社会稳定的重要命题。

（4）技术环境分析。现如今，科技创新能力已经成为国家实力最关键的体现。在经济全球化时代，一个国家具有较强的科技创新能力，就能在世界产业分工链条中处于高端位置，就能创造激活国家经济的新产业，就能拥有重要的自主知识产权而引领社会的发展。科技创新方能体现国家的创新能力，只有不断提升自主创新能力，促进新产品的不断涌现，加快新技术的传播，才能使经济建设和社会发展不断迈上新的台阶，真正实现可持续发展。公司自主研发的智慧行车系统将使国家拥有本土自研系统，而不必花巨资从国外购买相关系统。

2. 公司发展战略

公司的生命周期战略大致分为 5 个阶段，如图 10-1 所示。

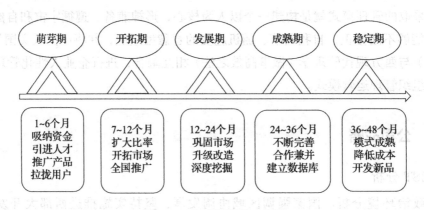

图 10-1　生命周期战略概况

（1）萌芽期（1~6 个月）。在萌芽期，公司的主要任务是积极吸纳各种风险投资，用以改善研发环境，引进人才，壮大研发队伍，对产品进行包装和宣传。

（2）开拓期（7~12 个月）。在开拓期，公司的主要任务是扩大占有率，积极开拓市场。初始投资剩余资金将用于在全国范围市场内的推广。在该时期，公司将进一步推广智慧行车安全系统产品，扩大市场占有率，同时进一步在全国范围内拓展市场。

（3）发展期（12~24 个月）。在发展期，公司的主要任务有两个方面。一方面是巩固前期开拓的市场，吸收更多的用户及行业用户，扩大市场占有率。另一方面，根据社会环境的变化和需求的增加，公司会开发新的产品，以敏锐的市场观察力和洞察力，发掘市场，以"先入为主"为主要策略，迅速占领该市场的份额。

（4）成熟期（24~36 个月）。在成熟期，公司会努力完善多功能智慧行车安全系统。公司在成熟期将兼并一些同类的小公司，着手建立自己的客户服务数据库。

（5）稳定期（36~48 个月）。在公司的成熟期，公司商业模式已经基本成熟，拥有了一定基数的客户群体，盈利趋于稳定。因此这个时期针对个人用户的广告与活动费用可相应减少，降低公司成本。为了进一步推动公司的发展，公司会投入资金开发公路检测、轨道检测等面向汽车交通检测的新产品。

10.2.3 产品及技术原理

1. 产品简介

A 公司目前的主要产品为营运车辆智慧行车安全系统,旨在为用户搭建一个以大中型营运车辆为载体,综合应用人机工程学、车辆工程学、车载 CCD(电荷耦合元件)视觉传感技术、视频采集传输技术、模式识别技术、高速运动物体形状检测技术、机器学习技术和群体智能技术,通过理论分析、算法建模、程序设计及大量离线模拟试验、实车道路试验,开发出成熟的智慧行车安全系统产品,实时在线辨识行车过程中出现的超速行驶、占道行驶、越线行驶、纵向跟车过近等危险行驶状态,适时警示驾驶人非正常驾驶行为,可有效监控、约束、规范客运车辆驾驶人的驾驶行为,提高预防道路交通事故技术中的科技含量,进而提高我国道路交通的安全营运水平。产品的技术指标如图 10-2 所示。

技术指标

1. 采取嵌入式CCD图像采集技术和嵌入式高速DSP图像处理技术,数字图像识别处理速率不小于每帧20秒
2. 能够自动摄取和实时识别车辆运行环境(道路、标志、标线、前车状况)数据图像,每次危险驾驶行为图像记录不小于50帧
3. 能够自动采集和记录车辆运行参数数据
4. 能够自动对车辆驾驶人员违章驾驶操作行为和疲劳驾驶操作行为进行监控、记录及警告

图 10-2 产品技术指标

第一代营运车辆安全系统的构成如表 10-1 所示。第一代系统核心组件如表 10-2 所示。

公司的智慧行车安全系统产品使用车载 CCD 图像传感器采集车辆前方道路图像,采集的道路图像传输至 DSP(高速数字图像处理器)进行分析,通过对道路图像的相关算法处理,可判断当前车辆实时的运动状态,并判断车辆此时是否有车道偏离、跟车过近等违规违法驾驶行为,若存在,系统会保存此时的违规图像。

表 10-1　第一代营运车辆安全系统的构成

	子系统	设备	型号
硬件系统	道路图像采集子系统	CCD 视觉传感器	1/3 英寸索尼 SuperHAD CCD 视觉传感器
	平台供电子系统	蓄电池 + 电源逆变器	赛特 BT-HSE 12V38Ah 的铅酸蓄电池,车载逆变电源选择江源公司的 500W 修正正弦逆变电源 JY500W
	行驶参数采集子系统	硬件电路设计	飞思卡尔微处理器(9S12XS128)
	上位机控制子系统	工控机	威强 TANK-820-H61 工控机
软件系统		车辆横向偏航危险行驶状态辨识、纵向偏航危险行驶状态辨识、行驶状态参数采集	

表 10-2 第一代系统核心组件

名称	特点
前置装车组件	核心组成部件
CCD 摄像机	视觉传感装置 视觉信息的获取
DSP 高性能芯片	系统产品的核心设备的危险状态识别、判定和预警指令发送
高品质警报蜂鸣器	预警显示功能 音量大小可调节

2. 技术原理

（1）车载嵌入式 CCD 图像传感采集技术和嵌入式高速 DSP 图像处理技术。主要包括：车载 CCD 图像传感器的内外参数标定技术及其动态采集技术，实时性和可靠性车载嵌入式 CCD 图像传感采集及处理技术，工作环境适应性技术。

（2）基于多目标特征集合的运动车辆运行环境（道路、标志、标线）数据图像实时识别技术及车辆横向偏航警告技术研究，主要包括如下两项内容。针对可见度高及可见度低等不同光照情况下，通过视觉传感采集处理技术实现道路车道标识线的检测，团队结合区域粒子滤波对检测结果进行动态跟踪；通过道路空间位置关系的逆透视投影变换完成道路关键信息重建，团队建立基于时域危险度的车辆横向偏航警告模型。

（3）基于多尺度方向特征的前方车辆图像识别研究。项目团队融合了对同车道内前方目标车辆的先验知识及其图像中的表现特征，限定目标检测与跟踪区域，利用双通道 Gabor 滤波器提取目标车辆样本多尺度方向特征，融合 Adaboost 分类器对提取的特征样本训练分类，实现了前方车辆的准确定位，通过熵值归一化对称性测度验证前方车辆存在性假设，实现了目标车辆的检测识别。团队还结合了改进的 GM(1, 1) 灰色预测模型对目标车辆检测结果进行动态实时跟踪。

（4）基于"人车路"多源信息融合的安全车距辨识预警技术研究。通过对单目视觉测距原理的研究分析，项目团队建立了基于车道平面约束的单目视觉纵向车距测量模型，实现了自车与前车之间纵向车距的精确测量。项目团队依据对前车及自车行驶状态的视觉认知理解，运用多传感器信息融合技术，从驾驶人认知响应特征、车辆响应特性和道路环境等角度出发，建立了基于"人车路"多源信息融合的安全车距模型。以群智能体互相协作为架构，项目团队还建立了群智能体协作的安全车距预警模型。

10.2.4 市场分析

1. 企业内外部条件分析

项目团队首先经过市场调查对企业所处行业环境进行了分析，主要分析了企业内外部环境并对比了主流安全驾驶系统。主流安全驾驶对比如表 10-3 所示，企业内外部因素分析如表 10-4 所示。团队采取的企业内外部因素分析方法为 SWOT 分析法，SWOT 分析法是进行行业环境分析时常用的工具，主要从企业优势、劣势、机会和威胁四个方面进行分析和总结,可以帮助企业更好地了解自己所处的市场现状。团队对企业内部和外部条件进行综合和概括,进而分析现存的优劣势、面临的机会和威胁。

表 10-3 主流安全驾驶系统对比

性能	智慧行车安全系统	以色列 Mobileye 公司开发的系统	传统驾驶辅助系统
经济性	好	差	一般
危险状态识别准确率	高	高	一般
主要对象	商用车	豪华轿车	豪华轿车
能否记录车辆运行状态参数	能	能	否
是否考虑驾驶人因素	是	否	否

表 10-4 企业内外部因素分析

因素	相关分析
优势	性价比高,综合性能稳定 市场广阔,可替代产品少 拥有优秀的研发队伍 注重产品保护,专利保护
劣势	缺乏成熟的行业管理和经营经验 缺少国家政策的支持
机遇	产品处于真空阶段 良好的社会公共关系 行业竞争风险大
威胁	可能出现性能优良的替代品 可能遭到行业竞争者的反击

2. 竞争力分析

智慧行车安全系统竞争者情况的分析如表 10-5 所示。

表 10-5 现有竞争者分析

序号	影响因素	级别程度
1	本行业中有很多竞争者	★
2	产品市场增长很快	★★★★
3	本行业中所有竞争者几乎一样	★★★
4	边际生产成本相对较低	★★★★
5	本行业产品价格很高	★★★★★
6	本行业产品科技含量很高	★★★★

现有的智慧安全辅助行车系统比较先进,但是价格相当昂贵,一般适用在豪华乘用车,本行业高端市场被国外企业霸占,但中端市场竞争很小,几乎没有同档次产品。

公司地址位于电子产业比较发达的地区,公司产品可以很容易找到许多元器件供应商,并且元器件种类很多,有许多替代品(芯片品牌不同,功能相似),因此对供应商的依赖程度不是很高。供应商分析结果如表 10-6 所示。

表 10-6 供应商分析

序号	影响因素	级别程度
1	寻找很多元器件供应商	★
2	供应商供应的原材料技术含量高低程度	★★
3	元器件有许多替代品	★★★★★
4	供应商对公司经营运转的重要程度	★★
5	供应商不是公司经营的主要部分	★★★★

顾客分析结果如表 10-7 所示。

表 10-7 顾客分析

序号	影响因素	困难程度
1	寻找到许多购买公司产品的顾客	★★
2	顾客对公司的供应商产生很大的影响	★★★★★
3	顾客转换供应商很容易	★★★★★
4	公司影响顾客产品的质量	★★
5	本行业大部分公司提供同质化产品	★★★★★

首先，产品的买方较多且产品及相似产品的供应商较少，购买者的讨价还价能力受到了限制。同时，顾客对公司的供应商不会产生太大的影响，顾客所需产品的质量主要取决于公司的技术水平和生产水平。

潜在竞争者分析如表 10-8 所示。

表 10-8 潜在竞争者分析

序号	影响因素	困难程度
1	进入这个行业的成本很高	★★★
2	公司的产品有很大科技含量很高	★★★★
3	需要大量资本才能进入这个行业	★★
4	顾客更换供应者的成本高	★★★★★
5	取得销售渠道十分困难	★★★
6	很难得到政府批准经营	★★

由于营运车辆智慧行车安全系统产品市场在西部乃至全国地区尚属起步阶段，发展前景广阔。同时，成本不高、容易获得政府批准以及销售渠道简单等行业因素导致该行业中其他企业容易进入该行业，存在很多未知的潜在竞争者。

替代品分析如表 10-9 所示。

表 10-9 替代品分析

序号	影响因素	困难程度
1	市场上将出现很多替代品	★★★★★
2	替代品与我公司产品性能相同价位更低	★★★★
3	与同等产品相比我公司获利更大	★★
4	与同等产品相比我公司产品技术优势明显	★

智慧行车系统技术含量高，且暂时处于行业首创，所以目前还没有替代品，将来的替代品主要是大量企业的跟进。短期内来自替代品的威胁较小，但是随着产品利润的增加，威胁程度也会随之加剧，公司必须制订好长远的发展计划。

对市场进行分析之后，公司确定了智慧行车系统的目标市场为国内各级客运企业、货运物流企业及高校实验室。公司的产品在经过不断发展后会最终推向家庭乘用车领域。

10.2.5 市场调研

面对现有的市场，公司成立了调研团队对市场现状做了深入了解，以了解消费者需求，制定相应的市场营销策略。具体的实施过程分为以下几步。

1. 调研目的

调研团队首先确定了调研的目的，分为以下几点：①了解营运车辆智慧行车安全系统产品市场的现状；②了解相关技术人员在产品性能上有何要求；③调查了解并预测营运车辆智慧行车安全系统产品市场的发展前景及重点发展市场。

2. 调研对象

经过对现有市场的分析，将调研对象确定为以下几类人员：①商用车生产商；②营运车辆驾驶员；③车辆安全技术研发人员；④高校实验室实验员。

3. 调研内容

调研内容主要分为以下几个方面：①调查驾驶员对系统设备的认可度，分析各类设备的市场占有率；②了解技术人员对新设备有何要求和期望；③分析相似产品的价位与性能；④掌握此类产品的市场需求量。

4. 调研方法

调查方法主要是问卷调查和网络调查。

5. 调研实施方案

最后根据不同调研方法的特点，调研团队制订了相关调研方案。①网上调研法：通过浏览相关网站，搜集有用信息。②问卷调查法：选择相关目标行业顾客，发放一定数量的问卷。

10.2.6 营销策略

通过调研结果，公司决定采用"差异化取胜"的竞争战略，包括产品的差异化、服务的差异化以及研发团队的差异化。公司主要实施的营销策略为4P营销策略，具体内容如图10-3所示。

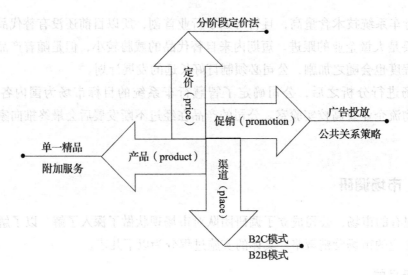

图 10-3 4P 营销策略

1. 产品策略

公司目前的产品包括核心产品、实体产品和附加产品，产品构成如图 10-4 所示。核心产品是智慧行车系统，公司的产品性价比高，精确度高，性能稳定，是目前在营运车辆安全辅助驾驶领域具有巨大潜能的高科技产品。实体产品指最表层的产品，包括产品的规格、样式、包装、品牌、功能等等。公司精心打造单一产品，根据不同客户的需求完善产品性能，努力不断提升产品的品牌信誉度。附加产品指顾客购买产品之后获得各种附加利益或服务。为了方便服务客户，公司建有自己的网站，客户可以登录网站得到本公司以及该行业的一些信息和知识。公司将在网站上定期发布新产品、产品特点、操作过程、价格变动、订单未付情况和企业新政策的信息，以满足客户对于信息查询的需求。

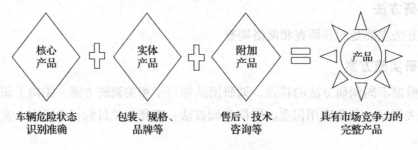

图 10-4 产品构成

2. 价格策略

公司产品属于行业首创的特点为公司带来很大的发展空间，因此采用分阶段产品定价策略，如图 10-5 所示。产品投放市场初期，采取高价策略以求迅速收回大量资金，定价为生产成本的 2~4 倍；当市场上类似的产品慢慢变多，公司的生产成本和经营费用会随着生产规模和产品销量的扩大而迅速下降。这时考虑大幅降价以迅速占领市场。

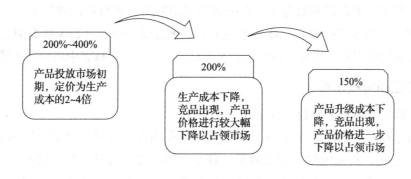

图 10-5　分阶段产品定价策略

3. 促销策略

公司实施的促销策略主要包括广告和公共关系两种。

（1）广告策略。

公司所采取的广告策略有以下几种：城市户外大型 LED 显示屏广告宣传；网站建设与推广宣传；电子杂志与报纸宣传。

（2）公共关系策略。

公司主要采用公益资助的形式，设置企业奖学金，资助成绩优异的贫困大学生。

4. 渠道策略

公司根据不同目标客户的需求不同，采用双模式策略。与其他企业相比，公司主要采取以下两种销售模式。

（1）B2C 模式。产品销售以人员上门推销和成果展销相结合的方式为主。公司将通过"电子产品展会"这个高端技术窗口进行产品推销和展销，届时将通过专业人员的现场讲解并展示产品的优越性，让顾客对产品与技术有更加详细的了解。另外，公司还组建了自己的推销队伍，并由具有相关技术、销售知识与经验的人员组成，定期进行产品与销售知识再培训，销售业绩与奖金挂钩，并且给予营销人员一定数量的提成来推动销售。

（2）B2B 模式。公司十分重视网络销售，成立初期就通过电子商务平台卖货的方式进行线上销售，且在阿里巴巴等 B2B 网站展出公司的产品，并搭建公司网站，提供产品咨询与服务。公司认为通过网络销售可以向更多人传递自己的产品和服务信息。公司还通过代理商进行销售。公司销售部在产品销售市场诚招产品代理商，并颁发销售许可证明以及商标使用许可证明。

10.2.7　管理团队与组织结构

1. 公司组织结构

根据公司初期和成熟期的不同特点，团队设计了切实可行的组织架构。公司由董事会、总经理、常务副经理管理公司日常事务。初期部门设置研发部、技术部、客服部、销售部、市场部、人事部和财务部。在公司成熟期时团队将对部门进行细化，主要包括产品研发中心、技术维护中心、技术培训中心、售后服务中心、顾客数据中心、产品营销中心、市场战略中心、绩效考核中心、人才培训中心、会计核算中心和财务管理中心。

2. 公司激励考核体系

公司激励考核体系主要包括以下几个方面。

（1）激励措施。为确保员工对工作充满热情和动力，公司推出了详细的激励措施，主要有以下几种：目标激励、示范激励、尊重激励、参与激励、荣誉激励、关心激励、竞争激励、物质激励、信息激励。除了激励策略之外，公司也明确了相应的处罚措施，奖惩分明，公平公正。

（2）激励策略。激励要把握最佳机会，提前激励。在员工有困难时或有强烈要求愿望时，公司应给予关怀激励。激励要有足够力度，对有突出贡献给予重奖，对造成巨大损失的给予重罚，通过各种有效的激励技巧，达到以小博大的效果。激励要公平准确，奖罚分明。健全、完善绩效考核制度，做到考核尺度相宜、公平合理。克服有亲有疏的人情风（必须要有一个强有力的职能部门独立完成）。公司在加薪、晋级、评奖、评优等涉及员工切身利益的热点问题上务必做到公平。物质和精神奖励相结合，奖励和处罚相结合。晓之以理，动之以情，注重感化教育，坚持教育为主辅助处罚的问题处理原则。

（3）绩效考核。公司设置了严格的考核标准，对员工能力进行评估，从而发现问题，帮助员工提高绩效。

（4）考核办法。首先，公司对生产记录、员工工作记录、档案、文件、出勤情况整理统计并执行定期考核，视情况进行周度、月度、季度、半年度、年度的定期考核，以此为基础积累考核资料。其次，公司应督促相关部门形成书面报告，部门、个人总结报告或其他专案报告。最后，公司应编制考核表，设计单项考核主题或综合性的表单，为方便应用可使用多项式选择、评语、图表或评分标准并为每一员工建立考绩日记，专门记录重要的工作事件。

（5）考核形式：主要包括自我评定与总结、部门考核与被考核者面谈以及直属上级直接考核。

（6）考核时间周期：主要分为定期考核（周度、月度、季度、半年度、年度）和不定期考核两种形式。基层人员的考核可以周期更短，次数更多，中高层考核周期可以适当延长。

10.2.8　财务分析

1. 股权结构

项目从各种渠道共得到融资150万元。项目的股权结构主要来源于两个部分，一部分来源于风险投资，金额为50万元，占比为33.3%。另一部分来源于创业团队，金额分别为技术入股 50 万元和资金入股 50 万元。股权结构资金具体内容如表 10-10 所示。

表 10-10 资金来源及比例

股本规模	股权来源		
	风险投资入股	创业团队入股	
		技术入股	资金入股
金额（万元）	50	50	50
比例（%）	33.3	33.33	33.33

2. 财务指标预测及分析

公司对未来 5 年资金的使用情况进行了详细的介绍，并根据预测数据制作了各种费用明细表、预计资产负债表、预计利润表、预计现金流量表以及预计投资净现金流量表。相关财务指标预测及分析如表 10-11 所示。公司前 5 年的流动资产周转率、固定资产周转率、总资产周转率等重要财务指标相对较高，这表明公司在生产经营过程中对资产的总体利用效率较高、总体营运能力较强、公司资产管理水平较高。公司的销售净利率较高，并且呈逐年上升趋势，发展前景较好。公司总资产报酬率总体水平较高。另外，该投资项目的净现值远远大于 0；静态投资回收期为 2.1 年，动态投资回收期为 2.4 年。综合分析可以看出，该方案投资少、投资回收期较短，且项目内部收益率较高，符合风险投资家追求"高收入、高回报"的投资理念，因此，相关报表数据显示公司非常适合风险投资机构进行投资，投资该项目将获得较高的风险回报。公司通过对未来公司的财务情况进行预测，可以展示公司发展前景，吸引投资者的注意。

表 10-11 财务指标预测及分析

	财务指标	年份				
		第一年	第二年	第三年	第四年	第五年
	营业利润	−392 868	29 658	856 412	1 183 355	2 021 652
	净利润	−392 868	29 658	727 950	1 005 852	1 718 404
	资产总额	90 500	162 900	208 150	239 825	273 011
	股东权益	1 000 000	1 500 000	1 635 723	2 470 682	2 887 248
营运能力分析	流动资产周转率	2.18	1.88	1.39	1.18	0.94
	固定资产周转率	50.67	69.52	101.63	140.20	165.56
	总资产周转率	1.85	1.70	1.32	1.14	0.93
盈利能力分析	销售净利率（%）	41.37	47.41	47.80	48.19	48.27
	总资产报酬率（%）	76.71	80.55	62.90	55.07	44.68
	权益净利率（%）	76.71	80.55	63.96	56.50	45.68
投资效益分析	净现值（NPV）	2 033 684.2>0				
	投资回收期	静态投资回收期=2.1 年				
		动态投资回收期=2.4 年				

10.3 项目分析

10.3.1 创新性

1. 产品创新

传统的汽车行驶记录仪仅仅能够记录车辆行驶影像，起到回看的作用，不能实时辨识客运车辆当前的行驶安全状态，亦不能记录交通事故发生时的车辆运行状态等关键信息。市场上虽然有一些安全系统的产品，如车道偏离预警系统、车辆纵向防撞预警系统用来提醒驾驶人安全驾驶，但这些产品大都以非营运车辆为设计研发对象，也没有将驾驶人这一关键因素考虑进去。在目前国内现有的汽车辅助驾驶系统中，还没有集成如此多功能的、能够自动化识别车辆危险行驶状态的低成本智慧行车安全系统。公司研发的智慧行车系统，很好地弥补了市场空白。公司的智慧行车安全系统产品使用车载 CCD 图像传感器采集车辆前方道路图像，采集的道路图像传输至 DSP（高速数字图像处理器）进行分析，通过对道路图像相关算法的处理，可判断当前车辆实时的运动状态，并判断司机此时是否有车道偏离、跟车过近等违规违法驾驶行为，若存在，保存此时的违规图像。

系统前期基于工控机平台进行调试研究，系统硬件主要包括 4 个子系统：道路图像采集与显示系统、车辆行驶状态参数采集系统、上位机控制系统及平台供电系统。下面介绍系统的工作流程：车辆行驶环境图像信息通过 CCD 视觉传感器获取，经视频采集卡传输至上位机控制系统，车辆行驶速度参数、转向信号参数等行驶状态参数将通过 DB9 串口线传输至上位机系统，上位机系统接收多传感器信号，通过图像识别处理算法形成最终处理后的图像画面，并通过人机交互系统传递给驾驶人。

除了售卖产品之外，公司还提供相应服务。公司坚持"消费者就是上帝"的宗旨，积极开展多样化服务，比如技术咨询、网络服务、专业指导等等，逐步建立起系统完善的销售服务网络，为客户提供优质健全的服务。同时，公司还将建立客户档案，对客户档案实施集中、动态和分类管理，以便进行售后的跟踪服务和差异化服务。

2. 市场营销

公司根据市场现状制定了符合产品特点的市场营销策略，例如 4P 营销策略。除此之外公司采用"双轮模式"的营销策略，把建设用户群体和行业用户群体看作两个轮子。建设用户的数量和忠诚程度是公司可以吸引更多行业用户加入的重要原因，而与各行业单位的合作和信息的获取程度则是公司建设用户服务的基础，两个轮子有一个不转了都会影响公司的基本运行，因此公司必须同时经营，双管齐下，最终实现双赢目的。

3. 应用场景

目前国内智慧行车系统市场大部分还处于空白阶段，只有少数豪华车辆安装了国外进口的系统，一般的乘用车及绝大多数的客车货车尚未安装智慧行车安全系统。公司研发的智慧行车系统除了可以很好地预测司机违规驾车行为以及可能存在的危险以外，成本相对较低，在大部分消费者可以承受的价格范围之内，从而确保一般的乘用车及绝大多数的客车货车都有能力安装该系统，使智慧行车系统的应用范围更宽。

10.3.2 团队情况

公司的核心团队是一支充满朝气、凝聚力极强的创业队伍，具有良好的创造性和灵活性，成员工作积极性强，专业技能扎实。团队同时也是一支优秀的运营管理团队，多次在国家级创新创业比赛中获得优异成绩，获得了行业专家的认可。

团队在知名高校孕育而生，有着良好的学术背景，由各有所长、知识结构互补的在校研究生和本科生组成，同时得到了经验丰富的老师指导。成员充满理性智慧与创业热情，坚信没有完美的个人，只有完美的团队。

10.3.3 商业性

1. 市场前景广阔

智慧行车系统在国内市场前景广阔。传统的汽车行驶记录仪仅仅能够记录车辆行驶影像，起到回看的作用，不能实时辨识客运车辆的行驶安全状态，亦不能记录交通事故发生时的车辆运行状态等关键信息。现有的智慧安全辅助行车系统比较先进，但是价格相当昂贵，一般适用在豪华乘用车，本行业高端市场被国外企业霸占，中端市场几乎未有企业参与，竞争很小，几乎没有同档次产品。凭借强大的研发团队的技术优势，公司产品的危险驾驶行为评判准确性高，稳定性好，性价比高，由于该领域市场机会处于新开发阶段，因此，产品可以迅速占领大部分市场。公司十分注重知识产权保护，已经申请5项专利，其他产品亦在积极申报阶段和研发阶段。总体来说，智慧行车系统市场前景广阔。

2. 竞争与合作

公司运用波特五力模型对市场竞争现状进行了分析，包括潜在加入者的威胁、供应者的讨价还价能力、购买者的讨价还价能力、现存竞争者的威胁以及替代产品的威胁分析，从而帮助公司选取正确的竞争战略，规避风险。公司现已与几家汽车科技有限公司签订了试用合作意向书。产品的市场前景乐观。

10.3.4 社会效益

项目在一定程度上促进了社会就业。智慧行车系统目前在国内市场处于空白阶段。随着公司产品的生产，必定会催生出许多工作岗位。伴随着智慧行车市场的不断成长，顾客需求会越来越多，公司将需要大量精通相关技术的人才保证产品的生产，满足顾客需求。

项目具有一定的社会效益。此外，公司主要采用公益资助的形式，在高校设置企业奖学金，资助成绩优异的贫困大学生。公益资助也具有一定的社会效益。

10.4 优化建议

10.4.1 优化市场营销策略

目前公司采用的市场营销策略相对传统，而且缺乏针对性，不能体现产品特点；产品的定位也比较模糊。现有的宣传策略主要是广告，但是选择的投放方式例如杂志报纸等媒体的，受众有限。因此提出以下建议。

1. 精确产品定位

产品策略不能模糊不清，要突出产品的特点。定位清晰才能让顾客准确了解产品，从而进行选择。

2. 利用微博、抖音等自媒体进行广告宣传

传统广告投放方式受众有限，随着"互联网+"的发展，自媒体越来越受到人们的欢迎，尤其近几年火爆的微博营销、抖音营销等。同时80后、90后逐渐成为消费的主力军，这代人的特点是易受互联网影响，自媒体是他们获取信息的主要渠道。公司可以建立官方微博、抖音账号，在上面发布产品相关信息，这样受众相对较多。智慧行车系统的主要特点是可以预知风险，保证人身安全，减少交通事故，减轻道路交通压力。因此公司可以赞助交通运输的公益广告，提升公司形象。同时广告要突出事故的危险性以及智慧行车系统的必要性，引起消费者的重视。

10.4.2 优化激励考核体系

公司制订了详细的、全面的激励措施，从表面来看是非常完美的。但是，激励措施的差异化带来的管理目标、考核标准的设定难度也会很大。公司应该清楚自己能否承受这样的管理压力，能否将之贯彻实施。

公司应当按照最优的原则从这些激励措施中选取几个主要的，并以制度化、专业化的形式确定下来。

第 11 章 · CHAPTER 11

灵安脑波
疲劳驾驶智能监测引领者

11.1 项目概要

每年的交通事故造成了巨大的经济损失和人员伤亡,其中,因疲劳驾驶而导致的交通事故占总数的 30% 左右,在特大交通事故中所占比例更是高达 43%。如何降低疲劳驾驶导致的恶性交通事故成为诸多科技公司的研究方向。

灵安脑波科技有限公司以汽车安全技术为根本,以脑电交互技术为特色,专注于汽车安全领域的驾驶员脑机接口技术开发,研发了 α-driver 驾驶员疲劳驾驶监测头带。该产品具备一套可靠的脑电波滤波算法和驾驶员疲劳分级评定体系,它能以驾驶员脑电信号为特征,对驾驶员驾驶时的生理信号进行检测。它可以在驾驶员疲劳的早期阶段,检测到其生理信号的变化,对驾驶员进行提前预警。该检测头带采用前额相对电位差采样方法,属于可穿戴设备,相对于其他生物电监测方案,电极接触性能更好,且佩戴时无须擦拭脑电液,简单舒适,不易脱落,稳定性强。

α-driver 驾驶员疲劳驾驶监测头带已经研发成型,并对其进行了大量试验,得到的系统判断准确率在 95.52%~98.11% 浮动,准确率极高。项目已选定 B 省 S 市 GD 工业园区为公司地址并做好了对厂区的规划,选择了几家原材料供应合作企业,目前在购置公司办公设备、建造生产线。公司预计第一年销售量达 2 500 套,销售额 1 125 000 元,第一年亏损 88 096.31 元,但第二年就能转亏为盈,利润额达 366 154.96 元,公司第一年可带动就业 39 人,之后逐年增加。

α-driver 驾驶员疲劳驾驶监测头带能够及时提醒困倦的驾驶员,避免许多交通事故。

另外，该产品便于佩戴，稳定性强，且硬件制造成本低，价格低廉，利润高，有利于市场推广。

11.2 项目方案

11.2.1 公司简介

灵安脑波科技有限公司是一个集研发、生产、销售、服务于一体的脑波设备企业，着眼于全国市场，主要面向汽车驾驶安全领域，结合相关政策法规和评价标准，根据市场实际情况不断改变自身战略以更好地适应多变的市场。

公司以"科技展望未来，意念改变生活"为宗旨，战略目标是要成为非医用脑波监测设备市场的主要领导者并寻找合适的机会将公司发展成一家上市公司，走向国际市场。

11.2.2 市场分析

1. 市场需求

在汽车保有量快速增长和汽车安全产业快速发展的时代，市场急需一款简单、可靠的驾驶员疲劳检测及预警的产品。目前较为成熟的基于车辆信息和基于视觉行为的方法是在驾驶员开始嗜睡后才产生效果。然而，当驾驶人出现明显的疲劳困倦症状时，车辆可能已经在偏离车道中心的位置行驶。这通常是来不及预防事故的。而驾驶员的生理信号误报少，变化快，更适合疲劳预警。通过脑电波监测疲劳驾驶程度的产品可以及时做出警报和预防措施，在外界条件上很大程度地预防了因疲劳驾驶导致的交通事故，减少了个人和社会的经济损失，潜在的消费市场巨大。

2. 目标市场

公司针对 S 市运输企业潜在目标市场进行了疲劳检测产品需求摸底调研，不同运输企业类型及分布如表 11-1 所示。

表 11-1 公司 S 市疲劳检测潜在目标市场调查

运输企业类型	数量	运输企业类型	数量
城市公交	23	班车运输	60
旅游运输	26	货物运输	85

相关市场调研结果也表明，全国近几年机动车和驾驶人数量正在逐年增加，因此公司将后期目标市场定位为全国大部分地区。

根据团队进行的问卷调查，有一半以上受访者表示如果检测设备价格可承受且佩戴较舒适就愿意接受监测，仅有 28% 的人表示没必要接受监测，所以公司的疲劳检测服务具有较高的市场接受度和广阔的市场前景。

（1）按地域分析。公司成立初期，由于资金、人员等条件限制，选择了潜力较大、规模较大的地区作为打开市场的突破口，多山地区的私家车主和运输公司是初期的目标客户。公司成立后期将以西北地区为中心，向华北、华东、华南的全国大中小城市辐射。

（2）按目标顾客分析。公司成立前期，第一类目标顾客是西北地区汽车生产厂商，公司将免费为其提供一批适用产品，配备给多种车型以考察不同客户对头带的需求是否有差异。第二类目标顾客是汽配城和汽车改装店，公司将利用它们的资源宣传和销售产品。公司成立后将逐渐向全国覆盖，努力在汽车用户群体中进行推广普及。

11.2.3 产品与服务

1. 产品功能

α-driver 驾驶员疲劳驾驶监测头带是一种可靠、舒适的可穿戴式疲劳驾驶检测头带。在驾驶人处于疲劳状态时，通过脑电波检测设备自动监测驾驶人的疲劳状况，在疲劳前期判断驾驶人是否适合继续驾驶车辆，并进行及时预警。产品可以很好地解决因疲劳驾驶导致交通事故频发的汽车安全产业痛点问题。

2. 产品技术

（1）疲劳驾驶信息传递路径。受自身或者外界疲劳因素的影响，随着驾驶过程的持续，驾驶人生理机能下降，进而引起感觉器官的感知迟钝、中枢神经系统的决策偏差和动作准确性的下降，即出现了疲劳驾驶。

疲劳的积累会进一步导致司机行为的改变，并经过操作行为传递到车辆的运行参数变化，最终导致交通事故的发生。疲劳驾驶的信息传递路径如图 11-1 所示。

因此，疲劳驾驶状态的辨识研究可从驾驶人生理机能的下降、操作行为和车辆运行参数的变化三个方面对疲劳驾驶的特征开展系统的分析。

（2）工作原理。目前市场上存在三种主流的驾驶员疲劳状态检测算法，分别是基于车辆信息、基于驾驶员行为和基于生理信号的检测算法。而 α-driver 头带开

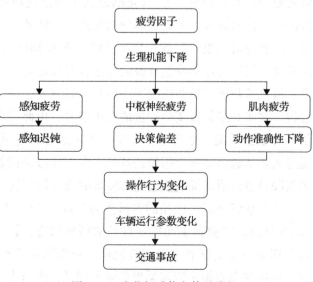

图 11-1 疲劳驾驶信息传递路径

发思路是基于疲劳驾驶时驾驶员脑电信号特征进行的,其前提是必须获取疲劳驾驶时驾驶员的脑电信号数据。

α-driver 头带产品的基本工作原理是利用驾驶模拟器和生理记录仪,设计并实施嵌入驾驶员的疲劳驾驶实验,确定疲劳分级,并划定疲劳驾驶的脑电信号阈值,以此作为疲劳驾驶的分级参照监测标准。通过实际收集的驾驶员驾驶过程脑电信息,产品与此分级标准进行比较,做出相应的疲劳驾驶分级判断及相应预警。产品实拍如图 11-2 所示。疲劳驾驶分级评定流程如图 11-3 所示,α-driver 头带工作原理如图 11-4 所示。

图 11-2　α-driver 头带产品实拍图

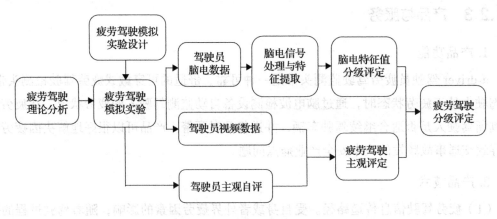

图 11-3　疲劳驾驶分级评定流程

α-driver 头带的疲劳驾驶分级评定系统的信号传输媒介只需要一个干电池和一个参考电极,当脑电模块处理完脑电数据后可以直接通过蓝牙传送给计算机,计算机完成后续的处理和对外控制工作。α-driver 头带通过前额叶氧化银电极进行信号采样,然后进行伪迹分析和处理,避免大部分的误差,保证数据的可靠性和有效性。在伪迹分析及处理后,通过对脑电信号进行数字滤波,消除 50Hz 交流电和高频信息的干扰,从而提高信噪比。随后通过小波包分解的方法进行特征提取,获取四种典型节律波的重构典型片段。被试驾驶员在单调路况下进行长时间驾驶任务,经历从清醒状态到疲劳状态的变化过程,并实时采集真实驾驶员的脑电信号,由此完成驾驶员疲劳状态的主观评价、生理信号等数据采集。结合主观评定,团队通过脑电波特征值对疲劳驾驶进行分级评定并通过大量实验调整疲劳报警的阈值。当节律波的波幅大于阈值时,头带会通过手机 App 对驾驶员进行语音提醒,避免驾驶员的疲劳程度进一步增加。

(3)系统测试。产品的测试实验选取了 15 个生理状态良好的成年人,每次实验时间 10 分钟,实验者主动控制自己的精神状态,记录仿真软件和报警系统的反应情况,以下用第一位受试者做系统性说明。首先团队进行多次实验判断受试者的脑电信号数据,包括注意力集中度和冥想程度并记录,进行大量实验后发现当受试者的注意力集中度大于 20 且冥想程度小于 80 时,他的精神状态保持良好,而当其偏离这个范围时,表现出明显的疲倦状态。因此,团队选取受试者注意力集中度和冥想程度分别为 20 和 80 作为判断阈值写入仿真分析软件中并经过大量实验,得到系统响应准确度状况。准确度状况如表 11-2 所示。

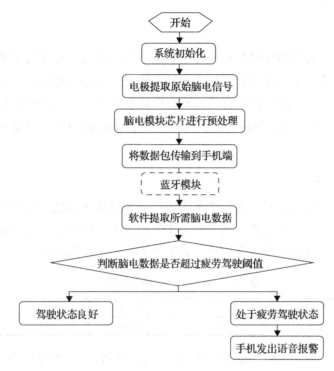

图 11-4 α-driver 头带工作原理

表 11-2 系统响应准确度实验状况

受试者	状态良好次数	系统判断状态良好正确次数	疲劳状态次数	系统判断疲劳状态正确次数	系统判断正确总次数	系统判断正确率(%)
受试者 1	78	76	65	62	138	96.51
受试者 2	87	86	73	70	156	97.50
受试者 3	113	110	84	81	191	96.95
受试者 4	59	57	75	71	128	95.52
受试者 5	83	80	82	81	161	97.58
受试者 6	75	73	69	66	139	96.53
受试者 7	98	95	114	112	207	97.64
受试者 8	125	123	87	85	208	98.11
受试者 9	108	103	98	97	210	97.22
受试者 10	85	82	97	94	176	96.70
受试者 11	132	128	115	112	240	97.17
受试者 12	93	91	89	86	177	97.25
受试者 13	87	84	117	114	198	97.06
受试者 14	97	95	85	83	178	97.80
受试者 15	132	127	107	103	230	96.23

在大量实验中，系统的准确响应程度相当高，生理信号误报少，能够准确提醒疲劳的驾驶员，更适合驾驶过程中的疲劳预警。

11.2.4 生产运营

1. 生产简介

（1）生产模式。灵安脑波科技有限公司采用"自主研发、零部件采购与代加工、产品组装"的生产方式。在与零部件供应企业的合作中，本公司提供产品设计方案，由零部件生产企业代为加工，最后经本公司检测合格后收购其产品，进行组装。

（2）生产规模。灵安脑波科技有限公司未来5年的α-driver头带计划产量，如表11-3所示。

2. 生产管理办法

（1）人员要求。公司针对工人与技术人员，分别提出不同的人员素质要求。工人需经过3个月的专业培训，或具有在相关行业工作的经验。研发技术人员应是本科以上学历人员，需经过3个月的入职培训，或具有在相关行业工作的经验。

表11-3　α-driver头带计划产量　　　　　　　　　　（单位：套）

年份	第一年	第二年	第三年	第四年	第五年
计划产量	2 500	4 000	7 000	9 000	105 000

（2）技术要求。产品的技术要求主要是脑波侦测装置，主要包括脑波数据分析芯片和疲劳算法的研发。因此，本公司的设计基于技术要求，力争使算法可靠性更高。

（3）质量管理办法。公司严格遵守国家相关质量检测法规和《灵安脑波科技有限公司产品质量方针》，对于生产方式将采用如下质量检测管理方式，如表11-4所示。

表11-4　质量管理方式

环节	管理内容
严把质量关	对购进的元器件严把质量关，对生产出的产品严把质量关
严把核心技术关	研发技术部要不断提高产品安全性、可靠性、稳定性等，力争为客户提供最安全、最可靠的α-driver头带
签订质量保证协议	在与长期合作的客户签订正式生产协议前，要与客户签订《质量计划书》《质量保证协议书》《返厂、再造协议书》等协议，以协议的形式划分质量、责任与义务，确保产品供应质量
服务部对产品的监督	1. 全面跟踪产品制造质量 2. 处理生产过程中出现的质量问题 3. 配合研发技术部验收产品 4. 协调生产进度
严格产品质量检测	第一道检测关：产品下线检测 第二道检测关：研发中心检测 第三道检测关；合作单位检测

3. 生产要素

（1）公司选址。公司根据交通、科技水平、土地价格以及目标市场等因素，在享受政策支持的 S 市 GD 工业园区建立办公区。

（2）原材料。在灵安的生产过程中，除了产品所需的核心部件由本公司设计之外，其余零件以及标准件等均在市场采购。经过我们前期对市场的调查，拟定以下几家企业为我公司合作厂家。相关供应商如表 11-5 所示。

表 11-5　通用设备制造及原材料供应企业

企业名称	主营业务
QBWG 芯片技术有限公司	电子芯片、器件、有源线缆
TL 橡胶科技有限公司	专业生产橡胶制品
LY 制造有限公司	专业生产魔术贴
NA 塑胶制品有限公司	专业生产销售塑料制品

（3）厂区规划。公司成立初期，公司需要的厂房面积为 4 万平方米，厂区规划如图 11-5 所示。

（4）产品储存与运输。产品为套件包装，包含传感器和芯片等零部件，故包装盒采用减震结构，便于中长途运输。为保证货源的及时供应，公司建立 α-driver 头带的专用储藏室以满足市场的需要，α-driver 头带将被安全地放置在储藏室内。由于公司的生产模式是小规模批量生产，应按订单需要生产。储藏室面积在 100 平方米左右，房间干燥，防火设施齐全。公司聘请专业咨询公司

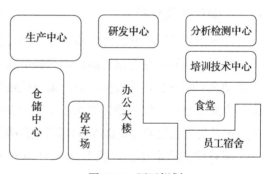

图 11-5　厂区规划

进行设计，由卖方或买方负责运输，若卖方负责运输，则买方需要支付相应的费用。由于每次交易量较大，公司成立初期的货物运输以买方负责为主，同时公司将与物流公司联系，建立长期友好合作关系，使产品能够以最快的速度、最好的质量运往厂商手中。购买商也可以到公司进行验货、取货。

（5）研发组织管理。公司技术部下辖研发中心、分析测试中心和培训中心。公司后期的技术研发工作以研发中心为主，分析测试中心为辅。在运营初期，公司研发中心下设脑波侦测器实验室、产品综合性能实验室、软件研发部和客户合作部四大机构协同合作共同完成产品开发。研发中心下辖机构的设立使公司的研发工作更加规范化、系统化、协调化。

1）脑波侦测器实验室。实验室以装备精良的实验室为基础，以优良技术人才为主导，着力于开发可靠性高的脑波侦测器。

2）脑波侦测综合性能实验室。实验室着力于对 α-driver 头带综合性能的研发与提高，根据实际生产情况对现有 α-driver 头带技术方面做出改进。

3）软件研发部。部门着力提高 α-driver 头带芯片和控制算法的研发，为 α-driver 头带的可靠性提供一定的保障。

4）客户合作部。部门与下游客户展开技术上的合作，在保证为客户提供可靠优质生产技术的同时尽量满足其要求，并通过良好的业务关系使其参与到技术研发工作。

11.2.5 竞争分析

1. 现有竞争者分析

公司产品 α-driver 头带所依赖的核心技术是脑控交互技术，目前国外已有少量公司在研究此项技术。从全球市场来看，首个提供消费级脑机交互设备的公司是神念科技，目前只有其在该领域做得比较成熟，但其产品目前并没有涉及汽车疲劳驾驶安全监测领域。因此，在脑波交互驾驶疲劳监测产品市场上，公司并没有直接的竞争对手。公司将避开神念科技的专利技术和算法，开发出适用于驾驶员疲劳监测的算法。

2. 替代产品分析

国内预防疲劳驾驶的疲劳预警器产品有挂耳式、手表式、眼镜式、方向盘触摸式和图像识别式。挂耳式疲劳预警器只要驾驶员低头就报警。手表式疲劳预警器利用驾驶员的脉搏跳动来判断驾驶员的疲劳状态。眼镜式疲劳预警器通过眨眼频率来判断驾驶员的疲劳状态。方向盘触摸式疲劳预警器通过感知驾驶员是否握住方向盘来识别疲劳状态。图像识别式疲劳预警器通过驾驶员面部特征识别疲劳状态。这几种模式都不能准确地反映疲劳状态。

国外同类产品中，一款型号为 DD850 的产品已经通过美国交通运输部在全美进行推广。这款产品基于生物的间接反映，不能准确判断驾驶员是否疲劳。另一款疲劳监测产品有一个明显的缺点就是受红外摄像头限制，只能在夜间行车时有效使用。奔驰、沃尔沃的高端系列车型有疲劳提醒装置，但是售卖价格昂贵，只适用于高消费群体。丰田在日本销售的第十三代皇冠车型有疲劳报警系统，但在中国没有标配。

3. 潜在市场分析

公司的潜在竞争者为后期研制出类似产品的公司，但公司存在竞争优势。公司拥有自己的产品专利，且有先发优势，已经抢占了先机。另外，公司拥有高校汽车专业研究团队的支持。

4. 供应商分析

公司最主要的供应商为设备零部件生产商，脑波疲劳监测头带设备除了脑波数据分析芯片、GPRS（通用无线分组业务）芯片外，其他大部分都很方便制造，国内机械设备加工企业之间的竞争十分激烈，生产能力强，公司的议价能力较强。

公司拟采取以下措施来削减供应商的议价能力。使用采购联盟策略，即一次性购买原料以削弱其议价能力；选择1~2家设备零部件供应商建立长期的合作关系，采取定期采购、现金支付等方式，建立良好信誉，提高议价能力；建立更广泛的采购网络，全面掌握市场信息。

5. 购买者分析

个人买家和运输公司是公司产品的购买者，个人买家检测驾驶前和驾驶时的自身疲劳状态，运输公司检测客货车司机驾驶前和驾驶时的疲劳状态。购买者具有的特点是客户的地域集中程度不高、用户需求集中程度低。

6. SWOT分析

基于公司外部机会与威胁、内部优势与劣势分析，灵安脑波公司的SWOT分析如表11-6所示。

表11-6 公司SWOT分析

SWOT分析	S（内部优势） 1. 高学历的人才支撑 2. 产品价格合理 3. 优秀的管理团队	W（内部劣势） 1. 新产品的认可需要时间 2. 缺乏管理经验 3. 缺乏优秀的营销和技术人员
O（外部机会） 1. 该技术没有直接应用到疲劳驾驶的监测上，无直接竞争对手 2. 国家政策支持 3. 汽车行业的带动 4. 社会对安全需求的提高	SO战略（增长型战略） 1. 发挥科研优势 2. 与厂家长期合作，发挥价格优势 3. 主抓市场空白，抢占市场 4. 抓住国家政策和行业发展时机	WO战略（谨慎进入战略） 1. 抓住市场空白，加大宣传，提高产品知名度 2. 引进人才的同时与高校合作培养人才 3. 积极学习先进的管理办法，完善公司管理体制
T（外部威胁） 1. 产品核心技术已经被国外公司研究，技术更新迅速，潜在竞争威胁较大 2. 原料价格会随物价上涨而上涨 3. 消费者需求提高，技术更新速度无法满足当前需求	ST战略（多种经营战略） 1. 缩短产品开发周期，迅速适应技术更新 2. 提高产品质量 3. 与厂家长期合作，降低原材料价格 4. 发挥好技术专利优势	WT战略（防御型战略） 1. 抢占市场份额，降低产品价格，提高产品质量 2. 打造品牌优势，树立良好的公司形象

11.2.6 营销策略

1. 营销战略

公司以S市运输企业客户为疲劳驾驶检测服务样板，在公司成立初期将营销重心放在西北和中部地区。在成功进入市场后，公司将进一步强化脑波设备的舒适性、准确性和智能性，同时提高脑波产品质量和品牌的附加值，使产品具有更强的市场竞争力。通过与B省PA运输集团有限公司、B省交运运输集团有限公司、S市公交总公司、B省物流集团有限责任公司等行业龙头企业开展合作，公司努力发挥示范效应，一方面可促使其他的汽车运输企业采用灵安的产品与技术，另一方面也能更好地展示灵安技术在非医用脑波技术领域内的先进性。其后，公司将在不断改进产品性能的同时，保证核心目标客户能使用到最先进的技术成果,同时将上一代面临换代的产品推向欠发达的地区和国家,使得整条产品线的收益最大化。营销扩张计划如图11-6所示。

2. 营销目标

公司的营销目标是在第5年末,全国10%的运输企业将采用灵安脑波疲劳检测技术。帮助行业内大中型运输企业进一步提高运输安全性、降低经济损失。公司将努力提高灵安品牌的知名度、美誉度和顾客满意度。

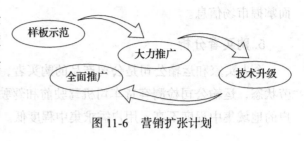

图11-6 营销扩张计划

3. 营销组合

(1)产品策略。

1)产品生命周期营销规划。基于产品生命周期的不同阶段,公司采用的市场营销策略有所不同,如图11-7所示。

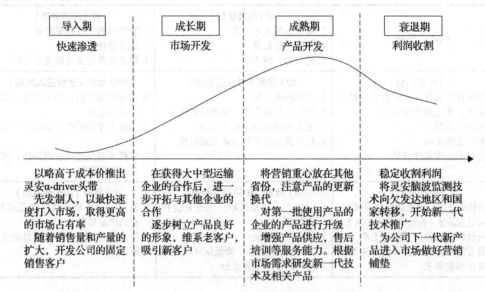

图11-7 基于产品生命周期的营销策略

2)产品延伸策略。公司将采用产品延伸策略,在产品销售前、中、后不同阶段,分别提供相应的增值技术服务,如图11-8所示。

(2)定价策略。

1)产品定价。根据营销战略和产品营销周期规划,对于α-driver头带,公司的工作重点是尽快普及α-driver头带的使用,使得以α-driver

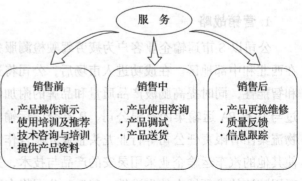

图11-8 不同阶段的增值技术服务

头带为载体的灵安脑波检测技术尽快得以普及。因此在 α-driver 头带的定价策略上采取的是成本加成定价法，并辅以折扣定价策略。定价方案如表 11-7 所示。产品仅要求基本利润，甚至在市场开拓期间采用平价销售的定价策略。公司的利润来源则主要依靠 α-driver 头带的销售。由于 α-driver 头带的先进性，公司对其研发升级能保证公司长期稳定地获取利润。根据上述定价策略，公司对 α-driver 头带的基本价格确定为每套 420 元。公司可以在 2 年左右收回投资，进而研发新的产品，待经营后期，α-driver 头带价格可适度降低至 400 元左右。

表 11-7 产品折扣定价方案

折扣项目	折扣原因	折扣条件	折扣率
快速付款折扣	加快公司资金周转	在一年内付清货款	2%
数量折扣（一年）	增加客户一次性和累计购买量	一次性购买量≥1000 套	2%
		年累计购买量≥2000 套	1%
季节折扣	α-driver 头带需求具有淡旺季	淡季购买	1%

2）销售预测。根据市场容量、公司营销目标以及产品定价，公司对未来 5 年的销售量和销售额做出预测，如表 11-8 所示。

表 11-8 未来 5 年的销量和销售额预测表

销售指标	年份				
	第一年	第二年	第三年	第四年	第五年
销售量（套）	2 500	4 000	7 000	9 000	10 500
销售额（元）	1 125 000	1 800 000	3 150 000	4 050 000	4 725 000

(3) 渠道策略。

1) 厂家直销。前期（第 1 年至第 3 年）产品的销售方式主要是厂家直销。公司面对的顾客是运输企业，采购量大，需要一整套的服务和解决方案，直销方式更为合适。公司将主要通过销售代表展开直接销售。销售代表对大客户展开销售公关，获取销售订单，获得反馈资料，做出调整直至为顾客拿出最优的解决方案。同时每名销售代表将全程跟踪产品的售后使用情况，协助技术人员解决客户使用中遇到的技术难题，并将客户对灵安的建议反馈给市场部和技术部。厂家直接营销模式如图 11-9 所示。

2) 经销商分销。公司发展期间要面对大量中小规模的运输企业，对于这些企业，公司依靠代理机构销售产品，预计代理机构的销售量为总销售量的 20%。由于本公司产品技术性强，服务要求高，为了便于控制销售渠道，保证灵安产品的产品质量，公

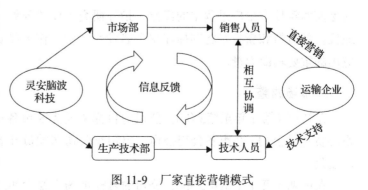

图 11-9 厂家直接营销模式

司拟在华北地区（河南、河北、山东）、华中地区（湖北、湖南、江西）、华东地区（江苏、浙江、安徽）和东南沿海地区（福建、广东）设立4个全国一级代理商，他们能享受到灵安公司最有竞争力的市场价格和最有力的技术支持。公司将采取多种措施对经销商展开激励。

① 通过与运输企业合作进行产品形象展示和推广，公司积极丰富产品销售模式，与政府部门、其他相关企业建立合作关系，开展对公销售业务。

② 公司建立品牌知名度和行业权威性，推出零售产品，供个人用户使用，满足更多客户需求。

③ 公司为部分驾驶人提供定制服务，给用户提供更加贴心可靠的产品。

④ 公司培养高质量的营销人员，以优异的性价比和先进的理念宗旨打动客户。

⑤ 公司提供后续跟踪服务，由专人负责客户的信息反馈及困难解决。

⑥ 公司提供送货上门服务。

（4）促销策略。

公司在不同时期采取不同的促销策略，具体内容如表11-9所示。

表 11-9 促销策略组合表

阶段	策略组合	具体方案
产品引入期	平面广告宣传 媒体广告宣传 技术发布会	报刊广告 车身广告 电视广告
产品成长期	媒体广告宣传 网络宣传 平面广告宣传	电梯媒体 电视媒体 网络宣传
产品成熟期	关系营销网络 公共关系宣传 品牌效应	口碑式的宣传效应 网络宣传

11.2.7 发展规划

1. 产品策略

前两年产品研发的重点将集中在α-driver头带的更新换代上，以配合驾驶员疲劳侦测装置的推广应用。公司在第三年将研发重点转到其他新型汽车安全设备技术的研究，借鉴前两年技术推广过程中的经验，指导研究工作的开展，确保公司在这一领域的领先地位。新材料和新技术将穿插在整个研发生产中，作为灵安脑波科技有限公司技术推广应用的重要辅助力量。

2. 市场调整

在初期（第1年至第3年），公司的目标主要为S市各运营性运输企业。主要针对S市客货运输公司、S市各公交公司、出租车公司驾驶员开展检测服务，以获取利润，实现立足。

在中期（第4年至第5年），公司的目标市场主要为西北地区。通过借鉴S市开展业务的经验，开拓公司在西北各省的业务，实现对西北地区的辐射。

在后期（第6年至第8年），随着公司的发展壮大，将目标市场定位为全国大部分地区，通过已建立的公司品牌和形象拓展服务对象的范围、丰富服务方式，同时争取和政府部门建立合作，切实推动我国道路运输的安全通畅。

3. 战略目标

在初期（第1年至第3年），公司以α-driver头带为核心产品，以S市为销售中心，并向周围地区扩展。在这一时期，公司主要和B省PA运输集团有限公司、B省交运运输集团有限公司、S市公交总公司、B省物流集团有限责任公司等客货运公司建立合作关系，通过这些运输企业将公司的α-driver头带迅速推向市场。同时加大产品的广告宣传力度，提高公司知名度。

在中期（第4年至第5年），公司将拓展华北、华东、华南地区的市场，以北京、上海、广州为中心，建立健全销售和服务模式，将厂家直销与经销商分销的营销策略相结合，将售前服务和售后服务策略相结合。在进一步深入和大中型运输公司合作的同时，公司逐步建立与中小型运输企业的合作关系，实现全国市场覆盖率的大幅提升。

在后期（第6年至第8年），α-driver头带和公司的品牌在用户中有了一定的口碑，公司实力也有了很大的提高。此时，公司采取同心多元化战略，即以脑波监测为核心，产品从单一向多样化发展，在升级α-driver头带等原有产品技术的同时，不断开发新技术，推出新产品，公司根据自身情况拟定在这一时期推出"疲劳驾驶后台监控系统""驾驶员适宜性监测设备"为代表的一系列新型的软件和硬件，进行新一轮的研发、生产和销售。

公司的未来战略规划，如图11-10所示。

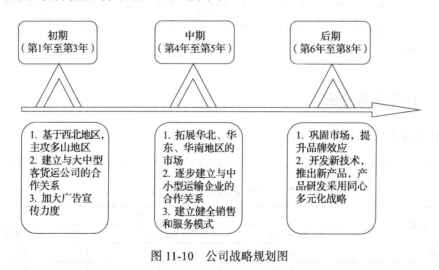

图11-10 公司战略规划图

11.2.8 风险分析与控制

1. 风险分析

（1）市场风险。主要是产品能不能被市场接受和会不会有潜在竞争者进入的问题。

迅速占领目标市场无疑是公司成功的关键。目前总体环境对公司十分有利，虽然市场容量很大，但是由于技术会带来很大的经济效益，有一部分生产商也会模仿公司的产品。此外，公司还面临来自国外的资本、技术与产品的竞争。

（2）管理风险。主要是决策的失误和企业规模扩大以后带来的管理问题。原材料供应链不能满足紧急生产的风险；融资能力不能跟上企业发展形势，导致现金流紧张，出现成长期破产；营销策略的不连续性造成市场布局和营销结构的混乱。此类风险会造成公司对竞争对手策略的反应较慢。

（3）财务风险。由于公司选择的是风险投资，如何吸引到风险投资使公司正常运营是重中之重。公司面临的财务风险有资金回收风险和收益分配风险。

2. 风险控制

（1）市场风险对策。根据公司对市场变化的敏感性和市场机会的把握，公司通过严谨周密的市场调研和科学的数据分析降低市场风险。公司初期将会依靠专利保护及自身的价格、地域优势占据有利地位，并合理运用法律保护自身权益。

（2）管理风险对策。决策层必须密切关注行业动态，增强企业的执行力，使用合适的管理体系和模式，将人力资源部门转化为企业的战略部门。

（3）财务风险对策。企业会提高对财务管理环境的适应能力和应变能力，通过会计政策和会计策略来解决财务风险问题，建立并不断完善财务管理系统，以适应不断变化的财务管理环境，即应制定财务管理战略，提高财务人员的风险意识，提高财务决策的科学化水平从而防范财务风险。公司在决策过程中应充分考虑影响决策的各种因素，尽量采用定量分析方法，并运用科学的决策模型进行决策，对各种可行方案决策避免主观臆断。公司应建立财务风险基金制度。公司应建立企业资金使用效率监督制度，盘活存量资产，加快闲置设备的处理。

11.2.9 项目财务分析

1. 股本结构及资金来源

灵安脑波有限责任公司的注册资本为 200 万元，股本结构与规模如表 11-10 所示。

表 11-10 股本结构与规模表

规模	结构		
	资金入股	技术入股	风险投资
金额（万元）	95	25	80
比例（%）	47.5	12.5	40

2. 销售收入预测与分析

公司未来 5 年的销售收入预测分析，如表 11-11 所示。从中可以看出，企业销售收入的增长幅度稳定上升，具备良好的盈利能力。

表 11-11 销售收入预测分析表

年份	第一年	第二年	第三年	第四年	第五年
销售量	2 500	4 000	7 000	9 000	10 500
销售收入（元）	1 125 000	1 800 000	3 150 000	4 050 000	4 725 000

3. 基本财务比率分析

公司未来 5 年的基本财务比率分析情况，如表 11-12 所示。一系列财务分析得出，公司前 5 年销售利润呈平稳增长，公司市场占有率不断提高，且该项目投资少、回收期短，项目内部收益率较高，投资利润较高，前景良好，非常适合风险投资进入，并会为投资者带来极大的收益。

表 11-12 未来 5 年基本财务比率表

项目	第一年	第二年	第三年	第四年	第五年
流动比率	3.95	4.92	9.47	8.26	9.42
现金比率	18.24	16.56	8.70	7.53	8.68
资产负债率	0.26	0.21	0.10	0.09	0.08
股东权益比率	0.74	0.79	0.90	0.91	0.92
流动资产周转率	0.79	0.89	1.70	1.96	1.72
总资产周转率	0.52	0.60	1.02	1.18	1.23
销售毛利率	−0.08	0.20	0.31	0.36	0.46
销售净利率	−0.08	0.20	0.27	0.31	0.39

11.3 项目分析

11.3.1 创新性

当前市场上脑波疲劳检测系统领域是空白的，而且目前市场上的替代产品大部分都是通过监测生物的间接反应来判断驾驶员是否疲劳，判断准确性不高。团队设计的产品通过脑波直接对驾驶员是否进入疲劳状态进行监测，准确性与实效性更高，这是最大的创新和亮点。α-driver 头带能在疲劳的早期阶段实时预警，准确性高，便于携带，稳定性强，成本低，利于市场推广，竞争优势明显。并且该团队有核心技术和算法及专利所有权的优势，能够在缩小购买者选择权的同时与供应商建立长期合作关系，获得更多的价格定价主动权。该项目在产品上取得了创新突破，很有价值。

11.3.2 商业性

1. 可行性

在产品设计中，项目团队摒弃了市场上主流的驾驶员疲劳状态检测算法，即基于车辆信息、驾驶员行为、生理信号的 3 种方法，采用了基于原始脑电信号的检测方法，之前基于车辆信息的方法受气候和照明等外部因素以及酒驾、药物的影响，容易出现大量误报的情况，而这种基于原始脑电信号的检测方法避免了大量误报的情况发生，也避免了基于驾驶员行为方法的设备摄像头受到环境光照的局限，还避免了生物信号即眼电信号、肌电和心电信号不便采集又受外界影响的情况，检测方法具有一定的可行性，能够在驾驶人疲劳早期进行及时预警，从根源上减少交通事故与人员伤亡。

另外，团队也对 α-driver 头带做了系统测试，用 15 个生理状态良好的成年人做测试实验，且实验次数足够多，实验数量足够表明系统结果。同时，团队对系统的判断正确率做了记录，结果显示，系统的判断正确率都在 95% 以上，说明 α-driver 头带的响应准确度较高。团队也进行了调查问卷，有一半以上受访者表示如果检测设备价格可承受且佩戴较舒适就愿意接受监测，仅有 28% 的人表示没必要接受监测，所以公司的疲劳检测服务具有较高的市场接受度。总体来说，产品进入市场具有较好的可行性。

2. 市场前景广阔

项目团队抓住了一个行业痛点问题，即汽车的普及使得各种安全技术逐渐完善，但事故发生率却未见下降，克服驾驶人的一些驾驶缺陷是解决问题的关键，而减少疲劳驾驶则是重中之重。α-driver 头带是一种能够准确检测疲劳状态并做出预警的产品，能够解决这一痛点问题。

α-driver 头带的市场容量极大程度上取决于汽车的销量，团队根据汽车的产销量，运用数学建模的方法对 α-driver 头带投放市场后的销量进行了预测。根据龚伯兹模型对近年来汽车产销量数据进行分析，团队发现产品的饱和极限值在 3 184 万台左右。目前汽车销量正处于稳定的上升期，α-driver 头带此时进入市场是一个良好的时机，产品发展前景广阔。

3. 资金来源

公司注册资本为 200 万元，其中风险投资 80 万元，占比较大，资金来源不够稳定。

4. 盈利能力

项目团队对投资回收期、净现值、内部收益率、销售净利率、净资产收益率等核心财务指标进行了详细的分析，投资回收期从动态和静态两个角度的分析都显示了回收期较短，净现值和内部收益率的分析说明了项目可行性，分析程序恰当。另外财务分析结果显示，项目投资相对较少，内部收益率和投资利润率都较高，前景良好，能够吸引投资者，并为其带来较大收益。

11.3.3 团队情况

创业团队成员的专业包括车辆工程和会计学。团队成员的研究方向、兴趣爱好和组织能力不同，5 名团队成员分布在研发、营销财务等重要的岗位上，团队成员职责与背景能够较好地匹配、能力互补。导师团队能够很好地迎合项目需求。公司股权结构合理。

11.3.4 社会效益

公司的人才战略中有 1 项是投资战略，即通过在各大高校设立社会奖学金的方式形成备用人才库，与高校共同培养人才，既能树立公司形象，又能够解决一部分学生的学费问题和就业问题，为高校人才提供就业机会。

公司的业务充分体现了专业教育与创新创业教育的结合，体现了团队成员所学专业知识和技能在项目和相关创新创业活动中的转化与应用，体现了创新业务对团队成员创新精神、创业意识和创新创业能力的锻炼和提升作用。

另外，灵安脑波科技有限公司的 α-driver 驾驶员疲劳驾驶监测头带从驾驶员疲劳产生初期就能够检测到疲劳驾驶并发出预警，能够提醒驾驶员，避免疲劳驾驶，提高驾驶安全，减少事故发生，为社会安全特别是交通安全提供了有力支持。

11.4 优化建议

11.4.1 增加外部资源使用

商业计划书中只提出要引进风险投资，但没有具体分析有哪些潜在投资人对这种监测驾驶员疲劳的头带感兴趣，不利于公司的融资和发展。

本书建议寻找有经验的专家作为创业顾问对整个创业活动进行指导和帮助，并且建议了解生产其他同类产品的公司都有哪些投资人。这些投资人对这种产品应当是很感兴趣的，很有可能成为该团队的潜在投资人，必要时可以用适当方法吸引投资人。

11.4.2 重视头带佩戴美观度

α-driver 头带能在驾驶员疲劳的早期阶段进行实时预警，而且无须佩戴耳后接地电极，也不易脱落、稳定性强，但是团队只进行了 α-driver 头带系统性能的测试，并没有调研消费者对 α-driver 头带外观的态度，很多消费者会在意使用时的美观程度，若是产品佩戴不美观，无论产品监测疲劳程度的速度多快，消费者也不会选择这款产品。公司应针对产品的外观对目标市场的消费者开展调研，听取消费者的建议，优化产品外观。

11.4.3 确保资金来源稳定可靠

公司的资金来源中风险投资占 40%，所占比重较大，公司应确保资金来源稳定可靠，进一步了解可能对项目感兴趣的风险投资公司，通过对比选择合适的公司以确保大部分资金来源的可靠性，以降低项目的财务风险。另外，公司要考虑到运营可能需要不止一次融资，而每次融资都需要让出一定股份，因此控股权很重要。公司给风险投资的股份占比建议不超过 30%。

第 12 章 · CHAPTER 12

疲检宝
驾驶员疲劳状态便携检测系统

12.1 项目概要

疲劳驾驶是导致交通事故发生的一大原因，其不仅严重危害了驾驶人生命安全，而且为社会带来了巨大经济损失。对驾驶员进行疲劳状态检测是预防此类交通事故的重要途径。然而，现有的疲劳驾驶检测产品无法满足市场对于产品应用实时性和便携性的需求，且检测结果受行车环境、驾驶员本身及其驾驶习惯影响较大，市场上缺乏一款能够普遍推广应用的疲劳驾驶检测产品。

面对当前市场上疲劳驾驶检测产品的困境，团队进行多项技术创新，以深度学习为基础，通过分析和处理驾驶员生理、心理状态指标，与疲劳状态时瞳孔运动参数和脑电信号特征进行匹配，形成一套完备可靠的驾驶员疲劳系数评价体系。团队进一步研发出了驾驶员疲劳状态检测设备等一系列检测及时、准确、便携的产品，为长途客货运运输企业和交通运管部门提供了一种有效的疲劳驾驶监管手段，遏制了因疲劳驾驶引起的交通事故频发问题。

团队先后研发测试第 1 代试验机、第 2 代基于瞳孔运动参数的疲劳检测眼镜和第 3 代长途客货运驾驶员疲劳状态便携检测系统，凭借先进的技术与检测准确率高、可信度高的疲劳驾驶检测产品，以及产品易于携带、操作简单、成本低廉的优势，团队已与多家客货运公司及交管部门达成合作协议并签订合作意向书，推广成效显著、市场反馈良好。

12.2 项目方案

12.2.1 公司简介

GT 科技有限责任公司从事基于深度学习疲劳检测产品的开发与应用，以深度学习为基础，研发了一系列驾驶员疲劳状态检测设备。在预防长途客货运驾驶员疲劳驾驶方面，公司为运输企业和运管部门提供有竞争力、安全可信赖的设备、管理系统软件与后期配套服务，并以此为起点，开拓市场，带动公司产业持续发展。公司以"信息技术 + 智能智造 + 交通安全"为指引，坚持走"创新发展、内涵发展、特色发展"之路，面向交通运输工程等行业，为预防驾驶员疲劳驾驶、降低交通事故发生率贡献自己的力量。

12.2.2 市场分析

1. 项目背景

根据《2019 年国民经济和社会发展统计公报》与《交通运输安全生产事故报告（2019）》统计数据，2019 年，全国共发生道路交通事故 265 204 起，造成 73 484 人死亡、304 919 人受伤，直接财产损失 10.1 亿元。更重要的是，有研究表明，在所有的交通事故中，80%~90% 是人为造成的，其中主要是由于驾驶员注意力不集中或者操作不当等因素引起，疲劳驾驶已经成为导致交通事故频发的重要因素，约占总数的 30%，在特大交通事故中所占比例更是高达 43%，给人民群众的生命财产安全造成了巨大损失。《道路交通运输安全发展报告》中也指出疲劳驾驶是导致群死群伤特大交通事故的主要原因之一。目前，我国道路交通事故年死亡人数依然在全球排名靠前，遏制道路交通事故高发、降低交通事故的伤害仍然任重道远。

2. PEST 分析（宏观环境分析）

公司从政治、经济、社会、技术、环境和法律 6 个方面，对公司面临的宏观环境展开分析，具体内容如表 12-1 所示。

3. 市场需求痛点

有效遏制交通事故的发生和确保运输车辆安全需要交管部门与运输企业双方共同付出努力。针对疲劳驾驶，目前公安交管部门依然通过主观判断是否疲劳驾驶，尚未有法律承认的专门针对疲劳驾驶的定量检测装置，因此导致很多驾驶员对驾驶疲劳熟视无睹。另外，运输企业要确保"问题人员不上车"，而目前运输企业并没有专门的设备对客货运司机进行出车前的疲劳检测，只是凭借主观感觉。可以看出，无论运输企业还是交管部门，都缺少能够从源头遏制因疲劳驾驶导致交通事故的技术手段。

目前国内外虽然有不少疲劳驾驶检测方面的研究，也不乏一些产品问世，但一直缺乏一个可以普遍推广的产品出现。由于行车环境的复杂，目前市面上常见的疲劳监测系统需要驾驶员在脸部做一些辅助性的标记,方便性不佳,并且驾驶员本身以及不同人的驾驶习惯也会存在较大差异,所以检测的结果有较大误差。除了具有精确的检测结果,疲劳驾驶检测系统还应顾及应用的实时性、便捷性,现有大部分疲劳驾驶检测产品不能完全解决这些问题。

表 12-1　宏观环境分析

环境类型	环境分析概况
政治环境	随着国家对交通安全的重视,以及国家对中小企业大力扶持等一系列政策实施,本公司主营的疲劳驾驶检测系统业务将会拥有一个十分优越的政治环境
经济环境	我国全年城镇居民人均总收入不断增长,全国拥有公路营运汽车数量不断增加。此外重大项目的开工建设拉动运输业、物流运输等产业的刚性需求以及交通安全产品的需求,这些市场需求的扩大为公司持续稳定发展提供了良好的经济环境
社会环境	驾驶员疲劳驾驶是造成交通事故的重要因素,目前交管人员无法科学判定司机是否存在疲劳驾驶,这将为公司产品的推广提供一个良好的社会环境
技术环境	目前国内外关于实时性疲劳检测技术的已有研究成果都具有一定局限性,公司产品通过技术创新形成了一整套完善的驾驶员疲劳检测系统,实现数据深度挖掘利用,这使得本公司产品在市场中有良好的技术环境
发展环境	目前市面上所售驾驶疲劳检测设备都局限于车辆本身,本公司的疲劳状态便携检测系统通过疲劳检测眼镜、云端服务器,实现精确、方便、快捷的驾驶员疲劳检测,这使得本公司具有良好的发展环境
法律环境	随着国家对交通安全的重视以及一系列交通安全法规的出台,疲劳驾驶的监管力度正在加强,这使得本公司的产品具有良好的法律环境

4. 目标市场

按照应用需求细分市场,公司将目标客户群分为两类。第 1 类是应用于自身预防的客货运输公司及高负荷领域,以实现驾驶员及高负荷高危工作人员工作前的疲劳检测。其中包括"两客一危"(即从事旅游的车辆、3 类以上班线客车和运输危险化学品、烟花爆竹、民用爆炸物品的道路专用车辆)、长途客货运运输公司以及高负荷高危企业(如矿业公司、电力公司、建筑公司)。第 2 类是应用于监测管理的交管部门。当产品逐渐普及时,公司与交管部门进行合作试用,为交管部门对驾驶员进行疲劳检测提供科学的理论依据。产品目标客户如图 12-1 所示。

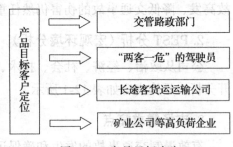

图 12-1　产品目标客户

12.2.3　产品与服务

1. 产品概述

创业之初,GT 科技有限责任公司创业团队以"瞳孔的孔径不受人体主观意识控制,而是受交感和副交感两种自主神经支配"的医学理论为支撑,研制了一套瞳孔图像采集与处理便携式设备,并获取了 2 000 例自愿受试者(包括正常状态与睡眠剥夺状态)自发瞳孔波动临床数据,分析瞳孔相关参数,检测疲劳程度。随后,公司对第 1 代产品进行升级，以眼镜为载体，外加光刺激模块，获取瞳孔活动参数并建立特定光刺激下瞳孔与疲劳状态的关系模型，划分疲劳程度等级。

第 2 代疲劳检测眼镜开发完成后，创业公司与 H 运输公司展开合作，将疲劳检测眼镜布设在汽车站与固定服务区，对上车前和途经定点服务区的司机进行驾驶疲劳检测，检测数据上传至公司人事管理系统，实现驾驶状态与绩效考核挂钩，有效地遏制了疲劳状态下强行驾驶的情况，大大降低了因疲劳驾驶而导致的交通事故及其给公司带来的财产损失。

在第 2 代产品的基础上，公司对疲劳检测眼镜的功能进行升级，增加了应激反应（SR）能力检测模块、脑电（EEG）信号检测分析模块和心理指标检测模块，作为原有的瞳孔运动参数检测方法的对照方法，为检测被试驾驶员疲劳状态提供判定标准。公司还完善了疲劳驾驶与绩效考核综合管理系统，利用疲劳驾驶与绩效挂钩的方式，有效监管驾驶员带病上岗及疲劳驾驶问题，并建立每一位驾驶员出车前疲劳程度和生理心理素质的历史记录电子档案，针对高危驾驶或高价值运输等推荐生理心理综合能力过硬的驾驶员。

2. 产品发展历程及功能

公司致力于为客货运公司、特种工作人群、高负荷作业人员提供一种便捷、易懂的驾驶员疲劳检测方法，为交通运管部门提供一种有效的疲劳驾驶监管手段，遏制因疲劳驾驶引起的交通事故频发问题。公司产品先后历经第 1 代试验机、第 2 代基于瞳孔运动参数的疲劳检测眼镜和第 3 代长途客货运驾驶员疲劳状态便携检测系统。在未来，公司将于 1 年内开发完成面向高负荷人群的心理与生理指标的检测、选拔与训练系统的第 4 代产品。产品发展历程及功能简介如图 12-2 所示。

3. 产品创新点

创业团队不断引入前沿技术，进行了多项技术创新，使产品不仅能科学测量驾驶员的疲劳状态，同时操作简单灵活，客户体验良好，团队产品与技术创新主要体现在以下 5 个方面。

（1）采用基于图像的瞳孔运动参数（自主神经控制能力），基于 RNN（循环递归神经网络）建立的疲劳状态深度学习模型。RNN 属于深度学习网络的一种，常用来处理序列数据，一个序列当前的输出与前面的输出也有关。具体的表现形式为网络会对前面的信息进行记忆并应用于当前输出的计算中，即隐藏层之间的节点不再是无连接而是有连接的，并且隐藏层的输入不仅包括输入层的输出还包括上一时刻隐藏层的输出。这种方法能够科学的描述一定程度的生理与心理疲劳，为杜绝驾驶员带病上岗及监管途中疲劳驾驶提供了新方法。

（2）增加应激反应的心理测试采集模块，利用红黄绿 3 色组成的 9 灯连环进行应激反应刺激与响应模块，整个操作通过启动色灯流转模型与眼镜侧边按键完成，使用简单灵活，试用客户体验很好。

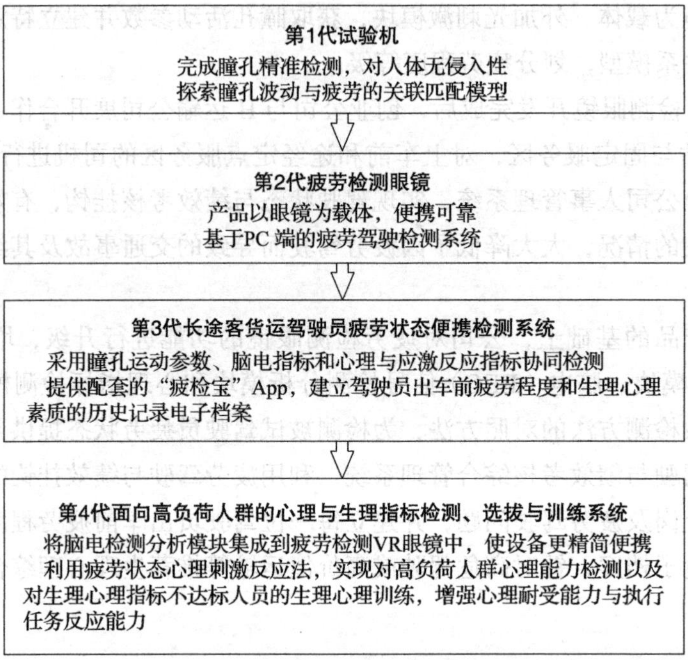

```
┌─────────────────────────────────────┐
│          第1代试验机                 │
│  完成瞳孔精准检测，对人体无侵入性    │
│  探索瞳孔波动与疲劳的关联匹配模型    │
└─────────────────────────────────────┘
                  ↓
┌─────────────────────────────────────┐
│         第2代疲劳检测眼镜            │
│    产品以眼镜为载体，便携可靠        │
│    基于PC端的疲劳驾驶检测系统        │
└─────────────────────────────────────┘
                  ↓
┌─────────────────────────────────────┐
│   第3代长途客货运驾驶员疲劳状态便携检测系统   │
│  采用瞳孔运动参数、脑电指标和心理与应激反应指标协同检测  │
│  提供配套的"疲检宝"App，建立驾驶员出车前疲劳程度和生理心理  │
│  素质的历史记录电子档案              │
└─────────────────────────────────────┘
                  ↓
┌─────────────────────────────────────┐
│  第4代面向高负荷人群的心理与生理指标检测、选拔与训练系统  │
│  将脑电检测分析模块集成到疲劳检测VR眼镜中，使设备更精简便携  │
│  利用疲劳状态心理刺激反应法，实现对高负荷人群心理能力检测以及  │
│  对生理心理指标不达标人员的生理心理训练，增强心理耐受能力与执行  │
│  任务反应能力                       │
└─────────────────────────────────────┘
```

图 12-2　产品发展历程及功能

（3）由基于虚拟现实技术的疲劳状态指标检测眼镜显示主观问询检测题目，产品采用主观检测方法对驾驶人进行问询，通过公式计算出驾驶员疲劳状态主观测试得分总数，并作为主观自评指标。

（4）公司在企业私有云端服务器建立每一位驾驶员出车前疲劳程度和生理心理综合素质的历史记录电子档案，针对高危驾驶或高价值运输等推荐生理心理综合能力过硬的驾驶员，可以提高任务完成的安全性与可靠性。

（5）脑电信号被认为是最为准确和可信的疲劳判断依据，被认为是疲劳检测的"金指标"。公司引入脑电信号，与其他检测信号协同对比，通过计算驾驶人的平均功率谱密度，提取脑电特征指标并与主观问询自评结果相比较，以验证指标选取的合理性。

12.2.4　经营状况分析

第 2 代疲劳检测眼镜开发完成后，H 运输公司作为首家试用企业对公司产品进行试用，产品分别放置在运输公司的公司场站及运营线路途经服务区，为驾驶员进行上车前及运输中的疲劳检测。试用结束后，经反馈，疲劳检测眼镜的应用使该公司 1 年内因疲劳驾驶所引起的事故降低了 71%，避免了财产损失近百万元。试用结束后，H 运输公司有明确意向继续购买本公司产品，并与本公司签订了产品购买意向书。

之后，团队接洽了 R 汽车服务有限公司、X 运输有限公司以及 S 城际运输有限公司等 5 家运输公司，这些公司先后对公司产品进行试用，并取得了良好的成效。5 家公司管理人员对本公司产品表现出明确的购买意向，其中有 4 家公司已与本公司签订产品购买意向书。

未来，公司会在用户推荐与自身考察两种方式下，将业务推广到国内大型运输公司。公司产品也将针对面向矿工、飞行员、医生等从事高负荷作业的企业进行销售。随着产品的普及，公司也将与交管部门进行合作，将产品推广到全国交通运输管理部门，用于疲劳驾驶鉴定。

12.2.5 竞争分析

市面上常见的疲劳监测系统主要服务于中高端私用轿车，这些系统需要在驾驶员脸部做一些辅助性的标记，其非接触性与方便性不好，而且不同驾驶员本身及其驾驶习惯存在的较大差异导致检测结果也存在较大误差。相比市场上其他疲劳检测产品，团队产品能够服务于客货运运输公司、路政及运交管部门，具有易于携带、操作简单、可信度高、检测速度快、检测准确率高、成本低等优点。GT 科技有限责任公司产品与同类产品的对比分析如表 12-2 所示。

表 12-2 产品对比表

产品及主要功能	检测方法及手段	价格（元）
比亚迪疲劳预警系统		
驾驶员头部运动出现低频小幅状态时进行报警提示	利用摄像头采集驾驶员头部图像 基于驾驶员面部特征的监测方法对驾驶员面部特征、眼部信号、头部运动性进行综合分析	10 000
"gogo85"疲劳驾驶预警系统		
驾驶员眼睛缓慢开合并且开合幅度小时发出报警音	利用图像传感器采集人脸红外图像 基于驾驶员眼部特征的监测方法，根据红外图像处理对驾驶员眼睛开合情况识别以判断驾驶员疲劳情况	20 000 以上
大众疲劳识别系统		
监测车辆行驶轨迹及驾驶操作数据，车辆轨迹小幅摇摆时发出警告，每隔 4 小时提醒驾驶员休息	布设车内扩展网关计算机模块，采集车辆行驶参数 基于车辆实时轨迹的监测方法，持续监测转向盘转动幅度、加速踏板及制动踏板的横向移动参数，综合驾驶长度和时间等对驾驶员注意力集中程度进行计算鉴别	12 000
奔驰注意力辅助系统		
通过传感器数据，对驾驶员在高速状态下低频率操作的情况发出警告，提示驾驶员适当休息	布设车内传感器采集记录驾驶操作数据 基于驾驶员操作行为的监测方法，利用纵向和横向加速度的转向盘和踏板传感器在一定车速范围内侦测驾驶员的行车方式	15 000 左右
沃尔沃安全警告系统		
对驾驶数据进行分析，在驾驶数据与正常状态相差较大时发出警告	利用摄像机和传感器采集驾驶数据 基于驾驶员操作行为的监测方法，将车身周边环境数据及驾驶员操作数据同正常驾驶风格数据对比，判断是否处于异常操作状态	20 000 左右
长途客货运驾驶员出车前疲劳状态便携检测系统		
通过瞳孔运动参数和应激反应能力，在一定程度上从生理和心理的角度给出驾驶员疲劳状态指数和生理心理及脑电特征检测数据	通过红外摄像头和 9 灯刺激模块采集瞳孔运动和应激反应能力参数 基于图像瞳孔运动参数采集模块、虚拟现实界面主观问询、应激反应心理测试采集模块和脑电信号特征分析处理模块，协同对照检测疲劳状态和生理心理综合素质 通过 9 灯应激刺激模块获取驾驶员应激反应时间、脑电特征提取分析模块等，多路协同进行驾驶员疲劳状态和生理心理综合素质检测	6 000

12.2.6 营销策略

公司以产品的研发、生产为核心。目前，主营疲劳检测眼镜（2代产品）、长途客货运驾驶员出车前疲劳状态便携检测系统（3代产品）以及相应的疲劳数据与绩效考核挂钩的人事管理软件。公司为客户提供产品的全套解决方案以及产品的售后与维修，从中获得收益。公司将采取中高档定价策略，利用会展营销、公共关系、直销与代销等多种营销渠道，采用产品试用、传统营销、网络营销、微信营销等促销策略对产品及服务进行推广销售。

12.2.7 发展规划

在前期技术积累以及产品服务向目标市场初步推广的基础上，2019年公司产品进军全国道路运输领域，在国内高速公路服务站、各大型运输公司场站配备疲劳检测装置。2020年，公司产品面向矿工、飞行员、医生等从事高负荷作业业务的企业进行销售。2022年，预计在交管部门的执法监测工作中进行广泛的使用，为交管部门对驾驶员进行疲劳检测提供科学的理论依据。

12.2.8 风险分析与控制

公司定位为中小型高科技企业，在发展的过程中，会遇到技术、市场、财务及其他不可预测的风险。

1. 技术风险及对策

公司技术可能出现跟不上用户需求的风险。针对上述情况，公司会加强核心技术的研发，密切跟踪用户和市场的需求，精准定位，每年投入一定比例的研发支出。

2. 市场风险及对策

由于利率、汇率等因素的影响，未来市场价格会出现不确定性，行业的竞争情况以及政策的变化也将给企业带来风险。针对上述风险，公司会用优质的服务吸引客户，培养忠诚客户群，同时积极关注相关招标信息，加强宣传力度，在局部区域打开市场，占据主动权。

3. 财务风险及对策

财务风险主要来源于公司企业库存比例较高、资金回笼、周转较慢等。针对上述风险，公司采用撇脂定价策略，产品投入市场的初期迅速收回投资，同时将核心技术模块的部分采取委托加工方式，以降低企业库存。

12.2.9 财务分析

1. 资金来源

GT科技有限责任公司注册资本共计100万元，全部由团队计划自筹。基于公司销售预测、投资估算、市场状况以及公司运营状况相关分析，公司还需要资金 300 万元人民币，为保证前期资金能够顺利筹集并及时到位，公司计划采用多种融资方式进行筹集，资金来源明细如表 12-3 所示。

2. 投资收益分析

通过前期的市场调研工作，公司对未来 3 年销售情况进行了预测，投资收益相关指标估算如表 12-4 所示。

表 12-3　第一年资本结构组成

资金来源	技术入股	团队自筹	风险投资	政府补助
金额（万元）	200	100	80	20
比例（%）	50	25	20	5

表 12-4　投资收益相关指标估算

净现值（NPV）	动态投资回收期	内含报酬率（IRR）
113 万元	2.47 年	66.16%

通过测算公司主要财务数据及指标可以得出以下结论。项目前 3 年按照 20% 的折现率计算的净现值远大于 0；公司资产周转速度较快，回收期合理，风险较小，盈利多；内部收益率大于资本折现率 20%。综合分析，从盈利能力、偿债能力、营运能力、发展能力的等多角度看，公司具有投资潜力。

12.3　项目分析

12.3.1　创新性

该项目着眼于市场痛点，在疲劳驾驶检测产品与技术，产品应用场景等方面具有一定创新性，其产品为各大型长途客货运公司、危险品运输公司以及交管路政部门提供了疲劳驾驶防范的新方法，目前已取得部分创新成果，是具有现实意义的创新。

1. 产品创新

团队的产品创新来源于其丰富的科研成果、深厚的技术积累以及疲劳驾驶检测产品市场的痛点。相对于市面上其他产品，团队产品在应用便捷性、灵活性、检测结果准确度等方面具有一定突破。

具体而言，现有疲劳驾驶检测产品无法满足市场对于产品应用实时性和便携性的需求，在检测结果准确性方面也仍需继续改善。针对这一问题，团队应用其在疲劳生理心理检测、脑电信号检测分析、卷积神经的多尺度特征表达和优化方法等多方面的研究成果，对科研成果进行转化，针对市场痛点开发了一系列创新性产品，为杜绝驾驶员疲劳上岗以及路途中疲劳驾驶提供了便捷高效的新方法。另外，团队进行的产品创新能够解决疲劳驾驶检测产品市场存在的现实问题，切实满足市场需求，体现出合理的商业逻辑，建立在这一基础上的科研成果转化与产品创新是有很大应用价值的。

另外，公司在商业计划书中用清晰美观的图表介绍了团队产品不断升级换代的历程，每一代产品相较于之前都有所创新而且都在不断解决新的市场问题。团队能充分发挥其在科研方面的优势，不断进行有价值的技术和产品突破，在产品持续创新上具有较大潜力。

2. 应用场景

项目开阔了现有疲劳驾驶检测产品的应用场景，在应用场景方面有所创新。团队在市场调研和分析的基础上，发现市场上大型企业研发的疲劳检测系统大多集成在汽车上，而且要与车型适配，无法单独使用。该项目能够针对不同的服务对象开发出适用于各大长途客货运公司、危险品运输公司以及交管路政部门的新产品。产品可以应用于各运输公司场站、固定运输路线上的服务区、高速公路疲劳状态监测点等多个场景。通过客货运公司及交管部门的通力合作，产品可帮助减少疲劳驾驶事故的发生，避免不必要的生命及财产损失。总体而言，团队能在现有市场中，积极寻找疲劳驾驶检测产品不同的服务对象和应用领域，而且在商业计划书中对团队产品的应用场景有合理论述。团队所研发的产品对目前疲劳驾驶检测产品的应用场景有一定突破。

3. 创新成果

从商业计划书中的多个方面可以看出，该项目创新成果较为丰富。团队不仅在项目发明专利、软件著作权、论文等方面具有一定成果，还先后研发并测试成功了第1代试验机、第2代基于瞳孔运动参数的疲劳检测眼镜以及第3代长途客货运驾驶员疲劳状态便携检测系统。除此之外，团队已将部分产品初步进行了市场推广，取得了良好的市场反馈效果，也进一步提升了项目创新成果的价值。

12.3.2 商业性

项目团队在专业的技术支持下开发出一系列疲劳驾驶检测产品并持续对产品更新升级，可见该项目在技术基础与产品开发方面具备可行性。团队产品在经过初步市场推广后取得了理想的效果。总体来看，产品进入市场具有可行性，市场发展前景好。

1. 技术与产品可行性

经过多年的技术研究与积累，团队已在瞳孔运动参数检测、脑电信号检测等多方面积累了先进的技术，取得了丰富的研究成果。这些技术经过了科学测试，能够成功实现产品功能，并推动产品功能不断完善。

可以看出，团队具备技术基础，能够为产品进行持续开发和改进提供充足动力。团队在疲劳驾驶领域的长期积累不仅使其开发出性能优越的产品，而且其产品能够随着市场需求更新升级，完善性能，在产品试用后达到预期效果。这说明该项目的产品及其性能实现并非不切实际的想象，该项目也并非无法落地。相反，商业计划书中能够证明团队具备技术基础，有能力进行产品开发并解决预期问题，最终推动项目落地实施。可见，团队在技术基础与产品持续开发方面具有可行性。

2. 盈利能力

该项目具有明确的目标客户群体，即为客货运输公司及交管部门提供驾驶员疲劳状态便携检测设备和服务并从中获取收益。在将产品大规模推向市场之前，团队商谈了一些运输公司进行产品试用。产品的应用明显降低了由于疲劳驾驶引发的交通事故。前期对产品进行试用的公司大多有明确意向继续购买团队的产品，并与团队签订了产品购销意向书。经过初步的市场推广，团队产品取得了良好的市场反馈结果，盈利能力较为可观。市场反馈是证明项目盈利能力与投资潜力的有力依据，在商业计划书中，团队主要采用市场对产品的真实反馈来说明该项目潜在的盈利能力，论证方式恰当，具备可信性与说服力。

3. 市场前景

"疲检宝"项目面向交通运输工程行业，为长途运输企业和交通运管部门提供服务。团队成员搜集整理了截至2019年年底我国货运公司、汽车站、高速公路服务区、客货车运输业从事人员数量等资料，利用这些数据并结合市场调查的结果进行销售预测。在疲劳驾驶导致道路交通事故频发的背景下，一款能够普遍应用的疲劳检测装置是目标市场的迫切需求。相比市面上常见的同类产品，团队产品适用人群数量较多，应用场景广阔，具有可信度高、检测速度快、检测准确率高、易于携带、操作简单、成本低等优势。综合市场调研、销售预测、产品竞争分析等多方面来看，产品在目标市场前景较好。

12.3.3 社会效益

随着公司的不断成长壮大，团队未来将面向更多的群体，为其提供疲劳驾驶检测产品及服务。综合来看，该项目的未来规划合理，而且在引领教育方面的社会效益突出。

1. 市场规划

商业计划书中对该项目产品与服务未来的发展规划进行了简要说明。在未来3年，产品服务对象从客货运公司、危险品运输公司、物流公司逐渐扩大至拥有高负荷作业业务的企业以及交管部门，服务群体不断扩大，应用场景也不断拓宽，社会效益愈加显现。由于市场环境变化迅速，公司对未来3年的发展规划无须过于具体，总体而言，该项目的发展规划切合实际。

2. 引领教育

该项目团队核心成员均来自高校，且具有经验丰富的高校教师作为团队技术指导。

经过多年的研究与积累，创业团队在疲劳生理心理检测、脑电信号检测分析、层次显著性模型等方面已取得丰富的研究成果，而"疲检宝"项目正是团队对其科研成果的转化与应用。团队成员能够将学术研究成果与现实问题结合，用所学专业知识解决疲劳驾驶检测市场的痛点问题，充分体现了专业教育与创新创业教育的结合。

12.4 优化建议

12.4.1 明确公司内部的优劣势与外部的机会和威胁

明确公司自身的优劣势，总结企业面临的机会与威胁能够使团队成员更清楚地认识到公司所面临的竞争环境，更加系统地思考公司自身发展中的积极因素与消极因素，也能够帮助公司更加科学、全面的制订发展计划。项目书中对企业面临的宏观环境（政治、经济、社会、技术、环境、法律）和行业环境进行了总结，但对公司所面临的内外部竞争环境和竞争条件的分析有待加强。

团队成员在进行竞争分析，制订战略计划时，可以根据公司拥有的资源，采用SWOT分析方法，通过SWOT分析把企业的优势（strengths）、劣势（weaknesses）、机会（opportunities）和威胁（threats）列举出来，对企业内外部条件各方面内容进行综合和概括有助于创业公司合理进行战略选择，也有利于公司合理分配资源，防范风险，对企业培养竞争优势有很大的意义。

12.4.2 需要更加突出项目的创新价值

项目书中在总结产品创新点时重在描述产品所采用的技术和功能，比如"采用基于图像的瞳孔运动参数，基于循环递归神经网络建立的疲劳状态深度学习模型""利用红黄绿3色组成的9灯连环进行应激反应刺激与响应模块"等，这样虽能使读者了解产品采用的技术，但不利于读者直接认识到产品的创新价值。本书建议在说明产品创新点时不仅单纯介绍技术和功能，还要更直接和具体地说明技术和产品创新带来的价值与结果，从而使读者能够深刻地认识到项目创新的重要价值。

第 13 章 · CHAPTER 13

道路交通事故鉴定变革
场景数字化重现

13.1 项目概要

近年来，随着我国汽车保有量的快速增长以及驾驶人驾驶行为的差异，道路交通事故层出不穷。根据《中国统计年鉴》的信息，我国 2019 年共发生 247 646 起交通事故，约每两分钟发生一起交通事故，而每四分钟就可能发生一起造成伤残的严重交通事故。为避免长时间的事故现场勘查导致占用道路空间过久，引起严重的交通堵塞问题，有关部门需要提高事故处理人员的工作效率。另外，我国现有的传统道路交通事故现场处理方案，在数据的采集方式上存在耗时长、准确度差、容易遗漏数据且难以复核等缺点。这种现状引发了对交通事故收集、分析、处理等一系列工作的更高要求。为了快速、高效、准确地处理交通事故，新视界事故再现科技有限公司（以下简称"新视界"）推出一款先进、科学、高效的交通事故场景数字化重建系统。该系统包括无人机拍摄采集信息和针对交通事故的二维场景重建、三维静态场景重建以及三维动态场景重建技术，充分利用无人机扫描拍摄、"互联网+"、3ds MAX○场景重建等先进技术手段，实现道路交通事故现场证据快速固定，进而重建道路交通事故现场，为后续事故现场图绘制、事故责任认定、可视化还原事故过程、汽车安全研究等提供依据。

目前，这套交通事故场景数字化重建系统已经通过实用检验，针对发生在 A 省 B 市 C 区的收集不全面、无法二次取证的问题，大大减少了交警绘制事故现场图的工作

○ 3D Studio Max 是 Discreet 公司开发的一款三维动画渲染软件，常简称为 3ds MAX。

量。且多视角的事故三维重建更有助于促进事故执法公正性、完善事故信息数据库以及提高全民安全意识。

13.2 项目方案

13.2.1 公司简介

1. 基本情况

新视界是一家以提供交通事故三维再现系统为主的高新技术企业，注册资本为100万元。公司以"安全、经济、便捷"为核心理念，以无人机航拍采集技术、多种类事故现场信息统一化流程提取技术和逼真化三维场景重建技术研究为依托，以为客户提供快速高效的事故鉴定服务为目标，辐射西北，放眼全国，力争发展成为全国一流的事故鉴定服务企业。

2. 公司发展理念

本公司以"安全、经济、便捷"为核心理念，以核心技术为依托，以为客户提供快速高效的事故鉴定服务为目标，力求为客户提供高质量的事故鉴定服务。

（1）公司核心理念。

安全：确保公路交通事故鉴定人员安全，避免二次事故。

经济：减少因人工事故鉴定封路而产生的经济损失。

便捷：缩短事故鉴定等待时间，降低时间成本。

（2）公司发展目标。

新视界，做道路交通事故鉴定的改革者。

（3）公司发展原则。

科技引领，安全可靠，经济适用。

（4）公司愿景。

努力发展成为全国一流的道路交通事故鉴定服务企业。

（5）公司核心价值观。

与时俱进，永葆激情，追求卓越。

（6）公司精神。

敬业、求实、创新、卓越。

3. 机构设置

公司秉持初期部门职能具体化、成熟期办事高效化的宗旨，根据企业的不同发展阶段对部门进行设置、删减和重组，并逐渐建立起完善的人力资源管理体系，公司的组织结构如图13-1所示。

图 13-1 公司的组织结构图

13.2.2 市场分析

由于我国经济的高速发展，我国的汽车保有量也在不断上升。官方数据显示，2019 年我国机动车保有量已达 5.32 亿辆，其中私人汽车 2.25 亿辆，这使得发生交通事故的概率大大增加。大量交通事故的发生必然引发交通拥堵、现场信息采集偏慢、鉴定困难等一系列问题。如果事故现场不能及时进行信息收集、鉴定，则无法准确地进行事故定责，在耗费大量人力物力的同时堵塞得不到处理，会降低道路运输效率甚至诱发新的交通事故，如此恶性循环，损失巨大。这就需要一套先进的设备与系统对事故现场进行测算并进行数字化三维还原。虽然目前国外已有较为成熟的交通事故重建软件，但国内事故现场场景的数字化重建市场尚处空白，因此本项目提供的基于无人机航拍的事故现场场景数字化重建服务有广阔的发展前景和应用市场。

1. PEST 分析

公司的政治、经济、社会与技术环境的宏观环境分析如表 13-1 所示。

表 13-1　PEST 分析

政治环境分析	社会环境分析
《中华人民共和国道路交通安全法实施条例》第九十三条规定，公安机关交通管理部门对经过勘验、检查现场的交通事故应当在勘查现场之日起 10 日内制作交通事故认定书。要在如此短的时间内给出准确的事故认定，有关部门采用传统的方式测量、计算显然是难以实现的，而本产品具有的操作简便、计算快速准确的鲜明优势可以按时完成事故认定	党和国家都高度重视人民的生命财产安全，而随着人们法律意识和自我保护意识的提升，在交通事故发生后也渴望得到一个公正的认定结果，因此，社会对本公司的产品具有较高的需求
经济环境分析	技术环境分析
近些年来，国内汽车保有量逐年上升。逐年攀升的汽车保有量增加了交通事故率。鉴于经济的持续增长，汽车保有量仍会逐年增加，因此，如何快速、准确地获取事故现场信息并进行精准计算进而完成事故定责是当前面临的一大问题。因此，本公司的项目具有经济方面的优势	本公司采用的专业技术都非常成熟。基于这些专业技术，公司自主研发出基于无人机航拍的交通事故场景数字化重建系统。根据产学研一体化的发展方向，本公司必将得到政府的大力支持

2. SWOT 分析

公司的外部机会与威胁、内部优势与劣势 SWOT 分析如表 13-2 所示。

表 13-2　SWOT 分析表

S（优势）	W（劣势）
1. 有国家政策支持和资金资助 2. 拥有车辆工程和交通运输工程专业科研团队的支持 3. 拥有全新的三维动态场景重建技术	1. 缺乏专业的、经验丰富的员工 2. 团队资源稀缺，自建的数据库无法覆盖全部事故场景 3. 目前国内市场处于保守阶段，不易打开
O（机会）	T（威胁）
1. 目前国内事故鉴定大多依赖于传统手工测量，现场证据收集艰难 2. 国内在三维动态重建技术方面的市场前景广阔 3. 项目本身具有公益性，国家政策支持	1. 市面上已有国外较成熟的事故现场重建软件，但价格较为昂贵 2. 本产品上市后可能会有交通科技相关企业模仿并进入市场

13.2.3　产品与服务

本项目从道路交通事故现场重建切入，以无人机航拍序列图像为数据来源，研究道路交通事故现场二维场景重建和三维场景静态、动态重建的关键步骤和实用化流程（见图 13-2），实现道路交通事故现场证据快速固定，也为后续事故现场图绘制、事故责任认定、可视化还原事故过程、汽车安全研究等提供依据。

1. 工作流程

（1）无人机航拍实现事故现场图像的快速获取。

利用无人机对事故现场进行多视角、全方位拍摄，探寻不同飞行高度、不同倾斜角度下所拍摄的不同图像特征规律，确定信息采集的最佳方式。

（2）交通事故二维场景重建以及现场图绘制。

建立车辆事故信息重构矢量图图库，给出图上距离与实际距离的计算公式，以路面中心定位法为基础建立坐标系，确定各元素点在图上坐标系以及实际地面坐标中的位置，绘制出车辆事故现场图。

（3）实现交通事故三维静态场景搭建。

对不同车辆的运行环境、地形和气候条件进行建模。找到二维坐标与三维坐标之间的联系，完成在三维坐标系中模型的精确定位与单独变化。最后基于 Open GL（开放图形库）实现交通事故现场三维静态场景重建。

（4）达成交通事故三维动态场景重建。

基于车辆动力学基础及轮胎理论模型完成了车辆运动学三维建模，在 Visual C++（编程语言开发工具）环境下完成车辆运动轨迹重构并实现了动画过程。结合 Open GL 视景漫游技术和驱动技术，确定了在三维动态场景下不同坐标系之间的转换关系，实现了交通事故三维动态场景重建和事故过程多视点（俯视视角、斜视视角和驾驶人视角）再现。

项目流程如图 13-2 所示。

2. 项目关键技术

本项目在实施过程中涉及 5 项关键技术，技术与产品的创新点之间存在密切的关系，项目关键技术与创新点映射关系如图 13-3 所示。

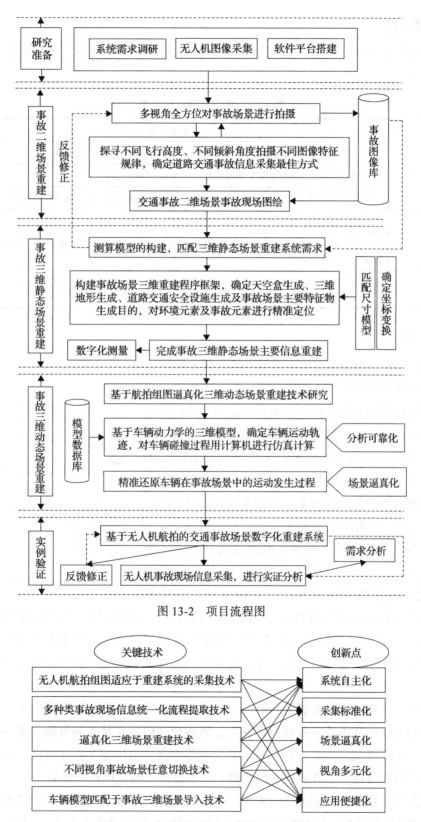

图 13-2 项目流程图

图 13-3 项目关键技术与创新点映射关系

3. 产品服务

基于该产品的核心优势，它可以给多种类型的客户提供服务。客户及服务内容如表 13-3 所示。

表 13-3 客户及服务内容表

客户	服务内容
司法部门	事故鉴定：通过还原碰撞的事故场景，鉴定交通事故性质和严重程度
公安部门	事故定责：通过还原碰撞的事故场景，对当事人的交通事故责任加以认定
交通部门	事故分析：根据系统分析出的事故原因，交警可根据不同情况寻找相应的提升和改善措施
保险公司	事故理赔：基于当事人受伤程度和车辆损伤程度提供符合事实的合理赔偿方案，减少争端
科研机构	事故研究：通过碰撞形态统计和碰撞参数研究，为自动驾驶汽车避撞系统和辅助驾驶系统的设计与改进提供参考
汽车企业	事故预防：帮助汽车企业进行汽车碰撞测试预演，促进汽车主动和被动安全技术发展，提升人工驾驶和自动驾驶汽车性能，预防交通事故的发生并将其伤害降到最低

4. 竞争分析

本公司拟采用波特五力模型进行市场分析（见图 13-4）。

（1）现有竞争者的竞争能力分析。目前国内针对交通事故数字化三维重建的市场尚未萌芽，除本公司外尚且没有其他公司能开发出精准三维动态还原的系统。国外对事故现场还原的研究较多，国内将交通事故现场进行三维动态场景还原的目前只有事故分析软件"PC-Crash"系统正在进行初步探索。因此本公司是当前国内市场的开拓者，无有效竞争对手。

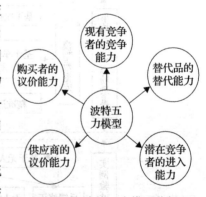

图 13-4 波特五力模型分析

（2）替代产品分析。国内目前的替代品除了传统的复杂人工测算方式，还有一些企业已开发出的交通事故现场二维场景的量测、三维静态场景的还原等方式，但这些方式都存在烦琐复杂、工作量巨大、准确度低、稳定性差等弊端。国外的相关产品虽相对成熟，但更为关注重建场景细节的质量，且价格大多比较昂贵，也难以推广和应用。因此该系统的替代品很少，短期内本公司的产品被替代的威胁不大。

（3）潜在竞争者的进入能力分析。本公司拥有数项基于无人机航拍的事故现场三维重建专利和专业的三维动态重建技术能力，能在短期内依托品牌和资源形成一定的市场规模，而且交通领域进入成本高、技术和人员要求高，退出壁垒也比较高。因此，交通事故重现领域的潜在竞争者们进入门槛高，对本公司不构成严重的威胁。

（4）供应商的议价能力分析。因为公司的主营业务是研发交通事故三维重现系统，以无人机运用技术为依托，并不把无人机生产和出售作为本公司的业务之一，所以公司初期所需设备较少，不需要大量的供应商，大大降低了成本，有利于本公司快速进入市场。

（5）购买者的议价能力分析。本公司的主要客户有司法部门、公安部门、交通部门、保险部门、科研机构以及汽车企业，由于此类客户更为关心产品本身的性能而非价格，且市场上同类型的产品很少，因此购买者的议价范围很小。

本公司竞争优势主要是目前市场上存在空白，并且本公司团队具有先进的技术支持和强大的科研队伍保障。因此，新视野公司团队有很广阔的市场和发展前景，应该发挥好资源优势，尽快占据市场。除此之外，公司面临的挑战和劣势也是不能忽视的，应该紧跟时代步伐，提高创新能力与危机防患意识。

13.2.4　营销策略

1. 市场定位

公司在导入期阶段的目标市场及目标客户是 A 省境内的司法部门、公安部门、交通部门、保险部门及科研机构；成长期逐步向西北地区进军，并与各地保险部门达成合作关系；成熟期将放眼于全国与交通运输相关各个机构，并面向各大汽车企业，为其提供专业的咨询指导建议。

2. 营销策略

（1）产品策略。

对于产品的定位，公司采取"差异化取胜"的策略。

1）产品的差异化。与同类型产品相比，本公司的系统兼顾了产品的使用价值、包装及功能、附加服务等用户所关注的要点，具有技术先进、精度高、性价比高、服务人性化等突出优点。在现有的市场环境下，初期产品面临的竞争相对较小。因此在前期公司将以突出产品优势、优化用户体验为手段，实现迅速拓展市场的目标。

2）服务的差异化。公司提供的服务主要以客户为中心，配有专业化的服务人员、制度化的服务组织、一体化的服务策略（售前、售中和售后服务），三种要素在产品的整个销售过程中相互作用，保障客户的使用体验和公司的产品口碑。

（2）价格策略。

公司对产品采用分阶段定价法。

（3）渠道策略。

公司根据不同目标客户的不同需求，采用网络销售和线下销售相结合的双模式策略。首先，公司与指定网络平台达成合作并开通了官网。用户可在官网浏览商品外观、性能，并可下单订购。其次，公司有专业的线下销售队伍、代理商，会定期对目标市场内的潜在客户进行登门拜访。最后，公司每年会通过各种展会对产品进行宣传和销售。

（4）促销策略。

公司会定期通过各种媒介大力宣传产品的优惠促销活动。另外，公司会积极提供产品给客户试用，不断收集试用意见，对产品进行优化改进。

13.2.5 战略规划

公司针对未来5年的发展提出了"分三步走"的整体战略规划（见图13-5）。

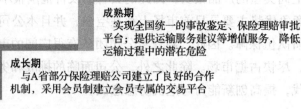

图13-5 未来5年的战略规划发展

公司采取"差异化取胜"的策略逐步实现战略目标。团队前期通过关系资源进行营销，本团队在交通运输领域中一直口碑良好。过硬的技术核心优势和深厚的交通运输领域校友资源可以快速推动项目的产品营销。发展中后期，凭借过硬的核心技术以及行业评价，团队的项目一定可以在市场中迅速获得很高的地位。

13.2.6 风险分析与控制

1. 风险分析

作为一个初创型公司，公司主要面临管理、市场、技术与财务等4种风险（见图13-6）。

图13-6 公司面临风险分析

2. 风险控制

（1）管理风险控制。公司要建立现代化的企业管理制度，加强学习国内外企业的大型货运管理方法，并加强运用，增强客户关系管理，深化项目调查，树立风险意识，增强外部管理，防范和化解管理风险，完善企业合同管理。

（2）市场风险控制。市场带来的竞争风险是公司无法避免的，为应对此类风险，公司应该及时了解当前国家的政策和市场动态，加大技术研发力度，加强产品在市场中的占有地位，并且开发新的产品来满足市场新的要求，与时俱进。

（3）技术风险控制。公司应加强人才的培养，加强与高校、研究机构、交通部门单位的合作，建设有活力、有激情的研发队伍，同时大力推进人才引进战略，及时发现技术人才，扩充技术研发团队，积极加强和业内专业人士的沟通，激发团队人员的积极性和创造力，创造不畏艰难的团队精神。

（4）财务风险控制。公司会完善财务管理措施，及时制定公司财务资金运营计划，确定合理的资金结构，并在此基础上做出正确的筹资决策。公司将根据客户回款的情况及时制定相应的客户折扣机制，避免因客户回款不及时造成公司资金链断裂。公司还将理顺企业内部财务关系，调整资金及资产结构，减少和降低不合理的资金占用，提高资金的使用效率和周转速度。

13.2.7 项目财务分析

1. 股本结构与规模

对于资金来源，除政府资助资金 5 万元之外，公司还制订了股权筹资计划，股权结构如表 13-4 所示。

表 13-4　公司股权结构表

资金来源	金额（万元）	股权结构（%）
创业团队	300	30
技术入股	300	30
学校入股	300	30
风险投资	100	10
合计	1 000	100

2. 运营费用预测

公司是一个以技术为核心的初创型创新企业，在前期的技术研发过程中会投入大量的设备费用，主要包括人工费、办公区租赁费、元器件费用、系统研发费用等。办公区占地约 300 平方米，年租金约 10 万元，起初装修费用约 5 万元。公司未来 3 年内的固定费用支出如表 13-5 所示。

3. 主要财务分析说明

（1）本公司的财务计划是按公司在种子期、孵化期、加速期和成熟期四个周期进行预算的。

表 13-5 公司运营费用明细表 （单位：元）

项目	第一年	第二年	第三年
店面租金及装修费用	150 000	100 000	100 000
交通工具及燃油费	170 000	11 000	11 000
营销费用	30 000	50 000	50 000
软件技术开发费用	161 800	48 540	63 102
相关设备购买及保养费	150 000	3 000	3 000
工商登记	3 500	0	0
员工工资	720 000	720 000	720 000
合计	1 385 300	929 540	944 102

（2）前两年不分红，第三年起每年按当年可分配利润的 20% 分红。

（3）存货控制采用"先进先出"法，生产机器设备估计使用寿命 10 年，预计每台电源设备残值 0.5 万元；办公用设备估计使用寿命 5 年，期末无残值，按直线折旧法计提；无形资产系公司成立时投入的专利，估价 300 万元，估计该专利权的使用寿命为 10 年，每年无形资产摊销 30 万元。

（4）公司自获利年度起前两年不缴所得税，之后按 15% 的税率缴纳所得税。

（5）增值税按销售收入的 3% 缴纳；城建税按缴纳增值税的 7% 缴纳；教育费附加按缴纳增值税的 3% 缴纳。

4. 预计利润表

公司利润如表 13-6 所示。

表 13-6 利润表 （单位：万元）

	第一年	第二年	第三年
一、营业收入	81	129.6	207.36
减：营业成本	123.53	93.95	95.41
税金及附加	0.24	0.39	0.62
销售费用	17	19	19
管理费用	83.8	83.8	81
财务费用	0	0	0
二、营业利润	-143.57	-66.54	21.33
加：营业外收入	5	0	0
减：营业外支出	0	0	0
三、利润总额	-138.57	-66.54	21.33
减：所得税	0	0	0
四、净利润	-138.57	-66.54	21.33

5. 主要财务指标分析

公司主要财务指标如表 13-7 所示。

表 13-7 主要财务指标

指标名称	第一年	第二年	第三年
流动比率	13.97%	6.75%	7.28%
资产负债率	2.75%	6.27%	7.04%
流动资产周转率	23.82%	37.06%	51.27%
资产报酬率	−15.64%	−7.85%	2.43%

根据上述财务指标结果分析可知，公司 3 年的流动比率皆超过 5%，说明资金流动性良好；3 年的资产负债率皆低于 10%，表明企业存在的财务风险较低。随着企业的逐渐成长，流动资产周转率不断提升，表明本企业流动资产的流动性良好，并存在良好的发展势头。至于资产报酬率，随着企业的市场占有率和知名度的不断提高，公司预计第三年便能够实现盈利，且盈利能力不断上升。

13.3 项目分析

下面从创新性、人员管理、商业性、社会效益、整体表述 4 个方面对该项目计划书进行评价。

13.3.1 创新性

1. 产品创新

公司的主营产品是基于无人机航拍的交通事故场景数字化重建系统，系统是由无人机航拍测绘技术、事故车辆速度解算技术和三维模型导入技术所构成的。目前传统的交通事故现场勘测方法存在效率低下，测量精度不高，极易遗失重要事故信息等问题，难以适应现代化的勘测需求。同时人工计算车速的计算量庞大，易出错，棘手问题难以解决。因此相对落后的传统事故处理方式对事故道路交通、涉事人员、事故处理人员都带来了较大的负面影响，目前而言并没有一项合适的技术对这一问题有更好的解决方案以减小这种负面影响。公司的产品从道路交通事故现场重建切入，利用无人机对事故现场进行多视角全方位拍摄，探寻不同飞行高度、不同倾斜角度所拍摄不同图像特征规律。公司深度研究道路交通事故现场二维场景重建和三维场景静态、动态重建的关键步骤和实用化流程，实现道路交通事故现场证据快速获取，事故分析以及责任认定，极大提升了工作效率，解决了实地勘验耗时、费力等一系列困难。本产品是目前国内唯一一项针对后处理领域提出的无人机航拍技术、事故车辆车速解算技术、三维再现事故现场技术于一体的解决方案，实现了从无到有的创新。

2. 技术创新

在处理交通事故过程中，事故处理人员需要进行大量的现场勘查工作。传统的手工作业方式比较落后，现场勘查工作人员压力很大，急需勘查技术方面的创新，因此公司研发了数字化测量方式。目前在处理交通事故过程中，交通部门依靠传统的测量方式或者自动化的测量方式。传统的测量方式主要是靠人眼判断、皮尺量、手工绘图等方法，这些方法耗时、费力，且工作重、任务紧（因为需要尽快恢复交通，同时还要提取到足够的证据），同时还可能出现错误。自动化测量涉及的技术手段多样，操作专业度要求高，操作过程烦琐，需要配备具有专门技术知识的操作人员才能使用，且传统的量测摄影机价格昂贵。交通部门对于交通事故现场三维重构和动画模拟技术的尝试较少，没有一种有效的可视化方式还原事故发生过程。然而，数字化的测量方式方便快捷、效率高，结合了多种新兴技术，较为智能化，能够将车辆事故前速度解算与事故现场的可视化还原相结合，弥补了传统方法的各项缺点，达到了快、全、可再现的技术标准。

3. 营销策略创新

新视界为客户提供的产品包括核心产品、形式产品和附加产品，并且公司根据不同的产品投放时期也采取了不同的定价策略，帮助公司产品快速占领市场。同时，公司考虑以促销的方式迅速打开市场，进而依靠技术和价格优势迅速占领市场。公司主要利用广告、公共关系等方式进行产品促销。一方面利用城市户外大型LED显示屏、网站建设与推广、电子杂志与报纸等方式来为产品做宣传，提升产品知名度。另一方面与有关政府部门或者研究机构合作，既可以让政府部门了解本公司产品的特性，又可以通过与研究机构合作不断对产品进行创新。公司还提供产品进行试用，收集试用意见，对产品进行持续改进，并对一次性购买多件本公司产品的客户给予优惠。此外，根据不同目标客户的需求，公司采用双模式策略，即B2C（面向消费者销售产品）模式和B2B（面向企业销售产品）模式，还组建并培训了专业的营销队伍，大力进行广告宣传，在一定程度上保证了产品销量，同时也增强了公司的抗风险能力。

13.3.2 团队情况

1. 公司的组织结构

公司的部门结构是依据实际情况设定的，根据所处的发展阶段对部门进行设置、删减、重组。公司目前属于初创型企业，上设董事长（兼总经理）、常务副总经理，下设市场部、销售部、技术部、财务部、人事部5大职能部门，主要是依据职能来构建组织结构。同时，组织结构并不是一成不变的，而是根据公司的发展进行动态调整的，公司会在成熟期一改前期的模式，分化出各小组协调配合，内部合作，使得公司结构柔性化。当今市场和经济条件变幻莫测的情况下，公司实施组织结构柔性化具有重要意义，这使得公司反应灵敏、迅速，灵活多变，能够快速适应现代市场需求。

2. 战略合作伙伴

新视界已与部分研究院和公司签订合作意向书，一方面与合作伙伴共同研发交通事故信息采集系统，另一方面为客户研发车辆事故计算机辅助分析系统。值得一提的是，SX 测控有限公司试用过本公司的交通事故三维场景数字化重建系统并且对公司产品认可度极高。公司与合作伙伴共同开发新产品可以吸取对方的经验并发现自身的不足进而改进。客户对产品的认可也提升了公司研发团队的信心，激发了团队的热情，鼓励团队继续开发更为优秀的产品，为客户提供更加优质化的服务。

13.3.3 商业性

1. 竞争分析

本公司产品与竞争对手的产品有较为明显的优势，公司在充分发挥好自身内部优势的同时，积极利用好市场机会，抢占市场份额，降低产品价格，提高产品质量，积极创新和研发新产品，打造属于自己的品牌，在业界树立起好的口碑，实现与合作公司、客户的共赢。

2. 技术基础

在进行交通事故处理的过程中，有关部门需要进行勘察和测绘，要用到事故现场信息采集技术，道路交通事故分析技术，事故过程可视化表现技术。但这些技术都存在一些缺陷，在此技术上，公司研发了数字化技术来进行交通事故处理，能够有效提高事故处理人员的操作效率，顺应交通领域技术发展的新需求。

3. 产品的可行性

三维场景数字化重建技术具有非常大的可行性，并且产品在分析处理事故时获得了一致好评。2019 年 4 月 19 日 15 时，B 市 C 区发生了一起车辆事故，一辆小型普通客车与一辆两轮电动车发生碰撞，造成两轮电动车驾驶人死亡，两车受损。公司利用无人机航拍图和相关系统计算车速，完成了数据录入车速计算之后，系统根据计算出的车辆碰撞之后的实时状态将事故过程以三维动态形式输出，并添加了俯视、侧视、斜视、全景等视角，实现了可视化还原事故过程的功能。相对于传统事故场景构建，多视角的事故三维重建更有助于促进事故执法公正性、完善事故信息数据库和提高全民安全意识。因此传统事故场景存在的问题，本产品可有效地对其进行解决。

4. 应用场景广泛

基于无人机航拍的交通事故场景数字化重建系统不仅具有操作简便、计算精准、模型丰富、可视化分析以及证据参考等特点与优势，同时可以广泛应用于司法部门、公安部门、交通部门、保险部门、科研机构以及汽车企业。系统可以帮助司法部门还原交通事故发生场景，鉴定交通事故性质和严重程度；能够帮助公安部门查明交通事故原因，认定交通事故责任人；帮助保险部门基于当事人受伤程度和车辆损伤程度提供符合事实的合理赔偿方案；可以帮助科研部门为自动驾驶汽车避撞系统和辅助驾驶系统的设计与改进提供参考；可以帮助汽车企业寻找车辆设计缺陷、优化车辆设计，防止类似交通事故的发生，以提高道路交通整体的安全性。该产品具有十分广阔的市场前景和丰厚的经济效益。

5. 技术壁垒

本项目拥有一项计算机系统专利和一个计算机软件著作权，实用新型专利一项，相关论文一篇。公司针对其他竞争者的技术壁垒来自对数据的获取处理以及对核心算法的自主知识产权。只有打造出技术壁垒，公司才能具备核心竞争优势，面对竞争者时就能够在产品成本和质量控制上压倒对方。在产品投放初期，自主创新企业将处于完全独占性垄断地位，公司获得大量的超额利润使得公司有资金来继续进行产品的改进，新产品的研发和创新。

6. 股权结构

公司股权结构分配合理，团队分别以创业团队和技术入股的名义各占股份30%，团队共占股份的60%，保证了公司的核心权力掌握在自己手中，同时，为了缓解团队成员资金压力，保证公司后续运营中资金充足，公司引进了300万元的学校资产入股和100万元的风险投资，这样做可以避免由于权力过分集中在团队成员手里而出现错误的独断专行行为，在一定程度上确保了公司的运营安全。

13.3.4 社会效益

公司总体的发展战略定位三个时期，分别为导入期、成长期、成熟期。在导入期，公司主要为交通事故鉴定机构、保险理赔单位、高校科研院所提供事故鉴定系统，同时借助高校优势学科平台，与相关单位企业合作，为其提供成品系统；在成长期，公司制定会员制的营销策略，在成长的过程中，通过会员制拟将西北地区的运输企业以及保险企业纳入公司的业务范围。在成熟期，公司拟将公路管理部门纳入整个体系，使其承担第三方监督审批事故鉴定的任务，以实现全国统一的事故鉴定和保险理赔审批平台。同时，公司利用大数据对事故进行统计分析以及对道路养护部门提出针对性建议。公司分阶段、分步骤地发展，力求在平稳发展中前进，逐步占领市场，不断扩大规模。公司的业务具有广泛的应用前景，能够不断造福社会和人民。

13.4 优化建议

新视界在发展战略、产品研发和设计、市场调研、市场营销、员工管理、客户服务等方面均有自己独特的风格，并且对资金和人员需求考虑得非常仔细，构建了适合公司发展的组织架构，并且制定了详细的发展战略作为指导。创业团队充分分析了公司产品的特点以及竞争对手的优势和劣势,能够把握机会,使公司产品快速推向并占领市场。但公司在经营发展过程中,还存在一些值得改进的地方,针对这些不足之处,作者为其提供了一些优化建议,仅供参考,具体如下。

13.4.1 制定详细的薪酬体系

合理、科学的薪酬体系非常重要,能对员工起到激励作用。新视界的薪酬仅分为员工工资加上奖金,只规定了不同工作人员工资和奖金额度的不同,并未细化工资和奖金。这样的薪酬体系并不适合公司的长远发展,难以对员工起到激励作用。

员工的薪酬应该取决于他的知识能力(投入)、解决问题(做事)、承担责任(产出)。公司可以根据这三个要素来评估其薪酬,并且其薪酬应由基本工资、奖金、安全退休金、医疗保障、股权、红利构成。不同人员的对应比例不同,见表13-8。

基本工资根据员工的职位、学历确定档次,但学历在其中的影响非常有限,尤其是当员工工作1~2年后,收入与学历的关系就淡化了。员工福利全部货币化。交通补贴、膳食补助每月都是直接发给员工,医疗补贴除办理社保医疗卡外,也打入了个人门诊账户。货币福利分两大类,一是补贴,二是社保基金。加班费的标准基本上是以员工的月基本工资除以每月法定工作日乘以加班天数。年终奖是根据员工的贡献、表现、职务等颁发,干满一年,一般员工在1万~3万元。员工在入职1~2年后,公司根据其职位、表现、工作业绩等分配给一定数额的内部股票,员工一般用自己的年度奖金购买内部股票。员工的持股原则是"入股自愿、股权平等、收益共享、风险共担"。如此精细化的薪酬体系和较好的福利待遇会使得员工更愿意留在公司里,并且始终保持工作的积极性。

表 13-8 员工工资组成比例建议表

类型	基本工资	奖金	股金
高层管理人员	40%~50%	20%~30%	30%~40%
中层经理	50%~60%	30%~40%	20%~25%
专业人员	60%~70%	25%~30%	15%~20%
操作人员	80%~90%	10%~20%	1%~5%

13.4.2 创新产品的服务培训方式

在越来越追求服务至上的时代,企业出售的不仅是产品,更重要的是与产品配套的一系列服务,好的服务会让客户觉得物超所值,提升客户的满意度,帮助企业提高声誉。新视界公司主要提供对系统操作的培训,当用户购买了公司的系统后,公司将通过线上在线指导的方式对使用人员进行培训。培训方式仅为线上,较为单一。另外,公司应配备专人每天在线上对用户即时的反馈进行解答,帮助用户维护系统。

系统培训属于高端技术行业，只有网上培训的方式难以让客户放心，客户花费高价为的是放心，同时期望获得优质服务。公司应定期派专业技术人员对客户进行访问，有条件的可以在客户多的地区设置售后服务实体店，在不定期内对用户反馈的漏洞、技术问题等进行优化，提供系统更新保障服务。公司应该采取线上与线下培训服务相结合的方式，而不只是单一地采取线上服务。线上培训和服务较为便捷，客户可以利用零星的时间来学习，节省大量的时间，但对于系统培训，实操更为重要。公司应该根据不同地点的客户需求定期开设一些线下培训课程，并提供相应的服务，增强客户与公司之间的互动。

· 模块 4 ·

材料类专业

第 14 章 · CHAPTER 14

全生命周期生态道路铺面材料
废旧轮胎的重生

14.1 项目概要

目前全球已积压了大量的汽车废旧轮胎,大量堆积的废弃轮胎不仅占用土地、污染环境,而且易引起火灾,已成为一种危害越来越大的"黑色污染"。2018 年我国白天道路交通噪声超越区域环境噪声均值成为城市主要噪声来源,超标的交通噪声困扰了超过 90% 道路沿线的居民。同年,汽车尾气产生的细颗粒物(PM2.5)占总污染物贡献最高可达 41.0%。现代城市中"噪声、尾气"等污染也日益严重。城市道路是城市建设中非常重要的一部分,而当前城市道路造价高昂,平均使用寿命却不到其设计寿命的一半。

Q 公司依托国内高校的可持续道路交通系统研究中心与现代城市生态铺面重点科技创新团队,研发推出了具有"可再生、超静音、会呼吸、自修复"等突出特点的全生命周期生态铺面材料,其立足材料的"生产、服役、养护"全生命周期,具有生产成本低、服役性能佳、使用寿命长等突出优势,有效解决了"建设成本高、声气污染重、使用寿命短"等问题。

目前全生命周期生态铺面材料已获得 8 项发明专利,核心产品技术获得 2013 年国家科技进步二等奖、2017 年中国循环经济协会科学技术一等奖,公司技术经权威专家鉴定属于"应用技术达到国际领先水平"的范畴,上一代技术经授权企业生产已累计铺筑超过 4 000 公里的高等级公路。

现阶段国内外生态铺面材料产品性能相对单一，均是为传统铺面"生产、服役、养护"的某一具体阶段提供生态化解决方案，没有开发出突破时空限制的全生命周期生态化铺面材料。而 Q 公司凭借产品技术的领先性，研发出的全生命周期生态铺面材料相较于同类产品具有生产成本低、服役性能佳和使用寿命长的优势，具有极高的经济效益和环保效益。

14.2 项目方案

14.2.1 公司简介

Q 公司是一家专注于可持续道路材料研发的高新技术企业，致力于探索新型城镇化过程中交通基础设施建设的"中国道路"。公司积极响应交通运输部"绿色交通"号召，推出"可再生、超静音、会呼吸、自修复"的全生命周期生态铺面材料。以"源于自然，感知自然，超越自然"为目标，对产品技术不断进行更新及改造，为实现"道路改变生活"而不懈努力。

14.2.2 市场分析

1. 行业背景

我国一直在进行大规模的交通基础设施建设，尤其是改革开放以来，更是全面进入"大规模建设"的历史阶段。随着国家公路交通主要干线及高等级公路建设的基本就位，我国交通基础设施建设从之前的"粗放式大规模建设"阶段逐渐过渡到"建设规模与使用品质"并重的新历史阶段。政府主管部门及社会公众对于交通基础设施的要求也从"满足基本通行需求"转变为"提供安全、快速、稳定的出行服务"。我国交通基础设施建设已经脱离过去单纯追求通车里程、城镇连通率等数字提升的目标，转而开始关注工程品质、通车性能、环境效益等基础设施的服务供给能力。

2. PEST 分析

（1）政治环境分析。目前我国绿色交通治理体系未能满足人民日益增长的优美生态环境需求，我国在交通环保领域尚有很大的进步空间。国家为新型环保材料的生产研发提供了政策保障和一定的资金支持，全生命周期生态化铺面材料得到了政府的极大支持，未来将会有极大的市场空间和进步空间。

（2）经济环境分析。我国道路基础设施建设近年呈现逐年上涨趋势，产品市场空间比较大。沥青是道路建设的主要生产材料，能够提供廉价优质沥青的企业将会深受市场追捧。通过废旧轮胎再利用对沥青进行改造，既能降低生产成本，有效弥补目前市场上改性沥青价格昂贵的缺点，又能节约资源，降低环境污染，实现经济效益和生态效益双赢。

（3）社会环境分析。伴随着社会生产力的逐渐提高，人类产生的生活垃圾越来越多，处理垃圾不仅要消耗成本，而且不能处理的垃圾对人们的生活产生了一定的污染，威胁着人类社会的健康发展。公司生产的产品不但能有效利用废旧轮胎，还能在后期的使用中有效吸收汽车尾气。这有效解决了轮胎污染和汽车尾气对环境的污染问题，实现了"变废为宝"。

（4）技术环境分析。一方面，公司的产品为废旧轮胎的回收利用提供了一定的技术；另一方面，对环保型材料的需求也不断促使公司进行技术研发。

3. 市场容量分析

"十三五"以来我国公路建设情况如表 14-1 所示。综合我国新建公路、改扩建公路以及沥青路面再生养护工程，我国每年路用沥青的消耗量在 3 000 万吨左右。目前，我国常温沥青市场价格为 3000 元/吨。截至 2018 年，全国石油沥青行业比较具有规模的沥青厂家大约有 3 660 家。

表 14-1 "十三五"以来我国公路建设情况统计

主要目标	2016 年		2017 年		2018 年		2019 年
	预期	实际	预期	实际	预期	实际	预期
公路完成投资（万亿元）	1.65	1.80	1.65	1.98	—	2.3	1.8
新增高速公路里程（公里）	4 500	7 500	5 000	5 100	5 000	6 000	—
新改建农村公路里程（万公里）	18	29.9	20	28.4	20	31.8	20
新改建国省干线公路（万公里）	1.6	—	1.6	1.3	1.6	2	—

4. 目标市场

不同道路建设存在差异性，因此目标市场定位为城市道路。随着城镇化建设的不断推进，城市道路建设规模的不断增大、材料需求量也日益增多，因此目标市场具有强大的增长潜力。城市交通饱和度高、车辆荷载大，对于使用时间长、维修次数少的长寿命铺面材料需求较为强烈。同时城市内人口密度大，对于汽车尾气等气体污染有较大的防治压力，为具有尾气降解功能的全生命周期生态铺面材料奠定了市场基础。

14.2.3　产品与技术

1. 产品概述

公司立足材料"生产、服役、养护"全生命周期，针对"垃圾、噪声、尾气"等病害推出全生命周期生态铺面材料。产品以废旧材料在道路工程中的循环利用为源头，以提升城镇道路交通体验为标准，以道路长寿命、高性能服役为目标，具有生产成本低、服役性能佳、使用寿命长等突出优势。产品的全生命周期如图 14-1 所示。

可再生：改性轮胎胶粉部分替代沥青

自修复：延长道路使用寿命　会呼吸：缓解汽车尾气污染
　　　　　　　　　　　　　　超静音：降低道路交通噪声

图 14-1　生态铺面全生命周期图

2. 产品原理

（1）原料循环化。Q 公司以废旧轮胎循环利用为源头，针对不同类型废旧轮胎开发胶粉、胶粉改性沥青等全要素资源化产品及其道路整体应用技术。相关产品和技术在国内外处于领先地位，其中包括了零排放的废旧轮胎胶粉清洁转化技术和高掺量胶粉改性沥青关键生产技术这两项关键的技术。废旧轮胎的全要素资源化与应用流程如图 14-2 所示。

（2）铺面功能化。Q 公司基于二氧化钛气凝胶的尾气降解功能，使尾气中氮氧化合物（NO_x）的降解率大大提高，并利用胶粉改性沥青吸声降噪特性，依托先进的技术使产品具有尾气降解功能以及吸声降噪功能。

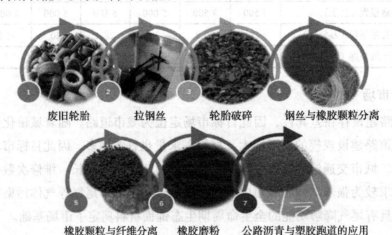

图 14-2　废旧轮胎全要素资源化及其道路整体应用流程图

（3）道路长寿命化。基于人体仿生学原理，研究团队将一种用于道路裂缝自修复微胶囊融入全生命周期生态铺面材料制备，实现道路损伤后的材料自愈合。自修复微胶囊可应用于沥青路面裂缝预防和修复、沥青路面的再生利用等领域，延长道路整体使用寿命。产品原理如图 14-3 所示。

3. 产品优势

（1）生产成本低。基于废旧轮胎全要素转化与道路整体应用技术，生产过程中使用成本低廉的废旧胶粉部分代替石油沥青，实现"生产成本控制"与"废物高质利用"的双赢，收获环境效益、降低生产成本、提高道路性能。

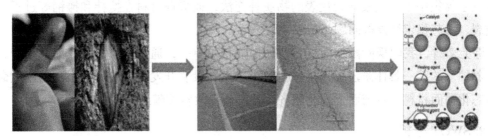

图 14-3　基于人体仿生学的道路自愈合原理图

（2）服役性能佳。依托产品中掺加的二氧化钛和废旧胶粉，使用全生命周期生态铺面材料建设的道路具有"降噪、降霾"的环境效益，可以有效缓解现代城市中的交通噪声、尾气污染问题。

（3）使用寿命长。全生命周期生态铺面材料依托掺加自修复微胶囊实现预防性养护，可以有效延缓道路出现裂缝病害的时间，大幅提高了道路服役性能和使用寿命。经与同类产品的比较试验，全生命周期生态铺面材料的微裂缝出现时间推迟了 27.56%，显著增加了道路使用寿命。

14.2.4　竞争分析

1. 竞争分析

目前国内外在废弃物改性沥青、道路功能材料、道路自修复技术等方面的研究主要有以下成果。

（1）以废弃有机物为源头的改性沥青制备技术研究是目前道路领域的研究热点之一。目前在道路材料生产中应用的循环再生料主要是聚乙烯、聚丙烯为代表的生活塑料和轮胎为代表的工程橡胶。其中聚乙烯、聚丙烯等生活塑料改性沥青由于低温性能不理想、生产工艺复杂等原因仍然停留在实验室阶段，现阶段没有厂商直接应用于工程。废旧轮胎胶粉改性沥青研究较为深入，并且已经有一定数量厂商建立了生产线进行工程应用。

（2）依托光催化二氧化钛材料实现道路对汽车尾气的吸收处理是实现道路生态化的有效途径之一。目前国内外许多科研机构、高校都致力于寻找在保证道路抗滑、抗剥落等路用性能的情况下，能够高效处理汽车尾气的复合材料。上海在世博会期间用光催化材料对园区内主干道及停车场路面进行了处理，实测得到，在阳光照射下，此光催化材料可迅速降解尾气中的有害物质，保证了空气质量。但因为材料成本等原因限制了尾气降解环保型路面的大规模使用。

（3）在道路裂缝自修复领域，主要有电磁、微波、红外加热和微胶囊法。由于作用于路面表面的外加热量难以向道路深层传递，而且外源加热法能量耗散高、修复效果差、作业时间长，这种方法不适用于大规模城镇道路的养护再生。目前针对道路自修复的尝试主要集中于以微胶囊为代表的物质补充法，而囊壁材料在搅拌和摊铺等过程中过早破裂、囊芯稳定性差等问题亟待解决。

综上来看，我国现阶段铺面材料产品性能相对单一，通常是为传统铺面"生产、服役、养护"的某一具体阶段提供生态化解决方案，没有开发出突破时空限制的全生命周期生态化铺面材料，对铺面全周期经济效益、环保效益贡献乏力。

2. SWOT 分析

Q 公司的 SWOT 分析如表 14-2 所示。

表 14-2 SWOT 分析

SWOT 分析	S（内部优势） 1. 全生命周期生态铺面材料，有效解决了生态城市建设过程中"废物、尾气、寿命"等问题 2. 年轻优秀的创业团队 3. 依托高校的高水平研发团队	W（内部劣势） 1. 新产品进入市场阻力大 2. 成立初期缺乏专业的、成熟的营销和技术员工 3. 公司知名度打造阻力大 4. 成立初期，管理团队缺乏管理经验
O（外部机会） 1. 政府对基础设施建设的支持 2. 绿色环保、可持续发展概念逐渐深入人心	SO 战略（增长型战略） 1. 发挥产品优势，将科技转换成生产力 2. 依托高水平研发团队创新，保持技术领先水平 3. 把握国家政策，做新型环保的科技公司	WO 战略（谨慎进入战略） 1. 借助产品优势以及价格优势，打破进入市场壁垒 2. 培养"狼性"营销团队，打造一支有活力的销售队伍 3. 借助政府对绿色环保材料的支持参加各种展览会，逐渐提高公司知名度
T（外部威胁） 1. 路面材料产品发展迅速，行业竞争压力较大 2. 基础设施的完善降低了市场需求 3. 全球油气资源的限制导致市场供应量下降	ST 战略（多种经营战略） 1. 提高产品质量做行业领头者 2. 与客户保持良好的生产销售关系，保证销量的稳步提高 3. 创新科学技术，实现产品多元化发展	WT 战略（防御型战略） 1. 充分发挥好自身内部优势，加大研发支出 2. 从实践中积累适合公司发展的销售经验，培养自己的销售团队 3. 参加各类产品和技术展览会，逐渐打开市场知名度

14.2.5 营销策略

1. 不同时期的营销战略

（1）初创期营销战略。在这个阶段，公司品牌刚进入市场，销售模式单一，品牌知名度低，若缺乏宣传和推广，很难打开销售市场，公司主要通过以下 3 种方式展开营销活动。第一，依托创业团队长期合作的 16 个省市的百余家企事业单位，通过人员促销、广告促销及人脉促销等传统营销渠道进行产品销售。第二，联系国内主要城市示范新区建设单位合作铺设试验道路，打造样板工程。第三，设立公司网站，上传公司资料，不断更新产品信息和公司动态，借助网站宣传公司。

（2）成长期营销战略。在这个阶段，公司运营比较成熟，具有一定的市场份额，有比较稳定的客户群。但产品研发和更新的难度随之增大，同时，公司要正确把握自身发展的速度，进一步开拓大客户。公司可以通过以下几方面展开营销活动。第一，进一步对产品进行宣传推广，通过初级客户群不断完善销售团队覆盖地区。第二，关注市场需求，积极进行产品研发和技术更新，始终保持行业前沿地位，提升市场竞争力。第三，深化合作减少竞争，及时回访客户，了解产品的服役情况，树立品牌，维系客户，稳步扩张市场。第四，进一步提高网络运作能力，节省人力资源的同时，也迎合了时代发展趋势，为传统行业注入新的活力。

（3）成熟期营销战略。在这个阶段，公司有稳定的客源及市场份额，沥青市场基本趋于成熟，产业比例更加合理，产业体系趋于完善。但随着时代的进步，新产品和新技术层出不穷，市场竞争会更加激烈，企业的发展将面临更加复杂的挑战。公司可以通过以下几方面展开营销活动。第一，依托"反哺工程"加快产业链延伸，围绕"技术、资源、品牌"筑牢竞争壁垒。第二，在行业重点院校设置企业奖学金，借助毕业校友在交通业的影响力宣传公司产品，形成基于自发的二次营销。第三，积极参与海外项目的建设运营。

2. 营销目标

Q 公司的营销目标是在第五年末，占据公司所在省份道路行业 13% 的市场份额，并占据全国道路材料行业 2% 的市场份额，满足客户需求，养成客户习惯性消费，同时提升环境效益，追求道路与环境互相适应、相互影响、相互促进的生态发展。

3. 产品策略

公司前期依托专利技术生产的新型产品在行业市场内具有先进性，但随着市场的发展，公司要想保持市场中的强劲竞争力就必须投入大量资金，不断进行产品研发与技术更新以确保行业领先地位。

在产品生产上，公司采取的方式是提供核心技术，全权委托生产厂家进行生产。原料采购处理及产品生产工作均由合作厂商完成，公司主要承担技术研发及产品销售业务。

4. 营销渠道

Q 公司采用"线上 + 线下"的高效销售渠道。

线上销售主要包括以下三个方面。第一，借助专业的网站如中国沥青网来了解市场、走向市场。第二，建设属于公司自己的门户网站。第三，公司经营自己的微信公众号，在公众号上发表最新产品、及时更新行业动态以及产业政策，使广大关注者通过手机就能了解公司的发展状况以及最新行情。

线下销售主要包括以下四个方面。第一，培养销售人员直面客户。第二，利用校友资源，直接联系企业进行推广销售。第三，铺设试验路，通过业内报刊进行产品宣传销售。第四，参加各种产品博览会、技术展览会，在这些会议上努力推广自己的产品和公司品牌，在业内迅速打开市场。公司的产品研发销售流程如图 14-4 所示。

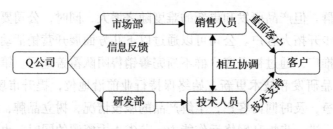

图 14-4 产品研发销售流程图

14.2.6 公司发展规划

Q公司长期立足可持续道路材料研发推广领域，依托全生命周期生态铺面材料实现企业"起步、追赶、超越"。

在初创期，公司依托"硬科技"产品，完成资金、品牌的原始积累。目标客户主要瞄准以下三类：交通基础设施PPP项目中，关注道路后期养护成本的工程总承包；对城市环境敏感的"2+26"个大气污染重点防治城市；以及各城市高起点建设的示范区和新区。

在成长期，公司将完善"全生命周期"铺面，加速技术、服务的工程应用。深入生态道路建设的上下游产业链，提供从"道路生态化建设"到"旧路生态化养护"的系统性解决方案与产品矩阵。

在成熟期，公司将领跑"中国路"建设，打造城镇交通基础设施建设行业头部品牌，全面推进全生命周期生态铺面建设推广，逐步在PPP模式下参与重大项目建设，完成"道路材料供应商"向"基础设施建设方案提供商"的转型升级。

14.2.7 风险分析与对策

1. 市场风险与对策

（1）市场风险。一方面由于公司成立初期，产品功能新颖，品牌知名度较低、影响力小，打开市场存在难度。另一方面，沥青产品属于传统行业，营销模式相对单一，而公司产品由于技术要求较高，相对于市面存在的普通产品，成本价格偏高，在产品的推广上存在一定的风险。国家大力提倡绿色可持续发展，越来越多相似产业涌入绿色交通市场，对公司的市场地位存在一定威胁。

（2）应对策略。经营初期，公司会进一步加强宣传力度，扩大品牌知名度，设定合理的销售价格，保证产品质量和服务质量，坚持诚信为本，维护良好的品牌信誉和形象。公司产品全生命周期生态铺面材料响应了"绿色交通"的方针政策，政府的政策支持有利于产品的前期推广以及后期的技术研发。同时，公司将关注市场需求，了解市场发展趋势，积极进行技术革新。

2. 技术风险与对策

（1）技术风险。随着公司产业链的不断完善，产品生产技术相对成熟，行业内各种相关产品也会不断产生，对公司的技术及营销会造成一定威胁。另一方面，由于高新技术开发研究的复杂性，研究成果向工业化生产的转化过程中，成功率很难预测。同时，行业领域技术研究难度高，后期在产品更新换代过程中能否突破核心技术不能得到明确保证。

（2）应对策略。首先，公司对现有的核心技术要保证其保密性，及时进行专利申请，以保护知识产权，稳固行业地位。其次，公司要不定期地招纳技术性人才，创造良好的研发条件。最后，公司应采取企业、学校、科研机构相互配合、相互促进的发展模式，以便于更快了解现在的技术新动向，同时能够在公司成立初期就享有较好的科研设备及专业人才，有利于技术的研发与更新及核心技术的突破。

3. 经营风险与对策

（1）经营风险。经营初期可能存在以下风险。由于铺面材料费用较高，交易额大，公司成立初期可能会面临资金筹集、周转不足的问题，产生现金流风险，阻碍公司前期发展；发展前期由于人手不足等问题容易造成运营成本过高；管理制度不严密可能导致公司财务混乱，影响公司发展；领导者无法完全准确判断市场发展趋势，对竞争市场没有很好的把握，无法有效做出战略改变，造成公司运营长期处于亏损状态。

（2）应对策略。首先，公司应建立完善的会计信息控制系统和严格的现金和资金支出管理制度，帮助管理者及时地发现细微的异常情况并进行预防。其次，公司以现金流量表为基础建立风险监测系统，将现金流量表的指标进行一定的计算，对公司当前现金流量状况进行评估，将结果直接汇报总经理。最后，公司应对于每类或者每个客户的应收账款变动情况都建立专门的账户进行管理，定期或不定期地进行检查，针对异常情况进行跟踪。

4. 模式风险与对策

（1）模式风险。公司销售的铺面材料属于传统行业，营销模式相对单一，多为直接销售，经营初期容易出现由于宣传不力造成产品销量低甚至滞销的现象。

（2）应对策略。公司在经营前期进行有针对性的产品宣传推广，建立公司网站以介绍产品及公司信息，建立技术论坛收集最新技术，发布最新消息，迅速提高企业知名度，主动联系客户群体推销产品。同时，公司要保证产品的先进性，由于产品集中于中高端领域，技术壁垒明显，在运营初期占领市场就具有较强的竞争力，企业良性运转的概率较大。

14.2.8　创业团队

公司依托高校的可持续道路交通系统研究中心与现代城市生态铺面重点科技创新团队

在生态铺面材料及全生命周期道路演化行为等领域具有良好的研究基础,形成了由资深顾问、研发骨干组成的技术团队和跨学科背景的创业团队。团队成员简介如表 14-3 所示。

表 14-3　团队成员简介

成员	简介
成员一	A 大学公路学院硕士研究生,曾任校学生会主席,有省直机关挂职经历
成员二	A 大学公路学院硕士研究生,发表 SCI 文章两篇,并拥有两项国家专利
成员三	A 大学公路学院硕士研究生,成功组建"青路"创业团队
成员四	A 大学公路学院硕士研究生,担任学生社团联合委员会社联部长,并有两段校园创业经历
成员五	A 大学公路学院硕士研究生,有过两段校园创业经历,并曾是高寒、高海拔地区道路工程国家重点实验室实习生

14.2.9　项目财务分析

1. 资金来源与运用

公司注册资本共计 350 万元(见表 14-4),其中包括创始人、联合创始人自筹 200 万元(含预留股权);自有专利授权书共计 8 项,作为无形资产入股 50 万元;股权融资 100 万元。根据最新的《中华人民共和国公司法》,公司注册资本采用认缴制。认缴制有效提高了企业资本的营运效率,降低了企业成本。

表 14-4　股权结构表

来源	金额(万元)
创始人/联合创始人自筹	200
自有专利授权书(无形资产)	50
股权融资	100
共计	350

公司期初主要将资金运用于启动成本、固定资产投资等方面,运用明细如表 14-5 所示。职工薪酬明细如表 14-6 所示。

表 14-5　期初资金运用明细表

用途	金额(元)	说明
启动成本	20 000	包括公司税务登记、注册商标、法律咨询、银行开户费用等
固定资产投资	100 000	包括购买的计算机等办公用品、实验器材
办公室租金	100 000	包括办公室和厂房的租金
营销推广费用	1 800 000	包括专业媒体广告、电视广告、网络投放等各项广告费用,网络营销、公关营销等各种营销费用
管理费用	600 000	包括水电费、网络费、维修费、差旅费、签订合同费、电话费、公用事业费等日常管理费用
总计	2 520 000	

表 14-6 预计职工薪酬明细（公司成立初期）

部门	人员及人数	月薪（元）
总经理	总经理（1人）	8 000
法务部	法务人员（1人）	5 000
研发部	技术员（4人）	5 000
	安检员（2人）	5 000
市场部	调研人员（2人）	3 000
	销售人员（4人）	5 000
	客服人员（2人）	3 000
人力资源部	专员（2人）	4 000
财务部	财务总监（1人）	5 000
	会计（2人）	3 000
	出纳（2人）	3 000
总计		100 000

2. 盈利能力分析

通过前期的市场调研工作，公司对未来5年销售情况进行了预测，由于公司在运营初期需要打开市场，销量估计较为保守。第一年，公司以少量道路交通基础设施建设单位为销售试点进行产品的推广和使用。第二年，公司在所在城市继续推广产品。第三年，公司在所在省份范围内展开销售，后期进一步在全国范围内逐渐扩展销售对象和市场，增加产品销售渠道，因此销量提升较为迅速。据此预测的盈利能力如表14-7所示。

表 14-7 盈利能力分析表

指标	年度				
	第一年	第二年	第三年	第四年	第五年
净利润（万元）	−26.86	388.073	1 023.01	1 953.042	3 440.696
销售净利率（%）	−1.05	5.71	8.02	7.18	8.10
销售毛利率（%）	17.65	17.65	17.65	17.65	17.65
总资产收益率（%）	−7.08	57.56	84.20	93.72	99.02
净资产收益率（%）	−8.62	75.04	115.40	151.62	175.56

从表14-7中可以看出，公司的盈利能力初期很弱，这是因为公司运营第一年一方面需要与基础建设公司取得合作，打开市场，另一方面需要和相关运管部门、政府等进行业务的联系，获取产品的认可，同时公司要对路段及人员进行相关的检测，保证产品的质量，这使得前期销量小、费用高。但由于产品市场容量较大，一旦得到道路交通基础设施建设单位等相关客户的认可，随着技术和产品的进一步使用和推广，产品的销量将会急剧上升。所以，销售净利率及各项收益率在后期均平稳上升且处于较高水平。

3. 投资收益分析

Q公司的投资收益相关指标估算如表14-8所示。

表 14-8 投资收益指标估算

投资收益指标	估算值
动态投资回收期（年）	1.08
净现值（万元）	2 122
内含报酬率（%）	58.37

通过分析可知，公司在经营期内发展势头良好，5年内共实现利润6 778万元，累计净现值为2 122万元，内含报酬率为58.37%，动态投资回收期为1.08年。公司在未来前5年中盈利水平很强，具有良好的投资潜质。同时，公司的其他各项能力也非常优秀，公司发展前景良好。

14.3 项目分析

14.3.1 创新性

1. 技术创新

团队在产品研发过程中，对原有技术进行改进、突破和创新，提出了一系列新的技术。例如在实现原料循环化方面，团队建立了不同类型（小汽车、载重汽车）废旧轮胎规范化回收和分类体系，开发了对环境和胶粉性能影响较小的废旧轮胎连续常温破碎工艺，并提出了不同等级道路用胶粉产品标准。而国内外均未见同类研究技术，也未建立不同类型废旧轮胎回收体系。另外，团队开发的高掺量胶粉改性沥青关键生产技术提高了胶粉掺量，较国内外同类产品将胶粉掺量由18%～20%提高到33%。可见，团队在实现原料循环化方面的技术具有创新性。关于不同类型废旧轮胎回收处理技术的对比如表14-9所示。

表 14-9 不同类型轮胎废旧回收利用和国内外同类技术对比

车辆类型	本技术产品标准	国内外同类技术	轮胎要素	本技术产品标准	国内外同类技术
摩托车	√	—	胶粉	√	√
乘用车	√	—	裂解油	√	—
客车	√	—	炭黑	√	—
轻型载货车	√	—	纤维	√	—
重型载货车	√	—	钢纤维	√	—

2. 产品创新

研究团队将废旧材料在道路工程中循环利用，研发推出具有"可再生、超静音、会呼吸、自修复"等突出特点的全寿命生态铺面材料，有效解决了城镇道路"建设成本高、声气污染重、使用寿命短"的问题。

目前，国内路面材料行业存在着轮胎利用率与沥青替代率低，生态型铺面材料成本高，沥青微裂缝修复产品应用不足，在尾气处理等功能材料方面缺少核心产品和技术等问题。面对这些问题，团队在技术创新的前提下研发出了全生命周期生态铺面材料，用科学的检测和详细的数据资料表明了产品在材料成本、道路服役性能、使用寿命等方面都获得了突破。

3. 应用场景

现阶段国内外铺面材料产品性能相对单一，通常是针对铺面材料的某一具体环节，没有开发出能够对铺面"生产、服役、养护"全生命周期产生经济效益和环保效益的产品。而团队在我国的交通基础设施建设开始关注工程品质、通车性能、环境效益等基础设施服务供给能力的背景下，研发出了全生命周期生态铺面材料，能满足市场在经济、环保等多方面的需求，开阔了其应用空间。

14.3.2 商业性

1. 技术可行

目前，针对全生命周期生态化铺面材料的生产，团队已掌握了零排放的废旧轮胎胶粉清洁转化技术、高掺量胶粉改性沥青关键生产技术、一种用废旧润滑油制取的沥青再生剂及制取方法、含有再生剂的沥青裂缝自修复微胶囊及其制备方法、一种反应型废旧SBS（苯乙烯－丁二烯－苯乙烯嵌段共聚物）改性沥青再生剂及其制备方法、沥青自愈性的检测装置及检测方法、沥青砂浆损伤自愈性的检测装置及检测方法、评价沥青砂浆损伤自愈合能力的方法等多项技术，能够满足产品生产的技术要求，实现产品在材料成本、道路服役性能、使用寿命等方面的功能和优势。

2. 产品竞争优势

在对产品竞争者的分析中，团队通过市场调研，对行业中现有竞争者的数量、业务内容、盈利状况等进行深入了解，对公司产品的竞争优势总结分析。面对市场现有的竞争者，公司竞争力主要体现为产品技术的领先性，以及从长远角度考虑的经济效益和环境效益。面对市场上的改性沥青价格悬殊较大，质量良莠不齐，铺面材料产品性能相对单一的状况，公司产品作为改性沥青不仅能够通过新的技术降低生产成本，同时能够兼具尾气吸收及自修复功能特点，保证良好品质，形成竞争优势。

3. 市场前景

现阶段，国内废旧轮胎胶粉改性沥青市场、生态型铺面材料市场以及沥青微裂缝修复市场参与竞争的企业数量都很少，不足以满足市场的需求。目前铺面材料产品通常是针对铺面材料"生产、服役、养护"的某一具体环节提出生态化、功能化的解决方案和产品。团队开发的全寿命生态化铺面材料能够针对铺面"生产、服役、养护"的全过程提供生态化解决方案，满足废旧轮胎胶粉改性沥青市场、生态型铺面材料市场以及沥青微裂缝修复市场的多方面需求,在公路工程总承包、公路施工、建设及养护市场具有广阔的发展前景。

14.3.3 团队情况

1. 团队成员分工情况

该创业团队的成员分工情况如表 14-10 所示。

表 14-10　创业团队成员分工情况

成　员	职位
成员一	Q 公司总经理
成员二	Q 公司技术总监
成员三	Q 公司运营总监
成员四	Q 公司营销总监
成员五	Q 公司市场总监

从表 14-10 可以看出,团队分工明确,成员能够根据自己的经验和特长在该团队担任不同的职位,从而起到不同的作用,相互协作,共同完成项目。成员一曾任校学生会主席,并有省直机关挂职经历,综合素质相对较高,因此担任公司总经理一职,可以发挥其组织协调的能力;成员二发表 SCI 文章两篇,并拥有两项国家专利,具有相对较高的学术能力,因此担任公司的技术总监一职,在技术研发方面发挥作用;成员三曾经组建过创业团队,对创业团队的维持和运转有较多了解,因此担任公司的运营总监,对公司的正常运转负责;成员四和成员五都有过校园创业经历,对于一个公司的市场营销方面了解较为深刻,因此分别担任公司的营销总监和市场总监,对产品的市场营销工作负责。

2. 组织架构

Q 公司在公司成立初期采用直线职能制组织结构,其组织结构如图 14-5 所示。

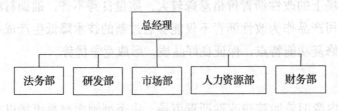

图 14-5　公司组织结构图

直线职能制组织结构快速、灵活、维持成本低且责任清晰,它既保持了直线型结构集中统一指挥的优点,又吸收了职能型结构分工细密、注重专业化管理的长处,从而有助于提高管理工作的效率,有利于刚刚成立的公司进行高效率、低成本的管理工作。

3. 人员配置

公司根据业务的不同模块配置了不同数量的员工。公司在研发部、市场部以及财务部配置的员工较多：将数量较多的人放在研发部、市场部有利于公司集中力量进行产品研发工作和市场营销工作；财务工作关乎一个公司的存在，因此要配置足够的员工保证公司的财务安全，同时也为公司的日常运转提供足够的资金来促进公司的发展。因此，公司的人员配置较为合理。

4. 战略合作伙伴

首先，创业团队与 A 公路养护技术有限公司签订了企业合作意向书，该意向书中规定了 A 公路养护技术有限公司要向创业团队提供产品开发和销售侧重点的建议，并且为创业团队提供产品与技术的销售和应用平台，以及产品的宣传和推销渠道，为该团队的产品销售提供必要的支持和帮助。其次，创业团队与 B 道路材料有限责任公司签订了产品销售合作协议书，委托该公司进行产品销售工作，有利于产品顺利地进入目标市场，占据市场份额。再次，创业团队与 C 道路材料有限责任公司签订了生产委托书，委托其进行产品的生产加工，保证产品不会脱销，满足市场需求。最后，在产品的市场营销方面，创业团队借助校友在交通业的影响力，宣传产品，增加销量，扩大知名度。

14.3.4 社会效益

1. 规模扩张策略

首先，公司完成团队融资并初步选定生产代工企业，依托创业团队长期合作的行业、企事业单位建立全寿命生态铺面材料的销售渠道，通过"专利授权使用、厂家代工生产"模式入围行业，开拓初级市场。

其次，公司将完善公司团队并建立独立生产线，加强"政用产学研"联动，通过科技转移平台、产业技术联盟等合作模式，深入生态道路建设上下游产业链，提供从"道路生态化建设"到"旧路生态化养护"的系统性解决方案与产品矩阵，通过技术迭代、材料升级、成本控制等手段筑牢商业壁垒。公司还将积极参与行业会议及学术活动，依托工程现场会、专题报告、科研论文、行业期刊等渠道进一步塑造企业形象，发掘潜在客户群体。

最后，公司将领跑"中国路"建设，打造城镇交通基础设施建设行业头部品牌，急速推进全生命周期生态铺面材料推广应用，提供覆盖"设计—建设—服役—养护—再生"全生命周期的生态型交通基础设施解决方案，依托在该领域的先发优势，实现公司在功能生态铺面材料行业的领跑。

2. 带动社会就业

公司积极响应交通运输部"绿色交通"的号召，推出"可再生、超静音、会呼吸、自修复"的全生命周期生态铺面材料。首先，Q 公司是一家高新技术公司，为了公司能够健康持续的发展，必然会对产品进行不断研发和创新，因此为社会上具有相关知识的人才提供了就业岗位。其次，Q 公司在公司成立初期，将产品的生产加工委托给外部公司，但是随着公司的成长，公司将建立独立生产线，这必然会增加公司对非技术型员工的需求，为社会增加就业岗位，带动社会就业。最后，该项目能够解决如今废旧轮胎数量较高以及道路病害严重的问题，拥有非常广阔的前景，能够让更多的企业和技术人员参与到该领域中，这将会带动该领域的就业，推动社会的发展。

14.4 优化建议

14.4.1 详细阐述行业市场容量的大小

在项目书中，团队成员通过对现有竞争者、潜在竞争者进行分析，用事实和数据清晰阐述了全生命周期生态化铺面材料在路面材料行业的差异化优势。但在行业的市场容量分析部分，项目书中只对"十三五"以来我国公路建设情况进行了总结，并对我国每年路用沥青的消耗量、常温沥青市场价格以及全国石油沥青行业中有规模的沥青厂家数量进行了简单说明，并未进行详细分析。

单纯的数字罗列不易让读者体会到目标市场容量的实际大小以及市场发展的潜力，若能在数字例证的基础上进一步总结，在表述上加以改进，会使公司产品的市场前景更加令人信服。

14.4.2 阐明技术和产品的持续开发方向

公司的持续发展需要不断进行技术、产品与管理方式的创新。面对潜在竞争者的压力，公司的主要竞争优势在于产品与技术。而公司却没有说出对于产品与技术持续开发的方向。

因此，公司可以对技术与产品持续开发的方向进行补充说明，从而能够使投资人对公司未来的发展与潜力有更加具体的认识和了解。公司可以从研发产品完善的方向以及发展的潜力出发，向读者描绘该产品的发展方向，以增强项目的说服力。

14.4.3 完善商业模式分析

商业模式分析涉及一系列与企业相关的要素，包括公司内部结构、公司在市场中与用户、供应商、其他合作伙伴的关系和连接方式，每一个参与者的潜在利益和相应的收益来源方式等。项目书中的商业模式分析部分主要包括 STP（营销战略三要素）战略、营销战略、营销目标、定价策略、销售预测等，公司的分析更加偏向于市场营销方面，对商业模式中涉及的其他必要的要素却很少提及。

团队可以在项目书中对公司商业模式的其他方面进行更加详尽的描述，向投资人完整地呈现公司运营的模式，以增加该项目的真实性，更易于投资人理解和接受。

第 15 章 · CHAPTER 15

沥青混合料裂缝自愈合剂
道路微型创可贴

15.1 项目概要

沥青路面因其行车舒适的特点，现已成为道路铺面的主要类型。然而，随着交通量和行车荷载的激增以及平均行车速度的提高，沥青路面的实际使用年限远低于设计使用年限，往往建成通车后 1~2 年就出现了严重的病害。裂缝作为沥青路面最为常见的病害之一，不仅破坏路面结构，还为水分进入路面内部提供了通道，加速松散、坑槽等其他病害的发生。

面对这一现实问题，创业团队基于 X-ray CT（X 射线断层成像）研究微裂缝自愈合剂沥青混合料自愈机理及其影响因素，开发沥青混合料微裂缝自愈合剂并进行性能评价。微裂缝自愈合剂内含能提高沥青自愈能力的囊芯材料。当沥青路面内部出现了微裂缝，裂缝尖端的应力会使微裂缝自愈合剂破裂，囊芯材料流出，提高沥青混合料的自愈能力，加速裂缝的愈合，推迟沥青路面早期裂缝病害 1~2 年、延长路面寿命 2~4 年，大大降低沥青路面的裂缝病害、延长使用寿命，进而大幅改善交通服务水平、降低路面维修及其经济资源消耗。

目前项目在技术方面已具有大规模生产加工工艺和成熟的检测评价装置及方法，并且第一代产品已经成功完成了实验室开发和部分室外试验，具有投产面市的初步条件。第二代产品为第一代产品的提升版本，配方目前正在研发，创业团队也已经铺筑了一条沥青微裂缝自愈合剂试验路段，并对其各项性能指标参数进行了记录和分析。此外，项目还拥有两项发明专利作为支撑。

沥青混合料微裂缝自愈合剂从新的角度对沥青路面裂缝处治进行思考，将沥青路面裂缝处治从"发现裂缝再维修"亡羊补牢般的维修方式，转化为以"预防"和"自动化"为核心理念的新型处治方式，填补了国内关于裂缝预防性养护技术的空白。在当前我国沥青道路建设量巨大的背景下，沥青混合料微裂缝自愈合剂在沥青路面建设养护维修市场将有广阔的市场空间和极高的市场价值。

15.2 项目方案

15.2.1 公司简介

A公司作为科研导向型企业，主要致力于沥青混合料微裂缝自愈合剂的研发及互联网营销。公司的主要产品沥青混合料微裂缝自愈合剂是以高新技术、沥青路面管理和养护大数据分析为依托，引用生物自愈能力的概念，在沥青路面的修筑过程中，将包裹着沥青再生剂的微裂缝自愈合剂加进沥青混合料，提升沥青路面的使用寿命，减少沥青路面运营管理中的维修养护费用，降低资源浪费与环境污染，是符合可持续发展理念的新型技术产品。公司主要通过"互联网+"进行技术创新、市场营销与售后服务。

15.2.2 市场分析

1. 社会背景

"十三五"规划时期，我国交通运输发展正处于全面建成小康社会的攻坚期、优化网络布局的关键期、提质增效升级的转型期，将进入现代化建设新阶段。为了培育壮大智能交通产业，就要以创新驱动发展为导向，针对发展短板，着眼市场需求，大力推动智能交通等新兴前沿领域创新和产业化。我国公路事业由于资金、技术等原因，发展势头较弱，尤其是公路路面早期病害的出现，更是在降低路面性能的同时，制约了其他行业的发展。在路面早期病害中，裂缝是最为严重的一种。裂缝的出现严重破坏了行车安全，影响了交通运输业的发展，进而减缓了我国经济的发展速度。因此，对裂缝形成机理和修补技术的研究已经成为各级政府部门、科研机构和各交通单位面临的一个重要课题。

2. 市场背景

沥青路面因其行车舒适的特点，早已成为道路铺面的主要类型。随着我国公路里程逐年增加，沥青路面病害呈现持续增加的态势。我国沥青路面使用量大且仍处于增长期，而我国沥青路面病害频生，实际服役年限并不长，因此我国沥青路面养护维修市场巨大。同时，我国裂缝病害的常用处治办法有诸多缺陷，沥青混凝土微裂缝自愈合剂克服了传统裂缝解决方法的缺点，并且维修效果良好，对比传统方法优势明显。目前我国的市场背景有利于沥青混凝土微裂缝自愈合剂的推广。

3. 目标市场定位

A 公司是集路面微裂缝自愈合剂研发、生产与销售于一体的科技研发企业。公司发展前期设备生产环节交由第三方代工企业生产，随着公司规模的不断扩大，公司将把核心材料的生产纳入公司经营范围内。未来一至三年，公司产品的目标市场为公司所在省份的沥青道路修建、养护及维修。目标客户群体主要是建设单位、施工单位以及养护单位。公司将通过销售、设备租赁、融资租赁等模式为道路交通建设企业以及道路养护公司提供产品和技术支持，满足客户对于延迟路面病害出现、降低路面养护频率以及减少路面养护资金的需求。

4. 市场预测

"十三五"规划阶段是我国全面建成小康社会的关键时期，是深化改革开放、加快转变经济发展方式的攻坚时期。在此时期，未来道路技术的发展，将更多地关注新型路基、路面结构与材料、道路管理与养护以及永久性路面的优化技术。近年来，我国逐渐重视道路的使用年限，政府也大力支持可持续发展，国内的道路养护企业将随之出现大幅增加，市场对于新材料的需求量也将随着提升，因此未来较长的一段时间里，道路自愈新材料的研发与销售将迎来快速发展。该产品可以大大延长沥青路面的使用寿命，符合今后的发展趋势，市场前景广阔。

15.2.3 产品与技术

1. 产品原料

该团队开发的沥青混合料微裂缝自愈合剂是一种封闭式的粒状材料，主要由囊壁、囊心和包裹材料三部分组成。囊壁材料是一种具有储存特性的吸附材料，一方面它能够将囊心储存起来，另一方面，囊壁材料还应具有一定的力学强度。通过分析对比，团队选择膨胀珍珠岩作为囊壁。囊心材料是微裂缝自愈合剂混合料后期发挥愈合性能的关键材料，通过比选，团队以某种沥青再生剂作为囊心材料。包裹材料一方面能够对囊心起到包裹作用，防止在高温环境下，混合料搅拌及成型过程中微裂缝自愈合剂过早破裂而囊心材料提前流出，保证微裂缝自愈合剂能够在路面出现裂缝时释放出修复剂，达到治愈裂缝的效果；另一方面，包裹材料在包裹囊壁和囊心后还能易于分散，便于微裂缝自愈合剂的制作与收集。第一代产品的组成如图 15-1 所示。

2. 产品的作用机理

沥青路面在长时间使用后，沥青本身会产生老化现象，再加上路面车辆行车荷载的反复加载作用，沥青混合料会产生裂纹，裂纹顶端应力集中从而破坏嵌入的微裂缝自愈合剂，破裂后的微裂缝自愈合剂会释放出修复剂。在温度等条件合适的情况下，修复剂利用毛细管虹吸作用渗透至破裂处与沥青接触并发生作用，达到修复裂缝的目的。产品的修复机理如图 15-2 所示。

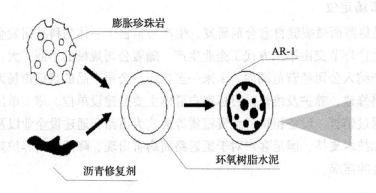

图 15-1　第一代产品沥青混合料自愈合剂的组成

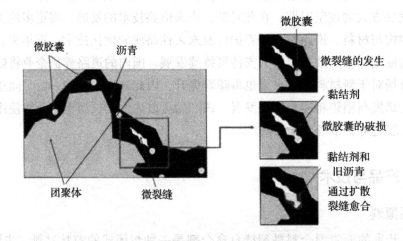

图 15-2　微裂缝自愈合剂修复机理

3. 产品的效果

公司产品已具有大规模生产加工工艺，并具有成熟的检测评价装置及方法。根据使用高频疲劳试验机进行疲劳试验的结果，可以得出在沥青混合料中掺入适当数量的沥青微裂缝自愈合剂可以有效提高沥青路面使用寿命的结论。

15.2.4　经营状况分析

该项目属于创意组的参赛项目，尚未真正成立公司，但已经取得了一系列的创新成果。沥青混合料微裂缝自愈合剂是基于 X-ray CT 研究微裂缝自愈合剂沥青混合料自愈机理及其影响因素而开发的产品，团队成员在该领域的期刊上已发表核心论文，该项目是将高校科技成果转移转化的结果。目前，项目已获得了两项发明专利，并且产品也具有了大规模生产加工工艺和成熟的检测评价装置及方法。

15.2.5 竞争分析

1. 潜在竞争者分析

截至 2017 年，我国没有专门从事研发生产道路裂缝自愈材料的大型厂家，生产混凝土外加剂的厂家为 482 家，其外加剂总产量达 123.5 万吨，主要生产产品以减水剂、速凝剂、缓凝剂、复合型外加剂为主，少量公司生产自愈混凝土。通过对这些外加剂生产厂家的调研发现，目前国内虽然存在道路裂缝自愈材料的需求，但是没有企业能够自主研发并销售这类材料，可见公司虽然不具有资本优势，但是仍然可以凭借科研实力进入道路新材料研发生产行业。

关于产品的潜在竞争者方面，该产品作用为修复沥青路面裂缝，延长沥青路面使用年限。其面向的市场为国内外公路修筑及养护行业。该产品广义的竞品为传统的沥青路面养护维修方法，如灌缝撒料、雾状封层技术、全面翻修等，还有一些新型的沥青路面维修方法，如沥青再生法、电磁加热法等。传统的沥青路面养护方法费时费力，效率低下，污染环境，影响交通，而其他新型沥青路面维修方法的自动化程度不如该项目提出的"沥青混凝土自愈"这一理念。产品与潜在竞争者的对比分析如表 15-1 所示。

表 15-1 产品潜在竞争者对比

沥青路面修复方法	沥青混合料微裂缝自愈合剂		传统修复方法			新型维修方法	
	第一代微裂缝自愈合剂（毫米级）	微裂缝自愈合剂（微米级）	灌缝撒料	雾状封层技术	全面翻修	沥青再生法	电磁加热法
修复效果	3	3	1	3	3	2	2
成本	2	1	3	3	1	1	2
是否影响交通	3	3	2	1	1	1	2
技术壁垒	3	3	1	1	1	2	2
实现难易程度	3	2	3	3	3	2	2
自动化程度	3	3	1	1	1	1	3
设备要求	2	1	3	3	3	2	1
是否污染环境	3	3	2	2	2	1	2
总评	22	19	16	17	15	12	16

注：修复效果越好，成本越低，对交通影响越小，技术壁垒越高，实现难易程度越低，自动化程度越高，对设备要求越低、对环境影响越小，得分越高。每项最高三分。

除此之外，公司是以路面微裂缝自愈合剂研发为核心，属于轻资产型企业，其他企业进入的市场门槛较低，公司在较长的一段时间内将有可能面对大量的潜在竞争者。潜在的竞争者主要是具有较好科研实力的团队、科研单位的自主创业，以及第三方材料加工商、材料生产商的纵向一体化和普通材料研发企业的横向一体化。

虽然市场存在潜在竞争者，但公司拥有完整的设计理念，以及较强的专业能力，在科研方面具有其他企业不可比拟的优势，只要公司能够抓住发展机遇，致力于科研实力的提升，公司将形成技术壁垒，从而将降低运营风险。

2. SWOT 分析

团队全面分析公司的外部环境和内部环境,按照 SWOT 方法对公司的优势、劣势、机会、威胁进行统计归类,结果如表 15-2 所示。

表 15-2 A 公司 SWOT 分析

SWOT 分析	优势(S) 1. 科技研发优势 2. 公司产品优势 3. 主导性市场优势 4. 经营管理优势	劣势(W) 1. 公司资金不够充足 2. 产品品种单一 3. 品牌知名度低
机会(O) 1. 道路自愈养护材料的研究及推广 2. 国家对循环经济推动的新要求及对公路养护企业的大力支持 3. 国内道路养护需求量大,在养护过程中对施工过程有一定影响 4. 国内现有的常见路面养护方法费时费力且经济效果不佳	SO 战略 (发挥优势、把握机会) 1. 依托公司现有产品迅速占领养护材料市场 2. 积极响应国家政策,争取和国家大型交通建设企业及养护公司合作 3. 扩大公司生产规模,以实业推进研发 4. 夯实企业科研实力	WO 战略 (利用机会、克服劣势) 1. 把握政府导向,抓住发展机遇,有重点有步骤地开展企业融资,积极争取其他企业投资 2. 开展订单式的经营模式,降低企业运用过程中所需的周转资金 3. 全力推进与大公司的合作,提升公司的行业知名度 4. 拓展公司产品经营范围,设计能够满足市场需求的微裂缝自愈合剂
威胁(T) 1. 道路裂缝自愈材料研发及生产商越来越多,市场竞争加剧 2. 第三方产品生产企业数量相对较少 3. 目前投入使用裂缝自愈材料的技术较少 4. 道路工程行业发展对政府政策的依存度较高,但目前针对养护方面的政策较少	ST 战略 (利用优势、回避威胁) 1. 发挥公司的科研实力,拓展对微裂缝自愈合剂的研究,提高微裂缝自愈合剂的使用率 2. 培养和引进人才,加强公司产品的竞争实力 3. 依托品牌效应和规模化管理优势提升企业营销推广 4. 树立协作意识,加深与第三方生产企业的合作,促进企业的共同发展 5. 巩固公司行业地位	WT 战略 (减少劣势、规避风险) 1. 拓展开发企业产品,开发不同类型的裂缝自愈材料 2. 有效规划企业资金分配,加快企业发展,应对市场竞争压力 3. 分析裂缝自愈材料市场 4. 择机发展微裂缝自愈合剂在混凝土产业的发展

15.2.6 市场营销

1. 营销理念

公司的营销理念为"践行可持续发展理念、领跑行业发展"。公司立志于推动沥青混合料微裂缝自愈合剂的实际应用、全面提高沥青路面使用寿命,将"践行可持续发展理念、领跑行业发展"的理念贯穿于市场营销的整个过程,充分利用公司的技术优势,利用科技力量确保沥青路面使用寿命大幅提高,进而推动我国乃至世界道路建设和养护事业的发展。

2. 营销计划

公司采取以高校为主的内部营销和以互联网及销售网点为主的外部营销相结合的方式,形成"以内为主,由内及外,内外相辅"的格局。产品的内部营销以 A 大学为基础,主要从校友推广、学校网站推广与学校活动推广三个方向进行。对于互联网以及销售网点为主的外部营销方案,公司建立以生产基地为中心的销售网络,按照重点企业所在地划分区域，每一省设一个分销中心，由专业人员开发市场，并且负责监督这一区域的销售工作和二级网络的建设。与此同时公司将建立网站与客户资源管理库，积极推动公司网络经销的开展，适时开展电子商务，收集反馈信息，并采取相应的措施，保证产品顺利进入市场。

利用多元化的销售渠道和推广方式，团队能够尽快提高产品的知名度，推动产品快速进入目标市场。公司的销售渠道包括厂家直销、网络交易、代理销售以及展会销售。推广方式包括校友会推广、学校网站推广、学术会议推广等。

15.2.7 公司发展规划

沥青混合料微裂缝自愈合剂定位于沥青道路建设养护维修行业，依据对现有市场背景的分析，团队制定了未来 5 年在产品、市场、研发、财务方面的目标。并将未来 5 年分为创业起步、市场渗透、市场拓展 3 个发展阶段。未来 5 年的战略实施步骤和实施要点如表 15-3 所示。

表 15-3　基于互联网的沥青混合料微裂缝自愈合剂应用推广战略实施要点

阶段	时间	主要战略	说明
第一阶段	第一年	创业起步，立足 S 省内市场	初期以 S 省内道路建设企业为合作重点，进行产品测试，提高产品的知名度，争取第一年占有省内市场
第二阶段	第二年、第三年	渗透 S 省周围市场	扩大经营范围，加强与省周边地区的道路工程企业的合作，打出知名度
第三阶段	第四年、第五年	拓展全国市场	巩固已有市场的同时，向全国推广公司产品，进行业务拓展

15.2.8 创业团队

A 公司的团队组成及分工如表 15-4 所示。

表 15-4　项目团队成员组织构架分工

团队	项目成员	主要工作
技术团队	创业顾问	产品设计
	成员一	负责技术开发与推广、样品制作及产品检测、后期优化及设备测试等
	成员二	负责人力资源规划管理、招聘管理、薪酬制度及人员管理、绩效评价政策制定、内部人员培训等
	成员三	
	成员四	公司日常财务核算；参与公司的经营管理；进出账务及成本处理；销售统计、复核工作等
	成员五	客户资料管理，对客户进行不定期回访，投诉处理，参与营销活动，协助市场销售
	成员六	销售市场调研、产品的策划和推广；撰写营销方针；招商引资；市场拓展、产品销售等
	成员七	
投资团队	B 科技有限公司	资金投入

15.2.9 项目财务分析

1. 资金来源与运用

公司注册资本为 2 500 万元，公司创业团队注入初始资金 500 万元，占公司资金结构的 20%；公司以专利技术等无形资产入股，技术经专业资产评估机构估价为 500 万元，占资金总额的 20%；由于公司的专利技术被 B 科技有限公司看好，所以作为风险投资投入资本 500 万元，占公司股本总额的 20%；其他风险投资为 1 000 万元，占资金总额 40%。此外，为了保证公司经营资金链的正常运作，公司初期需要外借资金 500 万元，为银行三年期长期贷款，贷款利率为 6.15%，用作流动资金，同时考虑到合理的负债比例，公司的资产负债比为 1 : 6。

资金主要用于公司开始营业初期的材料费、支付给加工商的加工费、办公场地的租赁、直接人工以及其他各类期间费用等。其中支付给加工商的加工费和初期的宣传广告费用是资金使用的主要去处。公司初始运营（第一年）成本费用明细如表 15-5 所示。

表 15-5 成本费用明细表

项目	单价（万元）	数量（人）	共计（万元）
主营业务成本	2 009.7		2 009.7
开办费	1.8		1.8
商标注册	0.18		0.18
广告费	5		5
房租费	8		8
试验仪器	20		20
直接人员工资	1.5	12	18
	1.0	72	72
	0.6	360	216
	0.8	72	57.6
业务招待费	20.3		20.3
差旅费	5.2		5.2
其他费用	36		36
合计			2 469.78

2. 投资收益分析

主要假设：公司的委托加工商信誉足够良好，能准时生产公司所需的产品。公司在未来五年内，不存在破产风险。投资现金流量如表 15-6 所示。

假设资金成本为 10%，运用计算公式得出投资净现值，由计算出来的数据可得净现值远大于 0，计算期内盈利能力很好，投资方案可行；通过净现金流量、折现率、投资额等数据用插值法计算，投资回收期为两年半左右。由此可见在计算期内投资方案可行；根据现金流量表计算内含报酬率，结果显示达到 23%，远大于资金成本率 10%，主要因为公司设备技术含量高，且具有独占性，使得销售利润率较高，而且前 5 年市场广阔，盈利空间惊人，市场增长性很好。

表 15-6 投资现金流量表 （单位：万元）

项目	初期	第一年	第二年	第三年	第四年	第五年
固定资产投资	37.4					
流动资金	2 458.63					
销售收入		2 425	5 821	10 584	22 176	38 808
减：变动成本		2 009.7	4 324.3	7 207.2	13 860	24 255
减：固定成本		448.93	463.27	732.74	1 058.33	1 235.01
税前利润	2 500	−33.63	1 033.43	2 594.06	7 257.67	13 317.99
减：税收		0	134.25	367.85	1 066.54	1 976.70
税后利润	2 500	−33.63	899.18	2 226.21	6 191.13	11 341.29
加：折旧		7.6	2.84	3.25	2.92	1.48
加：无形资产摊销		18.75	18.75	18.75	18.75	18.75
净现金流量	2 500	−7.28	920.77	2 248.21	6 212.80	11 361.52

3. 盈利分析

公司若被认定为高新技术企业，则可以在税收方面享受高新技术企业的税收待遇，即在公司盈利前两年可以享受免税待遇，以后年度减按 15% 增收企业所得税。公司遵循 2014 年新修订的企业会计准则制度进行会计核算和处理。

公司的存货控制采用"先进先出"的方法。技术研究设备使用寿命为 10 年，期末无残值，按直线折旧法计算。该项目初期投资为 2 500 万元，预计 85% 形成固定资产，15% 形成无形资产。无形资产采用直线法进行摊销，摊销年限为 8 年。公司自盈利之年起以净利润的 30% 分红。公司的财务预测时间暂定为 5 年，盈利情况如表 15-7 所示。

15.3 项目分析

15.3.1 创新性

1. 工艺创新

该团队的产品在道路裂缝修补方法与技术方面具有创新性，其创新性对延长道路寿命，减少路面养护工作以及促进我国公路事业的发展等具有一定价值。

国内目前尚未建立健全预防性养护理念和应用体系，以应急性养护为主的沥青路面养护方法和目前常用的裂缝病害处治办法比较落后，效果不佳，且耗费人力物力。团队基于 X-ray CT 研究微裂缝自愈合剂沥青混合料自愈机理及其影响因素，将高校科技成果转移转化，开发了沥青混合料微裂缝自愈合剂并对产品进行性能评价。这一产品能在沥青路面内部出现裂纹和损伤时及时感知并主动修复，提高沥青混合料的自愈能力。与传统的道路裂缝修补方法相比，沥青混合料微裂缝自愈合剂的应用在资源节约、减少污染、延长路面寿命、保持路面性能上具有很大优势。

表 15-7　利润表　　　　　　　　（单位：万元）

项目	第一年	第二年	第三年	第四年	第五年
一、主营业务收入	2 425	5 821	10 534	22 176	38 808
减：主营业务成本	2 458.63	4 787.57	7 939.94	14 918.33	25 490.01
二、主营业务利润（亏损以"-"号填列）	-33.63	1 033.43	2 594.06	7 257.67	13 317.99
加：其他业务利润（亏损以"-"号填列）	6.9	16.6	27.7	55.4	97.0
减：销售费用	72	72	86.4	100.8	126
管理费用	78	78	78	90	96
三、营业利润（亏损以"-"号填列）	-176.73	900.03	2 457.36	7 122.27	13 192.99
营业外收入					
减：营业外支出	5	5	5	12	15
四、利润总额（亏损以"-"号填列）	-181.73	895.03	2 452.36	7 210.27	13 177.99
减：所得税	0	134.25	367.85	1 066.54	1 976.70
五、净利润（亏损以"-"号填列）	-181.73	760.78	2 084.51	6 143.73	11 201.29

2. 应用场景

未来道路技术的发展将更多地关注于新型路基、路面结构与材料、道路管理与养护以及永久性路面的优化技术。在这一背景下，沥青混合料微裂缝自愈合剂的应用不仅能提高沥青混合料的自愈能力，延长沥青路面的使用寿命，而且顺应了国内沥青路面养护技术由应急性和矫正性养护向预防性养护转变的趋势，从而在传统沥青路面裂缝修复方法不能满足的领域发挥作用。沥青混合料微裂缝自愈合剂不仅适用于高等级公路，对于低等级公路、乡村公路也同样适用并可以取得良好的效果，公司产品无论在公路建设市场还是在公路养护市场都具有广阔的应用空间。

3. 市场营销

在营销方式上，公司采用以高校为主的内部营销和以互联网及销售网点为主的外部营销相结合的方式进行产品销售。这种营销方式能够充分利用各方资源，将内部营销与外部营销结合、线上与线下结合。这一方式顺应了"互联网+"的时代背景，也能够充分利用互联网在多元化信息传播上无可比拟的优势。

15.3.2 商业性

1. 技术可行

团队经过多次实验，成功开发了主要由囊心、囊壁和包裹材料三部分组成的沥青混合料微裂缝自愈合剂。该产品已具有大规模生产加工工艺，并具有成熟的检测评价装置及方法。团队目前拟开发三代产品。第一代产品已经成功完成了实验室开发及部分室外试验，具有投产面市的初步条件，团队对产品技术的后续改进方向也在项目书中进行了具体说明。可以看出，团队在产品开发与生产技术方面具有可行性。

2. 产品竞争优势

团队成员将国内目前研发的3种沥青混合料微裂缝自愈合剂从原材料成本与加工成本、每公里成本以及微裂缝自愈合剂掺量质量百分数三方面进行了对比，得出结论为相对于另外两种沥青混合料微裂缝自愈合剂，公司产品的原材料成本、加工成本和每公里的成本较低，因此公司产品将在价格方面具有无可比拟的优势。

团队成员也将沥青混合料微裂缝自愈合剂与产品潜在竞争者从修复效果、成本、是否影响交通、技术壁垒、实现难易程度、自动化程度、设备要求、是否污染环境等多方面进行了对比分析。分析结果表明，沥青混合料微裂缝自愈合剂的综合优势较大。产品能够在保障维修效果的同时克服传统解决办法的缺点，解决建设单位、施工单位以及养护单位对于延迟路面病害出现、降低路面养护频率以及减少路面养护资金等多方面的需求，在市场内具有很强的竞争力。

3. 目标市场容量及市场前景

沥青路面为我国道路铺面的主要类型，团队成员对我国2011～2016年公路养护里程走势、2016～2018年各省高速公路建设规划、2018年全国新建高速公路里程分布图、2018年全国交通建设投资分布图以及2002～2015年我国重要公路的大中修需求量、普通公路的大中修需求量等资料进行整理，用丰富的数据和图表展示了我国沥青路面使用量大且仍处于增长期的现状。团队成员也用现实中存在的问题做例证来说明沥青路面裂缝普遍性的问题。另外，团队也对国内相关产品生产厂家进行了调研，发现目前国内虽然存在道路裂缝自愈材料的需求，但是没有企业能主要研发并销售这类材料，而该项目团队成员创立的公司将是国内唯一一家能够实现研发、生产及销售一体化的公司，这种差异化能够帮助公司在国内道路材料市场上获得一定的竞争优势。可以看出，在我国公路总里程逐年增加，公路养护、翻修需求与投资越来越大的情况下，该产品的市场容量及前景是非常乐观的。

15.3.3 团队情况

1. 团队成员配置

沥青混合料微裂缝自愈合剂研究团队主要由技术团队和投资团队两部分组成。团队成员各司其职，共同维持公司的运营。

该团队的人员配置情况完整且合理，在生产技术方面由创业顾问总负责，成员一负责协助。公司人力资源管理方面由成员二和成员三共同负责，负责的工作包含了人力资源管理工作的各大环节，能够为公司人员招聘、绩效考核、薪酬发放等工作提供有力支持。而公司非常重要的营销活动是由成员六和成员七共同完成，他们负责制定符合产品特色的销售策略，开发市场，同时进行产品推广，扩大产品的市场影响力。除此之外，由成员四负责公司的财务核算并参与公司的经营管理。成员五独立负责客户管理工作，并促使客户管理与营销活动衔接，使公司不同方面的活动相互促进，从而更有利于营销活动的开展。

2. 股权结构

A公司注册资本为2 500万元，股本结构与规模如表15-8所示。

表15-8 资金结构

资金结构	资金来源			
	风险投资	自有资金	技术估价	总额
金额（万元）	1 500	500	500	2 500
比例（%）	60	20	20	100

股本结构中，由公司的创业团队注入初始资金500万元，占公司资金结构的20%。另外，公司将以专利技术等无形资产入股，技术经专业资产评估机构估价为500万元，并且随着公司设备需求市场的不断扩大，未来还有很大的价值提升空间，这部分目前占资金总额的20%，故公司控股占资金总额的40%。与此同时，B科技有限公司认为该专利技术拥有很广阔的前景，因此为了建立长期的合作关系，投入资本500万元作为风险投资，占公司股本总额的20%，对公司的经营决策能够产生一定的影响。公司还需外部的风险投资1 000万元，占资金总额40%。因此，创业团队能对公司的经营决策起到整体上的控制。

3. 战略合作伙伴

首先，研究团队与B科技有限公司达成了沥青混合料自愈合剂的投资意向书，通过向对方展示研究项目广阔的远景和未来的潜力，成功寻找到了有力的资金支持。其次，研究团队拟与S省交通运输厅勘察设计研究院合作，以产品开发及应用研究项目为依托，开展深层次、高水平的研究，使该研究项目获得有力的外部支持。其次，研究团队与C建材厂达成了产品委托加工生产合作，委托对方进行大规模的产品生产工作，为该项目实现商业化打下坚实的基础。最后，在制订产品的营销方案时，公司选择高校作为内部营销的基础，通过该平台内的道路领域专业人才为公司的产品宣传与推广，打响品牌，形成示范效应。

15.3.4　社会效益

1. 规模扩张策略

通过竞争分析和市场预测，结合行业现状和国家政策，团队制定了公司的整体战略。为实现公司的总体战略，团队设定了公司运营在未来 5 年内的战略目标，包括产品目标、市场目标、研发目标、财务目标。对于产品的发展，公司计划在 1 年内完善沥青混合料微裂缝自愈合剂掺加流程改进，使其能够和现有沥青路面铺装无缝对接。在市场发展上，公司计划 3 年内将微裂缝自愈合剂养护方法打造成为公司所在省份知名的沥青路面建设养护方法，5 年内将公司经营范围扩张到周边地区，并逐步向全国市场进军，不断扩大市场份额，同时相应地调整研发和市场战略。在研发方面，公司计划通过 3 年的努力，研发出自愈效率更高的沥青混合料微裂缝自愈合剂。在财务方面，公司计划通过 5 年的努力，对沥青混合料微裂缝自愈合剂进行商业推广，项目营业收入将达到 5 200 万元，利润将达到 1 400 万元，项目总投资收益率将达到 15%。

2. 带动社会就业

首先，团队利用自身的技术优势为解决我国沥青路面的养护问题贡献了新的方法，其成立的 A 公司必然会需要大量的具备路面结构与材料方面知识的技术性人员，以及具有丰富经验的公司管理方面的人才，公司对人才的需求能为社会中具有相应知识的人员提供大量的就业机会。其次，A 公司成立之初将生产制造的任务委托给外部公司，这将会提高相应生产加工工厂的用人需求，增加大量的就业机会。最后，团队关于沥青路面养护问题的解决方法将会促进该专业领域对这一问题的进一步研究，从而推动这一领域的发展，同时也促进了社会的发展。

15.4　优化建议

15.4.1　具体说明公司应对产品潜在竞争者的方案

在针对公司潜在竞争者进行分析时，该项目团队所创立的公司以路面微裂缝自愈合剂研发为核心，属于轻资产型企业，其他企业进入该市场相对容易，公司在较长的一段时间内将有可能面对大量的潜在竞争者。在公司成立初期，面对这一问题，如何使公司在众多竞争者中脱颖而出，团队成员需要多方考虑，从而给出合理可行的具体方案，项目书中针对这一问题的解决稍显不足，从而说服能力较弱。

团队成员可以借助公司在科研实力、产品、经营管理等方面的优势，深入挖掘或创造本公司与竞争者之间的差异，利用差异化来应对竞争，同时维持产品的成本优势。另外，公司也可以考虑与竞争对手形成合作关系，把对手变成合作伙伴，资源共享，优势互补，为企业创造更大的价值空间。

15.4.2 分析公司面临的风险并提出应对措施

任何一个创业项目真正实现的过程中必然会面临着各种各样的风险，包括市场风险、管理风险、财务风险等，公司需要具备发现潜在风险并有效应对的能力，但是公司在该创业项目的项目书中没有体现这点。

团队可以在项目书中加入"风险分析及对策"一章，具体分析列举公司在进入目标市场、成长与发展过程中可能会面临的技术风险、财务风险、市场风险以及管理风险，同时制定出较为完备的措施以应对风险。这样可以使整个项目更加完整，同时也会增加项目的说服力和可信度。

第 16 章 · CHAPTER 16

透水性玻璃沥青道路材料
废弃玻璃变废为宝

16.1 项目概要

现阶段沥青路面在我国城市道路中的应用极为广泛，但难以满足城市道路的排水要求。废弃玻璃是一种典型的固体废弃物，既给人们的生产和生活带来了不便，又占用了宝贵的土地资源，还增加了环境负荷。大量废弃玻璃如何有效再利用的问题亟待解决。

为响应海绵城市发展号召，提高城市道路排水效率，实现废弃玻璃的回收再利用，项目团队对废弃玻璃资源进行转化，将废弃玻璃破碎后与新集料、新沥青、外掺剂等按照一定配合比例重新混合，研发了透水性玻璃沥青混凝土。该新型材料不仅有效处理了废弃玻璃旧料，同时具有辅助夜间行车照明、路面防涝以及助力海绵城市等多方面功能。此外，产品形成过程中的多项技术创新解决了玻璃破碎过程中存在的安全隐患、易堵塞、破碎效率低以及玻璃集料沥青混凝土制备过程中存在的黏附性差、水稳定性不良等技术难题。

现阶段，项目研究成果经试用得到了目标用户的充分肯定和认可。与传统道路材料相比，玻璃沥青混凝土路面节约了路面材料成本，降低了工程造价，具有更好的光学效果以及透水性能，使用寿命长，质量高。新型玻璃沥青道路材料在公路工程中的应用对发展环保事业、保证公路工程质量、降低养护费用、提高资金利用率有极其重要的意义。

16.2 项目方案

16.2.1 公司简介

XL 材料科技有限责任公司针对当前能源与资源紧缺、新能源的兴起、环境友好型创新型社会模式的建立及废物回收高效利用趋势，提出了将废弃玻璃作为集料掺入沥青合成一种新型的玻璃沥青混合料的新思路。公司以"海绵城市"道路系统综合设计与质量检验、废弃玻璃回收与资源化利用、玻璃集料加工及改性、玻璃集料透水性沥青混凝土路面施工为主营业务，进行产品和服务的市场营销与推广，推动公司可持续发展。XL 材料科技有限责任公司积极响应"海绵城市"建设号召，在透水性城市道路建设中开拓出一种废弃玻璃资源化循环利用的新途径，为建设资源节约型、环境友好型社会贡献出了自己的力量。

16.2.2 市场分析

1. 项目背景

（1）政策环境。交通运输部在发布的《关于全面深入推进绿色交通发展的意见》中强调全面深入推进绿色交通发展和绿色基础设施创建，建成布局科学、生态友好、清洁低碳、集约高效的绿色交通运输体系；《国务院办公厅关于推进海绵城市建设的指导意见》中明确，通过海绵城市建设，最大限度地减少城市开发建设对生态环境的影响，将 70% 的降雨就地消纳和利用。到 2020 年，城市建成区 20% 以上的面积达到目标要求；到 2030 年，城市建成区 80% 以上的面积达到目标要求。当前国家重点鼓励发展水利工程新型材料开发制造、公路工程新材料开发及生产、城市基础设施建设、城市地铁及公共交通建设、城市道路建设等产业、产品和技术，以实现可持续发展战略。综上，政府对环保节能产业和道路修建养护的大力支持都预示着新型玻璃沥青道路材料的大好前景，为研发道路材料开辟了极其广阔的市场空间。

（2）社会环境。联合国的统计数据表明，全球固体废渣中有 7% 为废弃玻璃。目前除了很少一部分可被回收利用外，更多的废弃玻璃以废物的形态被抛掷到荒地填埋掉。我国城市化进程不断加快，玻璃废弃物的数量也急剧增加，不仅给人们的生活带来了不便，同时占用了土地，破坏了生态环境，加重了环境压力，也浪费了资源。

（3）环保、经济环境。国内河川砾石的开采已经到达一个极值，很多地区资源已经开始枯竭，以废弃材料取代部分粒料，可以弥补市场河砂等建筑材料供应不足的劣势，进一步开拓了材料市场。

2. 市场需求痛点

沥青路面被广泛地应用于我国公路建设，且逐步取代传统的水泥路面。在我国已建成的城市道路中，80% 以上的路面为沥青路面。然而，随着气候变化，城市因排水不通畅而造成的内涝灾害屡见不鲜，普通的沥青路面难以满足城市道路排水要求。

同时，"海绵城市"鼓励低影响开发建设模式，使有条件的地区对现有硬化路面进行透水性改造，将 70% 的降雨就地消纳和利用，提高对雨水的吸纳能力和蓄滞能力，增强城市防涝能力。

据统计，我国每年产出废弃玻璃为 450 万～700 万吨，占城市生活垃圾的 3%～5%，但回收率仅为 10% 左右。目前除了很少一部分可被回收利用外，更多的废弃玻璃是以废物的形态被抛掷到荒地填埋掉，这不仅给人们的生活带来了不便，而且占用了土地，破坏了生态环境，浪费了资源。如何合理处理废弃玻璃资源，提高其回收利用率，已经成为全球关注的热点，也是现代科技工作者必须面临和解决的一个问题。

3. 目标市场

产品可应用于人行道的道路面层、校园道路、公园步行道和停车场等低等级道路以及城市周围交通流量不大的公路，适用范围广。在市场细分的基础上，公司选择公路建设施工单位、高速公路养护单位、公路管理运营单位、科研机构四类群体作为目标市场，目标市场描述如表 16-1 所示。

表 16-1　目标市场情况

供求单位	特点	代表性单位
公路建设施工单位	需求量大，季节供应性强，对价格要求高	HL 公路工程有限公司
高速公路养护单位	对于价格要求较为宽松，注重产品质量	H 公路集团有限公司
公路管理运营单位	产品质量要求高，希望减少道路检修次数，长期稳定盈利	C 省高速公路养护工程有限公司
科研机构	需求量较小，研发技术先进，实验设施和条件良好	B 大学公路检测中心

对于公路建设施工单位，其总体特点为需求量大、季节供应性强、对价格要求高、项目款项回收慢、受终身责任制约束，详述如下。

需求量大。以玻璃集料沥青混合料为例，在城市道路中，大多数为双向 6 车道路面，宽为 15 米，根据施工中沥青用量，团队计算求出每公里路面需要 750 立方米的玻璃集料沥青混合料，沥青混合料的质量是 1 800 吨，6 车道路面每公里废弃玻璃需求量是 270 吨。废弃玻璃需求量大。

价格要求高。施工承包商是沥青混合料的直接交易方，承包商的主要目标是降低成本且保证质量。X 工程有限公司生产的沥青混合料价格在 120～140 元每立方米。

16.2.3　产品与服务

1. 产品概述

项目针对当前能源与资源紧缺、新能源的兴起、环境友好型创新型社会模式的建立及废物回收高效利用趋势，提出了将废弃玻璃作为集料掺入沥青合成一种新型的玻璃沥青混合料的新思路。

透水性玻璃沥青混凝土是将废弃玻璃破碎后与新集料、新沥青、外掺剂等按照一定比例重新混合，形成满足沥青路面性能要求的新型沥青混凝土。这种绿色环保玻璃沥青混凝土的利用不仅能有效处理废弃玻璃旧料，解决废弃物对环境的污染问题，节约大量的新材料，降低工程造价，还能增强路面多点漫反射效果，改善道路行车环境的可视度，起到良好的交通诱导作用。除此之外，项目从城市道路排水效率方面着手研究道路材料性能，相比于传统密实防水的黑色沥青路面，这种新型道路材料实现了沥青路面的透水性，可用于海绵城市道路交通工程领域，结合新型道路排水系统，可以有效减轻因降水量过大而引起的城市内涝灾害，加强了城市道路对雨水的吸纳能力和蓄滞能力，具有补充地下水、减小城市地表径流、降低城市热岛效应等优点，具有巨大的经济和社会效益。公司产品与主营业务如表 16-2 所示。

表 16-2　公司产品与主营业务

产品	主营业务
各类规定粒径的玻璃集料 玻璃集料黏附性纳米改性剂 玻璃集料透水性沥青混凝土（成品）	海绵城市道路系统综合设计与质量检验 废弃玻璃回收与资源化利用 玻璃集料加工及改性 玻璃集料透水性沥青混凝土路面施工

2. 项目特点

（1）实质性技术特点。废玻璃破碎后再经筛选，具有跟矿质集料相近的密度、粒径等物理性质以及相类似的化学成分。但是，玻璃中二氧化硅含量较高，其与沥青的黏附性较差，会诱发沥青混合料水损坏。创业团队通过外掺纳米金属氧化物等技术改善了玻璃集料与沥青的黏附等级，克服了水稳定不良的技术难题。

（2）科学性。团队在既有研究成果的基础上对废弃玻璃循环利用和海绵城市透水性道路建设等方面开展了较为全面的调查分析，对其中存在的不足和蕴含的科学问题有着较为深入的理解和掌握。项目组依托特殊地区公路工程教育部重点实验室，在指导教师的指导下进行了实施方案的科学规划，试验条件先进，试验方法标准，分析方法可靠，具有科学性和可参考性。

（3）先进性。通过研究，团队实现了废弃玻璃的资源化循环利用，新技术有助于废物利用和环境保护，且变废为宝，具有良好的经济性，符合可持续发展战略。相比于传统密实防水的黑色沥青路面，新型透水性玻璃沥青道路材料实现了沥青路面的透水性，且具有一定的亮度，符合"海绵城市"发展理念，具有先进性。

3. 创新成果

玻璃沥青混凝土的使用在世界范围内是一个比较新的课题，国内相应的研究也甚少。通过系统性研究，该项目对玻璃沥青混凝土研究领域的意义重大。项目在"资源节约、环境友好"型社会建设背景下，积极响应"海绵城市"建设号召，在透水性城市道路建设中开拓出一种废弃玻璃资源化循环利用的新途径，主要创新点如下。

（1）开发了一种废弃玻璃室内破碎装置，改良了玻璃破碎工艺，能够制造出符合粒径和表面粗糙度要求的玻璃集料。

（2）提出了一种改善玻璃集料与沥青黏附性的纳米改性技术，克服了玻璃集料沥青混合料水稳定不良的技术难题。

（3）优化了玻璃集料沥青混合料的材料组成设计，提出了玻璃集料的最佳粒径及最优掺配比例。

16.2.4　经营状况分析

经过初步营销推广，产品已被部分目标用户应用，取得了良好的反馈，得到了目标用户的认可。目前，项目凭借先进的废旧玻璃资源化循环利用技术已与 Z 工程技术研究院有限公司、A 省交通科学研究院以及国内 B 大学成功接洽，满足了这些单位的应用需求，初期经营状况如表 16-3 所示。

表 16-3　初期经营状况

接洽公司	接洽情况	接洽需求
Z 工程技术研究院有限公司	已签署战略意向合作协议书	公里路段试铺
A 省交通科学研究院	已签署战略意向合作协议书	现场施工混合料研究
B 大学	已签署战略意向合作协议书	定向实验室供给混合料教学

16.2.5　竞争分析

产品竞争优势如图 16-1 所示。

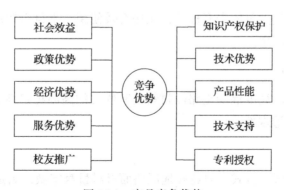

图 16-1　产品竞争优势

1. 社会效益优势

道路建设也应保护生态和体现人文理念。传统水泥路面没有透水性能，难以满足海绵城市发展需要。新型玻璃沥青道路材料的施工以及在公路工程中的应用对发展环保事业、保证公路工程质量、降低养护费用、提高资金利用率有着极其重要的意义。本产品的特点是性能优越，使用寿命长，质量比传统材料高出很多。

2. 潜在的知识产权保护优势

本产品将申请国家发明和实用新型专利。国家加大对知识产权保护的力度为专利技术产业化提供了条件。该项目产品也将填补国内道路材料产业的多项空白,国内还没有类似的产品,更容易得到有效的知识产权保护。

3. 政策优势

根据当前国家重点鼓励发展的产业、产品和技术目录,公司确定当前国家鼓励发展的重点产业有水利工程新型材料开发制造、公路工程新材料开发及生产、城市基础设施建设、城市地铁及公共交通建设和城市道路建设。该产品符合国家当前产业发展政策,符合中国海绵城市基础建设的发展方向,属于国家政策极力鼓励和支持的新型技术、产品与方法,可以争取到各地政府的政策支持与创新基金的扶持。

4. 技术优势

创业团队自主研发能力强,依托深厚的技术积累已实现多项技术创新且申请了多项发明专利。例如,团队克服了玻璃集料沥青混合料水稳定性不良的技术难题,优化确定了玻璃集料沥青混合料的材料组成以及玻璃集料的掺配比例,发明了一种用于评价表面纹理对沥青与集料黏附性影响的装置。公司在技术方面有较大的优势。

5. 经济优势

(1)产品可以有效降低工程建设单位的材料成本与施工成本,提高施工质量与施工效益,且该专利系列产品的"优质适价"也能确保生产企业的利润空间与持续发展力。

(2)废旧玻璃的使用使得费用降低、提高了路面反光性,且本材料可延长其维护周期,降低维修费用。

(3)我国每年产生大量的废弃玻璃,无法有效使用,本材料掺配玻璃集料有效提高了废弃玻璃的回收利用率。

6. 产品性能优势

本公司玻璃沥青高亮度混凝土路面材料具有优良的高温稳定性、低温抗裂性、抗滑性、高亮度特性以及透水性。

7. 服务优势

(1)采用一对一服务方式,对特殊地区路面材料量身定做,满足不同客户的需求。

(2)聘用具有丰富经验的员工,了解施工过程中的关键技术,拥有详细的道路交通知识储备,面对突发状况具有良好的处理能力。

8. 技术支持优势

(1)所在大学拥有多个专业实验室,实验设备齐全,可为本项目在创业初期提供支持。

(2)团队成员分工合理,师资力量雄厚,技术水平先进且在教授指导下有道路材料方面专业人才进行科学研究，科研能力强，可以不断更新技术。

9. 校友推广优势

所在大学在交通运输行业具有较高的美誉度。广泛分布在交通行业的校友可以为本项目的推广提供必要的支持。

10. 专利授权优势

公司已经得到专利授权，享有对于"一种废弃玻璃粉碎装置""一种利用纳米氧化铁改善玻璃集料与沥青之间界面黏附力的方法""一种掺配玻璃集料的沥青混合料及其制备方法"等5项专利的使用权，为公司的产品研发奠定了基础，同时这也保证了公司在行业内较高的发展起点。

16.2.6 营销策略

公司将完善产业市场营销体制，打造透明生产销售流程，通过"三建、两投、一报道"等经营销售形式，拓宽市场渠道，占据市场份额。其中，"三建"指建立门户网站、建立客户资源、建立技术微圈；"两投"指投放期刊广告、宣传彩页寄送；"一报道"指注重新闻报道，响应社会公益。

1. 合作公司门户网站

项目将依托门户网站，为广大客户提供产品名录和技术服务。

2. 建立技术微圈

将协同市场运营总监及网络开发相关部门，建立路材产品技术论坛，用于同行业间改良路材技术交流，并以此为平台，针对公司客户开展售后服务及产品回收工作。

3. 搜索引擎关键词营销

公司将向百度等搜索引擎公司提交公司网址。同时，公司还会和同类网站进行链接，用户在搜索"环保""玻璃""透水""道路"等关键词时，会出现公司名称。公司利用用户检索信息的机会尽可能将营销信息传递给目标用户，用户点击搜索结果中公司网站或相关产品内容，就可进入企业网站购买产品，通过企业网站跟踪产品的配送并获得产品。

4. 争取新闻报道

公司将通过新闻媒体等公众平台，对产品和技术进行专题报道，扩大产品知名度和影响力。

5. 热点事件积极响应

公司将通过新闻媒体、网络营销、技术论坛等方式或平台，对大型交通事故所产生的危害及公路路面材料制品维护等方面，向群众以及客户群体宣传推广并组织知识普及论坛。

6. 洽谈定向用户微信公众号推文

公司将能够体现产品优势的各种视频短片以多种形式放到微信流媒体上，通过比如"道路瞭望"等公众号向某一特定用户输送产品价值，达到一定的宣传和销售目的。

16.2.7 项目财务分析

1. 资本构成

XL材料科技有限责任公司注册资本共计250万元，采用风险投资与团队自筹的方式筹集资金，公司资本构成如表16-4所示。

表16-4 公司资本构成

股本来源	风险规模	自筹	
		专利入股	货币资金入股
金额（万元）	100	50	100
比例（%）	40	20	40

2. 营运能力分析

资产周转率主要用于分析公司对全部资产的使用效率，未来2年内企业营运能力分析如表16-5所示。可以看出，公司成立初期每年的总资产周转率都呈上升趋势，说明公司利用资产进行经营的效率越来越高，企业全部资产的使用效率逐年递增，营运能力逐年增强。

表16-5 未来2年内企业营运能力分析（资产周转率）

项目	第一年	第二年
销售收入（万元）	456	532
资产平均总额（万元）	215	244
总资产周转率	2.12	2.18

3. 偿债能力分析

（1）短期偿债能力分析。现金流量比率如表16-6所示，第一年的现金流量比率为−43.83%，因公司运营起步，产品刚打入市场，经营活动产生的现金流量小，因而指标为负值，随着产品深入市场，销量逐渐上升，随之经营活动产生的现金流量也不断增长，这一指标呈现逐年上升趋势，表明公司短期偿债能力不断增强。

（2）长期偿债能力分析。第1年公司初步运营，引入资金多且资产总额较小，随着产品深入市场，资产总额不断增加，同时资产负债率呈现降低的趋势，反映出公司长期还债能力逐步增强，具体内容如表16-7所示。

表 16-6 现金流量比率表

项目	第一年	第二年
经营活动产生现金流量净额（万元）	-71	23
流动负债合计（万元）	162	79
现金流量比率（%）	-43.83	29.11

表 16-7 资产负债率表

项目	第一年	第二年
负债总额（万元）	68	58
资产总额（万元）	215	244
资产负债率（%）	31.63	23.77

4. 盈利能力分析

资产利润率综合评价了企业的盈利能力，反映了企业管理者的资产配置能力。资产利润率如表 16-8 所示。资产利润率由第一年的 29.77% 增长到 37.7%，公司对资产配置能力较强，盈利能力较强，且总体呈上升趋势，表明公司具有良好的市场前景。

表 16-8 资产利润率表

项目	第一年	第二年
利润总额（万元）	64	92
资产平均总额（万元）	215	244
资产利润率（%）	29.77	37.70

5. 发展能力分析

公司自第二年开始资产增长率由 13.49% 增长至 14.34%，逐年递增，公司资产规模增长的速度加快，竞争力逐年增强。企业发展能力如表 16-9 所示。

表 16-9 企业发展能力（资产增长率）

项目	第一年	第二年	第三年
本年总资产增长额（万元）	—	29	35
年初资产总额（万元）	—	215	244
资产增长率（%）	—	13.49	14.34

6. 投资分析

项目的净现值远大于 0，说明该项目的获利能力高于贴现率，除获得预定的收益率外，还有多余的附加收益；内部收益率大于基准收益率 10%，项目可行；公司投资方案的获利指数大于 1，且平均报酬率较高，方案盈利能力较强，值得投资。项目评价指标如表 16-10 所示。

表 16-10 项目评价指标

净现值	内部报酬率	获利指数	平均报酬率
170.352 8 万元	18.55%	2.416	31.26%

16.3 项目分析

16.3.1 创新性

该项目针对废弃玻璃资源回收利用率低的问题开发了先进的废旧玻璃资源化循环利用技术,并将其应用于道路工程中,研发了透水性玻璃沥青混凝土。产品研制过程中进行了多项有价值的技术创新并取得了相应的创新成果,解决了相关领域的痛点问题。此外,产品的市场营销方案能够利用互联网优势,顺应时代潮流,具备创新性。下面将对该项目的创新性进行具体分析。

1. 技术创新

在产品制备过程中,团队进行了一系列技术创新,这些技术创新不仅具有先进性和实用价值,同时促成了产品创新,使项目产品填补了国内道路材料产业的多项空白。该项目的技术创新具体体现为一种废弃玻璃粉碎装置开发,这种装置改良了玻璃破碎工艺,解决了玻璃破碎过程中存在的安全隐患、易堵塞和破碎效率低等技术难题;也体现为一种改善玻璃集料与沥青黏附性的纳米改性技术的提出,这种技术克服了玻璃集料沥青混合料黏附性差和水稳定性不良的技术难题;还体现为玻璃集料沥青混合料材料组成的优化,团队确定了玻璃集料最佳掺量,制备出了一种新型高亮度沥青混凝土。从商业计划书中可以看出,该项目技术创新成果较突出,其多项发明专利可以形成一定的技术壁垒,且项目的技术创新对于解决相关领域的痛点与难点有所帮助。

2. 市场营销

项目在市场营销方面具有创新性。公司的产品营销推广方式包括依托合作公司门户网站推广产品并提供服务、建立技术微圈对产品进行交流、建立企业网站宣传并销售产品、通过新闻媒体等公众平台对产品和技术进行专题报道、对热点事件积极响应以增加知名度以及微信推广等。一方面,团队能够针对所提供产品与服务的特点以及目标客户的群体特征选择恰当的营销方式,有利于其营销推广达到应有效果。另一方面,从这些产品推广方式中可以看出团队对网络这一渠道的重视。该项目团队能够充分利用互联网的优势,发掘多种网络销售方式。这些方式能够加快产品进入目标客户视野的速度,突破时空的限制,拉近用户与公司之间的距离,其成本更低,也更加灵活,有利于企业获得市场份额,同时也突出了"互联网+"时代的特点。

3. 创新成果

该项目在产品研制、技术创新等方面取得了部分创新成果。项目已成功研制了掺配玻璃集料的透水性沥青混合料,且产品处于中试阶段。同时,在材料研制过程中,项目已成功申请了3项国家专利。这些成果是展现项目创新性的依据,能够体现项目优势,具有一定说服力。

16.3.2　商业性

项目具备先进的技术和性能优越的产品，新型玻璃沥青道路材料应用范围较广，目标市场容量可观且能够满足目标市场需求。产品在性能、成本、环保等方面具有竞争优势，经用户试用反馈良好。综合来看，产品具备进入市场的可行性和广阔的市场前景。

1. 产品可行性

从产品功能与作用上来看，项目产品透水性玻璃沥青混凝土的应用不仅能有效处理废弃玻璃旧料，解决废弃物对环境污染问题，也能用于海绵城市道路交通工程领域，结合新型道路排水系统，提高城市道路排水效率，还能增强路面多点漫反射效果，改善道路行车环境的可视度，起到良好的交通诱导作用。商业计划书中采用了多份发明专利与专家推荐书以证明该项目所能实现的技术水平和产品意义，具备可信性。

此外，评估产品可行性更为重要的是看用户对产品的认可程度以及购买该产品的意愿。从商业计划书中展现的战略合作意向协议以及用户使用报告来看，该项目凭借专长技术与优势产品已与部分目标用户签订了战略合作意向协议，产品在相关道路铺面工程中的成功应用也得到了用户的认可，获得了积极反馈。由此也可以看出该项目产品对目标客户具有一定的吸引力。

2. 市场前景

新型玻璃沥青道路材料可应用于城市道路路面、人行道、校园道路、景观道路路面以及其他多雨地区的建筑场所，满足公路建设施工单位、高速公路养护单位、公路管理运营单位以及科研机构的需求。从产品的竞争优势来看，与传统的道路材料相比，新型玻璃沥青道路材料在性能、成本、环境保护等方面都更具竞争优势。在性能方面，玻璃沥青混凝土路面材料具有优良的高温稳定性、低温抗裂性、抗滑性、高亮度特性以及透水性。在成本方面，团队产品将废旧玻璃作为原材料降低了成本，同时新型玻璃沥青道路材料可延长其维护周期，降低维修费用，使产品具有优质适价的特点。在环境保护方面，新型玻璃沥青道路材料混合玻璃集料有效提高了废弃玻璃的回收利用率，在保护生态和体现人文理念方面更突出。这些优势使该项目产品相对于竞争对手而言具备更多吸引潜在消费者的能力，从而为项目带来可观的市场发展前景。

16.3.3　团队情况

项目以团队自筹以及风险投资作为主要的融资方式，股权结构合理且符合参赛要求。此外，战略合作伙伴能够为创业团队提供更多关于市场、管理等方面的外部资源，有利于增强企业的市场竞争力，助力团队创业成功。该项目团队已分别与Z工程技术研究院有限公司、A省交通科学研究院签订了战略合作意向协议书，与其达成了良好互惠的合作关系。具体来讲，该创业团队与战略合作伙伴通过市场、技术、产品的共享，结成技术研发与市场营运的战略联盟，共同开发废旧玻璃应用市场。这有助于创业公司借助外部资源迅速进入市场，占据市场份额。此外，创业团队与战略合作伙伴之间有合理分工，创业团队主要致力于产品与技术的研发工作，提供符合市场需求的专长技术和优势产品，而战略合作伙伴主要负责市场开发和产品销售工作，为创业团队提供目标市场的需求信息和未来发展方向。双方能够在发挥自身优势的基础上实现互惠互利，从而建立更加长远健康的合作关系，实现共同发展。

16.3.4 社会效益

新型玻璃沥青道路材料实现了废弃玻璃的资源化循环利用，有助于环境保护，资源节约，符合可持续发展战略，同时项目以科研成果为基础将其转化应用，取得了较好的社会效益。

1. 节约资源，保护环境

项目在资源节约、环境保护方面具有潜在的社会效益。具体来讲，项目团队在透水性城市道路建设中开拓出一种废弃玻璃资源化循环利用的新途径，实现了废玻璃的合理回收再利用，解决了废弃玻璃旧料造成的环境污染以及资源浪费问题。同时，这种新型道路材料所具有的透水性能够提高城市道路排水效率，满足海绵城市发展需要。可以看出，玻璃沥青道路材料在公路工程中的应用对发展环保事业、保证公路工程质量有重要意义，也为建设资源节约型、环境友好型社会贡献力量，可以体现出项目产品推广应用的社会价值。

2. 引领教育

从创业团队成员的专业背景可以看出，成员多具有与创业项目相关的专业知识和研究经验，并且创业指导老师在道路工程材料领域研究成果丰富。在指导老师的帮助下，团队成员以社会问题为导向，通过一系列科学严谨的试验成功研制出了透水性沥青混合料并将其推向市场。在创新创业活动中，团队成员能够利用自身专长解决相关领域痛点问题，同时在这个过程中培养创新创业的意识与能力，体现了专业教育与创新创业教育的结合。

16.4 优化建议

16.4.1 对公司的优劣势以及面临的机会和威胁总结完善

在"产品竞争优势"分析部分，商业计划书中包括了社会效益优势、潜在的知识产权保护优势、政策优势、技术优势、经济优势、产品性能优势、服务优势、技术支持优势、校友推广优势以及专利授权优势。企业的竞争优势更加强调企业的内部能力，是企业在向消费者提供具有某种价值的产品或服务的过程中，所表现出来的独特的、超越其他竞争对手的能力。计划书中虽有对"产品竞争优势"的分析，但是把外部环境带来的机会同企业的竞争优势混在了一起，有待规范。另外，计划书中缺乏对企业经营将面临的劣势与威胁的分析。分析企业的劣势并识别威胁，预先制订解决方案对企业的成功经营也是极为重要的。

本书建议商业计划书中对"产品竞争优势"部分的内容进行归类，对企业可以利用的机会和应该避免的威胁进行梳理和补充。同时通过对竞争对手的深入分析找出企业的竞争优势和不足之处，提出有针对性的解决方案，以帮助公司更加科学、全面地制订发展计划，合理分配资源，防范风险。

16.4.2 对公司竞争者识别、分析并制定应对措施

公司在成立之初可能会面临大量的竞争者以及潜在竞争者，公司不仅要了解自身，还要了解竞争对手，密切关注竞争环境的变化，"知彼知己，百战不殆"。商业计划书中缺乏对公司竞争对手的识别和分析，公司在项目的商业性论证方面还有较大提升空间。

本书建议商业计划书中补充竞争分析部分。团队成员可以通过深入的市场调查及分析，广泛搜集资料，对公司面临的竞争对手进行识别，评估竞争者的优势与劣势，了解竞争者的经营思路。一方面，在与竞争对手的多方面对比中有利于公司总结自身发展的优势和劣势，另一方面，有助于公司预先提出有针对性的、具体的战略以应对激烈的市场竞争，以便最终在竞争中取胜。

第 17 章 · CHAPTER 17

环保复合改性沥青
地沟油聚合价值再造

17.1 项目概要

在当代高速公路加快成网的关键时期，庞大的建设计划为沥青提供了广阔的发展空间。沥青路面在长期使用过程中会出现面层老化、基层的反射裂缝、雨雪侵蚀冻融、层间结合不好等情况，近几年交通荷载和交通量也大量增加，已有沥青材料难以满足现有道路交通量的要求，导致沥青路面频繁出现车辙、疲劳开裂等各种病害，很容易造成交通事故，严重影响了沥青路面的耐久性及舒适性，极大地制约了公路交通建设可持续发展。另外，一些高海拔、高寒地区使用的沥青再生剂价格昂贵且耐老化性和存储稳定性较差，不利于在该区域范围内的大量使用。另一方面，随着我国的发展，食品行业也有了较大的发展，出现了地沟油这一非食用油。如何合理处理地沟油已经成为社会热点话题。

基于此，项目团队创立以地沟油为再生剂原料集改性沥青与再生剂的研发、生产、销售为一体的高新道路科技公司——WF道路科技有限公司。公司将地沟油回收进行处理转变为高性能的再生剂，研发出环保型高抗裂沥青混合料再生剂和改性沥青，其低温抗裂性能和耐老化性能优异，存储稳定性良好，特别适用于中西部地区，尤其是高原等地区修筑高等级公路，同时，地沟油、聚合物复合改性沥青能将地沟油中的有害物质固定于道路中，既能满足当前道路铺设需要，又能节约道路的建设成本，还具有环保作用。

团队进行了一系列的调研、对比试验，对其研制的改性沥青抗老化性、高温性能、低温抗裂性、抗疲劳性能、存储稳定性进行了研究，结果表明产品在各方面都具有良好的性能。公司也依托自身专利技术、高校研发资源，获得了与多家企业的合作机会，有效满足了这些企业对于道路建设和养护工作的需求。

17.2 项目方案

17.2.1 公司简介

WF 道路科技有限责任公司是以地沟油为再生剂原料集改性沥青与再生剂的研发、生产、销售为一体的高新道路科技公司,以环保型路面材料为主营项目。公司以"优质、环保、可持续"为宗旨,以"人、路、环境"和谐相处为理念。公司依托相关高新技术平台与研究中心,着眼于中国公路交通的未来,专注于环保型道路材料的研发,谋求为客户、社会和国家争取最大的利益。

17.2.2 市场分析

1. 市场痛点分析

我国 95% 的高速公路都是沥青混合料铺筑的,但由于交通量过大、车辆超载、气候条件、沥青材质本身的差异,沥青路面常常出现各种病害如裂缝、沉陷等问题。另一方面,随着我国的发展,食品行业也有了较大的发展,出现了地沟油这一非食用油,如何合理处理地沟油已经成为社会热点话题。良好的处理方式可以实现废物再利用,减少商家的不良行为。

我国大多数原油属高含蜡原油,难以生产出符合高等级公路要求的沥青。而用改性剂对普通沥青进行改性,则可弥补其不足,使道路路面保持良好的使用状态,延长使用寿命。我国现在市场上的改性沥青以 SBS 改性沥青为主,但是由于 SBS 价格昂贵、现场生产设备庞大和使用十分麻烦,导致改性沥青产品价格偏高,没有价格优势。

2. 市场需求分析

2019 年前 5 年全国公路总里程逐年增长,如图 17-1 所示。5 年一度的公路养护计划必将迎来集中的公路养护期,2020 年沥青再生剂、改性沥青的需求量将不断上升。近年来正是我国高等级公路和高速铁路建设的高峰期,交通运输部对公路规划投资也将增速。国家公路大发展的趋势将明显拉动改性沥青的消费需求。

3. 目标市场

改性沥青的目标客户由两部分构成:一是道路施工企业,铺设新增高速公路的沥青路面;二是道路养护单位,沥青路面养护需要大量优质改性沥青。

在公司发展初期,企业将目标市场定位在西部地区和中东部地区,西部地区的应用主要是新建道路,中东部地区公路网络建设基本完成,其应用主要是道路养护,公司发展成熟后将向华北和东北地区拓展市场。

图 17-1 2015～2019 年全国公路总里程

17.2.3 产品及服务

1. 工艺流程

研究发现,地沟油用于沥青的改性,有着和其他改性剂一样的功能,甚至改性效果更好。基于此,公司研发了环保型高抗裂沥青混合料再生剂与改性沥青,即地沟油、聚合物复合改性沥青。实验室成品如图 17-2 所示。

产品研发的工艺流程首先是进行原材料的选择,然后以老化性能、流变特性、热稳定性三大指标为主要评价指标进行正交试验设计,用来确定产品的最佳配比和最佳制备工艺,得到改性剂理论配比量,生产出地沟油、聚合物复合改性沥青,最后对所制备的地沟油、聚合物复合改性沥青进行相关性能验证,以确保其在使用中的优良性能。

生产地沟油、聚合物复合改性沥青要在 150℃熔融基质沥青中先加地沟油,再加入 SBS 和 LDPE(低密度聚乙烯)再生剂,使其在此温度下溶胀 30 分钟,升温至 170℃剪切 40 分钟,然后加入稳定剂,继续剪切 10 分钟,最后在 150℃条件下发育 30 分钟。

产品工艺流程如图 17-3 所示。

图 17-2 地沟油、聚合物复合改性沥青实验室成品

2. 产品性能测试

（1）公司以自主研发的地沟油、聚合物复合改性沥青为主要研究对象，同时选取基质沥青和自制的聚合物改性沥青作为对照组，对比研究其原样、短期老化（TFOT）和长期老化后（PAV）沥青试样的针入度、延度、软化点和 135℃ 布氏黏度等的性能关系，结果表明地沟油、聚合物复合改性沥青具有良好的抗老化性能。

（2）采用重复蠕变试验对 5 种沥青试样进行对比研究，按照累积应变和蠕变劲度的黏性部分两个指标来评价，并测量沥青的复数剪切模量和相位角。

（3）通过 BBR（沥青弯曲蠕变劲度测定）试验对 5 种沥青试样的低温流变性能进行研究，结果表明在同一温度等级下，按照劲度模量优劣排序，地沟油、聚合物复合改性沥青的低温劲度模量值最小，蠕变速率最大，因此其低温抗裂性能最好。

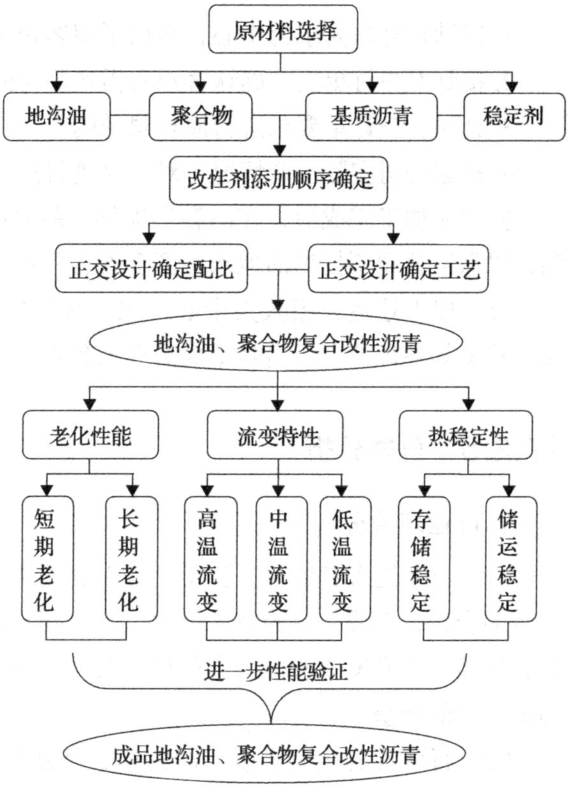

图 17-3　地沟油、聚合物复合改性沥青的工艺流程

（4）通过 BBR 试验对 5 种沥青的原样、短期老化和长期老化后试样的低温流变性能进行研究，结果表明：随着老化程度的加深，沥青试样的低温抗裂性能均有一定幅度的衰减，但本产品的衰减幅度最小，这从另一角度说明了其低温抗裂性能最优。

（5）对长期老化后的 4 种沥青试样进行疲劳性能试验后，研究团队发现本产品在 10℃ 时才发生疲劳破坏，抗疲劳性能最优。

（6）依照我国路面施工对沥青运输和摊铺等方面的技术要求，团队对本产品的储存稳定性进行了研究。研究结果表明本产品具有较好的存储稳定性，能够满足施工要求。团队还采用软化点差法及车辙因子法，研究了沥青软化点差值和离析率随储存时间的变化规律，结果表明随存储时间的增加，本产品的软化点差值小于 2.5℃，离析率小于 0.2，具有良好的存储稳定性。

3. 产品服务

公司采用"保姆式"订单，依据客户需求进行材料生产配方调整；采用"一条龙"式的售后服务，从工程咨询、产品使用、建设施工到后期检测，向客户提供完整的技术和信息服务。根据团队拥有的道路工程信息数据库，团队能对客户使用的目标地段进行数据分析，并对客户的产品应用提出建议，还可根据具体情况参与工程设计。

17.2.4 运营模式

公司拟采用如下运营模式。

1. 以满足客户要求为中心，全面了解客户需求。
2. 接到客户订单后，确认客户所需产品时间。
3. 针对客户订单要求进行原材料采购。
4. 根据公司实际生产情况，对产品进行加工处理，保证产品质量。
5. 产品加工完成后，在向客户提供产品之前，公司将会有专业人员进行产品质量检测，以保证公司所提供的地沟油沥青混合料再生剂具有良好的路用性能。

公司以上述运营模式为中心，在了解客户需求、订单确认、原料采购、产品加工、质量检测等各环节上，由骨干成员专人负责，从源头保证产品质量。

17.2.5 竞争分析

1. 行业环境分析

（1）潜在进入者威胁。公司拥有专利技术做支撑，其技术依托来源于与高校专利研发者的合作，形成一定的技术壁垒，且公司具有先入优势，能够率先占据一定的市场份额，虽然业内专家对改性沥青的研发成果不可忽视，但企业在同类竞争产品市场上已经形成一定的壁垒。

（2）行业现有企业竞争。国内有3个领头企业分别是江苏宝利沥青股份有限公司、湖北国创高新材料股份有限公司、路翔股份有限公司。公司与行业内领头企业的对比分析如表17-1所示。WF道路科技有限公司在定位上以环保型路面材料为特点，符合国家和社会的需求，拥有一定的竞争优势。

表 17-1 公司与行业内领头企业的对比

	宝利沥青	国创高新	路翔股份	WF
背景	华东地区生产、销售专业沥青产品的龙头企业，核心技术处于国内领先水平	我国交通行业公路用新材料领域的先锋企业，开展排水降噪沥青研究时间较早，技术水平处国内领先	我国唯一拥有达到国际先进水平的改性沥青高速剪切混炼设备和专业沥青改性工艺专利和专有技术的民族企业	具有新型环保核心技术的高品质低成本的研发生产型企业，具有雄厚的科研实力和高水平的科研平台、专家团队和研发人员
定位	具有完整产品链的企业	集改性沥青、乳化沥青等高等级道路相关材料和设备的研究、开发、生产、销售及道路养护于一体的专业公司	专门研发和生产专业沥青（包括改性沥青和特种沥青）的高科技企业	以环保型路面材料为主营项目，并具有自主研发能力的现代化高科技公司
竞争优势	公司通过技术进一步降低产品成本，提高了公司抵御原材料价格大幅波动风险的能力；通过研发毛利较高的高端产品为公司提供新的增长点	公司的生产技术处于国内领先水平并达到国际先进水平。与国际、国内相关科研院所有着广泛的合作，同时公司拥有自己独立、先进的技术中心，且拥有一批理论知识与实践经验丰富的工作人员	是国内同行业中沥青高端产品、品种最多的厂家，公司还自主开发出SBS改性沥青、高黏度改性沥青、高弹性改性沥青、高模量改性沥青等系列产品的生产设备	依托于合作单位研究中心，科研实力雄厚，同时具有研发优质改性沥青的能力；公司产品绿色环保，价格低廉，公司可以以及时对其产业化，保持自我技术的先进性

（3）替代品威胁。国内外改性沥青性能对比如表17-2所示。目前，国内外低温性能较好的改性沥青再生剂主要有SBS改性沥青再生剂和SBR（丁苯橡胶）改性沥青再生剂。SBS改性沥青再生剂是目前最常用的沥青路面再生剂，但是SBS改性沥青再生剂种类很多，不同类型的SBS生产的再生剂性能参差不齐，质量稳定性难以保证，而且SBS再生剂与基质沥青的相容性不太好，储存时SBS聚集于上层，沥青沉积于下层，产生分层、离析等现象，在高温储存、运输时显得尤为严重，影响沥青再生剂性能的稳定性。此外，老化后的SBS改性沥青再生剂的性能下降严重，不能满足高原地区对沥青耐老化性能的要求。SBR改性沥青再生剂能显著提高沥青路面的低温抗裂性能，但改善性能较为单一，对高温等性能改善效果并不明显，也存在储存稳定性和耐老化性能不足等问题。与之对比，本产品性能优异，适用于各种路面，且原料来源广泛，价格低廉，利用其优势可大大降低成本。最后，本产品可帮助市场及时处理地沟油等废弃物，更加环保，符合国家对绿色产业的发展要求。

国内外改性沥青性能对比如表17-3所示。

表17-2　国内外改性沥青性能对比

	种类	主要改性效果	缺点	应用国家及地区
橡胶类	NR（天然橡胶）	可提高结合力	因需氧化和加硫，有臭气，现在基本不用	法国 美国
	SBR	可明显提高黏附性，抗开裂性，耐久性及低温延度	施工性不好，工程应用较难	中国 日本
	CR（氯丁橡胶）	与SBR相比热塑性更好	60℃下黏度提高不大，性能受条件影响，稳定性差	美国
树脂类	EVA（乙烯-醋酸乙烯共聚物）	可提高软化点和抗流动性，但对其他性质改善较小	低温性能不好，常将其与其他材料组合使用	日本 欧洲
	EAA（乙烯丙烯酸共聚物）	60℃下黏度及抗流动性改善明显，但对其他性质改善较小	不易于沥青互溶	日本 欧洲
	APP（无规聚丙烯）	可明显提高软化点，高温性能好，价格低廉	低温性能不好	美国 西班牙
	PE	高温稳定性好，可明显提高抗轮辙能力	与沥青互溶性及分散状态不好，抗老化及低温性能差	欧洲 日本
热塑性弹性体类	SBS	可提高抗开裂、抗流动、抗磨损及黏附性、感温性明显降低	因双键的存在，耐热及抗老化性不理想，价格较贵	美国 法国
	SIS（苯乙烯-异戊二烯-苯乙烯嵌段共聚物）	与沥青互溶性好	耐热性差	日本
	SEBS（苯乙烯-乙烯-丁烯-苯乙烯-嵌段共聚物）	提高了耐韧性，比SBS改性效果好	价格较贵	日本

（4）购买方讨价还价能力。产品的购买者以道路施工和养护单位为主，本企业产品在这些单位的生产过程中是一项重要投入，且产品替代品的价格较高，这限制了购买方

的讨价还价能力。

（5）供应商讨价还价能力。公司原材料主要有地沟油、沥青基质等。目前食品行业产生大量的地沟油，其处理一直是一大问题，公司的购买可以成为处理地沟油的一种方式，但地沟油的价格在逐年提高。

2. SWOT 分析

SWOT 分析如表 17-3 所示。

表 17-3 公司 SWOT 分析

SWOT 分析		优势	劣势
		1. 有稳定的技术研发团队 2. 完整的拥有自主知识产权的核心技术体系 3. 产品具有绝对的成本优势	1. 处于创业初期，吸引投资难度较大，管理团队不成熟 2. 相较于知名度高的公司争取订单比较难
机会	1. 政府政策的支持 2. 社会对环保的重视 3. 行业尚未出现垄断 4. 国内对改性沥青的供不应求	1. 在拥有初期专利的优势下，科研部门不断进行科技研发，增加科技优势 2. 本着环保的理念，加强在环保方面的科技创新 3. 充分利用公司优势和行业优势，抢占市场，在改性沥青行业上立住脚	1. 利用政府对于环保类科技类自主创新类公司的优惠政策，降低成本，取得价格优势，争取订单 2. 加强产品附加的服务，形成公司优势 3. 充分利用行业现状，利用机会，不断改进管理方法
威胁	1. 细分市场上同业竞争激烈 2. 已有较为知名的改性沥青企业 3. 国外改性沥青产品的流入	1. 提高产品中的科技含量，形成独特的科技优势 2. 与较为知名的改性沥青企业进行科技方面的合作 3. 在生产中节约成本，以形成与国外产品相比更大的价格优势	1. 在管理与生产不成熟的情况下，可以向知名企业的管理与生产方面进行学习，以求改进 2. 进行市场调查，找出已有市场中的新商机，占领新市场 3. 学习国内外相关领域的先进经验

17.2.6 营销计划

1. 公司营销组织方式

市场营销组织如图 17-4 所示。

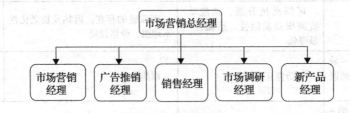

图 17-4 市场营销组织

公司发展初期的营销组织模式采用职能型组织。职能型组织形式强调市场营销的各种职能，如市场调研、销售计划、广告推销、销售业务、新产品发展的重要性。其优点是管理效率高，贯彻了专业分工的要求，有利于在人力资源利用上提高效率；职责分明，有利于落实各类人员对各类工作成果的责任；集中管理、统一指挥，有利于维护领导对指挥和控制活动的权力和威信。随着本企业规模的扩大，市场营销组织将采用更加成熟和完善的形式，以适应市场的各种变化和消费者的需求。

2. 营销策略

市场营销策划流程如图 17-5 所示。

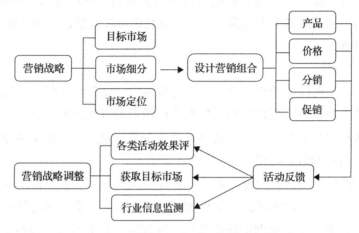

图 17-5　市场营销策划流程图

（1）产品策略。

包装策略：对公司的所有产品，根据规格的不同采用标准化包装，并在包装袋上标明相应产品的标号。采用统一的标识，并在包装显眼的位置印有公司的商标和微信公众号二维码。公司在初期主要采用类似包装策略。这样做可以节省包装设计成本，也可以作为宣传推广公司的重要方式，增加企业声势、提高企业声誉，有利于新产品上市，还可以使顾客受到反复的视觉冲击而形成深刻的印象，起到有效的广告宣传作用，提高用户的品牌忠诚度，最后成为公司长久持续的用户。

品牌策略：公司发展初期采用单一品牌策略，一方面有利于在客户中树立明确的品牌形象，帮助消费者辨认公司的产品，使其与竞争产品区分开来，另一方面在消费者心目中树立良好的第一印象。此外，公司还要在网络上树立企业品牌形象和品牌定位。随着公司的不断发展壮大，研发产品的增多，公司将逐步建立起多品牌的产品组合，提升公司的企业及品牌形象，实现无形资产的增值。

（2）价格策略。

渠道折扣：公司产品主要依靠线下销售方式，采用针对目标客户群体（路桥相关施工单位和路桥相关业主单位）点对点销售的方式，有利于公司减少管理成本、拓宽市场范围。

现金折扣：对按约定日期付款的客户给予不同的折扣优待，鼓励客户提早付款，同时公司可据此及时回收资金，扩大商品经营。其作用在于减少信用成本和呆账；减轻对外部资源的依靠，减少利率风险，加速资金周转；能有效地对渠道成员进行控制，增强竞争能力。

季节性折扣：在销售淡季给予客户折扣优待，鼓励客户提早进货或淡季采购，有利于产品的均衡生产，减少厂商的仓储费用，加速资金周转。

地域性折扣：对公司准备进入的新市场区域给予客户不同的折扣，以尽快稳固市场，固定客户群，并为公司树立良好的形象。

交易折扣：公司根据中间商在市场营销中所担负的不同职能给予不同的价格折扣，目的在于用价格折扣刺激各类中间商充分发挥其组织市场营销活动的功能。

（3）促销策略。

1）营销推广策略。

线上推广：互联网线上销售，公司直接对接客户，没有中间环节。通过定期大数据分析找出潜在的客户群体。提取出相关信息交由线下销售人员跟进，并定期发送相关邮件。互联网销售重在信息的传播、有效性以及点击阅读量。公司将聘请专业人员进行相关平台的宣传并邀请网络公司代为推广。

向中间商的推广：主要有两种方式，一种是购买折扣，在规定的期限内，每次购买都可以享受一定的折扣，用来鼓励中间商大量进货或购买一般不愿进货的新产品；另一种则是合作广告，公司出资资助中间商进行广告宣传，对中间商宣传本企业产品的广告费用进行补偿。根据中间商市场的开拓情况、销售业绩情况，给予补助或降价优惠。

向推销人员的推广：公司通过推销竞赛、推销红利、推销回扣等方式来奖励推销人员，鼓励他们把企业的各种产品推荐给消费者，并积极地开拓潜在的市场。促销队伍将由具有专业知识和销售知识的人员组成，并定期进行产品与销售知识培训。销售业绩与奖金挂钩，给予顾客一定的数量折扣来推动销售。产品销售后，需要提供优质的售后服务，维护客户关系。

建立网络社区推广：网络社区营销推广方法逐渐过时，但网络社区的网络营销价值并没有消失，尤其是建立公司自己的网络社区，如论坛、聊天室等，用户可以在网站获取产品知识，也可与同一品牌的消费者相互交流经验。

2）公关策略。

参与政府公众项目规划与实施，鉴于公司在缓解环境污染、节约资源、拥护可持续发展战略等方面的优势，公司可邀请政府官员参加企业公关活动并安排企业主和政府官员沟通会晤。

公司将向新闻媒体及时公布相关情况，计划聘请一位全日制的公共关系经理来从事这一工作，公共关系经理将及时与相关部门协商，邀请记者进行采访，以及定期举办新闻发布会。

公司将在贸易报纸、杂志上就公司研发的产品和项目、发展前景、市场开发等问题撰写专题介绍。同时，公司将支持和鼓励技术人员在国内外相关学术刊物上发表论文，以提高员工的创新意识，并从侧面提高企业的知名度。

举办贸易展销会，展销会主要针对目标顾客群，让目标顾客群能及时了解公司的最新发展情况，提升公司和产品的知名度，从而有利于公司更好地拓展市场空间。展销会由公司联合其他合作单位共同举行，展销地区由具体的市场而定。

3. 定价与销售预测

定价与销售预测如表 17-4 所示。

表 17-4　定价与销售预测

产品	出厂成本（元/吨）	运输与维护（元/吨）	定价（元/吨）	首年销量（吨）	增速
改性沥青	4 500	200	7 500	270	前 3 年年均 25%；之后 50%
沥青再生剂	5 000	500	8 500	200	前 3 年年均 25%；之后 50%

17.2.7　财务计划

1. 股本结构及资金来源

筹资结构如表 17-5 所示。

表 17-5　筹资结构

股本规模	股本来源				
	风险投资	股东		团队自筹	合作伙伴
		货币入股	专利入股		
金额（万元）	200	80	50	220	90
比例（%）	31.25	12.50	7.81	34.38	14.06

2. 销售收入预测

预计销售收入如表 17-6 所示。

表 17-6　前五年预计销售收入

年份	第一年	第二年	第三年	第四年	第五年
销售量（万吨）	1	1.5	2	3	5
销售收入（万元）	3 680 000	4 500 000	5 600 000	7 200 000	8 800 000

3. 利润表

利润表如表 17-7 所示。

表 17-7　利润预测表

（单位：万元）

项目	第一年	第二年	第三年	第四年	第五年
一、营业收入	3 680	4 560	5 600	7 200	8 800
二、营业成本	3 200	3 672	4 290	5 528	6 787
营业税金及附加	0	0	0	0	0
管理费用	21.65	22.65	23.65	27.65	28.65
销售费用	22	28.5	35	47	69

（续）

项目	第一年	第二年	第三年	第四年	第五年
财务费用	0	0	0	0	0
资产减值损失	0	0	0	0	0
加公允价值变动收益	0	0	0	0	0
投资收益	0	0	0	0	0
三、营业利润	436.35	836.85	1 251.35	1 597.35	1 915.35
加营业外收入	0	0	0	0	0
减营业外支出	0	0	0	0	0
四、利润总额	436.35	836.85	1 251.35	1 597.35	1 915.35
减所得税费用	0	0	187.70	239.60	287.30
五、净利润	436.35	836.85	1 062.65	1 357.75	1 628.05

4. 财务分析

（1）营运能力分析。

公司选取能反映企业全部资产使用效率的总资产周转率作为评价指标。营运能力分析如表 17-8 所示。

表 17-8　未来企业营运能力分析（资产周转率）

时间	第一年	第二年	第三年	第四年	第五年
资产周转率（%）	2.91	2.93	2.24	1.94	1.69

公司营运能力较强，受初期定价策略影响虽有所下降，但后期趋于稳定。

（2）盈利能力分析。

销售净利率反映企业通过销售赚取利润的能力。盈利能力分析如表 17-9 所示。

表 17-9　企业盈利能力分析（销售净利率）

时间	第一年	第二年	第三年	第四年	第五年
销售净利率（%）	11.86	18.60	18.99	18.86	18.50

公司前两年免交所得税增长较快，此后几年盈利能力趋于稳定。

（3）发展能力分析。

销售增长率反映了企业营业收入的变化情况，是评价企业成长性和市场竞争力的重要指标。企业发展能力如表 17-10 所示。

表 17-10　企业发展能力（销售增长率）

时间	第一年	第二年	第三年	第四年	第五年
销售增长率（%）	—	18.2	19.6	22.2	18.8

公司销售增长率大致呈增长趋势，第五年由于扩大生产所以稍有回落，但是长期发展趋势较好。

17.3 项目分析

17.3.1 创新性

1. 产品创新

团队利用大量地沟油研发了环保型高抗裂沥青混合料再生剂与改性沥青,这种沥青不仅基础原料来源（地沟油）充足,成本低廉,且能固化地沟油中的有害物质,环保性强,并且这种沥青各种性能状态优良,如抗老化性能良好、高温流变性能较高、低温抗裂性能较优、储存稳定性高。这种沥青还能有效减少道路能耗,延长道路使用寿命,最重要的是它为地沟油的资源化再利用提供了一种新途径,突破了沥青改性技术中采用单一改性剂进行沥青改性的常规思路。

2. 应用场景创新

现有的沥青再生剂不适用于中西部地区尤其是高原地区的高等级道路的路面再生,而用地沟油作为道路沥青再生剂的应用情况鲜有报道。该团队研发的沥青各方面性能良好,适用于高原地区的极端环境,这是在应用场景方面的一大创新。

17.3.2 团队情况

团队成员曾赴行业内相关企业进行调研和采访,了解了其废油处理过程及相关收购销售渠道,并收集了相关市场调研资料。在调研与策划的过程中,团队成员们关系更加密切,有强烈的坚持不懈、勇于挑战的团队合作精神。创业导师等情况在项目计划书中未做说明。

17.3.3 商业性

1. 市场前景广阔

新时代高速公路的快速发展为沥青的研发和应用提供了机会。目前国内对改性沥青的研究重点在于新的改性剂和沥青改性剂的加工工艺上,我国的改性沥青及再生剂市场仍处在萌芽阶段,而国家对于改性沥青的需求飞速增长,且大力支持对改性沥青的深入研究。西部建设计划中高速公路需要大量建设,其他地区的已建设道路也需要进行养护,因此新型改性沥青具有广阔的市场前景。

2. 企业合作

公司目前已与部分大企业、政府部门签订合作协议并建立了良好的合作关系,为企业的快速发展提供了基础。企业现有合作关系有利于建立良好的销售与服务信誉,还可以此为机遇发展潜在客户。

3. 竞争优势

一是在专利技术上，公司拥有自己的专利技术，能够为企业带来较长期的技术支持。

二是产品原料地沟油来源充足，是一种可再生资源，且其用于沥青的改性，有着和其他改性剂一样的功能，甚至改性效果更好，且用于改性沥青还能固化地沟油中的有害物质，体现了环保理念。另外，基础原料成本低廉，使得产品具有价格优势。

三是产品性能优良，产品具有良好的抗老化性能、高温流变性能、低温抗裂性能和储存稳定性，具有良好的耐磨性，能够适用于各种路面铺设，特别是高寒地区，有利于提高高寒地区的公路质量，大幅提高路面使用周期，减少路面养护费用。

17.3.4 社会效益

公司以"优质、环保、可持续"为宗旨，企业产品以地沟油为原料，既很好地实现了资源回收利用，又避免了地沟油的滥用和污染，既经济又环保，不仅低价能够满足消费者的需求，又能改善社会环境。

公司产品作为一种新型改性沥青，比起同类产品，其独有的性能是低温抗裂性，特别适用于西部的高寒地区道路建设，能够造福西部地区，提高西部地区路面建设质量。

17.4 优化建议

17.4.1 制定公司发展规划

公司目前对于产品市场拓展区域有一定的规划，但没有完整的战略发展规划。项目计划书中战略发展规划部分能够提供企业未来明确的目标及方向，完善企业战略经营体系，有利于企业成功。

公司要根据其战略目标来制定企业的发展规划，除了在市场区域上的规划外，还需要考虑业务发展规划。在技术学习和发展的现代化社会，企业要面临巨大的竞争风险，可能会失去专利优势，企业需要进行新的业务发展或技术研究。所以管理层要根据企业内外环境变化正确制定企业发展规划，把握企业的发展方向。

17.4.2 明确阐述公司两种产品的生产流程

公司在初期推出两种产品，即环保型高抗裂沥青混合料再生剂与地沟油、聚合物复合改性沥青，但在产品介绍中只关注了改性沥青的工艺流程和应用，并没有具体提到环保型高抗裂沥青混合料再生剂的生产流程和应用分析，而且地沟油、聚合物复合改性沥青的工艺介绍和性能测试实验也比较粗略，介绍不清晰，是项目书中的一大不足。

本书建议分析再生剂和改性沥青在生产工艺上的差异以及是否有共同流程能够使生产效率达到最优化，在项目计划书中分别阐述两种产品的生产路径，清晰展示其生产工艺。同时，公司应明确两种产品的应用场景，在新道路建设和已建道路的养护两种应用上，两种产品都适用还是一种产品各适用一类应用，从项目计划书来看地沟油、聚合物复合改性沥青似乎在新道路建设和道路养护两方面都适用，是否还需花费资金增设另外一种流程来生产再生剂是企业应该深入思考的问题。

17.4.3 改进营销计划

公司的市场营销策划流程图中明确提出要从产品、价格、分销和促销四个方面设计营销组合，但在实际设计过程中缺失分销策略，另外价格策略中只说明了产品的折扣方式，并没有明确提出产品定价，并且公共关系策略并不属于促销策略，商业计划书中错将公共关系策略归为促销策略中的一点。

公司应增加分销策略，这样才能成为一个完整的营销组合，并在价格策略中明确写出产品定价。公共关系策略不属于促销策略，需要单独列出来成为营销组合的一个大分支，并且应补充完整促销策略的内容。除了营业推广以外，公司还应有广告宣传的策略。

17.4.4 完善团队成员情况

团队情况是极其重要的一个评审要点，在"互联网+"创新创业大赛中有着至关重要的作用，但该商业计划书中没有把团队成员的教育和工作背景以及分工协作和能力互补情况体现出来，也没有创业顾问、潜在投资人以及战略合作伙伴等外部资源的使用计划和有关情况。

公司应将团队情况在商业计划书中单独作为一个章节进行详尽的介绍，其中对每个团队成员的教育和工作背景进行逐个介绍，并分析成员之间的能力互补情况，根据每个人的特点和擅长领域进行分工，并对应于公司成立初期的组织架构中的具体职位。同时，公司也应将创业顾问、潜在投资人和战略合作伙伴在这一章节中作为三个部分分别进行阐述。

17.4.5 健全公司管理制度

商业计划书中没有公司的组织架构以及管理模式，只有一个简单的市场营销组织结构，并且公司对于生产模式、生产规模、生产要素以及未来的研发方向都没有做详细介绍。

本书建议增加两个章节分别介绍公司的生产运营情况和管理制度与模式，并将公司的组织架构根据不同时期公司规模大小以及业务量的变化做出规划，另外公司应该对生产模式、规模和生产要素做详细介绍。

第 18 章 · CHAPTER 18

微弧氧化工艺
钛合金表面防护技术新突破

18.1 项目概要

近年来，钛及钛合金的应用范围越来越广泛，产量逐年上升，市场前景广阔。但是钛合金表面容易划伤磨损，几乎所有的钛件都需要进行表面处理。然而现有处理技术存在成本高、污染环境等一系列问题。因此，低成本和环保型的钛合金表面防护技术对钛合金表面处理企业来说是一个巨大的市场机遇，这种新技术既能高效地对钛合金表面进行处理，还能避免传统钛合金表面处理技术的劣势。

新锐科技有限责任公司是项目团队拟建立的一家具有独立科学研究能力的高新技术企业。团队开发的微弧氧化陶瓷化新型钛合金表面处理技术可以很好地解决现有处理技术存在的问题。微弧氧化技术采用"环境友好型"氧化技术代替传统的表面处理技术，创新性地利用锆盐体系和硅酸盐体系电解液微弧氧化技术，最大限度地降低了污染排放，并且开发出抗老化添加剂，极大程度地延长了电解液使用寿命。采用自主研发的微弧氧化电源及微弧氧化处理生产线降低了微弧氧化过程中的能耗损失，也减少了生产过程中的成本。

目前项目涉及的科研领域，主要包括微弧氧化装备出售、生产线改造及相关技术，例如，电解液服务业务，以及以钛合金表面微弧氧化为主的表面处理工艺等。公司业务主要是以研发、应用和推广钛合金表面处理工艺为主，同时还积极拓展与之相关的设备支持及技术中介，如出售微弧氧化电解液等服务。目标客户群是钛材加工处理企业，公司对其进行微弧氧化装备销售、生产线改造和电解液技术服务。

18.2 项目方案

一个新成立的公司要想在现有市场中占有一席之地，除了掌握核心竞争技术之外，还要有恰当的战略以及营销推广等方案才能打开市场，赢得顾客的青睐。新锐科技有限责任公司前期做了大量的调研工作，分析了钛合金市场现状。根据其自身特点以及市场发展现状，公司制定了包括公司制度、目标客户、市场定位、营销推广等一系列项目方案，以帮助公司快速占据市场份额。

18.2.1 公司简介

领导制度：采取董事会领导下的总经理负责制度。

管理理念：企业以"严谨、科学、高效、合理"为指导理念，致力于打造一支以人为本、以知识为本的创新管理团队。

企业文化：创新、合作共赢、共同成长、诚实守信。

18.2.2 公司战略

初期定位：中小型加工商和小型科研机构。

发展定位：公司发展初期（第1年至第5年）的战略是市场渗透，通过各种宣传和促销策略迅速打开市场，为以后的发展积累经验。在发展中期（第6年至第10年）采取与上游供应商及下游购买商建立合作关系或是战略联盟的方式，建立稳固的供销关系，从而进一步扩大市场份额，并通过优质的售后服务保留老客户，力争从一个小型企业发展为中型规模企业。

区域定位：初期将公司定位在西部地区发展，西部地区竞争对手较少，紧邻"中国钛谷"宝鸡市，保证行业信息更替的及时性，有利于企业及时掌握市场动态。

产品应用领域定位：初步设在石油管道、天然气管道接箍、船舶等表面；汽车用紧固件、挂耳螺帽等零部件，后期根据团队研发的最新科研成果逐步增大业务范围。

18.2.3 技术与服务

1. 技术简介

公司目前的核心技术是一种新型钛合金表面处理技术（微弧氧化技术）。它是将钛合金放入到强电场环境的溶液中，在局部的高温高压下发生弧光放电，使得钛原子与溶液中的氧原子结合生成致密的陶瓷层，从而起到防护作用。通过在钛合金表面进行微弧氧化表面处理后的陶瓷层硬度高、高耐磨、韧性好、与机体结合力强、耐腐蚀、耐高温氧化、绝缘性好，特别适用于高速运动且需要高耐磨、耐腐蚀、抗高温冲击的轻金属合金零部件，且耗能低、处理速度快，充分利用了资源。同时公司抛弃传统的六偏磷酸钠体系，采用的无六偏磷酸钠微弧氧化工艺主要有铝酸盐体系微弧氧化、硅酸盐体系微弧氧化等，还有复合电解液体系下的微弧氧化，无三废排放，属于环保型新工艺，实现了从微弧氧化设备、抗老化电解液到膜层设计一体化，致力于成为中国高端钛件处理技术的先导者和领跑者。微弧氧化技术工艺流程如图 18-1 所示。

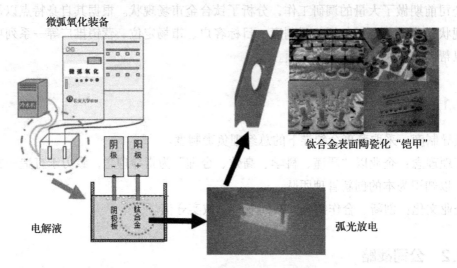

图 18-1　微弧氧化工艺流程图

目前市面上常见的钛合金表面处理工艺参差不齐，相比于其他的处理工艺流程，本项目所应用的脉冲微弧氧化技术虽然并没有在每一项指标上都占据优势，但是从综合整体性能来讲，该技术的性价比更高、能耗更低、环保性能更强，在竞争力上也是很不错的。钛合金表面常见处理工艺比较如表 18-1 所示。

表 18-1　钛合金表面常见处理工艺比较

对比项工艺	能耗	环境污染	表层质量	运行成本	处理时间
传统微弧氧化	耗能较大	污染较大	表面类似陶瓷性能，性能优良，但氧化膜与基体结合差	电解液易老化，膜层性能不稳定，所处理工件单位成本较高	快
等离子渗氮	能耗较大	污染小	可显著提高表层硬度，但工艺复杂，可能损伤工件如氢脆等	设备要求高，成本较高	较快
阳极氧化技术	能耗较大	污染小	可大幅度提高硬度，但膜层较薄，容易划伤，性能不稳定	设备较简单，电解液易老化，单位工件处理成本较高	较快
传统镀铜	能耗大	污染严重	孔隙率低，覆盖能力好，结合力差，沉积速度慢，镀厚不均	镀液稳定性较差，且调整和维护费用较高，整体成本高	较慢
脉冲微弧氧化	能耗小	无三废，环保	表面类似陶瓷性能，性能优良，氧化层与基体结合良好	设备简单，流程少，所用电解液抗老化，寿命长，成本低	快

2. 服务概述

本项目现阶段涉及的业务包括微弧氧化装备出售、生产线改造及相关技术如电解液服务等领域以及以钛合金表面微弧氧化为主的表面处理工艺等，主要从事小型化代生产和代加工服务。团队致力于钛合金微弧氧化表面处理技术，团队依靠自主研发的微弧氧化工艺及成套装备为相关企业进行服务，同时也为相关领域的客户提供科技咨询、人员派遣、设备支持等服务。

18.2.4 市场现状分析

1. 钛合金产业现状分析

从全球来看，目前世界上仅有 6 个国家有完整的钛工业产业链，能够生产海绵钛的国家有美国、中国、日本、俄罗斯、乌克兰、哈萨克斯坦。据统计，全球钛资源主要分布在澳大利亚、南非、加拿大、中国和印度等国，其中加拿大、中国、印度主要是钛铁矿原生矿，澳大利亚、美国、南非主要是钛砂矿。根据国际形势可知，21 世纪将是"钛合金时代"，钛及钛合金材料的研发和应用水平已经成为一个国家综合国力的重要体现。在这样的国际形势驱动下，在国内政府政策的支持下，投资成立一家以钛合金表面处理工艺为核心技术的高新科技企业是符合发展趋势的。

从国内来看，钛矿储量占世界已探明储量的 64% 左右，目前国内海绵钛的产量已经占据世界总产量的三成左右。随着国民经济的持续、快速发展，人民生活水平不断提高，钛和钛合金材料逐渐进入了民用领域。由钛及钛合金板、管、带、丝、箔、饼、环等加工材和多种金属复合材制成的钛产品，在医疗、体育、眼镜、手表、洗衣机等日用消费品领域得到应用并受到了市场的青睐，未来的市场巨大。

2. 应用领域现状分析

目前钛的应用除了国防工业的飞机、火箭、导弹、潜艇以外，化工、医学、体育、汽车、建筑以及日常生活都有钛和钛合金的应用。虽然钛合金的应用领域拓宽了，但是其主要的应用范围还是局限在石油化工企业，而在其他领域应用的还不够，应用领域现状如图 18-2 所示。钛及其合金的加工工艺不够先进，导致钛及其合金本身加工性能较差，较难满足多样化的市场需求。

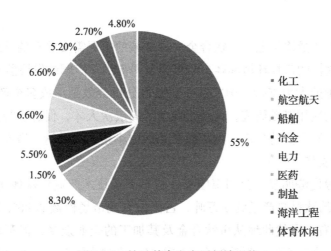

图 18-2　钛及其合金应用领域现状

18.2.5 内外部环境分析

1. 优势

（1）拥有自主知识产权的核心技术，即环境友好型微弧氧化技术，利用该技术研发的产品已经投入生产使用，相关技术专利已经被授权。电解液处理技术能有效避免环境污染，降低产品的单位成本；自主研发的微弧氧化电源采用智能模块换流技术保证工艺所需的高电压、大电流、宽频带和高质脉冲输出；利用先进的 ARM（英国 ARM 公司）控制系统实现电压、电流、脉冲频率、占空比等参数以及溶液温度、制冷搅拌系统等参数的自动监控。公司采用触摸式计算机一体化显示操作系统完成对以上工艺参数、工艺条件、工艺曲线的设定、控制以及存储记忆，保证了工业化生产的可靠性。电源可提供 0 伏～700 伏的电压输出，输出频率 100 赫兹～2 000 赫兹、占空比范围为 5%～95% 连续可调的矩形波。输出电流、输出功率可按照用户要求设计配置。

（2）校企合作稳固，科研资源丰富。公司从初期创业开始与多所知名高校建立了合作关系，能够获得材料领域的一些最新研究成果，并将其进行技术转化，这有助于公司核心技术的不断创新。

2. 劣势

（1）知名度不高，品牌效应不强。公司进入该行业的初期，由于竞争者设置的一些进入壁垒，以及合作企业数量不多，致使公司知名度不能快速提升，产品的优势也无人知晓。

（2）运营资金不足。在公司的起步阶段，科研、营销推广、设备购置等各个方面都需要资金的投入，只有解决好资金缺乏问题，公司才能顺利度过成长期。

（3）管理经验缺乏。公司处于成立初期，团队成员普遍比较年轻，纵然有先进的管理理念、拼搏的创业精神，也会在公司管理、成果鉴定、风险规避等诸多方面存在不足，应对和处理紧急事项的能力也有待提高。

3. 机遇

（1）钛合金的产量逐年上升，钛合金应用领域的扩展需要更多的处理工艺以满足实际应用的需要，这样的市场环境和客户需求为公司提供了广阔的发展前景。

（2）政府政策的大力支持。国家钛工业形势分析会鼓励形成多个产学研战略联盟，加强钛及钛合金的应用基础研究，为钛行业培养高层次人才，促进钛行业的产业结构升级。国家和政府鼓励和支持生产、加工钛产品的中小企业"做精、做专、做强、做出特色"，实现可持续发展。

（3）地区资源优势明显。公司离国家钛材料高新技术产业化基地比较近，据统计，2015 年这个地方的钛材总产量约 3 万吨，占国内高端市场份额的 80% 以上，占世界钛材总量的 24% 左右。虽然此地从事钛合金及其加工的企业众多，但利用高端钛材料表面处理技术对钛合金表面进行保护的企业并不多，这对公司来说是极为有利的。

4. 威胁

（1）竞争对手在研发团队、客户数量、品牌效应等方面底蕴深厚，对公司的产品推广、知名度提升、客户数量扩增带来很多不利影响。

（2）技术更新换代速度快，研发力量不够强。研发技术等知识资源对公司来说至关重要，公司除了培训内部人员、加强其专业技术知识以外，在很大程度上要依靠与科研单位专业人员进行合作。由于市场竞争激烈，技术的生命周期也有迅速缩短的趋势，因此强有力的研发力量是迫切需要的。

18.2.6 外部竞争者分析

公司的外部竞争者分析如表 18-2 所示。

表 18-2 外部竞争者分析

对象	现状	优势	劣势
其他钛材表面处理企业	目前国内表面处理企业众多，表面处理工艺丰富且发展迅速，技术较为成熟，但表面处理仍然落后	1. 有成熟完善的经营体系，具有一定的规模及市场影响力 2. 表面处理技术较为全面，技术成熟，客户接受程度高	1. 大部分表面处理过程复杂，设备要求高，部分处理工艺往往会降低工件的其他机械性能 2. 目标针对性较弱，技术工艺繁杂，很多时候质量难以保证
传统微弧氧化企业	微弧氧化技术较为成熟，目前微弧氧化技术发展的基体材料也较为多元化，适应市场的能力较强	1. 企业数量多，发展迅速 2. 针对性强 3. 有一定规模及影响力	1. 用电量大，氧化是典型的高能耗行业 2. 电解液以磷酸盐为主，使得电解液污染大，易老化，氧化层性能不稳定
本项目	拟建立一家提供微弧氧化处理及其相关领域的技术服务、咨询的企业	1. 技术较成熟，所开发的电解液环保、污染小、抗老化、寿命长，膜层性能稳定，废品率小 2. 项目产品针对性强，对工件所处的不同环境，拥有不同的处理方案 3. 与同行竞争者相比，工件的单位成本较低	1. 初创企业规模较小，知名度不高 2. 无完善的经营管理体系 3. 资金较少，且具有一定的财务风险

18.2.7 营销分析

1. 市场细分

根据现有市场需求和顾客需求的特点，公司将目标市场分为以下几类。

（1）根据客户类型：化工企业、体育用品制造企业、五金行业和医疗用品生产企业。

（2）根据客户规模：中小型钛合金及相关金属使用的企业和石油、石化等国家垄断的行业。

（3）根据客户性质：科研单位与企业。

根据公司的地理位置，以及钛资源和相关企业的分布情况，公司以多个西部城市作为主要发展中心并逐渐向中国东部地区发展，不断拓展业务，提高市场占有率。由此，目标客户主要有钛合金原材料生产企业、钛合金材料应用企业以及钛合金处理技术研究机构。

2. 营销策略

（1）宣传策略。

1）广告宣传。

①初期由于资金有限主要是印制企业以及企业产品宣传册，直接邮寄或以促销员上门发放的方式进行企业宣传。

②由于企业客户比较集中，都属于与钛合金有关的科研单位和企业，公司通过邮寄介绍性的资料和参展邀请函，使客户了解本公司的业务，当客户需要的时候就可以直接联系公司，针对性很强。

③在公司有一定经济实力时，可以同政府合作，促进政府主导的科技成果转换项目的转化，从而提高企业的知名度；还可以举办一些行业内的投融资洽谈会、新闻发布会等，扩大媒体的关注度和知名度。

2）互联网宣传。

①公司利用微信、QQ、微博等社交平台进行宣传。宣传内容和表现形式方面力求新颖独特，达到良好的宣传效果。互联网宣传在技术上也简单易行，且费用比较低。公司会通过向目标客户及潜在客户发送公司产品介绍来吸引客户并提高企业的知名度。

②这种方式投入比较大，覆盖面也比较广，需要联系知名度比较大的媒体，难度比较大，花费也高。但是，这种方式对于前期的宣传效果是很明显的。

（2）促销策略。

考虑到市场现状以及产品知名度等问题，公司主要采用直销的方式进行产品的推广。公司将建立一支高素质、高技能、高服务的营销人员队伍，由这些精干的营销人员采取上门推销的方式，耐心地向客户介绍产品和服务，并根据公司的营销计划向潜在购买者赠送样品，并由这些人员开展营销宣传、市场调研等工作。

3. 产品策略

（1）产品生命周期策略。

导入期：产品服务快速渗透策略。在创业初期，由于知名度不高、权威性低，客户对本公司的接受和认可需要一定的时间。因而公司将以低价格、高促销的方式打入市场。考虑到市场容量很大，但是潜在竞争激烈，公司与高校科研机构合作，以钛合金材料及相关领域为落脚点，进军其他地区科技交易市场，取得尽可能高的市场占有率。

成长期：改善产品服务质量策略。在拥有稳定的客户群后，公司与老客户建立长期的业务往来和合作关系，基于客户反馈改善产品服务质量。同时，拓宽科研领域、拓展业务、增加新的服务模式以此来扩大企业规模。

成熟期：产品服务延伸策略。依托高校优质的科研资源，公司计划3～8年将目标市场基本覆盖钛合金材料表面处理的所有领域。这样的策略形成主要是因为信息来源有限、在行业中威信不高，导致科研成果来源渠道窄等。此时，公司在产品服务延伸的过渡期将充分利用"人、财、物"等资源，稳扎稳打，增强市场竞争能力、稳固行业地位。

衰退期：产品服务集中策略。在利润逐渐走低且有大量的竞争者出现时，公司会采取产品服务集中策略，即把企业的能力和资源集中在最有利的业务上。

（2）产品组合策略。

扩大产品组合：通过市场调查，公司在原有服务组合中增加一个或几个服务大类来拓展服务组合的宽度，以及在原有服务组合中开辟新的服务领域或增加新的服务项目来拓展服务组合的深度，以此来扩大企业的服务范围，充分利用各类资源，分散风险，增强市场应变能力。

缩减产品组合：当市场不景气或企业的竞争力下降以及出现企业的"人、财、物"供应紧张时，公司采取缩减服务组合策略，剔除那些盈利很小的服务项目，使公司能够集中力量发展盈利空间大的项目，提高企业的盈利额，增强企业的竞争力。

产品延伸策略：公司的服务定位于提供钛合金材料表面微弧氧化的工艺处理及相关领域的科研成果转化服务、科技咨询与合作。客户定位于两类，一是在钛合金材料及相关领域有技术研究的科研院所，二是从事该领域生产、建设的企业。

18.2.8 商业模式分析

公司的主营业务是设备销售、提供技术服务和生产线改造服务，采取"线下供产销+线上供销"的商业模式，同时打造"产学研"合作模式，通过两种模式的有机结合实现产品的创新升级、保持行业内领先，不断扩大市场份额。具体内容如下。

（1）"线下供产销+线上供销"的商业模式

"线下供产销"强调供应链的建立和优化。上游为原材料供应商，包括电源设备和电解液生产用材料、生产线改造所用材料的生产商，公司通过与其建立牢固的战略联盟关系，实现长久的合作共赢。生产端是公司生产电源设备、电解液以及提供生产线改造服务，在这一环节需要持续进行生产链条优化、技术研发、产品升级和专利申请，生产链条优化旨在降成本、提效率，技术研发是保证产品能够得到及时升级并保持行业内领先。下游为钛材料加工企业，公司主要向他们销售电源设备、电解液和生产线，以及后期提供相应的技术服务（包括设备维修、电解液更换），在这个环节，公司着力创新营销策略、维护好客户关系，不断建立新的伙伴关系，扩大市场领域。

"线上供销"强调利用网络平台进行供应商和客户的选取、材料供应信息交互以及产品销售，这里公司将借鉴电商模式的运营机制，拓展供应渠道和销售渠道。

（2）"产学研"合作模式

"产学研"模式是政府政策支持下的一种有效的新型合作方式，公司将以科研机构、高校的人才以及研究成果的输出作为企业发展的原动力，同时也为高校、研究机构提供研究和人才开发的利用资源，助力高素质技能型人才培养。此外，借助社会企业的良好平台及资源，科研机构在技术上开发的同时完成对研究方向的规划和科技成果的转化，从单纯的技术型研究机构转型成技术、方向性兼顾的研究机构，同时研究成果将推动企业以及行业的整体发展。

18.2.9 财务分析

1. 资金筹措

公司通过各种途径共筹得资金360万元（见表18-3）。投入资金主要用于支付生产中所需要的直接原材料、直接人工、制造费用等各类费用。

表 18-3 股本结构与规模

股本规模	股本来源		
	风险投资入股	创业团队入股	
		技术入股	资金入股
金额（万元）	100	100	160
比例（%）	27.78	27.78	44.44

2. 财务预测

本项目具有竞争力和广阔的市场前景并不意味着该项目是可行的，还需要通过财务预测和投资分析中的相关财务指标来判断。一般来说，公司会进行资金运用、收入与成本预测、费用预测、投资分析和财务报表分析，然后基于预测数据测算相关财务指标，例如盈利能力指标、偿债能力指标、营运能力指标等，通过这些指标来判断项目是否可行。企业对未来三年的经营情况进行了预测，测算结果见表18-4。

表 18-4 未来三年经营结果预测表

财务指标	第一年	第二年	第三年
销售净利率（%）	32.10	35.53	38.51
资产负债率（%）	58.68	63.42	62.67
流动比率（%）	1.648 8	1.550 0	1.578 6
营业现金净流量（元）	5 213 547.50	13 004 247.50	20 306 847.50
投资净现值（元）	4 739 636.03	10 746 710.13	15 256 534.53

销售净利率可以用于概括企业的全部经营成果，该比率越大，表明企业的盈利能力越强。资产负债率反映了总资产中有多大比例是通过负债取得的，可用于衡量企业清算时对债权人利益的保障程度，该比率越低，表明企业的长期偿债能力越强。假设全部流动资产都可用于偿还流动负债，流动比率表明1元流动负债有多少流动资产作为偿债保障，该比率越高，说明企业资产的变现能力越强，短期偿债能力亦越强，反之则弱。一般来说，该比率大于2是最好的，大于1.5也是可以接受的。营业现金净流量可以反映出企业的财务状况，投资净现值反映了投资方案在计算期内获利能力的动态评价指标。通过以上指标，该项目在未来3年基本上是可行的。

18.2.10 团队构建

公司聘请了3位资深的材料领域专家作为科研顾问，另外7名团队成员主要分布于材料工程、机械制造及其自动化、能源与电子、财务会计、企业管理等专业。公司采取董事会领导下的总经理负责制度，组织架构采用直线职能制。

18.3 项目分析

18.3.1 创新性

1. 商业模式

公司的主营业务是设备销售、提供技术服务和生产线改造服务。针对现有的业务状况，公司主要采用"线下供产销+线上供销"和"产学研"合作模式相结合的商业模式。"线下供产销+线上供销"的商业模式是指从上游原材料供应商到生产端新锐科技企业最后到消费者下游钛材料加工企业的一条完整的线下供应链。线上主要负责利用互联网平台进行信息交互以及产品销售，拓展供应渠道和销售渠道。同时，公司与高校开展"产学研"合作模式。该模式是政府政策支持下的一种有效合作方式，政府处在引导与政策支持的地位，企业、高校、科研机构作为合作的主体共同参与到技术的投入与开发当中，而作为直接参与市场经济的企业，在此发展模式中起到了主导作用。

2. 技术服务

团队所研发的技术很好地解决了传统技术成本高、污染重等问题，是一种新型环保钛合金表面处理技术。创新点有以下几点：

（1）通过自主研发的触摸式全自动控制微弧氧化电源达到低耗能且对膜层结构与成分的精确控制，并采用特有的生产线对工件进行微弧氧化处理；

（2）通过研发相关软件，对客户群体使用微弧氧化设备的过程进行监控，通过分析相关数据，及时更新调整工艺参数，使得膜层性能最优；

（3）采用锆盐体系的电解液，对环境无污染且寿命长，同时膜层性能比磷酸盐电解液所制备的膜层性能优异。

3. 市场营销

团队首先对现有市场进行了细分，了解不同顾客的需求，从而确定了目标市场以及市场定位。基于公司处于创立初期，且又属于工业产品制造企业，因此团队制定了符合自身发展的市场营销策略，包括宣传策略、产品策略、渠道策略、促销策略，使公司在现有市场中占有一席之地。除了使用传统的营销策略之外，团队也制定了互联网宣传、公共关系等新型营销策略，以帮助企业更好地打开市场。因为企业技术的独特性，团队也考虑对相关技术申请资质认定，包括政府和民间的资质认定。公司通过资质认定可以提高知名度和信用级别，从而增加更多的商业机会。

4. 应用场景

目前钛合金市场需求较大，但是现有钛合金处理工艺存在问题，导致需求难以满足。团队研发的微弧氧化技术改善了现有问题，拓宽了钛合金的应用领域。同时该技术除了可以对钛合金微弧氧化外，还可在镁及其合金、铝及其合金、铜及其合金以及钢铁制件表面直接氧化，应用场景广泛。

18.3.2 商业性

1. 市场前景广阔

团队对钛合金市场进行了大量的调研工作，发现近年来，我国钛合金产量逐年增加，截至 2018 年年底，产量已达到近 13 万吨，具有巨大的市场潜力。但是钛合金表面容易被划伤，现有钛合金表面处理工艺存在寿命短、成本高等问题，难以满足市场需求，存在市场空缺。因而，公司选择进入钛合金市场是可行的。公司研发的微弧氧化技术延长了钛合金的使用寿命，同时降低了使用成本，使钛合金能够应用到更多的领域。

2. 竞争与合作

团队对现有竞争对手进行了分析，调查了目前市场上的一些相对具备竞争优势的企业。现有企业主要使用的技术为电镀、渗氮、阳极氧化等技术，这些技术存在能源消耗量大、环境污染等问题。团队研发的微弧氧化技术具有环保性、节约成本等优点，弥补了现有技术的缺点，同时形成了竞争壁垒，因此公司具有强大的核心竞争力。公司已经与一些金属研究院、金属材料开发企业等多家机构签订微弧氧化电源销售及服务合同，形成了一定规模的市场基础。

18.3.3 社会效益

公司开发的微弧氧化技术与现有钛合金表面处理工艺有所不同，是一种钛合金领域从未使用过的处理技术。引入新技术的同时，公司也创造了就业机会。微弧氧化技术的工艺流程相对来说比较复杂，中间设计的流程较多，需要大量的工作人员保证工艺的顺利进行，这样就为精通相关技术的人才提供了工作机会。

18.4 优化建议

18.4.1 优化员工绩效激励机制

该项目缺乏对员工绩效的激励机制。公司目前采用传统的绩效薪酬制度，但对具体的薪酬和激励机制未进行详细的说明。员工是公司的动力源泉，公司需要正确的激励以激发员工积极性，进而提高公司绩效。公司目前采用的薪酬制度和传统制造业企业是一样的，鉴于公司在创立初期资金紧张问题，可以部分采取股份薪酬激励政策，即依据员工的努力程度和绩效考核结果给予其相应的股份。这可以带来两个好处，一是减轻公司经济压力，将资金应用到日常产品生产和投资；二是可以塑造一种"狼性"企业文化，使每位员工都能为了获得更多的股份而挖掘自身潜能，助力企业的生产经营和创新。

18.4.2 创新合作模式

该项目合作模式创新性有限。公司目前采取和高校联盟的合作方式，虽然可以依靠高质量学术成果进行技术的转化，但是高校注重学术研究，缺乏市场经验，对于市场中的突发问题可能无法及时处理，在后续的市场发展中可能存在问题。因此，寻求合作模式创新是必须的。公司目前主要是通过与各大高校的合作实现技术创新，而没有与其他知名的大型企业建立合作创新关系。前者可用于创新研发的资源是有限的，而后者可用资源是多样且充足的。通过企业间的资源整合，公司可以加速创新步伐，同时也能依托大企业快速崛起，建立更多的合作关系，有助于打开市场。

18.4.3 优化客户管理

该项目缺乏有效的客户管理措施。开发一个新顾客的成本是留住一个老顾客的3～6倍。公司没有考虑到如何培养顾客的忠诚度以留住老顾客，而且公司对客户管理没有详细的计划。因此，公司应当注重知识产权保护和客户关系管理（CRM）的构建。虽然公司的钛材处理技术（微弧氧化）优于其他竞争者，但是作为刚刚兴起的创业企业可能会面临较高的市场壁垒，而且当产品暴露在市场后有可能被竞争者利用并研发出更先进的技术，这对于公司来说是致命的难题。因此，公司在向客户交付产品时应当同客户签订必要的保密协议，以加强知识产权保护。此时也涉及CRM（客户关系管理）问题，公司要通过创新各种销售方式与下游客户建立稳固长久的合作关系并建立闭环形式的产品销售圈和开环形式的市场开拓圈。

· 模块 5 ·

土木类与地质类专业

第 19 章 · CHAPTER 19

绿 e 可移动项目部

智能建筑引领者

19.1 项目概要

项目部建筑是施工企业为了完成某项建设工程,为项目施工管理人员而设立的临时性办公生活场所,以满足项目工程管理人员日常办公、生活等基本需求。目前项目部建筑的建设存在工序烦琐工期长、环境艰苦体验感差、资源浪费能耗大、功能单一无美感四大问题,导致施工场地项目部临建仍无法摆脱脏乱差的现状,与当今社会发展的要求脱节。

面对此现状,绿 e 新型可移动项目部建设工程有限公司打算运用新材料、新技术,设计出可移动绿色新型项目部建筑,并配套完善的服务设施系统,将自然风压技术与绿色建筑设计理念相结合,达到节能减排的作用,提升室内环境质量。同时,公司将充分利用场地空间,采取立体绿化系统,建设美观的室外环境,达到节约土地的目的;采用节水型器具、设备以及回收用水系统,实现水资源的合理高效利用;开发利用可再生能源,达到节约能源、保护环境的作用;采用节能材料或节材措施,提高保温、隔热、防火等各项性能,减少建筑能耗。此外,公司将利用信息化技术优势,构建先进的智慧信息管理平台,实现对产品设计、施工、运营、回收等环节的智慧管理。

可移动绿色新型项目部建筑属于装配式建筑,应用可移动化、标准化等设计策略,能有效缩短工期、节约建造成本;通过建筑设计和绿色建筑技术的应用,可以提高项目部办公与起居条件,改善项目部建筑现状,满足市场需求。公司还提供售前、售中、售后的一系列服务,不断提高客户满意度。

19.2 项目方案

19.2.1 公司简介

绿 e 新型可移动项目部建设工程有限公司，是一家集可移动项目部的设计、施工、运营为一体的创新型公司。公司以"最先进的设计、高品质的产品、最优质的服务"作为宗旨，以为项目部提供一条高品质高回馈的创新之路作为发展目标，主营新型单元体标准化设计产品和单元体适用性绿色建筑技术产品。公司在发展初期主要提供施工项目部整体设计与咨询、移动项目部研发的服务，随着公司发展，公司将形成一套包括标准化单元体的设计、安装、销售、转租、回收的一体化服务。

19.2.2 市场分析

1. 市场需求分析

经过走访调研和数据分析，项目部建筑的办公场所和居住环境的安全舒适性是客户最主要的考虑因素，除了满足安全、舒适的要求外，项目部建筑还应进一步完善配套的生活服务设施；其次，能源消耗、分区流线等因素是项目部建筑建设时应考虑的因素。公司将社会与市场对新型项目部产品的需求分为资源节约需求、成本节约需求、环境使用需求和功能使用需求四个方面，设计的产品可以满足不同的需求。

在资源节约需求方面，现有项目部建筑设备的设计与管理存在许多资源浪费的问题。不仅在选材上不能满足保温、隔热等需求，而且在处理工序中程序也很烦琐，能量消耗大；同时缺乏有效的市场管理和企业资质，临时设施的回收利用率较低，资源浪费严重。而新型可移动项目部能够在短时间内组装、拆卸及整体移动，可实现重复利用，其标准化、模数化、系统化以及绿色装配概念能够吸引消费者的青睐。

在成本节约需求方面，目前项目部建筑普遍采用活动板房，其建造工序烦琐，效率低下，办公条件差，少部分采用了箱型活动房，虽缩短了工期，但其进深、层高有限，而且隔热保温困难。而新型可移动项目部产品利用可移动技术，对场地的要求很低，既有利于拆解移动，又方便运输组装，极大地缩短了工期。

在环境使用需求上，公司选取了 3 个极具代表性的临时建筑项目部设计作为案例进行分析，结果表明项目部大部分人员对居住、办公环境表示不满意，近半数人员只表示环境一般，只有极少部分人员感到满意。另外，考虑到成本问题，很多项目部建筑设施往往参照制定标准的最低要求施工，降低了员工的使用体验。而新型项目部建设采用了标准化设计，简化了设计过程，提高了施工效率，还可根据规模的扩张和缩减需求实时更新，通过模块、单元和构件的设计极大地提升了客户的体验感。

在功能使用需求上，公司通过实地调研发现各岗位绝大部分员工对项目部建筑的外观设计评价都不满意，表示其未能实现办公区智能化与生活区社区化的建设目标，还存在功能设计不合理、流线组织混乱、办公居住条件差等问题。而公司提出的口字形庭院模块组合的建筑设计解决方案在功能模块的形式上选择以模块围合构造庭院式空间布局，可根据企业需求增添设施，根据规模调整口字形模块数量，具有良好的可扩张性。

2. 目标客户

公司的目标客户为企业净资产 1 亿元以上的一级施工总包单位，以及近 5 年承担过建筑面积 3 万平方米以上的构筑物、高度 100 米以上的单体工业、民用建筑工程的施工总承包或主体工程承包且工程质量合格的单位。

19.2.3 产品与服务

1. 产品装配设计

公司推出新型绿色项目部建筑产品，其标准化设计分为 3 个层次，分别是模块标准化、单元标准化和构件标准化。在功能模块的形式上选择以模块围合构造庭院式空间布局，每个口字形模块约由 30 个标准化单元体组成，根据规模不同，将不同数量的口字形模块复制组装，快速生成所需方案；单元由一定数量的标准化单元体组合而成，标准化单元体采用"3 000 毫米 ×6 000 毫米 ×2 600 毫米"的基本标准尺寸，按功能分为办公单元、住宿单元、休闲单元和后勤单元，并根据不同功能需求设计单元体组合模式，配置内部家具，对家具也进行标准化设计。

在具体的工程项目中，公司根据施工总包单位要求选取并组装内部家具，再运送至施工现场，实现高效的装配式进程。构件标准化主要体现在对单元体连接构件、梁柱螺栓连接构件以及楼梯、栏杆、门、窗等其他构件的不同形式进行标准化，根据具体要求选择不同的构件形式。

人数增多规模扩张的情况下，公司依据合理的功能和流线进行了方案预设计，具体产品方案设计如表 19-1 所示。

表 19-1 产品设计方案

人数规模	30 人	50 人	100 人	150 人	200 人
模块数量	1	2	4	6	8
标准化单元体总数量	37	75	147	172	208
住宿区数量	8	16	30	42	56
办公区数量	16	33	60	72	84
会议区数量	4	9	15	20	24
娱乐区数量	4	7	12	14	14
楼梯间数量	2	4	8	10	12
卫生间数量	3	6	12	14	16

不同规模下的模块承载功能不同。随着规模的扩张，每个模块的功能愈加单一，使

用人群也更加明确,可以针对不同的使用人群进行功能布置。

2. 产品绿色建筑理念

新型项目部建筑产品也采用绿色建筑技术,从室内环境质量、节地与室外环境、节水与水资源利用、节能与能源利用、节材与材料利用等5个方面体现绿色建筑理念。在提升室内环境质量方面,公司将自然风压技术结合建筑设计理念以解决建筑内部通风问题;通过自然通风降低室内温度,达到节能减排的作用。在节地方面,公司采取立体绿化系统进行屋顶绿化建设、垂直绿化的应用,屋顶绿化即在标准化单元体顶部预制绿植种植容器,规格为"500毫米×500毫米×60毫米",种植耐寒、抗旱、根系浅的常绿植物,垂直绿化对传统墙面绿化进行优化,即固定钢架安装在室内外的垂直墙体或平地地面,能有效保护墙体,并且形成独特景观;同时合理开发利用地下空间与屋顶平面,利用建筑单元的退台、建筑空间减法等方式,充分利用场地。在节水方面,公司采用节水型器具和设备,包括节水龙头、节水型坐便器、节水淋浴器、节水型电器等,完善管网阀门的安装,在关键部位设置远传压力表、声光报警装置,并安装回收用水系统,再用植草砖、透水砖、屋顶水收集装置、PP模块蓄水池等技术应用模块式组合的收集方式,主要收集建筑屋面雨水、路面雨水,利用人工湿地法、人工土壤滤池法处理后作为多种用途的非饮用水,同时通过地面渗透,回灌补充地下水及地面水源。在节能方面,公司开发利用可再生能源,在墙面或阳台安装太阳能集热器,集热器与建筑紧密结合,水箱置于室内,连接管道较短,热损失少,便于采用分散集热,另外采用光伏发电,在建筑围护结构外表面铺设光伏组件,将射到建筑物表面的太阳能转化为电能,并且采用地源热泵供热制冷以及空调冷凝系统,实现对温度的调节。在节材方面,公司为屋面加设或改造合适厚度的保温层,标准化单元体顶面内保温层使用膨胀珍珠岩材料以保证其承压及隔热效果、抗裂性能,侧面及地面采用膨胀聚苯板,使用断桥铝合金门窗,提高门窗气密性,门窗与墙体间的空隙使用聚氨酯发泡体进行密封填充。

3. 智能化管理服务设计

产品综合运用在线监测、过程管控、数据分析、BIM运维等手段,构建先进的智慧信息管理平台,实现对设计、施工、运营、回收等环节信息的无缝对接,并通过对设计要点进行选择后快速生成智能方案。在施工方面,公司对施工用料的造价进行高效合理的管控,通过BIM技术管理施工过程,实现安全生产、文明生产。运营过程与智慧工地结合,根据条件对项目部在施工、运营上提出建议,同时实现人员管理的智能化。在回收工作中,公司利用相关技术对现有产品状态进行自动评估,提升回收工作效率,此外,BIM还可以对回收产品的运输提出建议。

19.2.4 生产运营

公司运营模式可分为初期、提升期和成熟期3个阶段。公司根据不同阶段的公司情况和发展目标制订不同的运营计划。

1. 公司初期运营模式

公司成立初期主要以施工项目部设计业务为主，设置专门的设计部为用户提供专业化项目部建筑设计。设计部针对需要设立施工项目部，根据设计方案进行施工。公司将根据人员规模、地形条件、设计要求等提供新型移动化项目部的设计方案，并且根据不同阶段的发展状况，制定不同的业务经营模式。初期运营模式如图 19-1 所示。

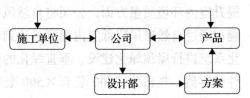

图 19-1 公司初期运营模式示意图

2. 公司提升期运营模式

在公司发展的提升期，公司拓展标准化单元体租售、反馈维修、回收周转等业务，此时考虑到公司规模资金等因素，不生产标准化单元体，由采购供应部负责联系制造厂家，为用户提供相应的产品；同时，由施工部、售后部、计划物流部分别负责项目产品的施工建造、维修反馈和周转回收。

3. 公司成熟期运营模式

公司成熟期运营模式如图 19-2 所示。

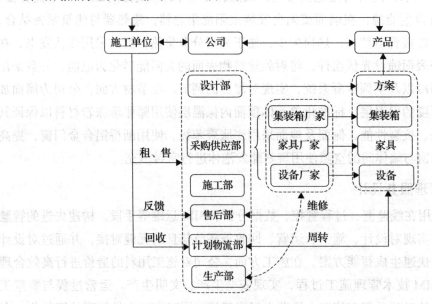

图 19-2 公司成熟期运营模式示意图

在提升期的基础上，公司在成熟期设立生产部，可以自行生产标准化单元体、家具、设备等产品，并研发绿色技术、智能技术等新技术产品。

19.2.5 竞争分析

目前社会和市场上常见的项目部建筑类型主要包括集装箱、集装箱和板房、板房、板房和民房四大类，项目组对四类代表项目进行了实地调研，调研数据统计如表 19-2 所示。

表 19-2 项目部调研数据统计表

项目部名称	项目部类型	项目投资（亿元）	项目部投资规模（万元）	项目部人数	常住人口	办公效能	满意程度
1	集装箱	260	3 000	200	196	良	基本满意
2	集装箱和板房	5.6	500	80	76	一般	一般
3	板房	0.8	30	20	28	差	不满意
4	板房和民房	4.6	500	50	50	一般	一般

板房类项目部多数功能分区不合理，管理水平较低，流线组织混乱，办公效率低，居住条件差，选材的保温隔热效果不佳，可回收率低；民房类项目部使用方便但不便管理，居住、办公环境舒适度低，体验感差，急需改善；集装箱类项目部的优势突出，办公、起居条件好，保温隔热效果突出，建造工期短，可循环使用，但投资巨大的复合材料使得整个项目的造价成本过高。

目前，市场上还没有专业的项目部临建产品设计公司，项目部临建销售多面向低端市场，品质无法保证，且产品同质化较为严重。公司采用装配式建筑、可持续建筑理念，在短时间内完成建造，便于拆卸组装运输、经济环保。

19.2.6 营销计划

1. 营销战略

公司采用在市场区域定位上"由点及面"推广，在市场目标定位上"由大到小"普及的营销战略。区域定位上"由点及面"进行推广，由中西部逐渐向东部地区推广产品；市场目标定位上，公司发展初期将目标对准大型项目部，提升期阶段主要面向有一定规模、项目部建筑整体环境较差的中型工程企业，成熟期可按照项目部的规模配置标准化单元体数量，提供多种类型选择，将产品推广至规模较小、资金不充裕、项目部临建环境较差甚至存在一些安全隐患的小型工程项目中。

2. 营销策略

（1）推广策略。

一是人员推广。公司在各区域设立分公司，人员在推广过程中，针对不同区域采用不同的推广方式，在对当地地形、气候等充分了解的前提下，有针对地在当地介绍和宣传产品，引起当地政府行政部门、企业及公众对公司产品的认同和好感，从而促成交易。

二是公共关系。公司建立初期，投入与发展目标相适宜的公关关系经费，重点提高公司知晓度，可采取网络公关与人事公关，辅助建设销售网络。随着公司的发展，公关活动侧重于梳理公司的特色亮点,树立品牌效应,推广创新理念,如承办一些中大型的学术交流会、研讨活动,以及参加社会公益活动,树立企业的良好形象。在公司发展稳定后期,公司要承担起相应的社会责任,通过捐助贫困山区、资助希望小学,进一步提高公司的影响力。

三是销售促进。针对不同的区域,产品推广主要依靠推广人员,不断地跟进调整单体核心下的具体构建,以适应不同区域的不同需求;同时,公司将与政府部门建立长期的联系,从而获得最为有利的"顾客"。

四是微博推广。公司建立微博,向潜在用户传播产品理念、产品信息,树立良好的工作形象和产品形象,每天定时更新内容、发布话题,达到推广产品本身和公司创新模式的目的。

(2)服务战略。

公司与政府部门联手建立销售服务网络,为使用者提供健全优质的售前、售中、售后服务。售前提供公司团队设计体系的概况数据,建立完善的销售网络,及时推广并在各个不同区域组装单体,避免客户长期等待。售中,保证服务质量,发现并及时解答消费者对产品存在的疑问。售后跟进了解单体的使用情况,在整个推广过程中保证服务的健全与优质;建立信息交流反馈渠道,做好对单体质量、使用情况的信息反馈处理;根据使用者需要及市场变化不断改进单体本身,满足使用者的需求。

公司在发展初期通过提供产品设计的方式为大型项目部提供服务;在提升期,除了大型项目部的设计之外,公司还要参与中小型项目部方案设计,并承担部分项目产品的反馈维修、回收周转,为公司发展打下良好的业界口碑;在成熟期,公司构架与运营模式趋于稳定,公司将保持原有销售量并加大对绿色建筑技术、智能技术等高新技术的生产研发。

具体销售计划如表 19-3 所示。

表 19-3 销售计划

		第一年	第二年	第三年	第四年	第五年
客户数量	小型项目部				1	2
	中型项目部		1	2	2	2
	大型项目部	1	1	1	1	2

19.2.7 公司管理

1. 企业部门组织架构

公司的组织架构在发展初期和成熟期有所不同,为使管理机构更为高效,公司部门将根据不同发展阶段进行设置。公司发展初期组织架构如图 19-3 所示。成熟期组织架构如图 19-4 所示。随着公司的发展,组织结构将更为合理、更为专业。

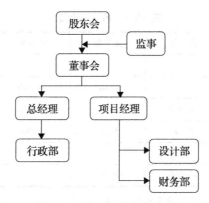

图 19-3　公司初期组织架构

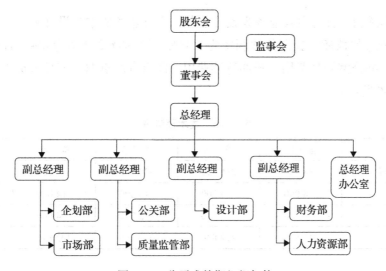

图 19-4　公司成熟期组织架构

2. 管理模式

公司组织结构根据公司性质采用直线职能制并设立不同职能部门。这样既保证了统一指挥的优点，又吸收了专业分工的长处，有利于公司的健康发展。

公司创立初期采用友情化和温情化相结合的管理模式。这种模式内聚力较强，有利于团队成员互相扶持帮助。当公司发展到一定规模，尤其人员扩招之后，要不断调整经营管理模式，引入制度化等规范的管理模式与其相适应。公司将坚持人本管理，将其渗透到各项生产经营管理活动中去，使公司的一切工作在人本管理的理论体系和基本框架内进行，以获取预期绩效。

19.2.8　财务计划

1. 主营业务分析

（1）收入预测。公司第一年至第五年的收入预测情况如表 19-4 所示。

表 19-4　收入预测表

		第一年	第二年	第三年	第四年	第五年
设计面积（平方米）	大型项目部				1 000	2 000
	中型项目部		2 000	4 000	4 000	4 000
	小型项目部	4 000	4 000	4 000	4 000	8 000
合计（平方米）		4 000	6 000	8 000	9 000	14 000
单价（元）		115	115	115	150	150
设计费收入合计（元）		46 000	69 000	92 000	165 000	270 000

注：公司经营模式为出售设计服务，为建筑总承包单位设计项目部建筑，收费计量方法为按设计平方米收费，前3年处于提高市场占有率时期，未采用绿建技术，每平方米设计收取设计费115元，从第四年开始，设计采用绿建技术，每平方米设计收取设计改为150元。

（2）成本预测。公司主营业务为设计业务，主营业务成本为设计师工资。财务费用主要是贷款利息的偿还，长期贷款利率为4.35%，短期贷款利率为4%，管理费用包括办公室租赁、办公室用品费用、长期待摊费用、固定资产折旧、管理人员工资。成本预测表如表19-5所示。

表 19-5　成本预测表　　　　　　　　　　（单位：元）

	第一年	第二年	第三年	第四年	第五年
设计师工资	185 400	216 450	320 800	634 500	1 140 000
销售费用	8 000	10 000	13 000	14 000	15 000
财务费用	0	0	5 740	4 000	4 000
管理费用	212 840	212 840	290 840	392 840	560 840

2. 财务分析

（1）主要财务假设。

公司根据现实基础、能力、潜力和业务发展的各项计划以及投资项目的可行性，经过分析研究采用正确的计算方法，本着脚踏实地、稳健发展的原则，并遵循我国现行法律、法规和制度，在各方面与财政部颁布的企业会计制度和企业会计准则一致。

一是经公司所在省高新技术企业认定管理机构认定，减按15%的税率征收企业所得税。

二是在可以预见的未来，企业将会按照当前的规模、状态持续经营下去。

三是公司在会计核算过程中统一采用人民币作为计量单位。

四是公司自第三年开始分红，按净利润的10%分红。

五是公司以权责发生制为记账基础，以历史成本为计价原则。

六是前三年银行贷款为大学生创业贷款免息，第三年的银行五年期贷款为分期付息到期还本的方式，利率为4.75%。

七是公司适用的税（费）种和税（费）率如表19-6所示。

表 19-6 税率说明

税（费）种	税（费）率	税（费）种	税（费）率
增值税	6%	城市建设税	7%
教育税	3%	企业所得税	15%

注：根据"营改增"政策，公司符合"技术服务"类，使用增值税税率6%。

（2）财务分析重要指标。

公司前5年的重要财务分析指标如表19-7所示。

表 19-7 财务分析表

	第一年	第二年	第三年	第四年	第五年
总资产周转率（%）	82.39	97.76	94.53	119.97	127.66
资产净利率（%）	9.63	29.38	22.52	31.01	32.39
净资产收益率（%）	12.85	44.31	35.45	48.49	48.84
成本费用净利率（%）	13.23	57.07	39.05	49.17	48.44
资产负债率（%）	25.08	16.41	12.81	6.03	3.89
权益乘数	1.33	1.20	1.15	1.06	1.05
利益保障倍数	—	—	51.46	152.17	246.04
销售利润率（%）	11.7	36.3	26.8	31.1	30.9

19.3 项目评价

19.3.1 创新性

1. 产品服务创新

项目团队设计的产品为新型单元体标准化产品，以及单元体适用性绿建技术产品，可以根据不同大小规模的建筑工程以及工程队需求选取不同的模块、单元和构件，模块、单元和构件都进行了标准化，安装、拆卸快速简单，可重复使用，且均为绿色环保型材料，在资源节约和绿色环保方面有较大创新。

在服务方面，公司在不同的销售阶段为顾客提供针对性的服务，并与政府部门联手建立销售服务网络，为产品使用者提供优质的售前、售中、售后服务。

2. 管理运营创新

（1）组织架构。

团队在商业计划书中将公司在发展初期和成熟期的组织架构都列了出来，成熟期增设了监事会、企划部、市场部、公关部、质量监管部、人力资源部和总经理办公室，说明创业团队对公司的整体运营情况有长远的规划，规划后的组织架构更为合理、专业、高效。公司组织架构根据公司性质设立，采用直线管理制度，下属设立不同职能机构。

这样既保证了统一指挥的优点，又吸收了职能式专业分工的长处，有利于公司的健康发展。

（2）智能化管理策略。

公司在产品设计、施工、运营、回收等方面运用大数据、BIM 运维等技术，可以实现对各个环节的智慧管理。同时，公司还实现人员管理的智能化，高效调配人力资源，事半功倍。在回收工作中，公司利用相关技术对现有产品状态进行自动评估，自动显示评估价格，合理公正，能高效提升回收工作的效率；除此之外，BIM 还可以对回收产品的运输提出建议，这也是项目中的一大亮点。

3. 营销创新

（1）营销战略。

在营销方面，公司根据营销战略，做了详尽的销售计划，对产品在近 5 年中各类客户数量进行了预测和分析。在发展的初期阶段将目标对准大型项目部，提升期阶段主要面向有一定规模、项目部临建整体环境较差的中型工程企业，在发展的成熟期将目标范围扩大到各种大、中、小型工程项目。

（2）推广策略多元化。

该项目的推广策略丰富，在推广时根据不同地区的地形和气候状况进行差异性、针对性的推广，且公司非常重视公共关系对产品推广的影响，在社会中创造良好的企业形象和社会声誉方面有着长远的规划。同时，公司利用网络创建微型博客，每天定时更新内容，向网友和潜在用户传播产品理念、产品信息，以便树立良好的公司形象和产品形象。

4. 办公场所设施设计全面

团队设计的标准化模块、单元和构建可以根据不同的需求快速生成方案，能建造出多种办公和生活场所，如住宿区、会议区、办公区、娱乐区、楼梯间和卫生间等区域，供客户选择性建设相应的需求区域，实现劳逸结合，提高工作效率。

19.3.2 团队情况

1. 分工协作和能力互补情况

团队创始人曾作为负责人参加大学生创新创业训练项目和"挑战杯"竞赛；团队设计总监曾参与多项建筑设计项目，有丰富的绿建设计经验，负责产品设计美化；财务总监具有丰富的省级创新创业项目财务分析经验，负责财务管理及风险把控；人事总监为在校研究生，负责人才选拔，建立科学的考核与激励机制。8 名成员各有分工、互相协作、能力互补，能基本保证项目的实行和落地。

2. 创业顾问

该项目的创业顾问是教授级高级工程师、建筑行业的专家，能为公司在产品设计和制造方面提出可行性的权威建议,为项目的推进和实施助力。

3. 合作与支持单位

公司合作与支持的单位能给企业带来资金资源、先进技术、管理经验,提升企业技术进步的核心竞争力和拓展国内外市场的能力。

19.3.3 商业性

1. 机会识别与利用

项目抓住了市场中项目部建设的痛点和前景。目前,建筑施工场地传统临建通常给人脏、乱、差的形象,且环境艰苦体验感差,功能单一,资源浪费能耗大,管理不善,导致大部分员工感到不满意,项目部建设市场需要一种新型绿色产品。另外建筑设计行业景气上升,中国的建筑进程正处于高速发展阶段,全国每年有数千个施工项目开工,其配套的项目部建筑面积也高达数百万平方米,这为新型项目部建设提供了着力点。

同时,新型可移动项目部建设也响应了"环境友好、资源节约"的政策导向,实现绿色低碳、节能减排,符合社会发展要求,能够得到政府政策的支持。

2. 技术基础

项目团队拥有两项发明创造,且已申请专利,对于公司新型可移动项目部产品的设计、研发具有一定的技术支撑,可以充分运用自身技术,使产品在竞争市场上占据优势。

3. 竞争优势

第一,公司开发的可移动绿色新型项目部产品,是一种新型装配式建筑,应用可移动化、标准化等设计策略,能够有效缩短工期、节约建造成本。

第二,新型项目部产品运用了绿色建筑技术,应用屋顶绿化和垂直绿化,美化室外环境,采用节水型器具和回收用水系统,开发利用可再生能源,实现绿色低碳、节能减排的效果,同时也能提高项目部办公和起居的条件,确保项目部建筑的舒适性。

第三,新型可移动项目部产品成本可控,循环高效,在经营方式方面也有很大的灵活性,可租可卖可回收,推行一体化服务,采用智能化管理策略,运营高效化,一次性投资优势明显,能够实现经济、效率双丰收。

4. 产品设计可行性

产品设计满足了社会与市场对新型项目部产品的资源节约需求、成本节约需求、环境使用需求和功能使用需求。产品采用可移动技术和绿色建筑技术,很好地解决了目前市场上项目部临建的问题。同时,产品的设计灵活、形成方案效率高,成本也低,能够很好地吸引目标顾客。

在项目部管理方面，公司采用了智能化管理策略，能够采用先进的智慧信息管理平台，方便管理人员高效调用资源，利用大数据分析等技术在产品设计、施工、运营、回收工作中向管理人员提供决策依据。现代经济社会中信息的价值越来越大，智慧信息管理平台能够受到管理人员的青睐。

5. 资金需求

公司成立之初，资金来源一部分依靠公司管理层（创业人员）资金入股，资金投入20万元，另外吸引风险投资20万元，占股7%；向政府申请大学生创业贷款14万元，属于债务资本，将其作为流动资金，实现了合理的负债比例，负债比为25%。同时，公司通过投资分析，投资净现值远大于0，投资回收期为一年零八个月，内含报酬率达到66%，远大于资本成本率，获利指数也大于1，在资金需求、投资方面，显示出方案的可行性。

6. 盈利能力

公司的盈利能力推导过程采用了资产净利率、股东权益报酬率、成本费用净利率3个指标进行分析，具有一定的代表性，且3项指标越高，说明企业的获利能力越强，推导过程合理。分析结果展示出随着企业的发展和业务的扩张，不同指标的合理变化在4～5年后呈现出一个稳定的盈利状态。

19.3.4 社会效益

第一，公司生产的绿色可移动项目部产品以改善项目部临时建筑区域的环境面貌为出发点，通过合理的组织功能、完善的服务设施，提升项目部建筑的品质，提升区域环境面貌，以及员工的工作满意度和幸福指数，降低项目部基层人员的离职率，从新的角度来促进就业。

第二，绿色可移动项目部产品响应国家资源节约、环境友好、绿色发展的号召，在用地、用水、用电、用材、循环等方面进行提升，最终实现绿色低碳、循环经济的目的，智能化管理能够助力建筑企业实现文明生产，提升项目建设的工程进度与质量。

19.4 优化建议

19.4.1 明确企业发展战略规划

企业发展战略规划是一个企业对未来几年工作重点的设想，是企业未来发展的风向标，具有决定性的指导作用，也是展示企业发展前景、吸引投资者长期投资的一个重要部分。但项目计划书中没有明确指出企业发展的战略规划，不能体现出公司领导层、管理者的管理理念。

公司要在全面分析企业所面临的外部环境和内部整合资源能力的前提下确定使命和愿景，制定相应的竞争战略、扩张战略，并拟定中长期的战略发展规划框架作为公司指导思想。这样做会对企业形成产品研发策略、营销策略等管理决策产生重要意义。另外，企业也应制定发展战略的反馈和控制机制，以应对和适应竞争不断变化的市场。

19.4.2　完善营销策略

公司商业计划书中的营销策略不够全面，只列出一些推广策略和在销售不同阶段的服务策略，虽然推广策略丰富多元，产品宣传部分做得比较到位，但如果没有性价比高的产品，再多的推广手段也不会产生理想的市场效果。另外，商业计划书中没有对产品的定价、销售渠道以及促销的方式方法进行阐述，这会直接影响投资者和消费者的决策。

公司应从产品、定价、渠道、促销 4 个方面全面展示产品的营销策略，将团队设计的产品从多个角度全方位地展现给投资者和消费者，争取形成一个能更好适应环境变化的营销策略，以较少的营销投入获取最大的经济效果。

第 20 章 · CHAPTER 20

空-天-地滑坡地质灾害智能监测系统

20.1 项目概要

有数据显示，滑坡是人类目前面临的最广泛、时间最长、受害最重的地质灾害之一，出现的频率和广度要远大于其他种类的地质灾害，严重威胁到人民的生命和财产安全。近年来，尽管传感技术、光电技术、遥感技术不断取得突破，但市场上出售的滑坡监测系统仍存在许多不足，无法真正实现智能化、网络化，不能准确地监测和预警滑坡灾害，而且真正大量投入工程应用较少，并未形成市场规模，不符合未来预警系统自动化、智能化、实时化的发展趋势。基于对人民生命和财产安全的考虑、社会和政府对滑坡灾害监测预警的高度关注以及市场上缺乏滑坡监测系统的现状，CA 地灾监测有限责任公司不断追求将地质灾害监测和现有先进技术结合，建立和完善地质灾害监测预警系统，空-天-地滑坡灾害监测系统便应运而生。

目前，空-天-地滑坡灾害监测系统已经在易发生滑坡灾害的地段做过实际测验，测验结果良好。基于项目的创新性和产品演示，公司已经和多家地灾监测、综合勘察研究院及企业签订合作意向书，致力于技术的不断创新和发展。另外，公司的"降雨诱发浅表层滑坡模拟系统 V1.0"享有计算机软件著作权。作为未来 10 年中国最具成长性的行业，地质灾害的频繁发生，给监测市场带来新的机遇和挑战。据了解，灾害监测的相关销售总额高达数十亿，巨大的销售市场必将掀起互联网、数据信息传输、地质灾害监测等相关高新技术人员的就业潮。空-天-地滑坡灾害监测系统通过信息化与一体化建设，提高了数据传输和接收的效率，为实现信息化管理创造条件，实现了数据、信息、技术等资源的共享，相对于其他灾害监测系统具有成本低廉、精度高、数据传输速率快、全天候、自动化程度高的特点，为地质灾害监测和预警提供了一种新的实时监测和预警技术手段，弥补了地质灾害行业监测和预警系统产品的不足，能有效保障人民生命和财产安全，同时也拓宽了我国北斗卫星的应用领域。

20.2 项目方案

20.2.1 公司简介

CA 地灾监测有限责任公司是一家立足于省级以上的专门从事滑坡灾害监测预警系统开发和应用的高科技公司，注册资本为 136 万元人民币（包括外来风险投资 45 万元，个人投资 91 万元），当前主要经营业务是滑坡灾害监测系统的开发与安装。公司以促进我国滑坡灾害监测系统领域和北斗卫星相关领域的快速发展为使命，将"以科技挽救人们生命财产、以创新推动产业进步发展"作为经营宗旨，旨在未来 5 年内发展成为西北地区乃至全国在地质灾害监测系统研发领域的领跑企业。

公司拥有着较为完备的组织架构（见图 20-1）。

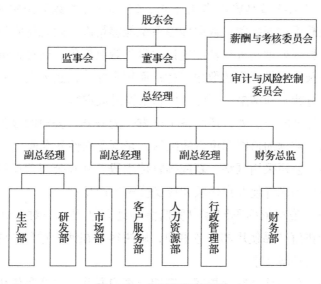

图 20-1　公司组织结构图

公司在产品的研发、生产、销售和售后上提供一站式服务。

20.2.2 市场分析

就滑坡监测市场而言，我国滑坡治理形势严峻，传统监测技术落后、滑坡监测管理体系建设不足。政府机构开始严格统筹建设以国务院应急管理平台为核心的安全监测管理体系、应急平台、监测管理体系等相关产品及服务将会产生较大的市场需求。

就市场竞争来看，目前国内灾害监测市场格局稳定，主要有"华测""南方测绘"和"中海达"高精度北斗领域最具影响力的三大民族品牌，但近几年借助北斗东风成长起来的一大批以监测灾害为主的实力企业也投入市场竞争，滑坡监测市场的竞争将会愈加激烈。

就行业壁垒分析而言，一方面滑坡监测产品都有较强的专业性，一般的企业团队在没有支持的情况下很难在短时间内掌握复杂的业务内容和规则；另一方面监测产品对技术研发能力有较高的要求，需要融合使用大量的现代通信设备、三维空间信息管理技术、大规模数据管理等技术。因此滑坡监测行业有较高的业务门槛限制，进入壁垒比较高。

20.2.3 产品与服务

空-天-地滑坡灾害监测系统由数据采集系统、数据传输系统、数据处理系统和用户服务系统四大部分组成，包括空（无人机、机载雷达）、天（北斗导航系统、遥感技术）及地（各类先进传感器、数据采集接收器）三种技术。

该系统的主要硬件部分有土壤水分传感器ML3、水压力式张力计、土壤水势探头EQ3、渗压计（水位计）、温湿度传感器111N&222N、测斜仪GK-604D、倾斗式雨量计7852M-AB、国产DUK-2型高密度电阻率仪、CR1000X型数据采集装置、太阳能板、便携式无人机、机载雷达等装置；数据传输系统能够精准高效地将收集到的数据传送到数据处理系统端；数据处理端远程精准地接收野外观测资料，通过云端对数据进行精确处理，为滑坡灾害预警提供可靠的数据支持；而用户端只需进入监测系统入口查看野外滑坡点位的实时解算状态和结果，便可分析和预警滑坡灾害。

公司除了生产先进的产品外，还配备了全方位的服务。公司的服务设计坚持售前宣传、售中服务、售后数据的追踪和设备的维修，兼顾全面性和专业化。

（1）售前宣传。公司采用网络、新闻等宣传手段，并在公司营运初期进行详尽的市场调查，了解客户的需求并使客户信服和接受公司的产品；

（2）售中服务。公司依据不同客户所监测的地理情况，一对一进行设备和系统调试，并详细向客户讲解产品使用的注意事项，解决客户在使用过程中的疑问，保证监测系统适应不同客户的环境要求。

（3）售后跟踪。公司建立客户档案，定期与客户联系，对产品使用状况进行跟踪调查，帮助客户定期检修，保证客户的使用满意度。

20.2.4 经营状况分析

目前，公司尚处于试运营阶段，其核心产品空-天-地滑坡灾害监测系统，已经在滑坡灾害易发地区进行了试运营，监测和预警效果非常好，并和多家研究所及企业签订了合作意向书。另外，公司团队研发的"降雨诱发浅表层滑坡模拟系统V1.0"享有计算机软件著作权，具有较高的技术壁垒。公司人员还做了市场调研，通过访谈和发放问卷的方式，掌握了不同年龄段的人对安装滑坡灾害监测系统的需求。调查结果显示，90.89%的人认为非常必要进行监测预警，这一数据证明了人们对滑坡监测的需求，大部分被调查的对象对滑坡灾害表示担忧，从侧面反映出研发精准、实时的滑坡监测预警系统的必要性。这次市场调研也进一步证实了公司积极研发的空-天-地滑坡灾害监测系统具有很大的商业价值和社会效益。

20.2.5　竞争分析

经过多年的发展，目前监测灾害的国内市场格局基本稳定，"华测""南方测绘"和"中海达"为高精度北斗领域最具影响力的三大民族品牌，占据国内市场超过半数的市场份额。但由于工程地质条件的复杂、自然条件的变化以及人类工程活动等因素的随机性和不可控制性，人们对滑坡做出准确可靠的预报还是十分困难的。公司产品将从技术上实现创新，产品采用物联网、云计算、大数据三大项技术将给传统安全产业注入新的生命，将"空""天""地"三种模式相结合，360°全方位监测，助推滑坡监测预警产业进行跨越式发展。该产品因多功能、全方位的监测特点，定会受到客户的喜爱并迅速抢占市场。

20.2.6　营销策略

按照省内企业级、政府级市场先行，省外企业级、政府级市场随后的市场战略，结合企业发展战略，公司团队采用的三个阶段的营销战略如图 20-2 所示。

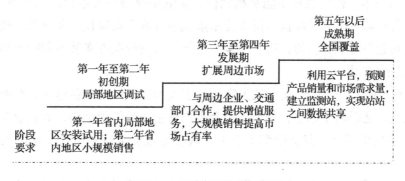

图 20-2　公司营销战略示意图

20.2.7　发展战略

公司立足于 A 省，前期主要以硬件和软件研发为主，后期以产品服务解决方案为主。力争在未来 5 年内发展成为 A 省甚至全国在地质灾害监测系统研发领域的领跑企业，公司短期发展战略如图 20-3 所示。

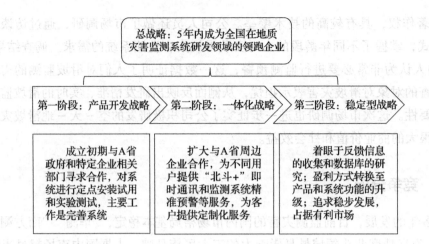

图 20-3　公司 5 年发展战略规划图

20.2.8　风险分析与控制

1. 风险分析

（1）财务风险。公司进行监测系统的研发，初期的实验器材等硬件设施购买投资较大，正是由于投资规模的问题，给公司的营运带来了较大的压力。因此，公司需要在保证质量和盈利的前提下降低硬件设备成本，加速市场推广，使规模尽快达到盈亏平衡点。固定资产不能购买太多，合理扩大企业生产规模。企业的设备折旧和财务成本不宜过大，在没有达到收支平衡前，企业需要有较大的流动资金投入。

同时，随着公司发展阶段的变化，财务风险将越发呈现出其多样性和变化性。在公司成立后的第一年，初始融资不能顺利到位，影响企业的正常运营，初期现金回收慢，现金流压力大；第二年，后续技术研发受阻造成的技术升级换代周期延长，技术保护程度不够，遭到竞争对手的模仿，第三年至第五年，利润分配方案及盈利能力与模式达不到投资者理想的效果。

（2）管理风险。企业以开发滑坡灾害监测系统为主。科技更新迅猛，企业的增长速度起初也较快，之后趋于稳定，如果不能合理调整企业的组织结构，如企业资金大部分投资于某一项技术研究，资金分配不合理，就会导致资金链断裂或者资源浪费的情况发生。

虽然公司对预期的市场容量做了测定，但是市场在不断变化，公司的测定可能会与实际产生偏差，导致因实际的开发水平与实际的市场容量不一致而产生风险，这种开发风险是不可避免的，并且贯穿于整个开发过程。

（3）市场风险。如果企业生产的新产品或服务与市场不匹配，不能适应市场的需求，就可能给企业带来巨大的风险。风险主要有市场的接受能力难以确定、市场接受的时间难以确定、竞争力难以确定。同时，在公司成立后的不同阶段，市场风险也呈现出其多样性和变化性。在公司成立后第一年，由于误差与不确定性的存在，导致现实的需求与估计有偏差，达不到预期销售量使得收益无法实现，目标客户对本公司产品对于滑坡的监测的认可度和反映度可能低于预期；第二年，潜在竞争者的威胁较大，更多的监测滑坡设备企业进入市场，以及目前市场上存在的同品类竞争企业降低价格，打价格战，对本企业市场造成冲击，市场占有份额可能减小；第三至第五年，企业在行业已具有一定知名度和商誉，由于不确定性和非市场因素，企业形象可能受到非竞争性损害，另外公司产品在滑坡监测业广泛推广，以及公司后续开发的替代产品越来越多，市场趋于饱和状态，企业难以打开新的销路。

2. 风险控制

（1）财务风险控制。公司在成立初期资金需求量大的情况下设计合理的筹资渠道，充分利用自有资金，不盲目追求企业规模，争取合理利用资源，降低资金运营成本。公司应联系多家风险投资机构，增加融资储备对象，利用政府的相关环保优惠政策，将申请政府无息贷款提上日程。公司应在初始融资时就提取风险储备金，以防公司出现资金缺口。在公司发展中期，公司还要重视权益乘数等财务指标。权益乘数表示公司的负债程度，反映了公司利用财务杠杆进行经营活动的程度。资产负债率低，权益乘数就小，这说明公司负债程度低，公司会有较少的杠杆利益，但相应承担的风险也低。公司还要把握公司所处的环境，准确预测利润，合理控制负债带来的风险，为保持公司资产较高的流动性，必要的时候可以考虑加大第二年融资额度，销售应采用现金折扣等方式鼓励现金回流，缩短现金回收期。另外，公司要严格控制管理费用，对于目前的导航行业，生产规模越来越大，分工越来越细，选择合适的商业运作模式非常重要。对于现金管理、公司应将重点放在支出的监督上，避免不必要的开支，将有限的资金运用到经营的关键之处。

（2）管理风险控制。当公司规模扩大到一定规模时，可以聘请专业人士和具有丰富经验的成功人士来对公司的高层管理人员进行全面系统的培训，还要对公司的全体职员进行基础化的培训，还可以运用一部分资金聘请管理方面的专家担任公司的顾问或者任职于公司的一些管理岗位。另外公司还要健全和规范相关规章制度，建立绩效评估和激励机制。对于决策方面，公司可以采取多种方法进行决策，也可以请专业的咨询公司给公司量身定做管理策略。

（3）市场风险控制。市场风险控制是辨识、度量、监测和把控市场风险的全过程。市场风险控制的目标是通过将市场风险控制在企业可以（或愿意）承受的合理范围内，实现风险调整资本回报率的最大化。公司的市场风险控制主要有风险辨识和风险度量。风险辨识，就是认识和鉴别企业活动中各种损失的可能性，估计市场风险对公司目标的影响。风险度量就是在确认对公司有显著影响的市场风险因素以后，对各种风险因素进行度量，即对风险进行定量分析。一旦公司确认了自身面临的主要风险，公司就可以通过风险规避、风险接受、风险分散、风险转移等方法来处理风险。

20.2.9 项目财务分析

1. 股本结构与规模

公司预计注册资本为 136 万元人民币,其中外来风险投资 45 万元,预通过引入 2~3 家风险投资公司共同入股;个人投资由负责该项目的教师和学生共同组成,其中教师投资 50 万元,学生投资 41 万元,主要通过老师和学生自筹获得。

2. 固定资产投资

公司主要利用注册时各股东入股筹集的现金来购买监测设备等固定资产以及监测系统开发所需的软、硬件设施,也用于后台的设计,资金分配结构如表 20-1 所示。

表 20-1 资金分配结构表

资金分配	购买监测设备	监测系统研发	系统升级完善
金额(万元)	25	20	15

3. 启动成本预测

预计公司启动成本情况如表 20-2 所示。

表 20-2 预计公司首期资金使用表

	项目	金额(元)
启动成本	公司税务登记	4 000
	注册商标	10 000
	支付房租	40 000
启动成本合计		54 000

4. 主要财务假设

(1)公司自获利年度起前两年不缴所得税,之后按 15% 的税率缴纳所得税;

(2)计算机、打印机等固定资产采用直线法计提折旧,预计使用年限 10 年;无形资产采用直线摊销法,预计使用年限为 10 年,无残值;

(3)公司营运各月应收账款总额占销售收入的 15%,应付账款占原材料采购总额的 20%;

(4)假设各年期末存货为下年销售量的 5% 与当年销售量的 2% 之和;

(5)法定盈余公积金提取比例为 10%,任意盈余公积金暂不提取;

(6)公司前三年不分配现金股利,第四年开始分配,股利支付比率为净利润的 15%;

(7)公司为增值税一般纳税人,增值税率按 13% 征收,城建税税率 7%,教育费附加税率 3%,地方教育费附加 2%。

5. 预计利润表

公司第一年主要进行产品的研发与调试,第二年开始进行销售活动。公司第 1 年至第 5 年的预计利润表如表 20-3 所示。透过利润表可以分析出公司 5 年内的盈利能力,反映出公司成本费用管理的效果。为了反映公司的盈利能力，公司利用表20-4中的净资产收益率指标对盈利能力进行分析。

表 20-3　利润表　　　　　　　　　　　　（单位：万元）

	第一年	第二年	第三年	第四年	第五年
一、营业收入		21 600	48 000	10	170
减：营业成本		15 300	34 000	73 950	120 700
税金及附加		1 128	2 508	5 456	8 906
销售费用		500	750	1 500	2 500
管理费用	3 500	4 500	5 000	5 700	6 500
财务费用		237	237	237	237
二、营业利润	−3 500	−66.4	5 503	17 555	31 556
加：营业外收入					
减：营业外支出					
三、利润总额	−3 500	−66.4	5 503	17 555	31 556
减：所得税费用				2 633	4 733
四、净利润	−3 500	−66.4	5 503	14 922	2 682

表 20-4　盈利能力比率表

	第一年	第二年	第三年	第四年	第五年
销售利润率（%）	—	−0.31	11.47	14.29	15.74
总资产收益率（%）	−34.65	−0.46	22.72	33.99	34.73
净资产收益率（%）	−34.65	−0.66	43.05	68.20	67.70
投资利润率（%）	−25.74	−0.49	40.47	129.09	232.03

净资产收益率又称股东权益报酬率，该指标体现了自有资本获得净收益的能力，指标值越高，说明投资带来的收益越高。从表20-4可以看出，本公司从第三年开始净资产收益率转负为正，并且第四年和第五年达到了65%以上，可见本公司获利能力较强。

20.3　项目分析

下面从创新性、团队情况、商业性、带动就业前景4个方面对该项目计划书进行评价。

20.3.1　创新性

1. 产品研发

空-天-地滑坡灾害监测系统是从3个不同的维度对山体滑坡进行实时监测和预警的，即空（无人机、机载雷达）、天（北斗导航系统、遥感技术）、地（各类传感器、数据接收器）。该系统可以实现连续性、实时性的测量，并且其精度高、能耗低。行业内的地质灾害监测和预警系统都存在一些不足。例如，基于 Zigbee（紫蜂）技术的山体滑坡监测系统、基于北斗系统的山体滑坡监测及预警系统、基于无线传感网络的山体滑坡监测系统等，这些系统在信息传输、监测的实时性、预警的及时性等方面有所不足。空-天-地滑坡灾害监测系统将多种先进技术集成一体，数据分析和传播速率极快，智能自动化程度高，且功耗和成本比较低，太阳能就能满足其日常运行的基本要求，并且在数据采集到数据传输的过程中，有三种不同的传输渠道，即通过电磁波、基站和通信卫星实现无线信号传输，保证信息能及时、准确地传到用户手中，实现了功能上的创新。

2. 技术方面

该系统运用了各种高精度岩土测试的传感器、无人机航拍及机载雷达监测、高密度电法测量、北斗卫星定位功能、遥感等各种关键核心技术，专业技术处于业内领先水平。如使用的 ML3 型含水率传感器可以把土壤湿度的测量值精确到百分之一，精确度非常高，并且具有出色的稳定性，坚固耐用，防风雨，方便埋藏；水压力式张力计的真空压力表能提供精确的读数，是专门针对恶劣环境设计的。多种核心技术加精密仪器与滑坡灾害监测的融合将会把滑坡监测与预警系统推到一个更高的层面，使其在功能上更加完善，在保护人民生命和财产安全上更有效。

3. 销售方面

公司将营销策略分为初创期、发展期、成熟期。初创期主要进行系统和设备的研发调试工作，在局部地区进行测试，对产品进行小规模销售，总结问题并完善系统，为产品大规模进入市场做好准备；发展期公司将为客户提供定制化的服务，并且和其他公司建立合作关系，同时提升产品形象；成熟期公司将实现各设备之间的联网和数据共享。针对不同的产品采用不同的策略和销售渠道，细分的营销策略使产品在进入市场的过程中更加顺利，过渡期较短，易被客户接受，成效更显著。

4. 管理方面

人才是公司发展的核心力量。公司在管理过程中始终强调公司的使命，即促进我国滑坡灾害监测领域和北斗卫星相关领域的快速发展。公司在薪酬设置和股权分配方面均有所创新，在考核员工业绩时，分为工作指标、遵守规章制度、良好的精神文明三部分，每部分占不同的比例，同时给予多种补贴，薪酬设置更加人性化，同时给予技术人员一定股份，促进员工多方面发展，传统公司只注重员工的工作绩效，这是病态发展。"一年之计，莫如树谷；十年之计，莫如树木；终身之计，莫如树人"，创新是引领发展的第一动力，创新驱动实质上是人才驱动，公司有源源不断的人才才能更好地造福社会。

20.3.2 公司架构

1. 公司组织架构

公司的组织架构按职能来划分，依次设有六大部门：行政管理部、研发部、生产部、市场部、客户服务部、财务部,六大部门归总经理管理,并且各部门在工作中各司其职,相互合作,为公司总体利益而奋斗。在公司成立初期,职能型的组织结构便于成员的集中管理,节约管理费用,提高工作效率。这种组织结构较扁平化,信息传递速度较快且失真率低,方便领导直接指导下属的工作,拉近领导和员工之间的关系,便于管理。

2. 公司人员结构

公司成立初期,内部要职由团队内部成员担任;在公司逐渐做大做强之后,公司的各方面人才增多,采取"绩效+能力"的考核制度以选拔出优秀人才来担任公司重要职位。公司在人员的选聘管理领域优先考虑内部人才。公司处于创业初期,规模较小,对员工的工作能力非常了解,保证了选聘人员的正确性;获得内部晋升的员工熟悉公司业务环境,对新岗位的磨合期短,特别是对一个初创企业来说,外来者难以适应,提拔内部员工的好处更为明显;获得内部晋升员工已经拥有良好的客户关系,这是内部员工拥有的不可转移的人力资本。对公司而言,获得晋升的内部员工可以利用这些资源继续为公司服务;对获得晋升的内部员工而言,他们认为自己的才能得到了领导的赏识,可能会加倍努力工作。此外,提拔内部员工也为公司内其他员工树立了先例,激励基层员工努力工作。如果仅限于内部人才的提拔,员工可能会搞小团体,不利于公司的发展;从外部选拔人才,能为公司带来新鲜血液,吸引优秀人才,但在一定程度上会打击内部员工士气,给他们带来压力。公司选拔人才不拘泥于内部和外部,只要品行端正,有能力,便可提拔,这样公司方能成长为一流公司。

3. 战略合作伙伴

公司在从产品的研发到出售的过程中,与各类地质监测公司、地质勘察研究院均有合作,并与一些公司和研究所签订了合作意向书。在产品的研发过程中,作为合作伙伴关系的各研究院和公司,都为项目提供了建议和技术上的援助。公司成员通过合作可以学到许多新的知识,提升自己的团队意识,提高工作效率,加快产品研发的速度,同时增进双方友谊,提高团队竞争力。

20.3.3 商业性

1. 技术基础

产品在营销过程中,公司采用了站站联网、数据共享的模式。各监测站的数据统一到一个云共享平台上可以预测各监测站周边的产品需求量,公司能够提前做好准备,以防有需求时产品不到位,或在运输途中出现问题,也可以比较各监测站产品出现问题的比率,提前做好应对措施。公司在销售产品过程中充分发挥互联网和云平台的作用,使预测结果更具有科学性,更可信,也方便了售后维修过程,使服务更贴心,更受客户欢迎。

2. 产品设计

空－天－地滑坡灾害监测和预警系统原理异常复杂，但其自动智能化程度高，无人值班，系统也能自动预警，更方便了用户；操作非常简单，不需要专业性知识，只需根据说明书的教程或询问工作人员，便可掌握操作方法；界面对比鲜明，容易区分，能快速找到需要的信息，从内部设计到外界操作都能满足客户的需求。产品设计具有创新性，功能全面，且操作简单，颇具卖点。

3. 投资需求

公司的股权有 1/3 是计划通过引入 2~3 家风险投资共同入股，其余 2/3 的股权属于团队成员，股权结构分配合理。1/3 的股权外放一定程度上缓解了团体成员的资金压力；风投公司愿意给本公司投资，说明公司产品是有发展前景的，能给他们带来盈利的，这也给团队增添了信心；同时投资方会给公司介绍客户，并在管理上给予建议，促进公司发展；股权分散有效避免了公司权力全部集中在一个人手上，防止能力不足的管理者独断专行给公司运营带来的危害。

4. 软件著作权

CA 地灾监测有限责任公司的降雨诱发浅表层滑坡模拟系统 V1.0 获得了政府有关部门颁发的计算机软件著作权登记证书。公司的产品得到了国家认可，提升了产品的价值，公司在市场推广阶段，应该充分利用这一优势，进行产品宣传，提升公司产品的知名度，使产品在市场上占据有利地位。

5. 技术壁垒

空－天－地滑坡灾害监测预警系统融合了多种现代通信技术、大数据管理技术，功能齐全且具有特点，区别于传统的滑坡监测产品，对技术的底层研发能力有较高的要求，因此存在较高的技术要求壁垒。技术上的壁垒可以给公司带来诸多优势，公司的产品技术就是行业内的标杆，且盈利能力高于传统企业，使公司能够持续保持竞争优势。

6. 市场调研

产品在进入市场之前，做了 SWOT 分析，对市场、竞争者、供应商、购买者进行了详细分析，发现市场对地质灾害监测预警产品需求量大，需求者众多，且竞争者的产品存在缺陷。本公司的产品功能齐全、设备先进、价格合理、操作简单，能满足广大需求者的要求。SWOT 分析能够让企业发现机会，回避风险，获取或维护成本优势，将企业成本控制战略建立在对内外部因素分析及对竞争态势的判断等基础上，根据研究结果制定相应的发展战略。

20.3.4 社会效益

1. 项目发展战略

公司制定了三阶段的发展战略，每一发展阶段的任务都有所不同，通过三阶段的发展助推公司成为一流企业。公司在发展中扩展了"北斗+"即时通信，这种业务的扩展需要大量的技术人员作为支撑，推动了通信领域的就业。在某种层面上，促进了北斗卫星在即时通信领域的发展，实现了该领域的巨大变革，一个领域的变革发展，会产生大量的就业机会；此外"北斗+"医疗抢险，也推动了北斗在抢险救灾领域的发展，实现了北斗在多个领域的推广应用，带动了该领域的就业前景。

2. 项目扩张战略

空－天－地滑坡灾害监测系统目前仅用在山体滑坡的监测上，同时公司也提出了从多个角度来开发北斗定位导航、无人机航拍、信息传递和及时预警。本技术还可应用于坍塌、泥石流、地面沉陷等其他地质灾害及高边坡、水利水电大坝、桥梁、隧道形变的监测预警领域。产品的高精度、高效率、远距离、全天候不间断等特点，经过改进也可以对这些领域进行实时有效监测。项目扩张需要大量的技术型、专业性、高质量的人才作为后盾，给社会多个领域带来了就业机会，推动了社会的发展。

20.4 优化建议

CA 地灾监测有限责任公司在产品创意、产品设计、市场营销等方面有自己的特色，构建了一套完整的商业模式，并且极具创新性和实用性，利于公司长期发展。但公司在发展过程中也存在一些不足，针对这些不足本书提供了一些改进参考建议，具体分析如下。

20.4.1 细化产品营销方式

好的营销方式能够快速把产品或服务推向市场，使商品能快速到达消费者手中，并且可以较快地得到市场反馈信息。CA 地灾监测有限责任公司的营销策略是根据公司的发展战略制定的，有一定的合理性，但其在产品推广方式上不够细化，策略不够具体。

团队既然身处大平台之下，就可以将本公司的产品通过这一极高的平台推向广阔的市场，通过平台内数不胜数的地质领域专业人才宣传与推广本公司的产品，打响品牌，形成示范效应。公司主要分为三个方向进行：校友推广、学校网站推广与学校活动推广。另一方面公司可以对市场进行划分，选择区域目标市场。这样企业前期可以集中力量开拓一块专有市场，进而提高市场占有率；此外，公司的销售渠道也没有细分。公司可以采取多渠道销售策略。网络销售，利用互联网上现有的平台进行宣传和销售；代理销售，主要是考虑偏远地区和需求量相对较小的地区，公司可以与代理商进行合作；展会销售，公司可以在行业比较知名的商业展览会、展销会上设立展台，展示产品的特性，通过与客户的交流、沟通，扩大公司产品的影响，同时，公司应该组建和培训一个专业的营销团队。

20.4.2 明确投资者享有的权利

CA 地灾监测有限责任公司的筹建资金有 1/3 是计划依靠风险投资公司入股的，但公司并未对风险投资者入股后享有的基本权利做详细介绍，同时也并未对股权转让、公司回购股权等情况做详细规定，风险投资者往往比较在意这方面的问题。

公司可对风投公司入股后享有的权利进行详细说明，例如查阅相关法律书籍和请教法律专业的学生和老师，风险投资者应享有如下权利：①了解被投资公司财务报告和其他重要的经营情况；②风险投资公司应在公司董事会中占有一定的席位；③有拒绝进一步投资的权利和出售股份的权力；④有参与企业年度业务计划、审批重大开支和管理人员工资的权力；⑤享受经纪商提供其他服务的权利。同时，在股权退出方面，投资者享有如下权利：①有权将自己的股份全部或部分转让给公司的其他股东；②经公司同意，有权将自己的股份全部或部分转让给股东以外的第三人。公司对投资者的权利进行合理规定，使得他们有权知道自己的投资能给他们带来多少预期收益，同时，公司应明文规定投资人享有哪些权利，这样既有利于公司整体战略的有效执行，也有利于吸引风险投资者对本项目的资金投入，使公司有充足的资金进一步开拓市场。

20.4.3 明确规划职员招聘和管理

公司主要是通过外部职员招聘和内部培养来寻求人才，使公司保持长久的活力和竞争力。公司目前处于创业初期，公司员工多为团队内部成员，并未制定详细的管理规章制度，职员招聘计划也未做说明。公司要想持续发展就离不开优秀的员工。公司应注重团队成员的管理和未来人才的选聘工作，应对人力资源选聘和管理做详细的规划。

公司在后期的人员招聘中应注重内部、外部同时选拔优秀的人才。长期以内部选聘为主，员工会自发形成小团体，且晋升压力小；从外部选拔人才，能为公司带来新鲜血液，吸引优秀人才，但在一定程度上打击了内部员工士气并施加了无形的压力，将间接促使他们懈怠工作。公司选拔人才应不拘泥于内部和外部，对有能力、有创新意识、能给公司创造利润且与公司有相同的价值观念的人，均可考虑招聘或提拔。同时，员工的管理非常重要，公司的管理制度决定了其是否能够吸引和留住高端人才，好的管理能够提高员工的工作效率和工作满意度，使其愿意努力工作为公司创造价值，从而带动公司的发展。

实践提升篇

宋代兵制論

第 21 章 · CHAPTER 21

创新创业团队参赛成功经验

创新创业大赛为青年一代提供了学习和实践创新创业知识的机会与平台。本章从赛前项目构思、赛中得分要点、赛后经验总结 3 个方面,总结梳理出创新创业类大赛中获奖团队的参赛经验。这些参赛经验,不仅能为创新创业参赛团队提供宝贵的竞赛实战经验,也能为团队成员深入认识和把握创业项目的成功规律提供重要的参考借鉴。

21.1 赛前项目构思

好的项目是参加创业大赛的前提,也是进入比赛的入场券。因此,创业者在项目构思时要结合个人能力和市场需求确定一个具有创新性、可行性和商业性的项目,同时需要谨慎选择创业团队的成员,重视指导老师的选择,为创业项目的成功提供可靠的人才保障。

21.1.1 项目创意的来源与选择

1. 参赛项目的创意来源

对于参赛选手而言,项目从哪里来是其面临的首要问题,让人眼前一亮的创意也更容易在大赛中脱颖而出。项目创意的来源主要分为以下几类。

(1)依托课题,转化科研成果。专业强校、综合能力强校近几年在创新创业大赛中摘金夺银,背后基本都有强大的科研力量作为支撑,其项目基本依托科研成果和已有的团队课题转化而成。科研成果转化创业项目需要充分总结目前已有的科技成果,然后结合相关成果的领先性或独特性，深入分析成果对应的产业方向所面临的宏观环境和市场容量，最后分析该成果目前产业化尝试的落地程度。通过以上几个方面的分析，选手才能准确把握一项科研成果是否能转化为具有可行性的创业项目。

（2）了解时事，抓住社会痛点。历年来获奖的优秀作品都是切实地解决了某一社会痛点问题，因此及时了解与自己专业领域相关，并产生较大社会影响的新闻时事非常重要，要学会以发散的思维去思考如何利用个人专业知识解决现实痛点。首先要了解发生新闻时事背后深层次的原因，同时考察自己是否具备解决该问题的能力，然后结合专业知识，分析是否能够通过设计一个项目真正解决问题，为社会带来效益，最后应该考虑项目是否能够落地。

（3）拥抱时代趋势，关注国家政策。国家政策的出台及其走向往往意味着国家对某个领域要求的转变，因此把握时代变革浪潮，拥抱社会发展趋势，洞察市场需求变化，关注国家政策导向，结合个人专业领域，熟悉本领域中政策的最新要求，对于参赛项目创意的产生十分重要。参赛选手在这一过程中要关注国家新近发布的政策是否对应着切实的社会需求，以此为基础，分析该社会需求下是否隐藏着具有价值并且可行的创业项目，从而确定自己的参赛项目。

2. 选择参赛项目的注意事项

项目创意的来源可以是多种多样的，但是在选择何种项目用来参赛时，还需要对以下几个方面进行分析和判断。

（1）能力与可利用的资源。能力不仅包括了个人应当具备的专业知识能力，还包括了认知能力、团队协作能力、抗压能力等一系列的综合能力，这些对于选定项目都有着重要的意义。专业知识能力决定着创业者能否对项目有深入的了解，并且利用专业知识进行创新；认知能力决定着创业者对项目中非专业领域知识的理解与分析程度；团队协作能力对创业者在参赛团队中与队员配合是否默契具有关键性作用；抗压能力则决定了创业者在漫长的比赛道路中是否有坚定的意志走到最后。每个人拥有的可利用资源在比赛中都是宝贵的财富，包括有形资源和无形资源。利用这些资源可以帮助参赛者更快速地解决问题，克服困难，并且在参赛道路上走得更远。

（2）市场需求与痛点问题。任何一个创新创业项目都因能够解决市场痛点问题而具有价值，因此能解决社会痛点问题是一个好的参赛项目应该具备的基本特征。创业者确定项目能够解决的痛点问题之后，就要分析瞄准的目标市场的状况，包括同类竞争产品的特点、市场容量等，从而明确参赛项目的产品核心竞争力和目标客户群体，力求能够快速进入市场并满足细分市场的需求。

（3）产品特性与未来前景。产品是否具有广阔的发展前景意味着企业能否在未来取得较大的经济效益，因此创业者在选择参赛项目时必须要考虑其研发产品的发展前景。与此同时，优秀的创新创业项目拟解决的痛点问题应当具有价值性，项目方案应当具有创新性和可行性。价值性既包括了社会效益也包括了经济效益。例如，能够给社会提供多少新的就业岗位，能够为社会增添什么样的产品或服务，能够多大程度促进社会的经济发展等。方案的可行性决定着项目能否通过积极的筹建而落地，关系着理想成为现实的可能性问题。创新性是创新创业类大赛参赛项目必须具备的一个特性，这也决定了其在比赛中的竞争力与独特性。这些关键因素都要求参赛者以开放的眼光和创新的思维去综合分析一个项目创意是否能作为一个合格的参赛项目。创业团队组建如图 21-1 所示。

图 21-1　创业团队组建

21.1.2　创业团队组建

1. 组建优秀的创业团队

一个成功的创业项目背后往往具有一支优秀的创业团队。因此，组建一个专业性强、分工合理、团结奋进的创业团队是项目顺利完成并在比赛中获得优势的保障。

（1）多元化与专业化。一个多元化、专业化的团队能够使项目更加深入与丰富。由于参赛项目各部分、各阶段工作的完成需要不同类型知识的支撑，因此团队成员在专业结构、个人优势等方面要相互补充、合理搭配，在有了初步的创意和设计后可先对完成项目所需要的工作进行大致分解，根据分解后的工作再针对性地筛选合适的队员。通常来讲，创业团队中既需要有熟悉相关技术的成员为企业发展提供技术支持，也需要有了解市场营销、财务管理等知识的成员为公司管理出谋划策。因此在参加创新创业类大赛时，参赛成员可以跨学院、跨专业组队，专业上的多元与互补有利于对创业项目进行更加科学可行的判断。此外，在项目相关专业领域中有所积累、参赛经验丰富的队员，不仅能够为项目提供更为全面的内容，也有利于打造一个专业性强的团队形象，使团队情况更加突出和亮眼。

（2）合理分工。在一个优秀的创业团队中，团队成员能够合理分工，各司其职。以商业计划书的撰写为例，商业计划书的写作过程也是一个项目逐步建立的过程，在确定好创业项目方向与大致内容的基础上，商业计划书中的不同部分可以由团队中擅长相关内容的成员编写，文案编辑能力强的成员则可以对计划书内容进一步优化。术业有专攻，这样的分工不仅能够使成员对所撰写部分研究得更加深入，也有助于激发成员的参与意愿和动力，最终呈现结果也会更好。例如在路演过程中，团队中负责答辩的队员熟悉讲稿，其他成员则可以总结评审专家提出的问题，集思广益，思考解决方案，使团队在路演环节能够得心应手。

（3）团结奋进。一个团结在一起朝着共同目标努力的团队是推动项目在比赛中突出的驱动力。这表现在团队中每个成员能够态度积极、认真负责、出色及时地完成自己的任务，同时也能共同商讨，贡献观点与想法，不计较个人得失，为了团队的整体目标不断努力、奉献和付出。

2. 选择适合的指导老师

优秀的创业项目通常离不开指导老师的帮助。指导老师可以是项目的领导者，给团队的工作指引方向，也可以是技术实现道路上的指明灯，协助项目攻克技术难题，还可以是资源的提供者，帮助获取对项目有利的资源，等等。创业团队在项目指导老师的选择上应至少注意3点。

（1）尽量选择对项目相关行业熟悉的老师。在项目所在行业研究深入的指导老师，一方面能够为团队提供政策背景、行业趋势、市场潜力等信息，在战略制定、发展潜力、创业引导等方面为项目提供中肯实用的建议，帮助团队把控项目的整体方向，从而行稳致远；另一方面有助于建立良好的团队形象，帮助团队在比赛中更胜一筹。

（2）根据团队需要灵活选择可以在项目难题上提供帮助的指导老师。例如团队产品技术水平有限时，可以选择能为项目提供关键技术指导的老师，借助老师在相关领域的研究成果，打造产品的核心技术与核心竞争力。对于初次参加创新创业大赛的团队，参赛经验丰富的老师可以带领团队成员尽快熟悉竞赛关注点及大赛流程，从而使团队在比赛中游刃有余。同时，经验丰富的指导老师还可以在参赛过程中对团队的商业计划书、演示文稿、路演等各环节进行专业指导，并提出优化完善建议，充分挖掘项目潜力，使项目更加出色地完成。

（3）选择愿意为项目投入指导时间的老师。参赛的整个过程中，老师的指导和帮助能够对项目的优化和完善起到至关重要的作用，团队要善于听取老师建议，并勤于沟通。因此，在考虑指导老师的专业性、指导能力等方面之外，对老师允许投入的时间与精力也应有所考虑，这需要团队成员在选择指导老师之前对相关方面有所了解。

21.2 赛中得分要点

在各类创新创业大赛中，商业计划书、演示文稿、路演与答辩是评价创业项目好坏的关注点。本节梳理了获奖团队在商业计划书形成、演示文稿制作、路演人员选择与准备、答辩策略等多方面的参赛经验，帮助创业团队把握赛中得分要点，取得优异成绩。

21.2.1 商业计划书

一份优秀的商业计划书不仅是团队项目内容的详细阐述，更是使团队项目能够在初赛中抓住评委眼球并脱颖而出的绝密武器。因此，商业计划书内容的撰写与重难点的把握对于参赛团队而言至关重要。商业计划书的编制如图21-2所示。

1. 商业计划书框架确定

（1）参考往届优秀作品。往届优秀获奖作品的商业计划书一般具有相同的模式，且这些模式具有能够为团队项目加分的独特之处。因此，通过对这些优秀获奖作品商业计划书的阅读和分析，可以为参赛团队在商业计划书的撰写上获得新思路。尤其是对于初次参加比赛的团队而言，面对如何将创意转化为切实可行的项目时往往一头雾水，而往届优秀作品的商业计划书便可以为参赛团队在产品介绍、市场分析、商业模式等方面提供参考。

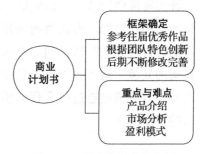

图 21-2　商业计划书的编制

（2）根据团队特色创新。在参考往届优秀作品并确定团队项目商业计划书框架的基础上，参赛团队需要结合团队创意和产品亮点等实际情况对商业计划书进行更新和修正。因为固定模式化的商业计划书虽有其合理之处，但千篇一律的范式无法吸引评审的眼球，并且过度套用模板会掩盖团队项目的闪光点与独特性，不利于展现产品的创新点。因此，参赛团队需要在确定好的商业计划书模板的基础上加入团队创意和产品特色，不断创新，突出项目的优势所在。

（3）后期不断修改完善。参加不同层级比赛的过程中会有不同的评审或者指导老师对项目的商业计划书提出修改意见和建议。参赛团队需要对这些意见进行商讨与分析，在此基础上不断对商业计划书进行修改和完善，这不仅是一个查找项目逻辑漏洞和不足之处的过程，同时也是使参赛项目更加完美，从而在比赛道路上走得更远的绝佳方法。参赛团队要利用好每一次评审对项目进行评价的机会，不断修改和完善参赛项目。

2. 商业计划书重点与难点

在商业计划书的撰写过程中，某些部分的内容对团队成员而言具有一定的困难和挑战，这些一般就是商业计划书的重点与难点，同时也是评审专家和投资机构重点关注的地方。如何对这些部分进行把控对于商业计划书的撰写至关重要。

（1）产品介绍。参赛团队的核心竞争力在于团队产品的独特性和价值性，各个比赛阶段评审专家和投资机构最关注的点是团队的产品本身。因此，商业计划书中的产品介绍需要参赛团队不断打磨完善，突出产品价值与亮点。产品介绍部分需要详细阐述团队的产品是否与市场需求相契合，如何解决市场需求和社会痛点等问题，力求在产品介绍部分充分展现产品的实用性与独特性，从而使评审专家和投资机构对参赛项目做出好评价。

（2）市场分析。市场分析是通过市场调查和供求预测，根据项目产品的市场环境、竞争力和竞争者等，分析判断产品的市场容量和未来前景，以及采取怎样的营销战略来实现企业目标的过程。市场分析尤其要对市场中同类竞争产品进行分析，判断自身产品的独特性和优势之处，以及怎样解决市场中还未得到满足的需求和潜在需求。这一部分在商业计划书中要详细阐述，逻辑清晰，并辅以适当的数据和图片来说服评审专家和投资机构，使其相信团队产品具备价值和广阔的市场前景。

（3）盈利模式。盈利模式是企业利用自身以及相关利益者的资源，并经整合形成的一种实现价值创造、价值获取、利益分配的组织机制及商业架构。这是参赛团队在商业计划书中以数据的形式表明项目产品的社会效益与经济效益的内容，同时也能展现出项目的可行性和投资回报期，能够让评审专家更直观地感受项目的价值所在，并吸引投资机构的兴趣。这部分的撰写要注意参考同类企业的盈利模式与财务报表，然后根据项目的特点对价值创造进行合理的预测，内容不能虚无缥缈也不能过于拘谨，要明确展现项目的价值所在。

21.2.2 项目路演策略

项目路演准备如图 21-3 所示。

1. 演示文稿制作要点

简洁大方、亮点突出的演示文稿是使项目出彩的必要条件。一份优秀的演示文稿不仅要有充实的内容，还要具备美观的格式、

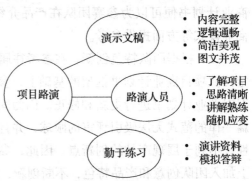

图 21-3 项目路演准备

排版以及赏心悦目的色彩搭配与图像设计。演示文稿是商业计划书中精华的凝练，其展示内容可根据项目特色灵活调整，但通常需要包括产品介绍、市场分析、财务分析和商业模式等方面。同时，团队要精心提炼项目优势，使演示文稿能够重点突出、逻辑通畅，在有限的时间内最大化展示项目的潜力与价值。演示文稿的设计应做到简洁美观、排版整齐、图文并茂，避免过多文字描述，并注重色彩搭配的统一感。在色彩运用上，团队要始终以项目特点为中心，选取符合项目主题的配色，也可参考商业计划书，使演示文稿与计划书色调保持一致，从而为观众带来良好的观感。

2. 路演人员选择

选择合适的路演人员是每个项目团队都需要考虑的事项，选择怎样的成员进行路演更容易助力团队实现目标。一方面，路演人员要深入掌握创业项目与对应的演示文稿，思路清晰、讲解熟练。对项目的深入理解与熟练介绍能使团队在有限的时间内清晰展示项目全貌，引导观众充分认识到项目的优势与价值；另一方面，比赛现场瞬息万变。因此在路演人员选择上应尽量选择临场应变能力强、演讲经验丰富的队员进行项目讲解，以使其尽快适应比赛氛围，稳定发挥。

3. 勤于练习是关键

出色的路演必然离不开赛前的充分准备与反复练习，勤于练习是项目在路演环节出彩的法宝。

在演讲资料的准备方面，讲解人员可以提前撰写出逻辑清晰的演讲稿，这样有利于项目被完整、顺畅地呈现，同时也要兼顾主次分明、重点突出；讲解人员也可以提前梳

理出演讲大纲，理清思路，按照框架进行多次演练，这一方法可以帮助讲解人员抓住项目主线的同时，根据比赛现场需要灵活调整讲解内容，讲解过程也更具灵活性。具体选用何种方法，团队可根据讲解人员特征与项目特征恰当选择，但练习过程中都要根据赛事要求，把握好演讲时间与节奏，以事先适应比赛。

针对答辩环节，团队成员可集思广益，提前搜集答辩中可能出现的问题并整理好答案。在这个过程中，团队可进行多次内部模拟答辩，由其他成员对答辩人提出可能的问题，根据答辩人的回答，团队内部进行讨论后，向答辩人提供关于答案内容、动作仪态等方面的综合改进意见，如此反复，持续优化。此外，团队还应利用好每次赛前培训与答辩的机会，在实操中发现并解决问题，不断完善项目。

4. 项目讲解与答辩策略

用一个好的故事作为路演的开端，以故事引出产品或服务，并用准确的语言、恰当的情感熟练地讲出故事，能够更快地吸引观众，增强项目讲解的感染力。此外，形象良好、礼仪规范的路演人员和自信大方、逻辑严谨的项目展示更能吸引到评审老师的关注和认可。

从答辩环节来看，实际的答辩过程中评委的问题大致可分为 3 类。第 1 类是出于对项目内容未充分理解而需要做进一步解释的问题。这类问题要求答辩人完全熟悉项目。第 2 类主要是项目中存在的具体问题，其中一部分会涉及团队预先准备好的部分问题，答辩人需要以预先准备好的答案为基础进行合理阐述；另一部分则涉及团队事先未预料到的问题，在这种情况下，需要答辩人员随机应变、扬长避短、有技巧地阐述。第 3 类主要是对项目的建议。对于评委给出的建议，答辩成员要勇于承认项目不足、虚心接纳，进而修改完善使项目更优秀。

21.3 赛后经验总结

21.3.1 积极乐观，信念坚定

坚定的信念与积极乐观的心态是创业团队不断前行，并最终走向成功的精神支柱与力量源泉。创新创业竞赛的过程不会一帆风顺，竞赛的任何一个环节都可能遇到出乎意料的困难。在一个相对较长的竞赛周期中，每一阶段的比赛都为项目团队提供了发现问题和解决问题的机会。当面对资料收集不足、资源缺乏、团队协作困难、阶段性比赛失利、答辩压力等问题时，创业团队成员应尽力保持积极乐观的心态，直面问题并及时寻求解决问题的办法。此外，随着竞赛级别的不断升高，随之而来的竞争力与压力也越来越大，商业计划书、演示文稿、演讲稿等也需要反复修改打磨。"行百里者半九十"，没有坚持就没有成功。精益求精的过程十分烦琐，拥有坚定的目标信念与足够的耐心才能使团队勇往直前，不断进步，最终精心打磨出优秀作品，在竞赛中脱颖而出。

21.3.2 团队合作，共同努力

各类创新创业大赛都是以团队为基本单位进行的，因此如何进行团队合作在比赛中显得尤为重要。

首先，团队合作的基础是拥有共同的目标，即为了在比赛中取得好成绩而共同努力。团队成员之间彼此信任，避免互相猜忌。其次，团队中良性的冲突是必要的，因为良性冲突是发现问题和解决问题的途径，尤其是在对参赛项目不断打磨完善的过程中，良性冲突有助于参赛项目质量的提升。再者，团队成员的责任感是创业活动良好发展的重要支柱。在比赛过程中团队成员不能过于看重个人得失，如排名的顺序、工作量的多少等。成员需要培养对项目和其他成员的责任感，积极主动地去完成各项工作，为了共同的目标去行动，做好分工与协作。最后，学会包容与自己不同性格的成员有利于促进团队合作。团队成员应主动去寻找团队其他成员的优点和积极品质，并加以欣赏、学习。对存在的缺点和不足之处，成员要适度宽容接纳，并相互督促，共同改进，保证团队协作顺畅以便于高效完成工作。

21.3.3 巧用时间，提高效率

创新创业类大赛需要参赛者付出一定的时间与精力，特别是对于参加比赛的大学生，不仅要为各级比赛做准备，还要兼顾学校课程，因此合理安排时间、提高做事效率在比赛中非常重要。

首先，参赛者要按照自己的时间节奏感做规划，即在合适的时间做合适的事情，用有限的时间获得最多的产出。其次，参赛者有规划地利用碎片时间。利用碎片时间的关键在于有目的地规划好任务，并将其拆分成适合时间碎片的碎片任务，提前为碎片任务的执行做好准备，待时间碎片出现时，快速切换到时间碎片的任务区间，快速完成碎片任务。最后，参赛者要养成专注的习惯。这要求创业者在日常工作和生活中要有意识地要求自己在特定的时间专注于某一件任务的完成，通过屏蔽外界干扰、采用适当的奖惩方法进行督促，逐渐养成专注的好习惯，进而提高工作效率。

21.3.4 持续学习，把握机会

创新创业大赛是创新创业人才培养的重要手段。对于团队成员而言，这不仅是一个竞赛，也是成员们丰富知识、培养技能、全面成长的平台。举例来说，在参赛过程中，商业计划书、研究报告的撰写和展示既需要团队熟悉项目领域专业知识，也需要团队对企业经营管理等商业知识有所掌握，而这容易对经验不足的创业团队形成压力。因此，在这个过程中，团队成员不仅要能将自身专业知识有针对性地进行输出，也需具备较强的资料搜集与学习能力，通过广泛查阅资料，勤于思考，将所获信息创造性整理应用，从而解决问题，收获新知识。另外，在制作演示文稿时，理解项目、梳理内容是基

础，但演示文稿的设计也是帮助观众理解项目的关键，演示文稿中的字体字号、数据图表、排版配色、动画设计等都需仔细考究。因此制作精良的演示文稿不仅有助于项目在竞赛中取胜，也能培养制作者的资料整理归纳能力和美化排版能力，帮助其提高演示文稿制作技能；路演环节作为竞赛中的关键一环，在为每个团队提供展示其创业成果的舞台的同时，也为团队成员创造了熟悉商务礼仪规范、提高商务演讲能力与语言表达能力的机会。

总而言之，项目团队成员应充分珍惜竞赛筹备过程中的每一次学习机会，持续探索，扩充知识，培养技能，在竞赛中磨砺，在实践中提升。

第 22 章 · CHAPTER 22

创新创业项目专家关注要点

对创新创业类大赛评审规则的正确理解与应用深刻影响着项目在比赛中的成绩与项目的未来发展。评审专家是大赛标准把握的执行者和项目价值的判断者,项目团队不仅要正确把握评审规则,而且要适当巧妙地响应评审规则,要让评审专家感知到项目的合理性、创新性、商业性,以便取得理想效果。因此,本章从评审专家的视角解读创新创业类项目评审规则,分别对商业类项目和公益类项目的评审要点进行分析与总结,帮助创业团队深入理解大赛规则,从而在比赛与创业道路上走得更远。

22.1 商业类项目评估要点

一个创业项目成功与否不仅仅取决于项目本身质量,也要借助恰当的呈现形式。本节以商业类创新创业竞赛项目的评审规则为主线,针对大赛评审专家所看重的项目创新性、商业性、团队情况、社会效益以及整体表述5个方面进行具体解读和说明,帮助各参赛团队熟悉评审规则,紧扣评估要点,从而挖掘出项目的最大潜力。商业类项目评估要点如图22-1所示。

22.1.1 创新性

常见的商业类项目创新分为科创和文创两大类。科创是产出新产品,是科学技术的创新;文创是商业模式的创新。科创要带有很强的技术壁垒,比如发明专利;文创很难进行创新,因此需要参赛者向评委展示自己的先发优势,比如规模。团队需要在项目背景中突出行业痛点，基于这一痛点提出自己的项目，并从痛点中体现或引出团队项目的创新之处。一般而言，项目的创新性包括以下 3 个方面。

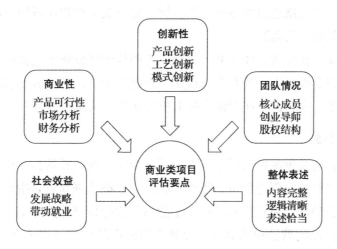

图 22-1 商业类项目评估要点

1. 产品创新

产品创新是指创造某种新产品或对某一新产品或老产品的功能进行创新，因此产品创新可分为全新产品创新和改进产品创新两种方式。全新产品创新是指产品用途及其原理有显著的变化。改进产品创新是指在技术原理没有重大变化的情况下，基于市场需要对现有产品所做出的功能上的扩展和技术上的改进。

产品创新源于市场需求，源于市场对企业的产品技术需求，换言之，技术创新活动要以市场需求为出发点，明确产品技术的研究方向，通过技术创新活动，创造出适合这一需求的适销产品，使市场需求得以满足。在实践中，产品创新总是存在于技术、需求两方面之中，根据行业和企业的特点，参赛者应将市场需求和企业的技术能力相匹配，寻求风险收益的最佳结合点。产品创新的动力从根本上来说是技术推进和需求拉引共同作用的结果。

创业团队需要在商业计划书中详细阐述产品的创新性，即根据拥有的技术和面对的市场需求，所研究开发的产品与现有同类产品相比具有的独特之处。例如在"沥青混合料裂缝自愈合剂：道路微型创可贴"项目中，团队成员通过阐述其研发的沥青混合料微裂缝自愈合剂与竞争产品的区别和完善之处，以及如何更好地满足市场需求，体现了其产品的创新性。因此，这一部分不能只涉及产品的营销策略或方式，还应结合数据和图表列举说明，体现出产品的创新性。

2. 工艺创新

工艺创新是通过研究和运用新的方式方法和规则体系等，提高产品的生产效率，降低生产成本，或提高产品的性能。工艺创新侧重于生产方法和手段的创新，其成果既可以渗透于劳动者、劳动资料和劳动对象之中，还可以渗透在各种生产要素的结合方式上。工艺创新的策略根据不同目标与标准可以分为不同的类型，如市场导向策略、技术导向策略、资源导向策略等。例如在"全生命周期生态道路铺面材料：废旧轮胎的重生"项目中，团队成员通过阐述全生命周期生态铺面材料制成过程中所用方法和技术的独特之处，展现了产品的工艺创新。

除此之外，参赛者在商业计划书中关于工艺创新的部分还要包括技术产权的归属问题。技术产权是归学校所有、还是个人或是整个公司所有。参赛者要将技术保密的问题在商业计划书中予以说明，可在附录中附上相关证据，从而更加令人信服。

3. 商业模式创新

商业模式创新是指企业价值创造基本逻辑的变化，即把新的商业模式引入社会的生产体系，并为客户和自身创造价值，通俗地说，商业模式创新就是指企业以有效的新方式赚钱。参赛项目的商业模式创新重点在于能够深度挖掘目标用户的需求，设计出全新的营销策略，使产品的营销更为高效，以此来增强产品的核心竞争力，提高企业利润。商业模式创新往往能够给评审专家带来眼前一亮的感觉，可以更快速地记住该项目并且印象深刻。因此，模式创新是评审规则中非常重要的一点。

22.1.2 商业性

作为创业大赛的参赛项目，具备商业性是对项目的基本要求。项目的商业性包括商业模式设计完整且可行；项目的盈利能力推导过程合理；商业机会识别与利用、竞争与合作、技术基础等方面具有可行性；项目的市场调查深入具体；项目的目标市场容量及市场前景具备发展的可能性；近期融资需求及资金使用规划要求合理等内容。总体可概括为以下 3 个方面。

1. 产品可行性

参赛项目的产品可行性分析是说服评审专家相信该项目能够落地的最重要部分。产品的可行性分析可以从 3 个方面考虑。第一，技术可行性，包括竞争对手产品功能分析、技术风险及规避方法分析、易用性及用户使用门槛分析和产品环境依赖性分析；第二，经济可行性，包括对产品在调研、研发等方面的支出费用和产品将来可能带来的经济、社会效益等的分析；第三，社会可行性。包括对产品在道德方面是否符合道德标准、在法律方面是否遵守法律法规、在社会层面是否解决了某类社会问题的分析。

项目团队可以通过以下 3 种方式向评审专家证明产品的可行性：第一，案例证明，创意组尽可能用试用案例来证明，而其他组应当用企业使用该产品使痛点问题得到解决的案例来证明；第二，第三方证明，例如用已取得的专利或已获得的成果来证明产品的可行性；第三，市场反馈，通过产品销售、采购等方面的市场反馈，证明产品已经在市场取得了良好效应，从而证明产品的可行性。

2. 市场分析

参赛项目的市场分析包括以下几个方面。首先，参赛者需要介绍项目背景，目的是突出该行业和领域的痛点和问题，并提出解决方案，在这过程中要体现出创新性。需要注意的是，参赛者介绍痛点时不能过多使用形容词，如人工成本高、价格低、耗时长等，需要用数据和图表辅以介绍，适当的数据和图表能体现出项目团队对该行业的了解程度，更能体现出项目的优势和创新点。其次，参赛者应告知评审专家产品的目标客户是谁，能够带来的市场容量有多大，目的是体现产品的发展前景。参赛者需要注意在互联网项目中客户和用户的区别，其中市场容量可以通过引用第三方数据和田野调查得到的数据来阐述。最后，参赛者应进行竞争分析。不同类型的项目在竞争分析中的侧重点有所区别，文创类产品主要借助错位竞争，突出项目的差异性，科创类产品主要通过参数对比体现优势。参赛者可以找出相关领域的标杆企业进行对标分析，并通过表格的形式清晰地展示项目与竞争对手的区别，从而凸显项目优势。

3. 财务分析

财务分析是以会计核算和报表资料及其他相关资料为依据，采用一系列专门的分析技术和方法，对企业过去和现在有关筹资活动、投资活动、经营活动的偿债能力、盈利能力和营运能力状况进行分析与评价。在创业类大赛中，参赛团队的财务分析模块是评审专家十分注重的部分，原因在于财务分析是通过数据的形式展现项目的真实性与可行性，可以让评审专家更为直观地了解该项目，同时这一部分也是比较容易出现漏洞的模块，因此评审专家会比较注重这一部分的内容。

一方面，创业项目的财务数据要全面合理，包含启动资金、融资渠道、利润预估。启动资金包括开办费、固定资产、流动资金；融资渠道尽量多元化，例如自筹、当地创业补贴、创业贷款、学校贷款、课题、指导团队投资，多元化使得资金来源可行性比较大；利润预估包括未来5年的营收和利润。另一方面，企业项目的财务数据应是可以被预期的。财务数据包括财务现状和未来预期。财务现状数据要求真实可靠，可具体到参赛当年某一月份之前的结果，从而使评审专家对项目更为信服。项目的商业性要求如图22-2所示。

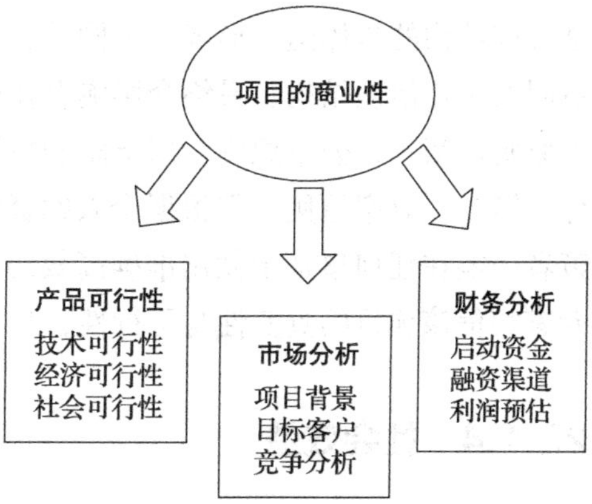

图22-2 项目的商业性要求

22.1.3 团队情况

创业团队是支撑项目持续发展的动力来源，同一项目由不同的团队呈现，给评审专家留下的印象也是不一样的。参赛团队的核心成员、创业导师和股权结构是大赛评审专家所关注的3个方面。

1. 核心成员

关于核心成员的介绍，首先要说明团队成员的共性。"志同道合、互相欣赏"是一支和谐、强大团队的基础。团队在对核心成员介绍时要凸显团队成员能力的高匹配度，即核心成员的教育和工作背景、创新思想、价值观念、分工协作和能力等方面是互补的，岗位职责与背景是匹配的。一般而言，核心团队的组成介绍 4 个人较为合适，分别为管理负责人、技术研发人员、两名市场营销人员。管理负责人需要介绍其组织重大活动的经历和经验，从而让评委老师相信其具备极强的组织能力，可以起到领袖与指导作用；技术研发人员侧重介绍专利或技术成果，突出专业性；市场营销人员需要介绍其产品宣传能力或销售能力。团队应尽可能避免展现团队成员的兴趣爱好等与项目无关的内容，以避免给评审专家留下不专业的印象。

2. 创业导师

创业导师包括企业家、政府人员、技术专家、校内指导老师等，分别为项目提供不同方面的指导。例如，企业家可以提供资金支持，政府人员能够在政策方面给予指导，技术专家可以提供技术支持，而校内指导老师可以提供关于整个比赛的经验指导。不同的项目需要不同类型的导师团队作为支撑，以增加项目的优势和亮点。团队在介绍创业导师时要重点介绍其研究领域、学术成就和个人经验，以及能够对项目做出哪些方面的指导，能够为整个团队带来哪些帮助。创业导师对项目的支持可以让评审专家更加相信项目的专业性和可行性。

3. 股权结构

参赛项目的商业计划书中拟成立公司的股权结构需要符合参赛基本要求，且公司的组织架构及人员配置要合理科学。股权结构是公司治理结构的基础，公司治理结构则是股权结构的具体运行形式。不同的股权结构决定了不同的企业组织结构，进而决定了不同的企业治理结构，最终会影响企业的行为和绩效。公司股权结构设计要遵循以下几个原则。第一，公平原则，即贡献和持股比例正向相关，可以根据岗位职责重要性去区分。第二，效率原则，即根据个人的资源、做事效率合理分配股权。第三，要有最终决策者，能在任何事情上做出准确高效的决策。只有股权机构设置合理科学，才能让评审专家相信该项目的真实性与可行性，从而给评审专家留下良好印象。

22.1.4 社会效益

大多数创新创业大赛将项目所带来的社会效益作为评审要点之一。项目的社会效益重点考察其发展战略与规模扩张策略的合理性，对就业的带动效应和作用，以及项目在促进区域社会经济转型升级上的能力等方面。社会效益通常要以项目的商业价值与发展潜力做支撑，可以体现为项目未来的产品规划或市场规划，也可以体现为项目提供的就业机会，带动就业的规模，还可以体现为项目在提高资源利用效率、环境友好、改善民生、促进社会进步、增强民族自信等多领域为社会带来的积极影响。

例如，第五届"互联网＋"全国总决赛高教主赛道冠军项目"交叉双旋翼复合推力尾桨无人直升机"的路演过程中，讲解人员在充分阐明产品技术领先性、核心竞争力、公司运营状况、用户体验等多方面的综合绩效的基础上，提出了企业未来3年的发展规划与项目的社会影响，并强调了其产品在改变无人直升机世界格局、增强民族硬科技实力方面的力量，用充足的证据证明了项目所具有的良好社会效益。另外，第五届"互联网＋"全国总决赛高教主赛道金奖"星海赋能——打造中国孤独症家庭教育新模式"的项目在我国华东地区建成最大的孤独症社群并取得了不错的成效，预计未来逐步将业务范围覆盖至我国西部地区，并打造全服务模式，形成一站式医疗教育解决方案，体现出了创业公司持续发展的可行性与巨大潜力，该项目战略规划与业务扩张的合理性，为精神残疾患者提供的巨大帮助都是其社会效益的具体体现。

22.1.5 整体表述

在各类创新创业大赛中，商业计划书与项目演示文稿已成为创业团队成果展示的主要形式和关键要件，同时也是创业项目打开比赛大门的钥匙。商业计划书是公司对商业项目运作计划进行的系统性描述和分析，体现了项目目前运营状况以及未来发展潜力。而项目演示文稿是商业计划书的重点梳理与总结，也是对参赛项目核心内容的凝练。无论是商业计划书还是演示文稿演示，其目的都在于让大赛评委或投资人快速认知项目，了解项目价值，从而对参赛项目做出合理评判。因此，除了项目本身的特征外，作品的呈现形式也是评审专家十分注重的地方。一份内容完整、逻辑清晰、表述恰当的商业计划书和项目演示文稿将更容易在创新创业大赛中受到评审专家的青睐。

除商业计划书以外，在众多的参赛作品当中，项目的演示文稿是评委认识项目更直接的形式，也是决定项目能否获奖的重要材料，因此保障演示文稿的制作质量十分关键。项目的演示文稿形式应同样遵循内容完整、逻辑严密、恰当表述、丰富表达的要求，围绕商业计划书的逻辑展开，但要注意其一定不是商业计划书内容的简单复制。演示文稿的展示需要创业团队精心设计，在有限的篇幅内提炼项目核心与亮点，在内容完整的同时做到详略得当、重点突出。此外，创业团队成员在项目讲解与答辩中展示出的商业礼仪等外在状态一定程度上影响了评判分数，需引起创业团队成员的重视，避免在细节上失分。项目呈现形式要求如图22-3所示。

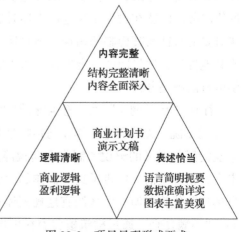

图22-3　项目呈现形式要求

22.2 公益类项目评估要点

与商业类项目有所不同，各类创新创业大赛中的公益赛道更看重项目的社会价值或经济价值与社会价值的融合，因此公益类项目与商业类项目评估的侧重点存在一定差异。

以"互联网+"大学生创新创业大赛红旅赛道为例，红旅赛道分为公益组和商业组，公益组的参赛项目需在公益服务领域有较好的创意、产品服务、创业计划与实践。商业组的参赛项目要以商业手段解决农业农村和城乡社区发展的痛点问题，助力精准扶贫和乡村振兴。具体从评估要点来看，红旅赛道公益组与商业组的评估要点都涵盖了项目团队、创新性、实效性及可持续性，此外公益组还考察项目的公益性，商业组考察项目的社会效益。

在这些评估要点中，对于创新性、项目团队与社会效益的要求与商业类赛道的要求类似，只是公益类项目团队方面除了看重团队成员的基本素质与业务能力、团队组织架构与分工、公司股权或团队权益结构，还重点突出了团队的延续性或接替性。因此，公益类项目团队可以通过标准化、固定化的成员招募和培训方法、团队运转模式等实现项目团队的可持续发展，避免因学生公益团队流动性大而使项目无法长期进行。下面将对公益类项目中评审看重的公益性、实效性以及可持续性进行说明。公益类项目评估要点如图22-4所示。

图 22-4　公益类项目评估要点

22.2.1 公益性

公益性考察项目的社会价值导向及关注并解决社会问题的程度。红旅赛道的参赛项目都需具备一定的公益性质，但公益组的项目是非营利性的，始终为社会价值而非股东价值服务。团队在对公益性进行论述时要聚焦项目所关注的社会问题，重点体现项目帮扶对象的特征及其面临的困难、项目达到的公益效果等。公益帮扶对象可以是残疾人士或其他群体，项目团队一定要在深入了解与调研的基础上，针对帮扶对象面临的困难提供可行的解决方案。

往届"互联网+"大学生创新创业大赛全国总决赛"红旅赛道"的获奖项目中，"'光明影院'无障碍电影制作与传播项目"通过在电影对白和音响的间隙插入对画面信息及情感与意义的解说，制作面向视障人群的无障碍电影，满足视障群体的观影需求，丰富其精神生活，促进了这一群体的社会融入。"红色筑梦三项赛"充分挖掘乡村人文、自然禀赋优势资源，因地制宜地规划体育赛事，以赛事为载体为乡村引流，助力乡村振兴。"小满良仓"通过构筑覆盖农村的电商生态体系，打通农村产品与市场的"最后一公里"，解决在农产品消费升级趋势下农民低收入的问题。总而言之，这些项目都能够切实地满足社会相对弱势群体的需求，解决其痛点问题，具有显而易见的公益性质和社会价值。

22.2.2 实效性

实效性考察项目在精准扶贫、乡村振兴、社区治理以及促进就业、教育、医疗、养老、环境保护与生态建设等方面的社会效益与经济效益，要求团队能准确回答项目实施对帮扶对象以及所在领域产生的实际效果，如项目已经帮扶了多少人，覆盖到了多少地区，帮扶的精益程度如何，帮扶前后对公益对象状况有何改善以及证明项目成绩的支撑材料有哪些。总之，团队在对项目的实效性进行论述时要坚持用数据和事实说话，可以就某个指标将帮扶前后的数据进行对比以体现项目方案产生的作用，也可以通过各级政府组织的感谢信、专业机构的检测报告、新闻媒体的报道、行业认可等成就和荣誉，证明项目实施效果的可信性。这些数据与材料都将是项目实效性评判的重要依据。

22.2.3 可持续性

可持续性的考察总体包括两个方面，一为项目自身发展的能力，即项目持续生存与持续运营的能力；二为项目推广的能力，即项目模式的可推广性与可复制性。对于红旅赛道，无论是公益组还是商业组的项目，其持续生存与长期发展都要求项目具有明确的社会价值和经济效益，项目业务模型科学且能落地、业务职能体系成熟、核心资源完备。特别是对于公益组的项目，团队要具有明确的公益主体，即采用何种组织结构做公益活动，是公司体制、学校社团、基金会还是其他组织形式。公益主体涉及公益收入以及公益支出等很多的细分环节，是考察项目未来能否持续发展的关键点。

此外，在维持自身正常运转的基础上，公益类项目还需要具备一定的推广能力。可推广性与可复制性意味着项目模式不仅仅局限在一个地区的成功，而是可以在多个区域复制拓展，推出一批帮扶品牌项目和帮扶示范区，从而使项目具备更大的社会影响力和社会价值，吸引更多人关注社会问题并参与到公益帮扶中。

第 23 章 · CHAPTER 23

创新创业项目实践指南

创新创业项目要想在创业实践中取得成功，或在创新创业竞赛中成功获奖，首先必须清晰、准确地把握项目实践的关键成功要点；其次，团队的参赛项目应具备这些关键成功要点，这是一个优秀的创业团队必须要完成的事情。本章将从团队组建与资源整合、项目创意与商业模式创新、商业计划书的制作技巧、商业计划的路演策略4个方面，探讨分析创新创业项目的成功要点，以作为创新创业项目获得成功的实践指南。

23.1 团队组建与资源整合

对于创新创业实践者而言，找到一个好的项目、组建好的团队颇为重要。但整合各种资源来增加团队的实力，包括人力、财务、信息、科技等资源在内的创业资源也极为关键。创业者不仅要高效整合各类资源，也要妥善管理好各类资源，这是对创业者和创业团队综合创业能力的考察。

23.1.1 团队组建

创业不是一个人单枪匹马就能成功的，靠谱的队友、专业的技术、丰富的资源、良好的声誉都是创业活动必不可少的要素。现有的创新创业大赛都很重视创业团队的合理配置。在"互联网+"大赛的评审要点中，团队情况得分占了25%，"创青春"的实践类和创意类项目、"中国创新创业大赛"以及"三创赛"均将团队建设作为评审的要点。可见，项目团队的合理组建是关系整个项目成败的重要因素。

在商业计划书与路演答辩中，评审专家会考察管理团队各成员的教育背景、价值观、经历和经验、人员分工情况、能力互补程度、人与项目的匹配程度，以及组织结构的设置。因此在答辩时，主讲人一定要综合阐述，突出团队成员组合是有利于创业项目发展的，也要进行组织结构设置的科学性分析、"人－岗"匹配的合理性分析。高效、合理的团队组合才能保证项目走得更远。

以上要点可以归纳为大赛对项目团队人力资源整合能力的考察。人才是技术的载体，是创业的核心，人力资源质量的高低、配置是否得当，直接决定创业项目的发展。评审专家通过考察创业团队的人力资源和技术资源可以识别创业项目的潜力。一支优秀的创业团队离不开以下基本要素。

1. 目标

创业目标贯穿于创业活动的始终，是指导创业团队前进的方向。因此，创业者一开始就要树立明确的目标，进而寻找志同道合、能力各异的团队成员，合力实现最终目标。

2. 人员

团队具体工作的执行在于人。创业团队需要精通各类技术和技能的成员，创业者在选择成员时应综合考虑，选择具备项目所需技术或技能、对项目感兴趣，并渴望在大赛中获奖的成员。

3. 分工与互补

团队组建时要考虑到工作的多样性与专业性。创业者在招募团队成员时要认清当前团队成员的能力值，根据项目需求定向选择适合项目的成员，以便招来的成员可以弥补当前团队能力的不足，同时能够让团队成员充分展现自己的才能。创业者在分配工作和进行团队内部的合作时，要考虑团队成员的个性特点、优势与擅长点。在个性方面，创业者可以运用一些测评工具，识别出这些关键成员的个性特点，如是否外向、是否善于沟通、是否愿意与他人合作等，同时在工作过程中，依据不同的特点、优势情况再进行相应的调整，保证团队成员分工有效。另外，创业团队成员之间要具备互补性，便于在工作过程中，成员能负责不同的领域，达到事半功倍的效果。因此，创业者组建团队选择成员时一定要全方位考虑，做好团队成员的前期分析工作，确定需要什么样的成员来做什么样的工作。

4. 核心的领导团队

对于创新创业类竞赛的参赛团队而言，需要一个或多个权威的指导老师。具有丰富的基础理论知识背景的指导老师能帮助团队少走很多弯路，并能在重要时刻给予团队帮助，对于团队在比赛中的获奖名次，也有一定程度的影响。另外，具有渊博的学识、丰富的实践能力，并能将二者有效结合起来的指导老师对于团队的重要性不言而喻。指导老师亦师亦友，在团队遇到困难时，不仅能运用专业能力帮助团队，还能在精神层面鼓励团队成员，也会时刻督促团队成员按时并高效地完成创业项目。

另外，项目的创业顾问、主要投资人和持股情况、战略合作企业也是大赛得分的评审要点。其中，项目的创业顾问、主要投资人和持股情况在一定程度上可以反映项目的水平、专业性以及盈利空间等潜在可能性；团队的战略合作企业可以侧面反映创业团队的声誉、形象和影响力。评审专家考察这些信息，也是对创业项目财务资源和声誉资源的考察，进而识别出创业项目的可行性、落地性和实际价值。

23.1.2 资源整合

大赛是对项目团队情况的考察，也是对创业团队资源整合能力的考察。创业不仅靠好的创意和队员的创业精神，而且也依赖于团队内外部所有有用的资源。因此，团队对创业资源的掌握和整合，对创业进程起着决定性的作用。

本书第 2 章中讲到，创业资源包括市场资源、人力资源及政策资源等等。创业者能否成功地开发出机会，进而推动创业活动向前发展，通常取决于他们掌握和能够整合的资源，以及对资源的利用能力。许多创业者早期所能获取与利用的资源都相当匮乏，而优秀的创业者在创业过程中所体现出的卓越创业技能之一，就是创造性地整合和运用资源，尤其是那种能够创造竞争优势，并带来持续竞争优势的战略资源。创业团队在实践中该如何整合资源可具体参照如图 23-1 所示。

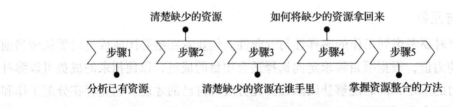

图 23-1 资源整合的实践操作

1. 分析已有资源

资源整合的前提是要求创业团队首先要分析团队的资源拥有情况，进而明晰团队缺少哪些资源。创业团队可以将已有的资源列出一张清单，包括资金、人力、技术、客户、市场、人脉等方面，对这些资源进行精确分析、定性，这样才会知道该如何运用资源，让拥有的资源升值，实现资源价值的最大化。

2. 清楚缺少的资源

团队在分析已有资源的基础上应结合项目本身的特点、未来的发展路径及目标等情况，查找所缺乏的资源，以便团队下一步有针对性地寻找、开发、整合资源。如果团队的公司是制造企业，对上游则需要产品研发、原辅材料等资源，对下游则需要客户、品牌、物流等资源。清楚自己想要的资源，了解别人稀缺的资源，"用我所需换他所需"，这便是整合思维。

3. 清楚缺少的资源在谁手里

团队在资源分析的过程中既要清楚公司稀缺哪些资源，还要知道缺少的资源在谁手里。对企业而言，要解决当前各种资源短缺的困难，就要及时出击，找到需要的资源，再对症下药。或强强联手，或引进外来的设备、人才，或向银行、政府求助。

4. 如何将缺少的资源拿回来

如何将别人的资源整合过来，这就涉及一个"舍得"的思维，资源整合要重视"舍"与"得"，在获取个人所需的资源时，舍得给予别人所需要的资源。只有在保证共同利益都实现的情况下，团队才能高效快速地获得自己所需要的资源。所以，资源整合的关键是互补，只有资源互补，才可能实现资源的整合，达到共赢的状态。

5. 掌握资源整合的方法

创业团队在资源整合中要掌握以下方法。

（1）创造性地整合已有的资源。

归集已有的资源，快速应对新情况，是创业的利器之一。创业者善于用发现的眼光，洞悉身边各种资源的属性，将它们创造性地整合起来。这种整合很多时候甚至不是事前仔细计划好的，而往往是具体情况具体分析、"摸着石头过河"的产物。

（2）拼凑和连接。

对于初创型团队而言，资源匮乏是经常面对的难题。创业团队通常可以通过自己独有的经验和技巧，或是结合项目本身的特色需求，开发身边一切被他人遗弃或是无用的资源，加以整合创造成对自己有用的资源。另外，团队成员过去学习、实践、生活、工作的经历、向外连接结交的人脉资源，也会起到关键性的作用。

（3）发挥资源杠杆效应。

尽管存在资源约束，但创业团队并不会被当前控制或支配的资源所限制，成功的创业团队善于利用关键资源的杠杆效应，利用他人或者别的团队的资源来完成自己团队的目标。因此，创业者要学会用一种资源补足另一种资源，产生更高的复合价值，或者利用一种资源撬动和获得其他资源。

23.2 项目创意与商业模式创新

23.2.1 项目创意

对于初次参加以"互联网+"为代表的创新大赛的选手而言，项目来自何处是面临的首要问题。项目创意的产生有多种来源。企业家和管理者对市场潜在需求的判断、对商业信息的偶然获取，乃至对那些普遍被接受的假设提出的种种质疑都有可能引发项目创意的产生。项目创意来源如表 23-1 所示。

表 23-1　项目创意来源表

创意来源	介绍	优秀案例
自发创造	基于对行业和市场的观察、调研和思考，发现市场上的机会，开始创业行动	基于共享的理念提出的"ofo 共享单车"
科创融合	科创融合依托科技成果转化，多为在校生团队，依据团队在某一领域技术创新向产品或服务转化。这类产品的市场空间和受欢迎程度由团队核心技术的创新性和领先性决定	第二届中国"互联网+"大学生双创大赛冠军项目"翱翔系列微小卫星"，来自西北工业大学团队 第三届中国"互联网+"大学生双创大赛金奖项目"'DeepNet'肺结节人工智能"，来自四川大学团队
专创融合	参赛团队充分运用所学专业，挖掘市场潜力，不断进行实践，最终发现新的可行性项目	吉林动画学院的"三昧动漫"项目，借助国风动漫的热潮和专业技术优势，荣获第三届"互联网+"大学生双创大赛金奖
产创融合	应用型高校与高职院校策划自身创业项目的主要来源。一方面，创业团队与当地产业紧密结合，快速获得产业需求信息，实现资源对接；另一方面，通过大学生创新创业项目带动当地企业转型升级，帮助当地产业与企业实现"互联网+"新业态，助力区域发展	云南大学的"彩云本草"项目，荣获第四届中国"互联网+"大学生双创大赛的"青年红色筑梦之旅"赛道金奖； 云南大学的"采薇民绣"项目，荣获首届中国"互联网+"大学生双创大赛金奖
社会实践	参赛者与社会发生联系的一种重要途径就是社会实践。中国"互联网+"大学生双创大赛涌现出许多公益创业类、"青年红色筑梦之旅"赛道类的项目	
国际视野下的双创	一方面，创业者要重视国家战略带来的巨大商机；另一方面，世界经济的高度融合会带来许多全球创新创业的机会	

这六大项目创意的来源，都跟所处环境的优势和特色有关。不论这些优势和特色是"小环境"下的科创融合、专创融合，还是"大环境"下的产创融合、国际视野下的双创，学会利用和展现团队优势对于选手而言是非常重要的。

23.2.2　商业模式创新

从项目创意到商业模式创新的整个过程并不只是对成熟的业务模式进行微小的调整，而是以非传统的方式对现行模式进行重新思考，目标是创造一个更能提高价值创造力的全新模式。创业团队在进行商业模式创新时，应该以顾客为源头和出发点，采取主动性市场导向，面向双边市场，在价值模式、运营模式、营销模式和盈利模式等多个商业模式关键环节进行系统性创新，最终实现顾客价值的跳跃式增长，创造出新市场后重构已有产业结构、改变竞争规则和性质，并使初创公司获得超额利润和快速成长。

设计一个创新的商业模式需要产生大量的商业模式创意，并筛选出最好的创意，这是一个富有创造性的过程，这个收集和筛选的过程被称为创意构思。团队有效运用创意构思对于商业模式创新非常重要。

在进行商业模式创新时，公司应该忽略现状并暂时停止关注运营，这样才能得到真正的全新创意。因为过去的商业模式经验对创新的价值不大，也不能参照竞争对手。商业模式的创新是要设计全新的机制,来满足未被满足的、新的或潜在的客户需求。

创业团队应该尝试从不同的出发点生成针对创新商业模式的创意并使用商业模式画布来分析商业模式创新的核心问题。商业模式的 9 个构造模块都是可以创新的起点,这些创新被区分为 5 类不同集中点的商业模式创新:资源驱动型、产品或服务驱动型、客户驱动型、财务驱动型和多中心驱动型。这 5 点中的每一个都可以成为商业模式变化的起点并对商业模式的其他构造模块产生较大的影响。创业团队在实践操作中可以参考以下 5 个方面。

(1)资源驱动型。

资源驱动型创新起源于一个组织现有的基础设施,可能是合作关系拓展,也可能是转变现有商业模式。比如,亚马逊云服务就是基于亚马逊网站的零售基础设施的,为其他企业提供服务器能力和数据存储空间。

(2)产品或服务驱动型。

产品或服务驱动型创新是以建立新的价值主张的方式来影响其他商业模式构造模块。比如淘宝,通过建立一个服务平台,整合多方用户需求为多方带来价值。

(3)客户驱动型。

客户驱动型创新是基于客户需求、降低获取成本或提高便利性的创新。就像所有从单一集中点所引发的创新一样,来自客户驱动的创新同样可以影响商业模式的构造模块。比如一些提供项目外包开发、设计服务的软件、设计公司。

(4)财务驱动型。

财务驱动创新是由收入来源、定价机制或成本结构来驱动的,同样影响商业模式的其他构造模块。1958 年,施乐发明了施乐 914 型复印机,它是世界上第一台普通纸复印机。针对市场定价太高的问题,施乐构建了一种新的商业模式。它以每月 95 美元的价格出租这种复印机,包括 2 000 张免费复印纸,额外购买一张复印纸需要 5 美分。就这样,客户以较低的价格获得了新设备,并开始了每月成千上万份的复印。

(5)多中心驱动型。

多中心驱动创新是由多个集中点驱动的,并会显著影响商业模式的其他多个构造模块。比如,专业的全球建筑工具制造商喜利得(Hilti)将自己的商业模式从彻底的销售工具转变为出租工具套件给客户。这是对喜利得价值主张的潜在改变,同时也改变了它的收入来源,从一次性的销售收入变成重复性的服务收入。

商业模式创新是一个艰难的过程,其对于企业的重要性不言而喻。创业团队应从战略意图出发,结合商业模式画布,通过解构外部环境和分析顾客价值来寻找市场空隙,然后通过整合外部资源和重构产业生态来逐步建构自身的能力和资源,并推动和影响新系统的形成,最终打破行业既有的价值与成本互替定律,以构建新的商业模式。

23.3 商业计划书的制作技巧

商业计划书可以帮助参赛者总结和梳理项目思路,指导分析市场和用户,从而找到明确的市场定位，制定发展路径等进一步的发展计划。然而，对于初次参赛者来说，商业计划书的制作是一件复杂且富有难度的事情。由于缺乏相关经验，参赛者可能对商业计划书的撰写充满困惑。其实商业计划书的制作虽然困难，但其内容具有一定的规律性，在撰写的过程中有一定的方法和技巧。商业计划书制作技巧如图23-2所示。

1. 参考往届优秀案例，寻找高质量模板

对于参赛选手而言，高效制作出一份成熟的商业计划书的方法之一就是参考往届优秀案例，寻找适合本项目的高质量模板，从而进行模仿和扩充。优秀的商业计划书模板有一个较为完整的逻辑框架、内容结构和表达方式，可以帮助制作者快速地确定出基于自己团队项目的商业计划书的整体框架，以及在各模块内容撰写和叙述上有重点地凸显项目的优势和特点。

需要注意的是，找模板是为了帮助制作者厘清思路、拓展思维、高效地确定内容框架，参赛者在撰写自己的商业计划书时一定要用适合项目本身特点的写作思路和呈现方式，切不可生搬硬套。

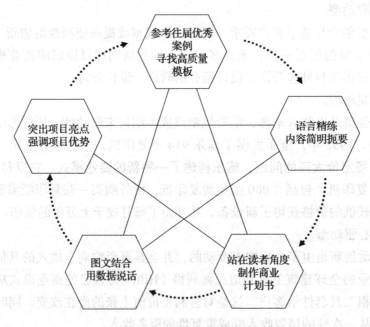

图 23-2 商业计划书制作技巧

2. 语言精练，内容简明扼要

商业计划书的内容繁多且复杂，如何使大赛评委耳目一新、看到项目的创新点和价值所在是获得高评价的关键。一份成熟的商业计划书不仅要有适合项目本身的内容框架，而且各部分内容的表述方式也尤为重要。参赛者在撰写相关内容时，既要确保语言精练，不说过多废话，也要尽可能突出内容的要点和特点，在叙述时，尽量使用书面语言，不要出现口语化等非正式语言，也不要频繁使用任何术语和无休止的缩写形容产品

或生产营运过程，因为这些文字容易导致读者无法准确理解内容想要表达的观点。值得注意的是，商业计划书并非字数越多、页数越厚越好，一份优秀的商业计划书应当合理控制页数，减少过多的文字描述，可以适当用图表、数据补充说明，这有助于评委快速抓住商业计划书中有关项目的关键信息，避免误解带来的不利影响。

3. 突出项目亮点，强调项目优势

参赛者在撰写商业计划书的过程中要牢记突出项目产品或服务的亮点和优势。一方面，商业计划书向评委呈现了项目团队如何将一个有创意的项目落地，特别是其在未来行业中的核心竞争力、市场占有率、持续经营的可能性等。另一方面，商业计划书要突出项目的亮点和创新点，能够切实解决目前行业内不能解决的问题以及相比较现有市场产品所具有的独特优势。项目亮点是吸引评委的重要方面，也是评委进行打分的重要指标之一。因此，参赛者一定要围绕现实痛点问题，讲好项目亮点和优势，切忌夸夸其谈，太多的修饰语言以及不切实际的未来畅想会给评委带来华而不实、难以实现的感觉，反而会带来糟糕的结果。

4. 图文结合，用数据说话

过多的文字描述会使一份商业计划书缺乏生动性和吸引力，容易使评审者分散注意力，并产生视觉疲劳，从而难以引起评委继续了解项目的兴趣。相比于文字，图表能够更直观地展现内容，让观者快速抓住关键信息。因此，参赛者要在商业计划书中适当地增加一些图表，例如市场容量、市场占有率、竞争分析等内容可以采用图表形式来展现。此外，数据是前期吸引评委目光的有力法宝，强有力的数据可以快速引起评委的兴趣、增加项目演讲者的底气，保证演讲者能够有效说服评委。参赛者在数据的选取上要有一定的选择性，要选择可以说明项目的市场前景、竞争优势以及未来能持续经营等必要的数据，并非数据运用得越多越好，不相关或不重要的数据反而会影响评委的观感。

5. 站在读者角度制作商业计划书

在制作商业计划书时要明确商业计划书的受众是谁，在编写商业计划书时一定要站在受众的视角。对于创新创业竞赛的参赛者来说，商业计划书的受众就是大赛评委，参赛者在写作过程中要考虑评委的评审要点，要清楚了解评委关注的要点是什么，什么样的内容会获得评委青睐，按照要点有逻辑地进行写作。大赛一般都会有详细的评审规则，要围绕评审规则进行商业计划书的撰写，这样才能确保商业计划书在众多竞争对手中脱颖而出，取得好成绩。

23.4 商业计划的路演策略

1. 演示文稿中内容的选取

路演内容通常包含行业背景和市场现状、项目介绍、产品介绍、盈利模式与商业模

式、团队介绍、财务预测与融资计划、演示视频的制作。在实际操作时，参赛者要结合评委或投资者的关注点以及项目自身特色，有针对性地选取商业计划书中的重点内容。根据整理以往获奖团队的访谈资料发现，以下内容需要被重点展示。

（1）行业背景和市场现状，主要包括潜在有利的政策背景、行业现存的痛点问题、现有产品或服务的现状及不足等。

（2）产品介绍，主要包括与竞争者的产品相比较，本项目的产品所具有的优势、特点、可行性、商业价值等。

（3）盈利模式与商业模式，主要包括产品定位的客户群、公司价值主张、营销策略选取、合作伙伴、利润来源、未来成长空间等。

（4）财务预测与融资计划，主要包括关键财务指标的预测、融资渠道等。

（5）团队介绍，主要包括项目顾问介绍、团队成员各自擅长领域概况等。

（6）加分材料，比如商标专利、原型和实物、经营数据、自主研发、优秀团队、特别创始人等。

2. 演示文稿内容设计的艺术

演示文稿内容设计应当具有艺术性，所谓艺术性是指根据要展示的内容安排在色彩、字体字号、图表、视频等方面进行美化操作，以便更有效地向评委传达有关项目的相关信息。在制作演示文稿过程中，参赛者应当注意以下几点注意事项，注意事项如图 23-3 所示。

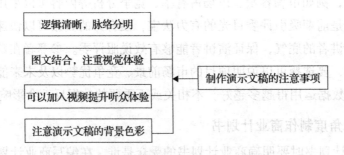

图 23-3　制作演示文稿的注意事项

（1）逻辑要清晰、脉络要分明，做到简洁明了。

（2）图表和文字要结合，注重视觉体验，尽可能减少不必要的文字描述。

（3）对于那些必要的、又不能用文字或图表展示的内容，可以制作成动态视频，嵌入到演示文稿中。

（4）演示文稿的整体背景色彩尽可能与项目或产品本身特点相关，比如产品是一种金属材料，可以选取这种金属的颜色作为背景色。

3. 路演演练的技巧

为了确保路演顺利完成，参赛者需要掌握一定的演讲技巧。

（1）演示者需要反复演练，加强对路演内容和节奏的把控，比如对评委的提问要能快速回应、在规定时间要求内讲解完所有内容等。演示者可以对着镜子反复练习，揣摩自己的动作、语气等，当自我练习达到一定熟练度后，再以团队成员作为评委模拟路演，由成员间内部讨论并不断向答辩人提供综合改进意见，答辩人再针对这些意见进行改进，如此反复，才能将练习的效果发挥到极致。

（2）演讲时要做到逻辑清楚、重点突出、声音洪亮、语速适当、直视评委、面带笑容，尽量避免紧张情绪，展现自信的一面；此外，参赛者着装要合适，通常情况下需要着正装。

（3）针对评委的提问，参赛者的回答要有条理性，做到"扬长避短，随机应变"。当恰好被问到项目自身的不足之处时，参赛者可以大大方方地向评委说明不足点产生的原因，并及时与评委交流，礼貌性地表明这是今后的攻克方向。此外，参赛者在答辩之前建立一个问答库相当必要，即团队内部成员针对可能出现的问题提前提出并进行相应的准备。此外，参赛者对于评委的建议要表示认可和接受，并顺着评委的思路表明项目该怎么改进。

（4）团队在选择演示者时，可分为三步进行。首先，团队内部每位成员都要深入理解项目，都能达到熟练讲解的程度，并且每个人都要形成自己的演讲风格，或诙谐幽默，或严肃认真。其次，团队可以选择一些评价指标或题项，并赋予相应的权重分值，例如，是否有上台演示经历与经验，是否具备较好的口才与应变能力，是否具有较好的气质或气场等。最后，每位成员都面对整个团队模拟现场演示，团队其他成员给出相应的打分，根据综合得分情况选择并确定演讲人。

IV

拓展学习篇

VI

杂文学习笔记

附　　录

附录 A

2018～2020 年中国"互联网+"大学生创新创业大赛获奖项目摘录如表 A-1 所示。

表 A-1　2018～2020 年中国"互联网+"大学生创新创业大赛获奖项目摘录

	第六届中国国际"互联网+"大学生创新创业大赛（2020）			
1	星网测通	北京市	北京理工大学	冠军
2	高能效工业边缘 AI 芯片及应用	北京市	清华大学	亚军
3	西人马：中国 MEMS 芯片行业领军者	福建省	厦门大学	
4	Advanced Robot-assisted System for Dental Surgery	德国	Technical University of Munich	季军
5	JetPack MAI	俄罗斯	Moscow Aviation Institute	
6	E-mental Health	美国	Carnegie Mellon University	
7	宇航芯——高可靠高性能自主可控模拟芯片	北京市	北京大学	高教主赛道 金奖
8	京工智演——数字表演产业化的领航者	北京市	北京理工大学	
9	智引微创：一体化穿刺手术导航机器人领航者	北京市	北京理工大学	
10	"猎鹰"——开创城市环境下的无人机防控新时代	北京市	北京理工大学	
11	KGMB——污水重金属吸附新航向	天津市	天津大学	
12	芯源科技——未来免疫精准评估领域的定义者	山西省	山西医科大学	
13	海大智龙：世界级无人驾驶商船系统供应商	辽宁省	大连海事大学	
14	比特光链——面向全场景应用的激光通信网络终端	吉林省	长春理工大学	
15	eDNA 精准生物监测与生态健康诊断	江苏省	南京大学	
16	HoloOptics 全息视界——全息波导 AR 眼镜显示技术破壁者	江苏省	东南大学	

（续）

17	粒子超人——全球首创多脏器肿瘤粒子介入机器人	江苏省	东南大学		高教主赛道
18	中盛嘉材：新型商用级量子点薄膜领跑者	江苏省	南京理工大学		
19	美瑞健康——长寿时代健康管理的探索者	湖北省	武汉大学		
20	图匠数据——做全球AI零售大数据的持续领导者	广东省	中山大学		
21	智骨——个性化可降解骨诱导材料开拓者	四川省	四川大学		
22	水上行者——无人驾驶清洁船守护绿水青山	陕西省	西北工业大学	金奖	
23	点"石"成金——石蛙规模化生态养殖精准扶贫领军者	浙江省	浙江师范大学		"青年红色筑梦之旅"赛道
24	红艺轻骑——中国原创红歌红剧走基层公益传播第一团	浙江省	宁波大学		
25	"AI"无界：新冠肺炎AI辅助诊断助力全球抗疫	湖北省	华中科技大学		
26	聚果盆——脉冲电场助力乡村挖掘水果金矿	广东省	华南理工大学		
27	蜂之蜜——打造蜂产业链升级变革与精准扶贫新模式	陕西省	西北大学		
第五届中国"互联网+"大学生创新创业大赛（2019）					
28	交叉双旋翼复合推力尾桨无人直升机	北京市	清华大学	冠军	
29	回车科技——未来全脑智能行业定义者	浙江省	浙江大学	亚军	
30	智网云联——无限共算全球算力交易平台	浙江省	浙江大学	季军	
31	天地一体智能无人机不间断巡检系统	北京市	北京大学		
32	安全可理解的第三代人工智能算法平台	北京市	清华大学		
33	牵星医航：智能骨科手术导航引领者	北京市	北京理工大学		
34	NOLO VR——5G时代全球移动VR的领航者	北京市	北京邮电大学		
35	工业废水达标处理颠覆者	上海市	同济大学		
36	微翌创新——全球最优效果运动场景影像5G实时传输系统开创者	上海市	上海理工大学		
37	祥耀生物——全球首创AI抗体靶向药物种子库	上海市	华东师范大学		高教主赛道
38	玄武之道——中国路面复合新材开创者	江苏省	扬州大学		
39	和伍系统科技——大国重器创新设计方法变革先行者	浙江省	浙江大学		
40	极阳科技——国内首家荧光太阳集光器提供商	浙江省	宁波大学	金奖	
41	尾矿寻宝：金属尾矿清洁高效整体解决方案服务商	福建省	厦门大学		
42	超集福布师：完全自主可控的中国"强芯器"	福建省	福州大学		
43	掌上超声	湖北省	武汉大学		
44	艾米森——肿瘤早筛的中国力量	湖北省	武汉大学		
45	答尔文：面向复杂场景的文字识别云平台	湖北省	华中科技大学		
46	面向终端的低功耗人工智能芯片及系统	广东省	中山大学		
47	利吾肝——挽救衰竭肝脏体外支持仪	四川省	四川大学		
48	智器科技——智慧能源技术的领跑者	陕西省	西安交通大学		
49	种苗计划——超低温脱毒与植物良种繁育领导者	陕西省	西北农林科技大学		

（续）

50	橙果科技——全国领先的分布式秸秆热解气化处理技术助力乡村振兴	江苏省	东南大学	金奖	"青年红色筑梦之旅"赛道
51	绿色浙江——坚守二十年的"多元共治"可持续发展模式推动先锋	浙江省	浙江大学		
52	水"稻"渠成——全球功能性彩稻产业化推广运用领军者	浙江省	浙江大学		
53	变渣为宝——农废果渣的资源化利用	浙江省	浙江工业大学		
54	绿草成纤：中国草变致富宝	湖北省	华中科技大学		
55	脑控康复机器人——智慧引领社区城乡康养新时代	陕西省	西安交通大学		
第四届中国"互联网+"大学生创新创业大赛（2018）					
56	中云智车——未来商用无人车行业定义者	北京市	北京理工大学	冠军	高教主赛道
57	罗化新材料：全球激光荧光陶瓷的领航者	福建省	厦门大学	亚军	
58	人工智能影视制作——聚力维度	北京市	北京邮电大学		
59	邦巍科技——全球高性能结构材料领跑者	浙江省	浙江大学	季军	
60	枭龙科技AR智能眼镜	北京市	北京理工大学		
61	FlexCap	加拿大	University of Toronto		
62	"飞天工兵"智能空中作业机器人	北京市	北京理工大学	金奖	
63	atom-高速搬运机器人	天津市	天津大学		
64	千里电池：超高性能硅碳负极的产业化制备方案	上海市	复旦大学		
65	机器嗅觉芯片——VOCs纳米智能传感器	上海市	复旦大学		
66	成像机器人：成为精准手术的超级眼睛	上海市	上海交通大学		
67	麦克罗——全球抗菌高性能材料的引领者	江苏省	江南大学		
68	"喝彩网"人工智能平面设计领军企业	浙江省	浙江大学		
69	普罗米修斯——全球顶尖高性能组织再生解决方案	浙江省	浙江大学		
70	仓蓝水产——全球首次实现银鲳规模化养殖	浙江省	宁波大学		
71	星海赋能——打造中国孤独症家庭教育新模式	浙江省	温州医科大学		
72	诺康得：全球首创CECT-NK疗法战胜白血病	福建省	厦门大学		
73	降糖贴剂：胰岛素无痛给药先行者	福建省	福州大学		
74	Doctor Can肿瘤治库——全球首款大数据肿瘤治疗方案提供商	四川省	四川大学		
75	贵在植染——以植染技术革新助力贵州脱贫致富	江苏省	常州大学	金奖	"青年红色筑梦之旅"赛道
76	我知盘中餐：大数据精准助农新平台	福建省	厦门大学		
77	果蔬卫士——科技扶贫，保鲜致富	福建省	厦门大学		
78	引风计划——全国领先的乡村人才振兴服务机构	福建省	福建农林大学		

资料来源：1.《教育部关于公布第六届中国国际"互联网+"大学生创新创业大赛获奖名单的通知》，https://cy.ncss.cn/information/8a80808d76ef5af301774d680e5f00-09，2020-12-31.

2.《关于公示第五届中国"互联网+"大学生创新创业大赛获奖名单的通知》，https://cy.ncss.cn/information/8a80808d6e4364c1016e452e974d0013，2019-11-07.

3.《关于第四届中国"互联网+"大学生创新创业大赛获奖名单的公示》，https://cy.ncss.cn/information/2c92f8ef67169e7701672add212d0000，2018-11-19.

附录 B

2018 年"创青春"浙大双创杯全国大学生创业大赛国家级金奖项目如表 B-1 所示。

表 B-1　2018 年"创青春"浙大双创杯全国大学生创业大赛国家级金奖项目

序号	项目名称	参赛类别	学校
1	高精度与超稳定农业智慧云系统	第十一届"挑战杯"大学生创业计划竞赛	电子科技大学
2	天字宜品——国内餐桌健康优品虾的倡导者		华中师范大学
3	脑控智能护理床		华南理工大学
4	砼创未来：废旧混凝土高效循环利用		华南理工大学
5	"为你打 Call"人工智能外呼系统		浙江大学
6	精芯科技：基于人体特征的活体生物识别系统		清华大学
7	子宫功能型修复 SPS 材料		四川大学
8	可自由开发的无人车专属高性能底盘		北京理工大学
9	名人朋友圈：00 后最喜爱的语言 Cosplay		华中科技大学
10	无际通信——5G 快速开发验证平台		东南大学
11	北京零创众成科技有限公司	创业实践挑战赛	北京航空航天大学
12	南京达斯琪数字科技有限公司		东南大学
13	广州聚匠文化传播有限公司		广东工业大学
14	无锡麦克罗新材料科技有限公司		江南大学
15	宁波尚观信息科技有限公司		宁波大学
16	珠海市蔬士餐饮管理有限公司		澳门科技大学
17	音书——助力听障人士无障碍沟通	公益创业赛	华南理工大学
18	MEAP——矿工心理帮扶计划		中国矿业大学
19	归雁·文化遗产推广工具包		同济大学
20	菇创未来		香港中文大学

资料来源：《2018 年"创青春"浙大双创杯全国大学生创业大赛金奖名单》，"创青春"公众号推文，https://mp.weixin.qq.com/s?__biz=MzIwMDM2NzI2OA==&mid=2650855242&idx=2&sn=f6c5d93d11b70e25b2a47305a7dbd258&chksm=8d0a3a81ba7db397bb057506ea0da0cbda6e43fa10b44e4ac7863b4f109294b97e90307d35c1&mpshare=1&scene=23&srcid=03159ABksQbgUHPEWTX8ymoC&sharer_sharetime=1615813304902&sharer_shareid=9ffcec4a2b7436de7a5e1fa345e9c366#rd，2018-11-30.

2020 年第十二届"挑战杯"中国大学生创业大赛国家级金奖项目如表 B-2 所示。

表 B-2　2020 年第十二届"挑战杯"中国大学生创业大赛国家级金奖项目

序号	项目名称	参赛组别	学校
1	森微科技——基于微流控技术的即时癌症检测系统	科技创新和未来产业	北京工业大学
2	五季光子——全球首创高精度光延时测量仪赋能 5G 基站建设		南京航空航天大学
3	巨印科技——突破 Micro LED 显示巨量转移技术瓶颈引领者		浙江大学
4	全自动"纤"锋——首款国产化全自动光纤熔接一体机		南京邮电大学

（续）

序号	项目名称	参赛组别	学校
5	智慧稻渔——科学助力千万农民稻渔丰收	乡村振兴和脱贫攻坚	浙江大学
6	秸然不同——移动式微波热解秸秆还田工程		南昌大学
7	盘种馨——一体化生态高效秧盘开创者		扬州大学
8	不芋解"乡愁"		中国矿业大学
9	"鲁班"微创血管介入手术机器人	城市治理和社会服务	北京理工大学
10	通途道路——国际领先的超薄沥青磨耗层		华南理工大学
11	觅健康-乳腺癌早期预警miRNA无创检测原研试剂盒		中国医药大学
12	桥梁医生——桥梁智慧检测引领者		东南大学
13	与"醛"世界为敌——世界首创的高效降解甲醛污染物解决方案	生态环保和可持续发展	浙江大学
14	无人驾驶清洁船		西北工业大学
15	点石成金——让金属尾矿重获新生的神奇药剂		中国矿业大学
16	危废智"链"——中国危废整体解决方案领跑者		四川大学
17	斗拱newer——"斗拱你玩"指尖模玩创想家	文化创意和区域合作	天津大学
18	Muses人工智能作曲		西安电子科技大学
19	GoPrint——自行走的智能打印机先行者		浙江大学
20	I-dub——国内首创AI影视后期声解决方案提供者		浙江大学

资料来源：《第十二届"挑战杯"中国大学生创业计划竞赛获奖名单公布》，http://tiaozhanbei.youth.cn/newsinfo/457253.html，2020-12-04.

附录C

创新创业类精品课程资源如表C-1所示。

表C-1 创新创业类精品课程资源

序号	课程名称	学校	授课老师	开课平台	来源
1	创业计划	江苏大学	梅强、郭龙建、李昕	爱课程（中国大学MOOC）	https://www.icourse163.org/course/UJS-1002011030
2	创业管理	江苏大学	梅强、赵观兵等		https://www.icourse163.org/course/UJS-1001754216
3	创新工程实践	北京工业大学	张文利、刘彦辰等		https://www.icourse163.org/course/bjut-1206551813
4	创新与创业管理	南京邮电大学	赵波等		http://www.icourse163.org/course/NJUPT-1001755409
5	走进创业	南京大学	王自强、陶向南		https://www.icourse163.org/course/NJU-1001737032
6	创业基础	中南财经政法大学	邓汉慧		http://icourse163.org/course/ZUEL-1002012010

（续）

序号	课程名称	学校	授课老师	开课平台	来源
7	创新管理	浙江大学	郑刚	爱课程（中国大学MOOC）	https://www.icourse163.org/course/ZJU-1002327019
8	创业投资	厦门大学	唐炎钊		https://www.icourse163.org/course/XMU-1002330019
9	创业学	武汉科技大学	贺尊		http://www.icourse163.org/course/WUST-1003729008
10	大学生创新与创业实践	西南交通大学	张祖涛等		http://www.icourse163.org/course/SWJTU-1002894001
11	创新创业创青春	西南交通大学	苗苗等		http://www.icourse163.org/course/SWJTU-1206456818
12	大学生科技创新课程之"互联网+"创新创业大赛	西南交通大学	张祖涛等		http://www.icourse163.org/course/SWJTU-1001909005
13	大学生科技创新课程之"挑战杯"课外学术科技作品竞赛	西南交通大学	张祖涛等		http://www.icourse163.org/course/SWJTU-1001912001
14	创业启程	清华大学	陈劲、王毅	学堂在线	https://www.xuetangx.com/course/THU08091000813/5881362
15	创办新企业	清华大学	梅萌、高建、雷霖		https://www.xuetangx.com/course/THU67011000860/5881352
16	创客培养：趣味力学实验与制作	清华大学	高云峰		https://www.xuetangx.com/course/THU08011000273/5882599
17	创业导引——与创业名家面对面	清华大学	孙宏斌、邓焱、程方		https://www.xuetangx.com/course/THU08091000275/5881318
18	人工智能与创业智慧	北京林业大学	李华晶、张玉利等		https://www.xuetangx.com/course/bjfu00001001888/5882768
19	创业管理	上海财经大学	刘志阳等	智慧树	https://coursehome.zhihuishu.com/courseHome/1000006603
20	创践——大学生创新创业实务	中国海洋大学	乔宝刚等		https://coursehome.zhihuishu.com/courseHome/1000006154
21	智能时代下的创新创业实践	四川大学	黄彦辉等		https://coursehome.zhihuishu.com/courseHome/1000007075
22	创新创业学	西安工业大学	兰小毅等		https://coursehome.zhihuishu.com/courseHome/1000006480
23	如何赢得大学生创新创业大赛	哈尔滨工程大学	史波等		https://coursehome.zhihuishu.com/courseHome/1000010608
24	大学生创业导论	复旦大学	姚凯	超星尔雅	https://mooc1.chaoxing.com/course/200001892.html
25	商业计划书制作与演示	北京科技大学	邓立治		https://mooc1.chaoxing.com/course/200052598.html

（续）

序号	课程名称	学校	授课老师	开课平台	来源
26	网络创业理论与实践	中国电子商务协会	聂兵	超星尔雅	https://mooc1.chaoxing.com/course/200001881.html
27	创新创业大赛赛前特训	中国创新创业大赛	元志中		https://mooc1.chaoxing.com/course/200001885.html
28	大学生创业基础	清华大学	李肖鸣		https://mooc1.chaoxing.com/course/201541604.html
29	创业管理实战	清华大学	李肖鸣		https://mooc1.chaoxing.com/course/201716772.html
30	创业创新执行力	清华大学	陆向谦		https://mooc1.chaoxing.com/course/200001888.html
31	创业创新领导力	清华大学	陆向谦		https://mooc1.chaoxing.com/course/200001889.html
32	创新创业	同济大学	张玉臣等		https://mooc1.chaoxing.com/course/201789273.html
33	创课——大学生创新创业基础	黑龙江大学	李海东	优课联盟	http://www.uooc.net.cn/course/709376735
34	创新思维和知识创业	福建工程学院	王高洁		http://www.uooc.net.cn/course/1743964097
35	创业：道与术	长江互联网教育研究院	汪军民		http://www.uooc.net.cn/course/1269125603
36	创新思维方法	东北石油大学	陶国彬等	学银在线	http://www.xueyinonline.com/detail/216863632
37	创意思维	湖北工业大学	邓卫斌等		http://www.xueyinonline.com/detail/216554430
38	管理创新——案例与实践	福建江夏学院	缪匡华等		http://www.xueyinonline.com/detail/216525455
39	创新思维与知识创业	福建工程学院	王高洁等		http://www.xueyinonline.com/detail/217105381
40	创业法学（MOOC）	江西财经大学	邓辉		http://www.xueyinonline.com/detail/200979790

附录 D

创新创业类竞赛资源如表 D-1 所示。

表 D-1 创新创业类竞赛资源

创新创业类竞赛	官网
中国国际"互联网+"大学生创新创业大赛	https://cy.ncss.org.cn/
"创青春"全国大学生创业大赛	http://www.chuangqingchun.net/constitution
全国大学生电子商务"创新、创意及创业"挑战赛	http://www.3chuang.net/
中国创新创业大赛	http://www.cxcyds.com
中国青年创新创业大赛	http://qnzz.youth.cn/zhuanti/cxcy/ggl/201608/t20160804_8498511.htm

(续)

创新创业类竞赛	官网
中国大学生服务外包创新创业大赛	http://www.fwwb.org.cn/
"汇新杯"新兴科技+互联网创新大赛	https://www.huixinyun.com/megagame.html
iCAN 国际创新创业大赛	http://www.g-ican.com/
全国"互联网+"快递大学生创新创业大赛	http://kdcxcy.spbosta.org/
全国技工院校学生创业创新大赛	http://jg.class.com.cn/cms/
"中国创翼"创业创新大赛	http://zgcyds.newjobs.com.cn/
"创客中国"中小企业创新创业大赛	http://www.cnmaker.org.cn/
中美青年创客大赛	http://www.chinaus-maker.org/

附录 E

创新创业类竞赛经典路演视频集锦如表 E-1 所示。

表 E-1 创新创业类竞赛经典路演视频集锦

视频名称	链接	平台	发布时间
第六届"互联网+"大学生创新创业大赛三强争夺赛——路演精剪版	https://www.bilibili.com/video/BV1NV411v7Wt	哔哩哔哩	2021-03-05
第五届互联网+比赛路演视频	https://www.bilibili.com/video/BV1kZ4y1p7uM	哔哩哔哩	2020-05-14
第五届中国"互联网+"创新创业大赛总决赛三强争夺赛路演视频	https://www.bilibili.com/video/BV1QE411d777	哔哩哔哩	2019-10-15
创青春菁蓉汇路演项目	https://v.qq.com/x/page/y0347ds28un.html	腾讯视频	2016-11-19
三创赛路演视频——RFID 地下车库智能停车系统	https://v.qq.com/x/page/c3081dfwbna.html	腾讯视频	2020-07-13
第十届三创赛——微光科技：校园即时社区项目路演视频	https://v.qq.com/x/page/b3114reihvi.html	腾讯视频	2020-07-10
三创路演视频——自动分卸片材技术研发	https://v.qq.com/x/page/n30816ff1ni.html	腾讯视频	2020-07-13
"睦居"租房——养老社区项目三创赛路演	https://v.qq.com/x/page/h3112haby32.html	腾讯视频	2020-07-08
小农驿站三创比赛路演视频	https://v.qq.com/x/page/d3115myub5a.html	腾讯视频	2020-07-12
遗蓝文化三创省赛路演视频	https://www.bilibili.com/video/BV1TC4y1b74h	哔哩哔哩	2020-07-27
第十届三创赛 CV 民宿创业团队路演视频	https://www.bilibili.com/video/BV1mC4y1h7qy	哔哩哔哩	2020-07-13

附录 F

典型创业企业项目实践资源如表 F-1 所示。

表 F-1 典型创业企业项目实践资源

平台名称	网址	公司/组织
全国大学生创业服务网	https://cy.ncss.cn/	全国高等学校学生信息咨询与就业指导中心
投融界：专业的融资信息服务平台	https://www.trjcn.com	浙江投融界科技有限公司
创业孵化平台	http://yczx.sipac.gov.cn/platform/	中国科学院苏州产业技术创新与育成中心
创业邦	https://www.cyzone.cn/	爱奇清科（北京）信息科技有限公司
中关村国际孵化园	http://www.incubase.net/	北京中关村国际孵化器有限公司
归心谷	http://www.homevalley.net/	上海归心谷创客空间管理有限公司
万花筒创客云空间	http://mk.wht361.com/space	上海万花筒教育科技有限公司
创新创业孵化资源云服务平台	http://www.cykcpt.com/	广州诚粤技术服务有限公司
创梦客	http://www.cmke.cn/	创梦客科技（深圳）有限公司
中国孵化器网	http://www.cnfuhuaqi.com/	武汉线森网络科技开发有限公司
楼友会	http://www.looyoo.com/	杭州楼友会科技有限公司
阿里云创新赋能平台	https://chuangke.aliyun.com/	阿里巴巴集团
创成汇	https://www.cchccc.com/cch/home	深圳市众博企业服务有限公司
蒜泥科技	http://www.suanier.com/index.php	蒜泥科技有限公司

附录 G

创新创业类项目案例分析资源如表 G-1 所示。

表 G-1 创新创业类项目案例分析资源

案例库名称	网址	运营机构
中国管理案例共享中心（创新创业管理）	https://www.cmcc-dut.cn/Cases/ClassContent/14/1	大连理工大学管理与经济学部
全球案例发现系统——中国工商管理案例库（创业与创新）	http://www.ecase.com.cn/#/lib/c	清华大学经济管理学院
中国工商管理国际案例库（创业）	https://www.chinacases.org/index.jsp	中欧国际工商学院
哈佛商学院案例库（Entrepreneurship）	https://www.library.hbs.edu/Services/HBS-Case-Requests	哈佛大学商学院
毅伟案例库（Entrepreneurship）	https://www.iveycases.com/	西安大略大学毅伟商学院

参考文献

[1] 莱斯. 精益创业：新创企业的成长思维 [M]. 吴彤，译. 北京：中信出版社，2012.

[2] 安铁龙，兰芳. 组织管理与领导力 [M]. 天津：南开大学出版社，2017.

[3] 德鲁克. 创新与企业家精神 [M]. 蔡文燕，译. 北京：机械工业出版社，2019.

[4] 芬奇. 如何撰写商业计划书 [M]. 邱墨楠，译. 北京：中信出版社，2017.

[5] 巴林杰. 创业计划书：从创意到方案 [M]. 陈忠卫，等译. 北京：机械工业出版社，2016.

[6] 巴林杰，爱尔兰. 创业管理：成功创建新企业 [M]. 薛红志，张帆，等译. 北京：机械工业出版社，2017.

[7] 鲍舟波. 未来已来：数字化时代的商业模式创新 [M]. 北京：中信出版社，2018.

[8] 邓立治. 商业计划书：原理、演示与案例 [M]. 北京：机械工业出版社，2018.

[9] 冯丽霞，王若洪. 创新与创业能力培养 [M]. 北京：清华大学出版社，2013.

[10] 郭凯，杨玫，马骏. 创业理论与模拟实训教程 [M]. 北京：电子工业出版社，2019.

[11] 凯斯勒，凯茨. 企业组织设计：如何利用组织设计驱动业务结果的达成 [M]. 江阮渊，张善依，译. 北京：电子工业出版社，2020.

[12] 胡华成，丁磊. 商业计划书编写实战 [M]. 北京：清华大学出版社，2020.

[13] 黄华. 如何赢得创新创业大赛 [M]. 北京：化学工业出版社，2019.

[14] 韩秀荣. 创新创业基础：创新创业素质测评和团队组建 [M]. 北京：高等教育出版社，2020.

[15] 贺尊. 创业学 [M]. 北京：中国人民大学出版社，2020.

[16] 蒂蒙斯，斯皮内利. 创业学：21世纪的创业精神 [M]. 周伟民，吕长春，译. 北京：人民邮电出版社，2005.

[17] 姜彦福，张韩. 创业管理学 [M]. 北京：清华大学出版社，2005.

[18] 贾振勇，魏炜. 商业模式的专利保护：原理与实践 [M]. 北京：机械工业出版社，2018.

[19] 瓦格，等. 创新设计：如何打造赢得用户的产品、服务与商业模式 [M]. 吴卓浩，郑佳朋，等译. 北京：电子工业出版社，2014.

[20] 巴隆，谢恩. 创业管理：基于过程的观点 [M]. 张玉利，谭新生，陈立新，译. 北

京：机械工业出版社，2005.
[21] 李成钢，马琳，邵争艳. 创新创业基础 [M]. 北京：中国纺织出版社，2019.
[22] 刘丹. "互联网+"创业基础 [M]. 北京：高等教育出版社，2016.
[23] 吕宏程，董仕华. 中小企业管理 [M]. 北京：北京大学出版社，2014.
[24] 吕森林，申山宏. 创业从一份商业计划书开始 [M]. 北京：电子工业出版社，2019.
[25] 李新庚，杨辉，高永丰. 创新创业基础 [M]. 北京：人民邮电出版社，2016.
[26] 刘志阳. 创业画布 [M]. 北京：机械工业出版社，2018.
[27] 刘志阳，林嵩，路江涌. 创新创业基础 [M]. 北京：机械工业出版社，2021.
[28] 梅强. 创业管理 [M]. 北京：经济科学出版社，2011.
[29] 梅强. 创业基础 [M]. 北京：清华大学出版社，2016.
[30] 莫瑞亚. 精益创业实战 [M]. 张玳，译. 北京：人民邮电出版社，2013.
[31] 彭四平，伍嘉华，马世登，等. 创新创业基础 [M]. 北京：人民邮电出版社，2018.
[32] 彭学兵，刘玥伶. 效果因果两种推理逻辑下的新企业创业资源整合研究 [M]. 北京：经济科学出版社，2016.
[33] 唐丽. 大学生创新创业基础 [M]. 北京：化学工业出版社，2018.
[34] 田增瑞. 创业基础：创业素质与资源整合 [M]. 北京：北京大学出版社，2017.
[35] 布兰克，多夫. 创业者手册：教你如何构建伟大的企业 [M]. 新华都商学院，译. 北京：机械工业出版社，2013.
[36] 邵华钢，高凯，李世群，等. 决胜商业计划书 [M]. 北京：电子工业出版社，2005.
[37] 宋文燕，等. 科技型中小企业创新：方法、路线与平台 [M]. 北京：机械工业出版社，2019.
[38] 盛晓娟. 大学生互联网+创新创业优秀案例选辑第一辑 [M]. 北京：中国经济出版社，2020.
[39] 尚玉钒. 融资路演全攻略：商业融资必备策略与技巧 [M]. 北京：北京大学出版社，2019.
[40] 石泽杰. 商业模式创新设计路线图：互联网+战略重构 [M]. 北京：中国经济出版社，2016.
[41] 库拉特科. 创业学 [M]. 薛红志，李静，译. 北京：中国人民大学出版社，2014.
[42] 王静，张超，刘子睿. 创业策划及路演实训 [M]. 北京：电子工业出版社，2020.
[43] 王国红. 创业管理 [M]. 大连：大连理工大学出版社，2005.
[44] 王国红，邢蕊，唐丽艳，等. 创业与企业成长 [M]. 北京：清华大学出版社，2018.
[45] 王琪. 商业计划书写作与通用模板 [M]. 北京：人民邮电出版社，2021.
[46] 吴江，徐秋莹，柳丽娟. 产品创新设计 [M]. 北京：清华大学出版社，2017.
[47] 魏炜，李飞，朱武祥. 商业模式学原理 [M]. 北京：北京大学出版社，2020.
[48] 万炜，朱国玮. 创业案例集锦 [M]. 北京：中国人民大学出版社，2013.
[49] 谢雅萍. 创业团队管理 [M]. 北京：高等教育出版社，2020.
[50] 于柏杨，李鹏. 大学生创新创业基础 [M]. 北京：人民邮电出版社，2021.

[51] 杨京智, 王猛, 杨忠. 大学生创新创业基础（大赛案例版）[M]. 北京: 人民邮电出版社, 2020.

[52] 奥斯特瓦德, 皮尼厄, 等. 价值主张设计: 如何构建商业模式最重要的环节[M]. 余锋, 曾建新, 李芳芳, 译. 北京: 机械工业出版社, 2015.

[53] 奥斯特瓦德, 皮尼厄. 商业模式新生代[M]. 王帅, 毛心宇, 严威, 译. 北京: 机械工业出版社, 2011.

[54] 叶明全, 陈付龙. "互联网+"大学生创新创业基础与实践[M]. 北京: 科学出版社, 2021.

[55] 杨其龙, 李婷, 黄重成. 创新创业案例分析与能力训练[M]. 上海: 上海交通大学出版社, 2010.

[56] 杨少杰. 组织结构演变: 解码组织变革底层逻辑[M]. 北京: 中国法制出版社, 2020.

[57] 张国良, 张付安, 李文博. 创业学: 战略与商业模式[M]. 北京: 清华大学出版社, 2017.

[58] 赵公民. 创业基础: 理论与实务[M]. 北京: 人民邮电出版社, 2017.

[59] 赵军. 产品创新设计[M]. 北京: 电子工业出版社, 2016.

[60] 张玉利, 薛红志, 陈寒松, 等. 创业管理[M]. 北京: 机械工业出版社, 2020.

[61] 白凯, 李建玲. 国外关于创业者素质特征研究现状述评[J]. 中国青年研究, 2012（04）: 80-83.

[62] 陈逢文, 付龙望, 张露, 等. 创业者个体学习、组织学习如何交互影响企业创新行为: 基于整合视角的纵向单案例研究[J]. 管理世界, 2020, 36（3）: 142-164.

[63] 陈莹, 石俊国, 张慧. 可持续创业研究的前沿综述与展望[J]. 科学学研究, 2021, 39（2）: 274-284.

[64] 董延芳, 张则月. 中国创业者创业机会识别研究[J]. 经济与管理评论, 2019, 35（6）: 57-67.

[65] 高晟, 王世权. 大学衍生企业: 研究述评与展望[J]. 外国经济与管理, 2020, 42（10）: 107-124.

[66] 黄华. 网络经济下企业财务管理的创新思路及对策[J]. 吉首大学学报（社会科学版）, 2018, 39（S1）: 18-20.

[67] 姜丹蓉, 揭筱纹. 决定创业成败的关键要素有哪些: 基于创业团队治理的分析和建议[J]. 人民论坛·学术前沿, 2019（16）: 124-127.

[68] 林川, 刘青正, 张玉薇, 等. 大学生创新创业训练计划团队组建方式研究[J]. 教育现代化, 2015（16）: 7-8.

[69] 李丹. 企业商业模式创新要素研究[J]. 东南大学学报（哲学社会科学版）, 2017, 19（S1）: 138-141.

[70] 林海芬, 钟文瑞, 李青钰, 等. 创业企业凝聚力的形成过程模型: 基于单案例的

探索性研究 [J]. 管理案例研究与评论, 2019, 12 (3): 231-244.

[71] 罗作汉, 唐英瑜. 新创企业的商业模式创新研究综述与展望: 一个整合性分析框架 [J]. 科技管理研究, 2019, 39 (2): 209-216.

[72] 毛翠云, 王世坤. 基于素质模型的创业者胜任力测评研究 [J]. 科技管理研究, 2012, 32 (21): 127-130.

[73] 宁德鹏, 葛宝山. 大学生创业行为及其影响因素差异分析 [J]. 社会科学战线, 2017 (5): 252-256.

[74] 蒲冰. 市场营销创新和风险管理在新时期中小企业的实施 [J]. 宏观经济管理, 2017 (S1): 204-205.

[75] 田庆锋, 张银银, 杨清. 商业模式创新: 理论研究进展与实证研究综述 [J]. 管理现代化, 2018, 38 (1): 123-128.

[76] 吴爱华, 侯永峰, 郝杰, 等. 以"互联网+"双创大赛为载体深化高校创新创业教育改革 [J]. 中国大学教学, 2017 (1): 23-27.

[77] 吴晓波, 赵子溢. 商业模式创新的前因问题: 研究综述与展望 [J]. 外国经济与管理, 2017, 39 (1): 114-127.

[78] 薛鸿博, 杨俊, 迟考勋. 创业者先前行业工作经验对新创企业商业模式创新的影响研究 [J]. 管理学报, 2019, 16 (11): 1661-1669.

[79] 薛静. 创业者特质、社会资本与创业企业绩效: 研究述评及展望 [J]. 管理现代化, 2018, 38 (6): 122-125.

[80] 徐雅, 李德龙, 孙洁, 等. 大学生创业团队成功组建的影响因素 [J]. 智库时代, 2020 (4): 126-127.

[81] 杨浩, 陈暄, 汪寒. 创业型企业高管团队教育背景与企业绩效关系研究 [J]. 科研管理, 2015, 36 (S1): 216-223.

[82] 杨俊, 张玉利, 韩炜, 等. 高管团队能通过商业模式创新塑造新企业竞争优势吗: 基于 CPSED II 数据库的实证研究 [J]. 管理世界, 2020, 36 (7): 55-77.

[83] 闫丽平, 田莉, 宋正刚. 创业者成长期望、机会开发与新企业生成 [J]. 现代财经 (天津财经大学学报), 2012, 32 (9): 84-94.

[84] 杨喜堤, 肖军森. 学生创业团队组建管理中出现的问题及对策分析 [J]. 中国商论, 2020 (13): 195-196.

[85] 杨之强. 创业过程及其风险研究 [J]. 中小企业管理与科技 (下旬刊), 2010 (4): 94-95.

[86] 周冬梅, 陈雪琳, 杨俊, 等. 创业研究回顾与展望 [J]. 管理世界, 2020, 36 (1): 206-225.

[87] 张慧玉, 杨俊, 张玉利. 基于随机抽样调查的外地创业者特征及其创业过程解析 [J]. 管理学报, 2015, 12 (2): 240-251.

[88] 张建平. 网络环境下青年创业资源获取及其影响 [J]. 人民论坛·学术前沿, 2017 (20): 118-121.

[89] 周键.团队协作、管理强度与创业企业成长：一个跨案例研究[J].经济管理，2016，38（2）：47-56.

[90] 张力，刘颖琦，张雷，等.多层次视角下的商业模式创新路径：中国新能源汽车产业实证[J].中国科技论坛，2021（2）：27-38.

[91] 赵玲，田增瑞，常焙筌.创业资源整合对公司创业的影响机制研究[J].科技进步与对策，2020，37（6）：27-36.

[92] 张璐，周琪，苏敬勤，等.新创企业如何实现商业模式创新：基于资源行动视角的纵向案例研究[J].管理评论，2019，31（9）：219-230.

[93] 祝振铎，李新春.新创企业成长战略：资源拼凑的研究综述与展望[J].外国经济与管理，2016，38（11）：71-82.

[94] 2018年"创青春"全国大学生创业大赛组委会.关于2018年"创青春"全国大学生创业大赛MBA专项赛和网络信息经济专项赛有关事项的通知[EB/OL]. (2018-05-03) [2020-09-24]. http://www.chuangqingchun.net/article/15-953/.

[95] 第十一届全国大学生电子商务"创新、创意及创业"挑战赛竞赛组织委员会.第十一届全国大学生电子商务"创新、创意及创业"挑战赛竞赛规则[EB/OL]. (2020-10-15) [2021-02-05]. http://www.3chuang.net/news/213.

[96] 关于公布第六届中国国际"互联网+"大学生创新创业大赛评审规则的通知[EB/OL]. (2020-07-30) [2020-09-24]. https://cy.ncss.cn/information/8a80808d733-1b79001739d34a05700be.

[97] 中国创新创业大赛.科技部关于举办第九届中国创新创业大赛的通知[EB/OL]. (2020-05-28) [2020-09-24]. http://www.cxcyds.com/cxcyds/sstz/20200-5/d7bf083311ae4509a0d836dcec096040.shtml.

[98] 中国大学生服务外包创新创业大赛组委会.关于举办"第十二届中国大学生服务外包创新创业大赛"的通知[EB/OL]. (2020-11-18) [2021-02-05]. http://www.fwwb.org.cn/news/show/311.

[99] 中华人民共和国教育部.介绍第六届中国国际"互联网+"大学生创新创业大赛及深化创新创业教育改革有关情况[EB/OL]. (2020-11-11) [2021-02-05]. http://www.moe.gov.cn/fbh/live/2020/52651/twwd/202011/t20201111_499407.html.

[100] 中华人民共和国教育部.教育部关于举办第六届中国国际"互联网+"大学生创新创业大赛的通知[EB/OL]. (2020-06-03) [2020-09-24]. http://www.moe.gov.cn/srcsite/A08/s5672/202006/t20200604_462707.html.